普通高等院校"十三五"规划教材

电子商务概论

第二版

李维宇　胡青华　王　蔚◎主　编
谢晓如　万宠菊　章涤凡◎副主编
张　勇　钟桂娟　庄　伟
　　　　　　　周　游

清华大学出版社
北　京

内容简介

电子商务是基于互联网、广播电视网和电信网络等电子信息网络进行的生产、营销、消费和流通活动,是实现整个商务过程的电子化、数字化和网络化的新型经济活动。本书针对具体的电子商务建设和管理需要,全面、系统、清晰地描述了电子商务的总体框架,并对所涉及的电子数据交换、安全体系、支付体系、物流配送体系等技术与系统进行了仔细分析,尤其是针对企业电子商务营销运作进行了实用和系统化的介绍。

本书适合作为高等院校电子商务专业基础课教材,也可作为从事电子商务的工作人员的参考用书。

本书封面贴有清华大学出版社防伪标签,无标签者不得销售。
版权所有,侵权必究。举报: 010-62782989, beiqinquan@tup.tsinghua.edu.cn。

图书在版编目(CIP)数据

电子商务概论 / 李维宇,胡青华,王蔚主编. —2版. —北京:清华大学出版社,2019.11(2022.8重印)
普通高等院校"十三五"规划教材
ISBN 978-7-302-53833-2

Ⅰ.①电… Ⅱ.①李… ②胡… ③王… Ⅲ.①电子商务-高等学校-教材 Ⅳ.①F713.36

中国版本图书馆 CIP 数据核字(2019)第 206008 号

责任编辑:刘志彬
封面设计:李伯骥
责任校对:宋玉莲
责任印制:刘海龙

出版发行:清华大学出版社
网　　址: http://www.tup.com.cn, http://www.wqbook.com
地　　址: 北京清华大学学研大厦A座　　邮　编: 100084
社 总 机: 010-83470000　　邮　购: 010-62786544
投稿与读者服务: 010-62776969, c-service@tup.tsinghua.edu.cn
质量反馈: 010-62772015, zhiliang@tup.tsinghua.edu.cn

印 装 者:三河市东方印刷有限公司
经　　销:全国新华书店
开　　本: 185mm×260mm　　印　张: 17　　字　数: 393 千字
版　　次: 2016 年 6 月第 1 版　2019 年 11 月第 2 版　　印　次: 2022 年 8 月第 8 次印刷
定　　价: 49.80 元

产品编号:085108-01

Preface 前言

　　电子商务是基于互联网、广播电视网和电信网络等电子信息网络进行的生产、营销、消费和流通活动，是实现整个商务过程的电子化、数字化和网络化的新型经济活动。它不仅指基于互联网的新型交易或流通方式，而且指所有利用电子信息技术来扩大宣传、降低成本、增加价值和创造商机的商务活动。电子商务是互联网时代的产物，随着互联网的高速发展，电子商务已经不是一个单纯的商业概念，而是一个以互联网为支撑的集信息流、商流、资金流、物流为一体的整个贸易过程。它不仅会改变企业本身的生产、经营、管理活动，而且将影响到整个社会的经济运行和结构。

　　作为一门形式多样、内容综合和快速成长的课程，"电子商务"是电子商务专业学习领域的一门核心课程，也是物流管理、国际商务、市场营销和工商管理等专业拓展领域的一门基础课。电子商务课程内容体系体现了网络商务的基础性、网络学习的前沿性和网络生活的时代性。可见，电子商务的"教"与"学"在与时俱进的同时，也更加强调电子商务知识内容的实践操作和实战应用，更加注重电子商务思维观念和实战技能的训练。

　　本书针对具体的电子商务建设和管理需要，全面、系统、清晰地描述了电子商务的总体框架，并对所涉及的电子数据交换、安全体系、支付体系、物流配送体系等技术与系统进行了详尽分析，尤其是针对企业电子商务营销运作进行了实用和系统化的介绍。本书的主要特点如下。

　　1. 框架设计合理。本书不但介绍了传统的电子商务基础知识，还讲解了当前电子商务领域的新发展。

　　2. 内容科学实用。本书在内容上每章都包含学习目标、案例分析和思考题，并且利用图、表、案例等形式尽可能做到形象化，力求深入浅出，使学生更加容易理解。从内容上做到既有必需的基础理论，又有实践应用，同时力求做到紧密联系实际，尤其是注重一些实用性细节和技巧，使学生真正能看得懂、用得上，主要目的是启发学生学以致用。

本书由李维宇、胡青华、王蔚任主编，谢晓如、万宠菊、章涤凡、张勇、钟桂娟、庄伟、周游任副主编，刘璐、苏颜、李慧芳、张伟、张晓燕、刘妹萍、保丽娟、耿慧、陈丽萍、吕红培参与了编写。

在本书的编写过程中，我们搜集了大量的资料，参阅了国内多位专家、学者的电子商务著作或译著，也参考了同行的相关教材和网络案例资料，在此对他们表示诚挚的谢意！当然，电子商务发展日新月异，由于作者的水平有限，书中错漏和不妥之处在所难免，恳请专家、同行和读者批评指正。

编　者

Contents 目 录

第一章 电子商务概述

学习目标 …………………………………………………………………… 1
导入案例 …………………………………………………………………… 1
第一节 电子商务的产生与发展 …………………………………………… 2
第二节 国内外电子商务发展概况 ………………………………………… 11
第三节 电子商务对经济、社会的影响 …………………………………… 16
第四节 电子商务的学科特点及其学习方法 ……………………………… 19
小 结 ……………………………………………………………………… 20
思考题 ……………………………………………………………………… 20
案例分析 …………………………………………………………………… 20

第二章 电子商务模式

学习目标 …………………………………………………………………… 22
导入案例 …………………………………………………………………… 22
第一节 电子商务模式概述 ………………………………………………… 23
第二节 B2B 电子商务模式 ………………………………………………… 25
第三节 B2C 电子商务模式 ………………………………………………… 32
第四节 C2C 电子商务模式 ………………………………………………… 39
第五节 O2O 电子商务模式 ………………………………………………… 44
第六节 其他电子商务模式 ………………………………………………… 50
小 结 ……………………………………………………………………… 55
思考题 ……………………………………………………………………… 55
案例分析 …………………………………………………………………… 55

第三章　电子商务安全

学习目标 ……………………………………………………………………………… 58
导入案例 ……………………………………………………………………………… 58
第一节　电子商务安全概述 ………………………………………………………… 59
第二节　电子商务中的网络安全技术 ……………………………………………… 61
第三节　加密技术及其应用 ………………………………………………………… 69
第四节　认证与识别技术 …………………………………………………………… 77
第五节　电子商务安全交易标准 …………………………………………………… 83
小　结 ………………………………………………………………………………… 89
思考题 ………………………………………………………………………………… 90
案例分析 ……………………………………………………………………………… 90

第四章　电子商务支付

学习目标 ……………………………………………………………………………… 91
导入案例 ……………………………………………………………………………… 91
第一节　从传统支付到电子支付 …………………………………………………… 92
第二节　电子支付系统 ……………………………………………………………… 93
第三节　电子支付工具 ……………………………………………………………… 95
第四节　网上银行 …………………………………………………………………… 98
第五节　第三方支付 ………………………………………………………………… 101
第六节　移动支付 …………………………………………………………………… 106
小　结 ………………………………………………………………………………… 111
思考题 ………………………………………………………………………………… 112
案例分析 ……………………………………………………………………………… 112

第五章　移动电子商务

学习目标 ……………………………………………………………………………… 114
导入案例 ……………………………………………………………………………… 114
第一节　移动电子商务概述 ………………………………………………………… 114
第二节　移动电子商务的技术基础 ………………………………………………… 120

第三节　移动电子商务的应用 ………………………………………… 125
第四节　移动电子商务环境分析 ………………………………………… 128
第五节　移动电子商务的发展过程及发展趋势 ………………………… 130
小　结 ……………………………………………………………………… 135
思考题 ……………………………………………………………………… 135
案例分析 …………………………………………………………………… 135

第六章　电子商务物流

学习目标 …………………………………………………………………… 136
导入案例 …………………………………………………………………… 136
第一节　电子商务物流概述 ……………………………………………… 137
第二节　电子商务物流模式 ……………………………………………… 142
第三节　电子商务物流的发展 …………………………………………… 151
第四节　电子商务下的国际物流 ………………………………………… 155
小　结 ……………………………………………………………………… 157
思考题 ……………………………………………………………………… 158
案例分析 …………………………………………………………………… 158

第七章　物　联　网

学习目标 …………………………………………………………………… 161
导入案例 …………………………………………………………………… 161
第一节　物联网概述 ……………………………………………………… 161
第二节　物联网的技术基础 ……………………………………………… 164
第三节　物联网与电子商务 ……………………………………………… 169
第四节　物联网与物流 …………………………………………………… 173
第五节　物联网的其他应用 ……………………………………………… 176
小　结 ……………………………………………………………………… 179
思考题 ……………………………………………………………………… 179
案例分析 …………………………………………………………………… 179

第八章　网络营销

学习目标 …………………………………………………………………… 181

导入案例	181
第一节 网络营销概述	181
第二节 网络营销战略概述	186
第三节 网络营销方法	188
小　结	206
思考题	206
案例分析	206

第九章　客户关系管理

学习目标	208
导入案例	208
第一节 客户关系管理的基本概念	209
第二节 电子商务中的客户关系管理	215
第三节 客户关系管理系统	219
小　结	227
思考题	228
案例分析	228

第十章　电子商务法律基础

学习目标	230
导入案例	230
第一节 电子商务法律概述	230
第二节 电子商务主体法律制度	233
第三节 电子合同法律制度	242
第四节 电子支付法律制度	249
第五节 其他相关电子商务法律制度	254
小　结	261
思考题	261
案例分析	262

参考文献 　263

第一章 电子商务概述

>>> 学习目标

1. 了解电子商务产生的时代背景。
2. 掌握电子商务的含义、特点及功能。
3. 了解国内外电子商务发展现状及趋势。
4. 了解电子商务对社会的影响。
5. 了解电子商务的学科特点及其学习方法。

>>> 导入案例

以小博大的"微店"经营模式

2011年1月21日,中国腾讯(Tencent)公司推出了一款为智能终端提供即时通信服务的免费应用程序——微信(WeChat)。截至2013年11月,微信注册用户量已经突破6亿,成为亚洲地区拥有最大用户群体的移动即时通信软件。2014年3月19日,微信支付接口正式对外开放。用户只需在微信中关联一张银行卡并完成身份认证即可将装有微信App的智能手机变成一个全能电子钱包,体验安全、便捷、高效的电子支付服务。

随着微信的普及,一种以微信为推广平台的新型经营模式——"微店"应运而生。2013年,"微店"开始在中国崛起。2014年1月,电商导购口袋购物推出"微店";5月,腾讯微信公众平台推出"微信小店";10月,京东旗下拍拍网正式上线了"拍拍小店"。随后,京东微店、淘宝微店也大举进入,有量微店、易米微店、金元宝微店、喵喵微店、微盟等各类微店纷纷涌现。由于微店具有无门槛、零费用、支付安全、回款及时等特点,一经推出便呈现出"野蛮生长"之势。据中国电子商务研究中心监测数据显示,目前已有1 000余万家微店,并且每天以新开3万~5万的速度快速增长。打开互联网搜索引擎,输入关键词"微店"进行查找,与"微"字有关的商业平台不胜枚举;而在微信平台,以"微店"进行搜索,同样会出现海量的微店。可见,微店及其营销方式已成为一种新兴的在线经营模式。微店是计算机云技术和传统电子商务相结合的新型模式,"云端产品库+微店分销"的模式颠覆了传统网商既要找货源又要顾推广的做法,把卖家从烦琐的网络推广中解放出来,买家也省去了寻找货源之苦。

思考：
1. 你认为"微店"得以诞生的条件有哪些？
2. "微店"将如何推动电子商务的发展？

第一节 电子商务的产生与发展

一、传统商务与电子商务

自从有了商品和商品交换，就有了商务活动。"商务"作为人类最基本的实践活动，是指一切与商品买卖服务相关的商贸活动，是人们为了生产优良的商品、扩大市场、获得更好的利益回报而进行的社会交际活动。"商务"的概念有广义和狭义之分。广义的"商务"通常指一切与商品买卖服务相关的商业事务；狭义的"商务"即指商业或贸易。任何商务过程均离不开"三流"：信息流、资金流和物流。商务活动以信息流为依据，通过资金流来实现商品的价值，通过物流实现商品的使用价值。这"三流"需要一个"通道"（媒介）来传输，从而实现信息流、物流和资金流的整合。同传统商务所使用的媒介相比较，Internet 在传输信息流和资金流时表现出鲜明的特点，这就形成了电子商务的主要特点。

人们一般将利用信函、电话、传真等传统媒体来实现交易和管理的商务过程称为传统商务。在传统商务模式下，买卖双方通过传统手段进行市场营销、广告宣传、获取营销信息、接收订货信息、做出购买决策、支付款项并提供客户服务。商品往往要经过企业、批发商、零售商等环节才能最终到达消费者手中，这种方式具有环节多、成本高、效率低、受时间和空间的限制等特点。随着信息通信技术和互联网应用的优势不断体现，电子商务理论和技术已进入服务领域、商品流通领域和产品生产领域，使得传统意义上的商务活动在概念和内涵上发生了理念上的变化。一方面，电子商务是在传统商务基础上发展起来的。电子商务与传统商务并不是截然分开的，两者有着密切的联系。例如，很多电子商务网站都提供了传统的货到付款的支付方式；而且在宣传和推广网站时，电子商务也离不开传统的广告和促销模式。另一方面，电子商务具有巨大的融合性。电子商务把过去似乎不相干的很多概念、技术和工作融合到一起，也把传统商务模式和电子商务模式融合在一起。电子商务使一些传统的工作方式和岗位消失或改变，并不断创造新的工作方式和工作内容、新的沟通方式和新的创业模式。

二、电子商务发展阶段及其背景

总体而言，电子商务在全球的发展大致经历了三个阶段。

▶ 1. 第一阶段：基于 EDI 的电子商务

20 世纪 70 年代—90 年代初期，银行之间引进了利用本身自有的网络进行电子资金转账的作业，通过电子汇款信息来提供电子付款的最佳途径。电子商务的首次应用是 20 世纪 70 年代初开发的电子资金转账，它允许将资金在电子金融机构之间发送。作为 EFT 的延伸，20 世纪 80 年代初出现的自动取款机得以使金融交易通过计算机网络进行。20 世

80 年代出现的电子数据交换则应用于更广泛的跨行业电子商务领域,它允许在不同的计算机系统之间进行电子商务的结构化商务文件交换,而无须人工干预。20 世纪 70 年代末80 年代初,美国、英国和西欧其它一些发达国家逐步开始采用 EDI 技术进行贸易,形成了涌动全球的"无纸贸易"热潮。随着网络技术的发展,电子数据资料的交换从磁带、软盘等物理载体的寄送转变为通过专用的通信网络传送。银行间的电子资金转账技术与企事业单位间电子数据交换技术相结合,产生了早期的电子商务。

▶ **2. 第二阶段:基于互联网的电子商务**

1968 年,美国国防部高级研究计划署(Advanced Research Project Agency,ARPA)承担开发了一项不易遭破坏的实验性的计算机通信网络系统,这个网络叫作阿帕网(ARPANET)。ARPANET 的系统基本设计要求是保证网络上的每个节点具有独立的功能并具有等同的地位,同时能达到资源共享。20 世纪 70 年代,ARPANET 开发了一种网络协议——网络控制程序,此协议包括了远程登录、远程文件传输协议和电子邮件,从而形成了 ARPANET 的基本服务。同时,ARPANET 的关键技术是使不同的计算机系统互联,成为互联网,这即是今天 Internet 的起源。20 世纪 80 年代,ARPANET 开始被广泛应用于教育和科研。同时,美国国家科学基金会(National Science Foundation,NSF)建立了计算机科学网,连接科研、教学单位共同开发和改进网络,并运行 TCP/IP 协议。此时,ARPANET 成为新的 Internet 的主干网。20 世纪 90 年代在互联网上出现的全球信息网(World Wide Web,WWW)是一个关键性的突破,因此在应用程序和使用上的便利性有一大进展,而成了电子商务的转折点。WWW 让电子商务成为以较低成本从事较具经济规模商业的方式,创造了更多类型的商业机会,也让小公司可以较接近的技术立足点来与跨国际企业竞争。事实上,直到 1991 年,世界各地互联网用户还不到三百万人,真正意义的电子商务尚未形成。进入 20 世纪 90 年代,计算机网络技术日益成熟。1991 年,美国政府宣布允许在互联网上开发商业应用系统。1993 年,万维网(World Wide Web,WWW)在互联网上出现,具备了支持多媒体应用的功能。1993 年,时任美国总统比尔·克林顿宣布互联网(Internet)面向全球开放,引发了随后的互联网技术在全球的大规模应用。1994 年,美国网景公司推出安全套接层(SSL)协议,用以弥补网上 TCP/IP 在安全性能上的缺陷。1996 年,VISA 与 MasterCard 两大信用卡国际组织共同发起制定保障在互联网上进行安全电子交易的 SET 协议。互联网的广泛应用,彻底地改变了人们的工作、学习和生活方式,也真正催生了电子商务这一新生事物。毫无疑问,自从第一个用户开始浏览万维网以搜索商品和服务以来,随着互联网的可用性不断增强以及万维网的普及,电子商务已迅速发展。

▶ **3. 第三阶段:E 概念电子商务**

目前,人类正进入"后工业化革命"时期,又称之为"信息社会""网络经济"或"数字经济"时期。自 20 世纪 90 年代起,以网络、通信和信息技术为重要标志的 IT 技术被广泛地运用到各个领域,电子商务呈现出全球性、方便快捷性、低成本等不可比拟的优势。伴随着信息技术的发展、个性化需求的不断增加和不同企业的大量进入,电子商务的内涵和外延在不断充实,逐步扩展到了 E(electronic,电子)概念的高度,开拓了更广阔的应用空间。凡是通过电子方式进行的各项社会活动,即利用信息技术来解决问题、创造商机、降低成本、满足个性化需求等活动(电子政务、电子医务、电子军务等),均被概括为 E 概念的电子商务。互联网在全球爆炸性增长并迅速普及,使得现代商业具有不断增长的供货能力、客户需求和全球竞争三大特征。在这一新趋势下，任何商业组织都必须及时改变自己的组织结构和运行方式以适应这种全球性的发展变化。诚如比尔·盖茨所说的那样，21世纪的市场，要么电子商务，要么无商可务。

三、电子商务的内涵、特点及其功能

（一）电子商务的内涵

在互联网开放的网络环境下，以现代信息技术和通信技术为支撑，买卖双方已经可以不谋面地进行各种商贸活动，实现消费者的网上购物、商户之间的网上交易和在线电子支付等各种商务活动、交易活动、金融活动，以及相关的综合服务活动。1997年11月6日—7日，国际商会在法国首都巴黎举行了世界电子商务会议，共同探讨了电子商务的概念问题。与会人员一致同意：电子商务就是对整个贸易活动实现电子化。随后，各国政府、学者、企业界人士均倾向于将传统商业活动各环节的电子化、网络化、信息化现象称为电子商务，并给出了不同的定义。

▶ 1. 维基百科

电子商务是在互联网、企业内部网和增值网（value added network，VAN）上以电子交易方式进行交易活动和相关服务活动，是传统商业活动各环节的电子化、网络化。电子商务包括电子货币交换、供应链管理、电子交易市场、网络营销、在线事务处理、电子数据交换（EDI）、存货管理和自动数据搜集。在此过程中，利用到的信息技术包括互联网、外联网、电子邮件、数据库、电子目录和移动电话。

▶ 2. 世界电子商务大会

电子商务是实现整个贸易活动的电子化，交易各方以电子交易方式进行各种形式的商业交易；在技术上电子商务采用电子数据交换、电子邮件、共享数据库、电子公告牌以及条形码等多种技术。

▶ 3. 欧洲议会

电子商务是通过电子方式进行的商务活动。它通过电子方式处理和传输数据，包括文本、声音和图像，涉及许多方面。不仅包括在线数据传递、货物电子贸易和服务、电子资金划拨、电子权证交易、货运单证、商业拍卖、合伙设计和工程、在线资料、公共产品获得等有形商品的商务活动，而且包括信息服务、金融服务、法律服务、健身服务、教育服务等无形产品的商务活动，它的技术则是以电子方式处理和传输数据，包括文本、声音和图像等。

▶ 4. 美国政府

美国政府在其《全球电子商务纲要》中比较笼统地指出：电子商务是指通过Internet进行的各项商务活动，包括广告、交易、支付、服务等活动，全球电子商务将会涉及全球各国。

▶ 5. 康柏（COMPAQ）公司

电子商务是一个以Internet/Intranet为构架，以交易双方为主体，以银行支付和结算为手段，以客户数据库为依托的全新商业模式。

▶ 6. 国际商业机器公司（IBM）

电子商务是一种在互联网上开展的相互关联的动态商务活动，即电子商务＝Web＋IT。它所强调的是在网络计算环境下的商业化应用，是把买方、卖方、厂商及其合作伙伴在 Internet、Intranet 和 Extranet 结合起来的应用，电子商务即是采用数字化方式进行商务数据交换和开展商务业务的活动，是在 Internet 的广阔联系与传统信息技术系统的丰富资源相结合的背景下应运而生的一种相互联系的动态商务活动。

▶ 7. 李琪

电子商务是电子工具在商务活动中的应用。电子商务是商务劳动新的生产力，是在掌握电子商务技能的复合型人才控制下，运用系列化、系统化的电子工具从事的商务活动。

▶ 8. 全球信息基础设施委员会

电子商务是运用电子通信作为手段的经济活动，通过这种方式，人们可以对带有经济价值的产品和服务进行宣传、购买和结算。这种交易方式不受地理位置、资金多少或零售渠道的影响，是公有和私有企业、政府部门、公民和各个社会团体都能自由参加的经济活动，电子商务能使产品在全世界范围内交易并向消费者提供多种多样的选择，可以体现高效快捷的优势。

▶ 9. 中国政府

电子商务是网络化的新型经济活动，即基于互联网、广播电视网和电信网络等电子信息网络的生产、流通和消费活动，而不仅仅是基于互联网的新型交易或流通方式。体现了信息技术网络化应用的根本特性，即信息资源高度共享、社会行为高度协同所带来的经济活动高效率和高效能。

▶ 10. 其他角度

人们还从不同的角度对电子商务加以定义。例如，从通信的角度看，电子商务可在互联网上传递信息、产品、服务或进行支付。从服务的角度看，电子商务是一个工具，既能提高产品质量，加快产品服务交付的速度，也能降低服务成本。从在线的角度看，电子商务提供了通过互联网的销售信息、产品、服务。从企业经营的微观角度看，电子商务是通过互联网来支持企业的交易活动，是实现产品或服务的买卖。从企业经营的宏观角度看，电子商务是基于互联网，支持企业经营的产、供、销、人事、财务等全部活动的自动化。总之，电子商务正以一种前所未有的联系方式，将顾客、销售商、供应商和雇员联系在一起，将所有有价值的信息迅速地传递给所需要的人们。

▶ 11. 文献

另外，在文献中可以发现有许多不同的电子商务的定义。对于本书所介绍的电子商务，可以从广义和狭义两个方面进行理解。广义上讲，电子商务（electronic business，EB）是指利用电子手段进行的商业事务活动。通过使用互联网等电子工具，使公司内部、供应商、客户和合作伙伴之间，利用电子业务共享信息，实现企业间业务流程的电子化，配合企业内部的电子化生产管理系统，提高企业的生产、库存、流通和资金等各个环节的效率。从最广意义上讲，电子商务包括通过使用信息和通信技术进行的任何形式的商业交易或信息交换。狭义上讲，电子商务（electronic commerce，EC）是指利用互联网等电子工具，在全球范围内进行的商务贸易活动，是包括了商品和服务的提供者、广告商、消费者、中介商等有关各方行为的总和。一般来说，EC 以商品的买卖为中心，出现在以 Internet 为平台的商品交换出现之后，西方媒体上最先使用的就是这一词汇，又有人将其译为电子贸易。而 EB 是 IBM 公司在 1997 年率先推出的电子商务概念。IBM 认为，电子商务不仅包括了在线的商品交换，而且还应包括对客户的服务和商业伙伴之间的合作，IBM

甚至认为企业在其按照 Internet 标准构造的企业内部网(Intranet)和企业互联网(Extranet)上从事的业务都包括在 EB 之中。又有人将 EB 翻译为电子业务，有人认为，EB 包括了 EC，而 EC 是 EB 的精华所在。从广义上讲，电子商务不仅限于网络购买和销售，但它也涉及通过互联网、外网及内网等计算机网络转移或交换的产品、服务或信息，还包括通过电子数据交换系统等电子系统输入和接收订单和付款。

▶ 12. 本书

综合国内外电子商务的定义，本书认为，电子商务实质上就是在商务活动中，交易双方借助现代信息与通信技术支持商业流程及商品与服务的交换，实现商务活动各阶段的电子化，从而降低人、财、物等资源的消耗，提高商务活动的经济效益和社会效益的一系列新型商务模式的集合。理解本定义的核心有商务活动和电子化手段两个方面：商务是核心，电子是手段和基础，效益是目的，其关系如图 1-1 所示。"商务"解决做什么的问题，"电子"则解决如何做的问题，"效益"是要达到的状态。

图 1-1　电子商务中"电子"与"商务"的关系

电子商务的目标包括基本目标和具体目标两个方面。基本目标包括如下两方面。

(1) 支持电子化环境中商品及服务的销售与购买活动。

(2) 整体商业流程中效率及效益的改善与提升。

具体目标有如下几方面。

(1) 更好的商品。

(2) 更好的服务质量。

(3) 更高的顾客满意度。

(4) 更佳的企业决策绩效。

(5) 更密切的组织内及组织间关系。

(6) 较低的建置及营运成本。

(7) 有效率的交易过程。

电子商务的概念模型主要包括交易主体、电子市场、交易事务、资金流、物流、信息流等基本要素。

1) 交易主体

交易主体是指能够从事电子商务活动的客观对象，包括消费者、企业、网上银行、认证中心、政府机构、物流中心和中介机构等。消费者是电子商务交易过程中占主导地位的主体，是经济活动中不可缺少的重要一环。企业是电子商务最主要的推动者和受益者。网上银行在互联网上实现传统银行的业务，为用户提供 24 小时实时服务；与应用卡公司合作，发放电子钱包，提供网上支付手段，为电子商务提供交易中的用户和商家服务。认证中心是受法律保护承认的权威机构，负责发放和管理电子证书，使网上交易的各方能互相确认身份。政府在电子商务中扮演着双重角色，既是宏观政策的制定者和调控者，又是商业采购的积极参与者。物流中心接受商家的送货要求，组织运送无法从网上直接得到的商品，跟踪产品的流向，将商品送到消费者手中。中介机构可分为三类：为商品所有权的转移过程服务的提供商；提供电子商务软硬件服务、通信服务的各种厂商，像 IBM、HP、Microsoft 这样的软硬件和解决方案提供商；像 Yahoo、Alta Vista、Infoseek 这样的提供信息及搜索服务的信息服务提供商。

2）电子市场

电子市场是指电子商务实体从事商品和服务交换的场所，它把各种各样的商务活动参与者通过网络连接成一个统一的经济实体。电子市场在互联网通信技术和其他电子化通信技术的基础上，通过一系列动态 Web 应用程序和其他应用程序将交易双方集中在一起的虚拟交易环境。

3）交易事务

交易事务是指电子商务实体之间所从事的具体的商务活动的内容，如询价、报价、转账支付、商品运输等。

4）资金流

资金流是指在商贸活动中随着商品实物及其所有权的转移而发生的资金转移过程，是实现商务交易活动的不可或缺的手段和前提条件。资金流一般是通过一定的支付方式，如转账、支票、信用卡、电子钱包和现金支付等来实现的。它最大的问题是资金的安全问题，主要是指资金的转移过程，包括付款、转账、兑换等过程。它始于消费者，终于商家账户，中间可能经过银行等金融部门。

5）物流

物流，一是指由商品交易而形成的物质物理移动过程，包括包装、存储、装卸、运输、配送等多项基本活动。二是指商品和服务的配送传输渠道，对于大多数商品和服务来说，物流可能仍然由传统的经销渠道进行配送，对于有些商品和服务来说，可直接以网络传输的方式进行配送，如各种电子出版物、信息咨询服务、有价信息等。

6）信息流

信息流是服务于商流和物流所进行的信息活动的总称，既包括商品信息的提供、促销营销、技术支持、售后服务等内容，也包括诸如询价单、报价单、付款通知单、转账通知等商业贸易单证，还包括交易方的支付能力、支付信誉、中介信誉等。信息流是指人们采用各种方式来实现信息交流，即信息的传播与流动。它主要包括信息的采集、传递、处理、加工、储存、检索、利用以及分析等过程。商务信息流就是上述活动在商务活动中的体现。信息流作为商务活动的神经，在商品流通过程中具有十分重要的作用，发挥着连接交易双方、调控交易行为以及交易决策支持等功能。

电子商务的概念模型如图 1-2 所示。

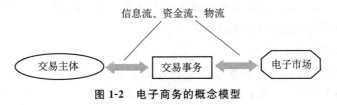

图 1-2　电子商务的概念模型

基于上述概念模型，电子商务的基本组成要素主要包括计算机网络、用户、配送中心、认证中心、网上银行、商家等，如图 1-3 所示。

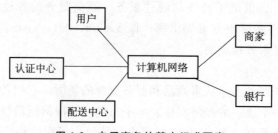

图 1-3　电子商务的基本组成要素

（二）电子商务的特点

电子商务的特点如下。

▶ 1. 虚拟性

电子商务是一种在虚拟市场运作的商务形式。除商品本身是实体外（部分商品本身并无实体，如电子图书、影像制品等数字产品等），一切涉及商品交易的手续，包括合同、资金和运输单证等，都以虚拟方式出现。交易双方在互联网上进行交易，由"面对面交易"变为"机对机交易"，跨越了时空的界限。

▶ 2. 低成本

电子商务突破了行业和产品物理特性的限制，使商品信息的透明度增加，交易范围急剧放大，大幅度降低信息的搜集成本、发布成本和撮合成本，减少许多中间环节，使交易成本大幅度降低。由于电子商务较少受店面租金、库存压力、经营规模以及场地限制的制约，可以大幅度减少信息传递成本、中间环节交易成本、文件处理成本、库存与管理经营成本以及广告促销成本。

▶ 3. 个性化

电子商务使个性化定制信息需求更加强劲，个性化商品的深度参与成为必然，小批量、多品种成为新的营销模式。

▶ 4. 敏捷性

电子商务时代的企业需要对变化多端的电子商务市场进行准确而有效的快速反应，缩短生产周期，提高产品质量，实现对多边的市场需求快速准确的反应。电子商务克服了传统贸易方式易出错、处理速度慢等缺点，极大地缩短了交易时间，使整个交易非常快捷与方便。

▶ 5. 全球性

电子商务的市场范围从概念和实现形式都是统一的全球市场。电子商务的开展使企业从一开始就面对全球市场，即使是刚刚诞生的小公司，也可以通过进入国际互联网树立全球形象，直接开展全球范围的商务活动。

（三）电子商务的功能

电子商务可提供网上交易和管理等全过程的服务。因此，它具有广告宣传、咨询洽谈、网上订购、网上支付、电子账户、服务传递、意见征询、交易管理等各项功能。

▶ 1. 广告宣传

电子商务使企业可以通过自己的 Web 服务器、网络主页和电子邮件在全球范围内做广告宣传，在 Internet 上宣传企业形象和发布各种商品信息，客户用网络浏览器可以迅速找到所需的商品信息。

2. 咨询洽谈

电子商务使企业可借助非实时的电子邮件、新闻组和实时的讨论组来了解市场和商品信息、洽谈交易事务。在网上的咨询和洽谈能超越人们面对面洽谈的限制、提供多种方便的异地交谈形式。

3. 网上订购

企业的网上订购系统通常都是在商品介绍的页面上提供十分友好的订购提示信息和订购交互表格，当客户填完订购单后，系统回复确认信息单表示订购信息已收悉。电子商务的客户订购信息采用加密的方式使客户和商家的商业信息不会泄露。

4. 网上支付

网上支付是电子商务交易过程中的重要环节，客户和商家之间可采用信用卡、电子钱包、电子支票和电子现金等多种电子支付方式进行网上支付，采用在网上电子支付的方式节省了交易的开销。对于网上支付的安全问题，现在已有实用的技术来保证信息传输的安全性。

5. 电子账户

网上支付是指由银行、信用卡公司及保险公司等金融单位提供包含电子账户管理在内的金融服务，客户的信用卡号或银行账号是电子账户的标志，它是客户所拥有金融资产的标识代码。电子账户通过客户认证、数字签名、数据加密等技术措施的应用保证电子账户操作的安全性。

6. 服务传递

电子商务通过服务传递系统将客户所订购的商品尽快地传递到已订货并付款的客户手中。对于有形的商品，服务传递系统可以通过网络对在本地或异地的仓库或配送中心进行物流的调配，并通过物流服务部门完成商品的传送；而无形的信息产品如软件、电子读物、信息服务等则立即从电子仓库中将商品通过网上直接传递到客户端。

7. 意见征询

企业的电子商务系统可以采用网上问卷等形式及时收集客户对商品和销售服务的反馈意见，这些反馈意见能提高网上、网下交易的售后服务水平，使企业获得改进产品、发现新市场的商业机会，使企业的市场运作形成一个良性的封闭回路。

8. 交易管理

电子商务的交易管理系统可以借助网络快速、准确搜集大量的数据信息，利用计算机系统强大的处理能力，针对与网上交易活动相关的人、财、物、客户及本企业内部事务等各方面进行及时、科学、合理的协调和管理。

四、传统商务与电子商务的比较

目前，互联网已经成为世界上最流行的电子商务媒介，"购物不用出门，消费就在指尖"不仅是人们对电子商务的形象诠释，也是对这种便捷购物渠道的生动表述。在互联网络环境下，电子商务呈现出传统企业并不具有的一些新特点，商务运作过程、商务流程均发生了重大变革，如表1-1～表1-3所示。

表 1-1 传统商务与电子商务主要特点对比

项　　目	传统商务	电子商务
流通渠道	企业—批发商—零售商—消费者	企业—消费者
交易对象	部分地区	全球
交易时间	规定的营业时间内	24 小时×7 天
顾客方便度	受时间与地点的限制，还要看店主的眼色	顾客按自己的方式无拘无束地购物
销售地点	需要销售空间（店铺）	网络虚拟空间
销售方法	通过各种关系买卖	透明、自由购买
营销活动	销售商简单的单方营销	双向通信、一对一营销、个性化营销
顾客需求	需长时间掌握顾客的需求	能够迅速捕捉顾客的需求，及时应对
顾客忠诚度	不固定（普通销售时）	固定（购买方便，价格低廉）

表 1-2 传统商务与电子商务流程对比

步　　骤	传统商务	电子商务
1	买方准备订购单	买方准备订购单
2	输入订单数据	输入订单数据
3	打印并邮寄或传真订单给买方	电子单据或自动处理
4	进行订货登记	电子单据或自动处理
5	卖方打印装箱单或订单	卖方打印装箱单或订单
6	货物装运给买方	货物装运给买方
7	开具发票并记应收账	电子单据或自动处理
8	将发票寄给买方	电子单据或自动处理
9	买方收到货物	买方收到货物
10	买方收到发票	电子单据或自动处理
11	登记所收货物存货科目	登记所收货物存货科目
12	将发票输入应付款系统	电子单据或自动处理
13	买方将支票寄给卖方	电子单据或自动处理
14	卖方收到支票、登记应收款账户冲账	电子单据或自动处理

表 1-3 传统商务与电子商务运作过程对比

	交易前的准备	贸易磋商过程	合同与执行	支付方式
传统商务	商品信息的查询、发布和匹配，通过传统方式来进行	口头磋商或纸面贸易单证的传递过程。工具：电话、传真、邮寄等	书面形式签订具有法律效力的商务合同	支票、现金
电子商务	通过交易双方的网址和主页完成	电子化的记录、文件或报文在网上传递	电子合同，同样具有法律效力	网上支付（信用卡、电子支票、电子现金、电子钱包等）

第二节 国内外电子商务发展概况

一、国外电子商务发展概况

电子商务依赖于各种信息和通信技术(information and communication technologies, ICT),在许多领域都有提高效率和生产率的潜力。因此,电子商务在许多国家都受到了极大的关注。在过去的近二十年中,发达国家以及发展中国家的电子商务都有了显著增长。自惠普(HP)公司、IBM公司等先后宣布1998年为"电子商务年"以来,电子商务在全球迅猛发展。2000年,美国纳斯达克及全球其他国家网络泡沫破灭,全球电子商务遭到沉重打击。2003年后,全球电子商务逐渐回暖,美国、欧盟、日本等发达国家和地区的电子商务应用走向成熟,新兴市场国家尤其是中国的电子商务得到长足发展。在短短的几年里,电子商务已经从概念发展到不可否认的事实,原因是它为消费者、企业和政府每一方工作。2013年,全球电子商务用户数达到11.67亿人,占全球互联网用户数的42%。近五年来,全球电子商务交易额增速始终明显高于经济增长速度。

(一)美国电子商务发展概况

美国是全世界最早发明电子商务的国家,同时也是电子商务发展最为成熟的国家,一直引领全球电子商务的发展,是全球电子商务的成熟发达地区之一。1996年下半年,美财政部颁布了有关"全球电子商务选择税收政策"白皮书;1996年年底,时任美国总统的比尔·克林顿亲自倡导成立了跨部门的电子商务管理协调机构——美国政府电子商务工作组,负责制定有关电子商务的政策措施,并协调督促相关部门实施;1997年7月1日,克林顿颁布了联邦政府促进、支持电子商务发展的"全球电子商务框架",并要求自1997年1月起,联邦政府各部门采购全面采用电子商务方式,这标志着电子商务在美国的全面启动,也使许多国家、许多企业认识到推行电子商务的紧迫性。电子商务成为信息时代最具活力的代表,对世界经济的发展与文明的进步形成了强大的推动力。

2011年,美国网络购物人数是1.41亿人,电子商务使用率71.2%。根据comScore的调查,2011年美国电子商务市场规模为1 664亿美元。目前,美国的互联网用户约为2.4亿,渗透率高达74.9%,仍然是世界上最大的电子商务市场。其中已经有约3/4的互联网用户属于网购人群,网购渗透率达到71.6%。comScore提供的数据显示,2014年第一季度,美国在线购买商品的消费者总数达到1.98亿人。这一数量占据了年龄在15周岁以上的美国人口的78%。市场调研公司SeeWhy的统计数据显示,2013年57%的女性参与了网络购物,比例高于男性的52%。不过22%的男性在去年通过智能手机进行购物,比例高于女性的18%。美国电子商务占整体零售市场的份额逐年提高,2013年电子商务市场销售规模约为2 630亿美元,占比达到5.8%,仍处在较低位置,低于中国目前近8%的水平。

美国移动互联网发展迅速,来自移动端的交易额也是逐年上涨,并且这一趋势在未来相当长的一段时间内都将持续。未来,移动互联网将不仅带来电子商务交易额的增加,也将使得电子商务的交易方式发生一些改变。eMarketer的数字显示2013年移动端的成交额将达390亿美元(约合2 418亿人民币),比2012年的250亿美元(约合1 550亿人民币)增长约 56%。2012 年来自移动端的交易额占比达到 11%，预计 2017 年提升到 25%。

美国科尼尔管理咨询公司（AT Kearney）两年一度的全球电子商务指数显示，美国现在已一跃领先于 2013 年排在首位的中国。美国将市场规模、增长潜力、发达的基础设施有机结合，且美国居民愿意在线购买，致使美国电子商务业务发展不可阻挡。不过尽管美国 57.4% 的人口上网购物，美国小型企业只有 28% 成立了网站。美国消费者更喜欢用电脑网购，电脑的网购消费支出占 72%，手机和平板电脑分别占 15% 和 13%。

（二）日本电子商务发展概况

日本政府将 1996—2004 年日本电子商务发展划分为四个阶段：1996—1997 年为黎明期，这一时期主要进行电子商务方面的研究以及实证研究；1998—1999 年为初级发展期，这一时期主要进行电子商务的基础设施建设，并开展电子商务方面的实验；2000—2001 年为成长期，这一时期随着电子商务环境的改善，电子商务得到了飞速发展；2002—2004 年为电子商务的普及和新发展时期。

在上述发展阶段，日本电子商务相关的政策也有了很大发展。1999—2001 年主要是颁布和修改电子商务的相关法律；1999 年开始对 E-Market Place（电子集市）的实施进行研究；2000 年开始对移动电子商务进行研究，同时争取在金融交易网络化方面取得进展。

日本 B2B 电子商务起步于 1995 年，是在美国的影响下发展起来的，当美国的电子商务热潮由 B2C 转向 B2B 时，这股浪潮也同样波及了大洋彼岸的日本。在日本电子商务发展的初期，尽管电子商务表现出几何级数的增长态势，但是与美国相比，电子商务化比率仍然很低，规模也很有限。

在日本电子商务发展初期，电子商务不仅规模有限，而且多以特定企业间内部电子商务（EDI）的形式出现。据日本通信销售协会 1996 年 12 月的调查，网上商店的月平均访问量在 1 000 次以下的占 47%；月平均订货在 100 件以下的占 65%，100～500 件的占 15%；销售额在 300 万日元以上的占 13%。1999 年，一直处于实验阶段的电子商务项目开始进入应用领域并蓬勃发展起来，这一年被称为"电子商务元年"。由于信息技术日益体现出支配日本经济的作用，日本各界普遍认识到了电子商务和互联网的重要意义，企业更是关注移动电子商务的方法和技术开发，大力发展电子商务。以此为背景，日本电子商务规模开始出现几何式增大的发展趋势。

在日本，大企业之间电子商务和国内电子商务一直是主流。由于受信用、语言等难题的限制，对外贸易的电子商务比重很小。企业主要是通过电子商务联络国外客户、询价、查询等，包括物流、结算在内的 B2B 电子商务很少。

在 B2C 电子商务方面，日本以便利店形式的电子商务为主流。在 B2C 领域内，日本也同样受到美国的影响，如日本第二大连锁便利店 Lawson 便利用 IBM 电脑公司提供的 EC 解决方案，开设了名为 Loppi 的网上购物中心。此外，还有很多美国公司参与到日本政府开展的电子商务实验项目。不过，在 B2C 电子商务方面，日本并没有模仿美国的模式，而是根据日本的国情和实际情况建立了独具日本特色的模式。

日本的电子商务起步较晚，但发展势头迅猛。日本经济产业省发布的调查统计结果显示，2013 年，日本企业对个人的电子商务交易总额达到了 11.2 万亿日元（约合 1 100 亿美元），比上年增长 17.4%。随着电子商务的快速发展，日本政府有关部门加大了对电子商务的监管力度。美国科尔尼管理咨询公司发布的《2015年全球电子商务发展指数》显示，2015年，日本的电商市场规模居全球第四位。

日本政府先后制定了一系列有关规范电子商务的法律法规，加大对电子商务交易的监管力度，主要有《日本电商与信息交易准则》《电子消费者合同法》《关于消费者在电子商务中发生纠纷的解决框架》《特定交易商相关法律》《完善跨国电商交易环境》《关于跨国电商交易纠纷的解决框架》，以及《电子消费者协议以及电子承诺通知相关民法特例法律》等。

日本还建立了电商准入制度，并实施严格的准入标准和身份确认制度。欲进入电子交易平台的商户，首先必须进行工商登记手续，凭登记凭证方可申请网上商品交易业务。其次，申请网上交易的商户必须在完成身份确认后，方可开展交易活动。此外，从事电子商务交易的商家还需接受第三方认证。日本的信用调查机构将对参与电子商务交易的商户进行信用调查，并根据调查结果对商户的经营活动进行信用等级评估。

至于"山寨货""假货"，日本电商网站是极为少见的。在严格的法律监管下，一旦出现假货，不仅网上卖家要被罚款甚至坐牢，作为销售平台的电商网站也要承担巨额罚款与重大法律责任。因此，日本电商网站上虽然有很多不知名品牌的商品，但仿冒货却基本不存在。

不仅如此，电子交易平台运营商还有委托从事配送的物流公司确认买家的真实身份的义务，以保护商户的利益不受损害。

日本对传统的有形商品交易活动监管有一整套比较完整的法律法规，有不少条款也应用到电子商务交易之中。由于日本商业信用整体情况较高，商家具有较好的诚信和自律精神，电商与消费者的交易纠纷也比较少，在电子商务的交易中基本上呈现出一种良性循环。因此，日本政府对电子交易市场的干预比较少，只有在发生比较重大的事件时，政府有关部门才会介入和干预。

（三）韩国电子商务发展概况

2003年，世界银行对亚太经济合作组织（APEC）各成员的通信、金融、流通服务等社会间接资本设施规模进行的一项调查显示，韩国电子商务规模在APEC成员中位居第9位，在亚洲地区成员中位居第6位。中国电子商务研究中心监测数据显示，2014年，韩国电子商务市场规模由1999年的92亿美元上升到470亿美元。美国科尔尼管理咨询公司发布的《2015年全球电子商务发展指数》显示，2014年，韩国电子商务市场规模位列全球第7位，显示出迅猛发展和持续增长的态势。

韩国陆续颁布了多项法律法规，为电子商务发展和应用提供法律保障。《电子商务框架法》于1999年颁布，2002年修订，其主旨是通过澄清法律的利害关系、保证电子交易的安全与可靠来促进全国的经济发展，并建立便利的电子交易框架。该法规定了电子信息、电子商务的安全、电子商务用户的保护、电子商务政策制定系统、电子商务促进措施和电子商务仲裁委员会等。《电子签名法》于1999年制定，2001年修订，其旨在通过提供电子签名的基本规则促进信息社会和提升人民生活的方便性，目的是确保电子信息的安全可靠，使其使用更加便利。该法规定了公共认证权威机构，公共认证，保证认证服务的安全可靠，电子签名认证的政策制定等。《电子化学习产业促进法》于2004年制定，其目的是通过促进电子化学习来提高人民的生活质量，发展国家经济，它规定了发展电子化教学产业的必要内容，如建立电子化教学产业促进体系，培育电子化教学产业基础设施以及制定便利电子化教学产业的措施等。《电子商务用户保护法》于 2002 年制定，其目标是通过保证电子贸易和直销方式的货物贸易、服务贸易的公平来保护用户权利，提高市场可靠性，发展全国经济。该法规定了电子贸易和直销，用户权利的保护，检查和监督，实行纠正和惩罚等。《电子商务用户保护指南》于 2003 年公布，其依据是《电子商务用户保护法》第 23 条，通过规定和例示相关法律法规，保护用户基本权利和利益，并促使交易双方自觉自愿地去遵守电子贸易和直接贸易的规章。该指南分成基本内容和建议两部分。基本内容包括相关规定的应用标准，该标准用来判断哪些属于违规行为。建议部分提供了用户在交易中出现不利于自身的情形下如何进行补救的措施。除了这五项基本的法律法规及指南，还制定了有关于电子商务和信息社会便利化的法案，如《标准合同规章法》《贷款交易法》《网络信息服务业促进法》《音乐、视频、游戏产品法》《信息、通信网络、信息安全促进法》《产品义务法》《计算机程序保护法》《电子单证法》等。

二、我国电子商务发展概况

我国的电子商务活动开展时间不长，但政府部门对此给予了高度的重视，电子商务的发展态势很好。早在 20 世纪 60 年代，我国就开始了用电报报文发送商务文件；20 世纪 70 年代人们又普遍采用方便、快捷的传真机来代替电报，后来人们开始采用 EDI 作为企业间商务的应用技术，这也就是电子商务的雏形。中国的电子商务的雏形也发端于 1990 年，从 EDI 应用开始的。当时的国家计委、外经贸部、中国海关等部门组成了联合小组，研究 UN/EDI-FACT 标准在中国的应用，首先在国际贸易企业中得到应用。从 1998 年 3 月我国第一笔互联网网上交易成功算起，我国进入互联网电子商务发展阶段，IT 界和媒体开始宣扬电子商务的概念。随后，电子商务迅速进入实施阶段，一大批电子商务网站如雨后春笋般涌现出来。从我国电子商务走过的十余年的历程看，电子商务的模式也从最初的单一模式发展到今天的多样化，进入密集创新和快速扩张的新阶段，B2B、C2C、B2C、G2B、O2O 等模式日益成熟。从目前的市场发展来看，有两种电子商务模式正在走向成熟：一种是传统的 B2C 模式，其中以当当、京东为代表，包括图书、服装、百货等商品；另外一种是 B2B 模式，也就是阿里巴巴模式，即在一个平台上个人与个人做生意、公司与个人做生意、公司与公司做生意，这种模式也在逐渐成熟。而拥有庞大用户规模的 C2C 模式还没有形成真正的营利模式。还有一些电子商务的模式，如企业直接在网上销售自己的产品以及如携程电子商务和电子服务的结合，由于这只是企业的电子化行为，并不能成为电子商务的主流。

近年来，我国电子商务交易额增长率一直保持快速增长势头。特别是网络零售市场更是发展迅速，2011 年，我国网络零售额仅为 0.78 万亿元，到 2018 年已上升至 31.63 万亿元。更让人们看到我国网络零售市场发展的巨大潜力。毫无疑问，电子商务正在成为拉动我国消费需求、促进传统产业升级、发展现代服务业的重要引擎。

当前，我国电子商务的发展呈现出以下总趋势：一是专业化趋势，专注、专营潜力大；二是融合与延伸趋势，同类兼并、互补兼并、战略联盟；三是区域化趋势，专注某一地域；四是大众化趋势，使用 EC 的人数向大众普及；五是国际化趋势，贸易国际化。

中国从 20 世纪 90 年代初开始，相继实施了金桥、金卡、金关、金税、金宏、金卫、金智、金企等一系列金字工程。1992 年 9 月，我国 EDI 通关系统工程正式立项，到 2002

年，有将近10万家企业通过互联网使用中国电子口岸工程提供的各项服务。1993年10月，我国启动了金卡工程。1996年中国银行开通了国内第一家网上银行。2000年，中国电子商务协会成立，它标志着我国电子商务的发展有了自己的行业组织。2002年，全国分5批共有73家证券公司正式推出网上交易业务。2005年，风险投资对中国电子商务的发展表现了极大的热情，阿里巴巴召开的论剑峰会和对雅虎的收购吸引了众多媒体的关注，淘宝、易趣、当当不时爆出的新闻吸引了众多的眼球。借助商务平台的营销活动也空前激烈。《国务院办公厅关于加快电子商务发展的若干意见》吹响了加快中国电子商务发展的号令，成为了推进电子商务发展的理论武器。《网上银行业务管理暂行办法》《电子银行业务管理办法》《电子银行安全评估指引》及《电子银行安全评估机构业务资格认定工作规程》等推动了网上银行业务的发展，第三方支付取得突破性进展，支付宝、PayPal表现活跃，单纯技术支撑的网络平台开始了向安全交易平台的过渡和转变；同时中国信息协会信用信息服务专业委员会在北京成立，标志着信用体系建设的起步。工业和信息化部发布的《电子商务"十二五"发展规划》就明确指出，到2015年，电子商务交易额翻两番，突破18万亿元。其中，企业间电子商务交易规模超过15万亿元。中国网络零售交易额将突破3万亿元。

国内知名第三方电子商务研究机构发布的《2014年度中国电子商务市场数据监测报告》显示，2014年，我国电子商务市场交易规模达13.4万亿元，同比增长31.4%。其中，B2B电子商务市场交易额达10万亿元，同比增长21.9%。网络零售市场交易规模达2.82万亿元，同比增长49.7%。国家商务部发布的《中国电子商务报告(2014)》显示，目前电子商务已经成为国民经济的重要增长点。2014年，电子商务交易总额增速是28.64%，是国内生产总值的3.86倍。全国网络销售额增速较社会消费品零售总额的增速快了37.7%。此外，移动电子商务呈现爆发式增长，我国微信用户数量已经达到5亿，同比增长41%。中国互联网络信息中心（China Internet Network Information Center，CNNIC）发布的《2014年中国网络购物市场研究报告》显示，截至2014年12月，我国网络购物用户规模达到3.61亿，较2013年年底增加5953万人，增长率为19.7%；我国网民使用网络购物的比例从48.9%提升至55.7%。与此同时，2014年手机购物市场发展迅速。2014年我国手机网络购物用户规模达到2.36亿，增长率为63.5%，是网络购物市场整体用户规模增长速度的3.2倍，手机购物的使用比例提升了13.5个百分点，达到42.4%。

2014年，国家相关部门出台多项政策法规规范网络零售、跨境网络零售、移动端网络零售及物流、金融等产业，包括《网络交易管理办法》《关于跨境电子商务零售出口税收政策的通知》《国务院办公厅关于开展电子商务与物流快递协同发展试点有关问题的通知》《网络零售第三方平台交易规则制定程序规定(试行)》等。从政策法规的层面促进跨境电子商务的发展和物流支付等支撑企业的创新以及产业链的协同发展，并维护消费者和第三方经营平台的合法利益，有利于促进整个网络零售行业的规范发展和快速增长。

2015年的《政府工作报告》指出，制订"互联网＋"行动计划，推动移动互联网、云计算、大数据、物联网等与现代制造业结合，促进电子商务、工业互联网和互联网金融健康发展，引导互联网企业拓展国际市场。所谓"互联网＋"，是指以互联网特别是移动互联网为主的一整套信息技术在经济社会各部门各领域扩散与应用、不断释放数据流动性的过程。"互联网＋"实际上是创新2.0(信息时代、知识社会的创新形态)下的互联网发展新形态、新业态。也就是说,"互联网+"通过互联网技术在各个产业内部及产业间的运用,借助云计算、大数据、物联网等配套技术的嵌入,在行业间产生反馈、互动与协调,最终出现大量化学反应式的融合与创新。

"互联网+"的魅力在于对海量数据资源的挖掘和运用。IT时代的工具集中体现为"硬件+软件",而DT(数据技术)时代的工具突出表现为"云计算+大数据"。IT时代是信息经济发展的初期阶段,DT时代是升级阶段,引入生产过程的劳动对象集中于数据本身,开放流动、结构多样的海量数据是应用焦点。在生产要素层面,数据投入大量替代物质投入,数据技术与其他技术一起驱动经济强劲增长。当前,互联网经济正在倒逼一个个产业的互联网化、在线化、数据化。"互联网+"的商业模式就是真正实现以消费者为中心,为海量消费者提供个性化产品和服务。如果没有互联网、大数据和云计算,没有"云商业"逻辑的发展与成熟,以消费者为中心的客户主导模式就是纸上谈兵。在"云(云计算)+网(互联网)+端(智能终端)"的信息传导模式下,开放式、分布式、对等性等技术特征必然映射到企业组织管理之中,企业组织模式开始呈现出云端制与小微化趋势。

第三节 电子商务对经济、社会的影响

电子商务作为一种新型的交易方式,将生产企业、流通企业、消费者和政府带入了一个网络经济增长迅猛的新世界。在电子商务的环境中,人们不受地理位置的限制,客户能以非常简捷的方式完成以往比较复杂的商业活动,同时使企业对客户的服务质量大大提高。作为一种不同于传统的新型交易模式,电子商务将生产企业、流通企业以及消费者和政府引入一个数字化的虚拟空间,让人们不再受地域,时间的限制,以一种简单、快速的方式来完成更复杂的业务活动,将手动和电子信息处理集成为一个不可分割的整体,优化了资源的配置,提高业务系统运行的严密性和效率。因此,电子商务的发展对社会,经济和生活的影响是多方面的。

一、改变商务活动的方式

传统的商务活动最典型的情景就是"推销员满天飞""采购员遍地跑""说破了嘴、跑断了腿",消费者在商场中筋疲力尽地寻找自己所需要的商品。电子商务大大地改变了商品的营销方式。在电子商务产生之前,商品的营销和销售是一种大众营销和销售力量驱动的过程。营销人员把消费者看成是广告宣传活动的被动目标。电子商务带来了许多新的营销可能性。互联网和网络可以通过广播、电视或杂志等传统商务技术不可能实现的方式为成千上万的客户提供丰富的营销信息、文本、视频和音频。商家可以通过定位个人的姓名、兴趣和过去的购买情况等信息来向特定的个人推销信息。此外,消费者可以从消费者访问的网站上收集更多的信息。随着信息密度的增加,消费者过去的购买行为的大量信息可以被在线商家存储和使用,其结果是给消费者提供高度的个性化和定制化服务。

如前所述,电子商务被定义为在互联网上经营的业务,为其他企业和个人提供服务,它不仅包括买卖,而且还为客户服务,提供商业伙伴之间的合作。企业通过电子商务平台

为客户提供技术解决方案，增加价值。电子商务也通过互联网为客户、员工和其他利益相关者提供服务。今天，许多大公司都在重新思考它们在互联网上的业务以及新的文化和能力。Web 2.0已经成为电子商务2.0概念的推动者。电子商务2.0就是以互动和合作的方式做生意，这已经培育了新的企业、技术产品和社会结构。因此，电子商务2.0是创造价值的关键因素，并聚焦于企业外部。许多国际组织和大型跨国企业都为其外部客户提供了一个现成的电子商务平台，它们希望为其外部客户提供增强的服务，并希望确定一个电子商务的初步范围和长期战略。现在，通过互联网只要动动手就可以了，人们可以进入网上商场浏览、采购各类产品，而且还能得到在线服务，商家们可以在网上与客户联系，利用网络进行货款结算服务，政府还可以方便地进行电子招标、政府采购等。

二、改变人们的消费方式

在传统的零售业务的情况下，消费者的购买行为在很大程度上取决于销售现场环境。消费者进入现场，一般都要看看自己购买的这种产品。消费者往往将注意力集中在外部质量，产品的内在质量和它的性能是不足的，这时候可以影响消费者购物的是销售人员的态度。态度优秀的销售人员会极力推荐产品给客户，并详细解答消费者提出的一些问题，从而刺激消费者的购买欲望。态度不好的销售人员经常假装没看到顾客，心不在焉，问一句、答一句，或者甚至只是爱答不理，致使本来可以销售给消费者的产品卖不出去，在这种环境中购物的消费者，身体和精神异常压抑。在互联网上就大大不同，购物网站多如牛毛，网站上的商品也是琳琅满目，客户可以在任何一个购物网站购物，浏览、比较和选择的空间增大，购物没有压力，不必考虑销售人员的情绪，不再受人为因素的干扰，可以更好地选择自己喜欢的商品。由于存在信息不对称，传统的经营模式生产经营者通过传统的大众媒体如电视，广播，报纸，杂志和其他消费者进行信息传播，在一定区域内强制性地发布广告信息。消费者不明白生产经营的实际情况，不能直接了解，只能被动地接受在广告中传递的信息。网络是不同的，它有一个传播很广的时空，非强制性、全天候传播，消费者可以随时随地点击企业的网站；查看企业信息，既方便又快捷；消费者还可以使用友情链接或搜索引擎，直接或间接到经营同类产品的企业网站上了解相关产品信息，做到全面了解产品信息。网上购物的最大特征是消费者的主导性，购物意愿掌握在消费者手中，同时消费者还能以一种轻松自由的自我服务的方式来完成交易，消费者主权可以在网络购物中充分体现出来。

三、改变企业的生产方式

由于电子商务是一种快捷、方便的购物手段，消费者的个性化、特殊化需要可以完全通过网络展示在生产商面前，为了争取顾客和市场，针对消费者需求来进行产品设计和研发，许多生产企业纷纷发展和普及电子商务。如美国福特汽车公司于1998年3月将分布在全世界的12万个电脑工作站与公司的内部网连接起来，并将全世界的1.5万个经销商纳入内部网。"虚拟公司"逐渐成为国际贸易的经营主体。单个公司通过现代信息技术的连接，构成了全球公司群体网络，商品和服务在这个网络市场平台上得到了更好的流通。国际贸易中企业的经营管理方式发生了重大变化，商家通过电子商务平台提供的交互式贸易网络运行机制，优化了世界范围内的资源和生产要素的配置。

四、导致传统行业的革命

电子商务是在商务活动的全过程中,通过人与电子通信方式的结合,极大地提高商务活动的效率,减少不必要的中间环节。传统的制造业借此进入小批量、多品种的时代,"零库存"成为可能;传统的零售业和批发业开创了"无店铺""网上营销"的新模式;各种线上服务为传统服务业提供了全新的服务方式。电子商务对传统商业形态、交易流程及企业组织带来了冲击,也制造了许多机会。因此经营者有必要重新检视并界定其商品、服务、组织及流程的意涵,进而拟定电子商务的经营模式及策略,以创造竞争优势。例如,新的商品包括数字化多媒体产品(如电子书、交互式教学软件等)、个人化或定制式产品(如个人化新闻)、零件式(如单购杂志中的某一篇文章)或组装式(如不同杂志中某一类文章集合)产品等。对于传统企业来说,电子商务的出现,一个很大的作用就是可以节省时间,节省成本,提高企业的产出效率。在传统模式下,企业深受资金链过长、地域限制等条件的制约,不能最大限度地扩大市场占有率,而电子商务恰恰能够帮助它们实现低成本的"货通天下"。因此,电子商务不仅是传统企业的一种需求变更,还是整个行业和最终用户的共同需求。

五、带来一个全新的金融业

在电子商务产生之前,许多公司不得不通过零售商店经营,购买直接通过现金、支票、信用卡或借记卡来完成。1995年10月,全球第一家网上银行"安全第一网络银行"(Security First Network Bank)在美国诞生,标志着电子商务在电子交易环节上的突破,网上银行、银行卡支付网络、银行电子支付系统以及网上金融信息、电子支票、电子现金等服务,将传统的金融业带入一个全新的领域。电子商务对整个交易业和金融业带来强烈的冲击,但也给金融业提供了一个难得的机会,扩大了金融业的业务范围,新兴商业业务的范围如下:

(1) 安全的电子交易服务。

(2) 企业和个人网上银行。

(3) 网上银行。

(4) 网上证券交易和管理。

(5) 电子货币管理。

(6) 网上保险业务。

(7) 网上金融信息服务。

(8) 财务评估和认证服务。

(9) 加密、防火墙和金融安全服务等。

六、转变政府的行为

政府承担着大量的社会、经济、文化的管理和服务功能,尤其作为"看得见的手",在调节市场经济运行,防止市场失灵带来的不足方面有着很大的作用。电子商务时代,当企业应用电子商务进行生产经营,银行金融电子化,以及消费者实现网上消费的同时,将同样对政府管理行为提出新的要求,电子政府或称网上政府,将随着电子商务发展而成为一个重要的社会角色。

第四节 电子商务的学科特点及其学习方法

电子商务是当今世界商务活动的现实,也是商务活动发展的趋势,并将在21世纪的一定时期内独领风骚。互联网的出现与迅速发展,电子商务的逐渐成熟,正改变着知识的符号,改变着交易方式,改变着生活内容,同时也改变着我们的思维方式。未来的最大市场将可能是电子商务市场,未来的最大客户群可能是网民,未来网络营销观念逐步被大多数人所接受。2019年8月30日,中国互联网络信息中心(CNNIC)发布的第44次《中国互联网络发展状况统计报告》显示,截至2019年6月,我国网民规模已达8.54亿,网络购物用户规模达6.39亿,占网民整体的74.8%。只有掌握了电子商务的相关知识,才能更好地应用电子商务。通过对电子商务的理论和实践的学习、研究和分析,掌握电子商务的现状和发展趋势,把握电子商务的基本知识和原理,提高从事商务实践的理论素养和电子商务的能力。

一、电子商务的学科特点

电子商务是一门综合性很强的学科,涉及广泛的知识领域,是融计算机科学、市场营销学、管理学、经济学、法学和现代物流于一体的新型交叉学科。电子商务知识内容的综合性、交叉性决定了电子商务学习的复杂性和艰巨性。

二、电子商务的学习方法

电子商务是一门综合性的经济科学,也是一门正在快速发展的应用型电子学科。它涉及社会科学的许多基础学科,如经济学、市场学、法律学、管理学等,同时也涉及电子技术学科,特别是网络系统。作为来自电子商务实践又指导电子商务实践的电子商务理论正在发展和走向成熟,因此必须把电子商务概论中所阐述的理论和生动活泼的实践结合起来,消化理论,掌握理论,深化对理论的理解,同时还必须结合互联网,掌握电子商务理论的最新发展脉搏。

电子商务与互联网作为一个新兴行业,自身处于快速变化过程中,在学习过程中,可参考下列方法。

▶ 1. 整体和细节相结合

了解电子商务的整体结构,一个完整的电子商务交易系统必然涉及商务模式、支付、物流配送。不可能在短时间内对这些方面都学得很深入,必须突出重点,重点就是商务模式。而要理解电子商务的模式,就必须对传统商务有深入理解。而要理解传统商务,没有实践经验、没有大量的课外阅读根本是做不到的。

▶ 2. 经验观察法

没有一成不变的商务模式,这就需要经常上网,观察周围不断出现的新企业,边看边问自己这个网站是如何赢利的?用户群是哪些?现在上网如此方便,获取这样的信息应该是轻而易举。

▶ 3. 对比的方法

对比传统方式和网络方式的差异,企业商务流程中哪些可以在网上实现,与传统方式相比有何利弊，如企业采购、销售、促销、调研、招聘等。对比得多了，就能慢慢体会出其中的奥妙。

▶ 4. 实践参与

可以到论坛参与讨论、建自己的个人主页、申请博客空间、搜索网络信息、参与网上拍卖等，在参与中体会互联网对传统商务、对学习、对生活的影响。有许多学校安装了模拟电子商务系统，通过模拟系统学生可以更直观、更系统地掌握电子商务流程。

▶ 5. 假想的方法

学习过程中，要敢想，也要敢质疑、敢提问题。电子商务行业没有永远正确的人，只有不断涌现的成功者。说不定自己的想法是个很好的创意，有一天你可以去实现它。

学习电子商务，重要的不是你知道了什么，而是你自己还不知道什么，以便在将来在需要的时候，进一步学习。学习电子商务，远比其他学科有挑战性，因为每天都有新东西，每天都在变化。养成求新的思维方式和习惯，也是比学习电子商务理论本身重要得多的东西。

小结

本章重点讨论了什么是电子商务、电子商务和传统商务的关系、电子商务的产生和发展；简要介绍了电子商务的特征与分类法、电子商务的主要功能、相关国家电子商务发展的整体情况，详细阐述了电子商务的内涵与分类，讨论了电子商务发展的社会基础，以及我国电子商务发展中面临的障碍、发展的社会基础与基本思路，帮助学生认识电子商务带来的机遇，并利用这种机会去谋求自身更大的发展。正确的学习电子商务的方法，可以帮助我们更好地掌握和理解电子商务的理论，并不断实践，应用于工作和生活中。

思考题

1. 电子商务是否等同于商务电子化？为什么？
2. 广义的电子商务和狭义的电子商务的区别是什么？
3. 电子商务得以形成和发展的主要原因是什么？
4. 电子商务对社会经济的主要影响是什么？

案例分析

电商时代的"紧迫"促销

对电子商务而言，不可能一年365天天天都是旺销，总有淡旺季之分。旺季自然都是忙业务，那么淡季呢？毫无疑问，促销是一个必要的手段。促销就是营销者向消费者传递有关企业及产品的各种信息，说服或吸引消费者购买其产品，以达到扩大销售量的目的。对于电子商务平台的促销推广策略，可以说所有的招数都万变不离其宗，总是围绕着几个重要的主题来开展，包括增加销售、提高毛利、提升来客数、提高客单价、增加顾客忠诚度、提升品牌价值、树立企业形象、提高市场占有率等。因此，如何合理运用促销策略是每个店铺、经销商都必须认真对待的问题。

事实上，瞬息万变的互联网上，消费者做出一个购买决定往往是一念之差的结果。促销活动的一个显著特点就是让促销的产品有卖点和爆点，能够打动客户。打动客户的关键就是制造紧迫感，营造一种"机不可失，时不再来，不下手就来不及了"的紧张氛围，给潜在购买者必须立刻做出购买决定的"紧迫感"，对成交率非常有帮助。这种"紧迫感"可以通过"限时特价""特别赠品""倒计时""摇一摇"等技巧来形成。值得一提的是，"秒杀"是一种新型的"紧迫"促销方式，网络上的定义则是"在极短时间，比如一秒钟内解决对手"，或者称"瞬秒"（瞬间秒杀），即英文"SecKill"，它来自网络游戏，形容一瞬间杀死一个游戏角色之快。"秒杀"要求购买者在极短的时间内做出购买决策并产生实际的购买行为，极大程度上避免了购买者的拖延行为。对于卖家而言，通过差不多白送一两件商品的代价换来高流量和一批回头客。对于买家而言，有机会以超低价抢购到心仪的商品。因此，"秒杀"这一双方均得利的促销方式风靡了整个电子商务领域，开展得如火如荼，成为中小型独立网店、淘宝网店，甚至大型网上商城惯用的噱头。

然而，"紧迫"促销也并非十全十美。比如在2014年11月11日被称为"史上俗称的最后一个光棍节"这一天，各电子商务商家展开了一场"光棍节狂欢秒杀""超低价、真实惠"价格大战。为了烘托节日的氛围、也为了这难得的"大便宜"，网友们可谓"心潮澎湃、自信满满"冲入电商网站，开始凌晨狂欢大秒杀。然而，24点一开闸，一切远没网友想象的那么乐观，"页面拥堵""宝贝下架"等众多页面显示让网友们倍感这是一次"空欢喜"。网友们在看到电商们"10分钟交易2亿5 000万""第37分钟，支付宝总交易额超10亿""第70分钟，支付宝总交易额超20亿"等辉煌战绩的同时，却只能高歌"让你欢喜让我忧"。

案例思考：

(1) 你认为电子商务时代的促销与传统促销有什么不同？

(2) 电商时代的"紧迫"促销应该注意哪些方面的问题？

第二章 Chapter 2 电子商务模式

>>> **学习目标**

1. 了解 B2B、B2C、C2C、O2O 电子商务的模式。
2. 掌握 B2B 电子商务模式的类型、B2C 电子商务模式的交易模式、C2C 电子商务的赢利模式。
3. 熟悉各电子商务模式参与主体。

>>> **导入案例**

顺丰"嘿客"模式

顺丰速运(集团)有限公司成立于 1993 年，主要经营国内、国际快递及相关业务。目前集团已经建立了遍布全国的庞大的信息采集、市场开发、物流配送、快件收派等业务机构。2010 年 8 月开始，顺丰凭借其强大的物流脉络开始触及电商领域，除了其生鲜电商顺丰优选外，还有海淘业务"SFbuy"。2014 年 5 月 18 日，顺丰速运正式在全国铺开名为"嘿客"的便利店，大举加入国内火热的 O2O 市场。"嘿客"除了提供快递物流业务、虚拟购物外，还提供 ATM、冷链物流、团购预售、试衣间、洗衣、家电维修等多项业务。顺丰"嘿客"店内的海报、二维码墙放置虚拟商品，可以通过手机扫码、店内下单购买，其模式与英国最大的 O2O 电商 Argos 十分相似。不过与 Argos 不同，"嘿客"除试穿试用的样品外，店内不设库存。

资料来源：张润彤，朱晓敏. 电子商务概论[M]. 2 版. 北京：中国人民大学出版社，2014.

思考：顺丰"嘿客"模式的开展将对国内电商格局产生什么样的影响？

第一节　电子商务模式概述

一、电子商务模式的概念

电子商务模式，是指在互联网环境中利用一定技术手段开展商务活动的基本方式，即构成电子商务的要素以不同形式形成的电子商务运营管理模式，在电子商务活动中，产品、服务、信息、收入来源以及各利益主体在交易运作过程中形成各种电子商务模式，电子商务模式体现了电子商务活动的赢利方式以及未来的发展计划。电子商务模式主要包括以下要素。

▶ 1. 财务

（1）电子商务需要资金的准备，可以通过自筹、证券市场融资、风险投资、银行贷款等方式实现电子商务所需资金的筹集。

（2）成本结构确定了企业在购进生产要素、创造价值，以及向目标市场提供价值等商务活动中产生的费用，它是决定商务模式是否具有竞争优势的重要因素。

（3）销售额是商家销售商品向客户收取的全部价款和价外费用，但不包括收取的销项税额，是衡量电子商务模式的一个重要指标。

▶ 2. 从业员工

从业员工是企业中负责电子商务模式组织运营的人员队伍。从业员工的主要职责是为企业迅速获得外界投资者信任、准确捕捉市场信息、构建企业发展战略等。电子商务从业员工是由企业家、内企业家和知识工人三部分所构成的有机整体。

▶ 3. 信息网络系统

信息网络系统是电子商务的技术支撑体系，电子商务需要信息网络和信息系统的支撑。信息网络是指电子商务各交易实体之间用网络介质构成的一种物理布局。信息系统包括商品查询信息系统、供货信息系统、认证信息系统、结算信息系统、客户关系管理系统和物流信息系统等。

▶ 4. 商品

电子商务交易的商品就是商家所提供的产品、服务或信息。商品是电子商务的价值基础，当所提供的商品是一些竞争对手不能提供的时候客户才会购买。好的商品是客户价值最大化与企业价值最大化的结合点，它要求一要针对目标客户清晰的需求偏好；二要为目标客户创造价值；三要为商家创造价值。

▶ 5. 卖方

卖方也就是电子商务中的卖家，包括生产厂商、贸易商、服务商（中介）、个人等。

▶ 6. 买方

买方即卖方所提供商品的购买者和使用者群体，包括生产厂商、贸易商、服务商、组织消费者、个人消费者等。买方是电子商务活动的终端，也是企业利润的唯一来源。买方作为电子商务的关键要素显得非常重要。

▶ 7. 支持服务机构

电子商务的支持服务机构是完成电子商务活动中不可缺少的辅助机构，包括金融支付、认证、信用服务和物流配送等服务机构。

> 8. 组织管理

卖方为买方提供商品，需要实施一系列业务活动，实施这一系列活动需要组织和管理流程。通过这些活动，卖方和买方双方的需求才能得到满足，是卖方价值创造的过程。组织管理流程包括内部业务流程、外部业务流程和业务流程再造。

电子商务按构成要素的不同与其组合作用的不同，可以组成不同的模式。

二、电子商务模式的分类

从分类角度对电子商务模式进行分析探讨，是电子商务模式研究的重要角度，它有助于挖掘新的商务模式，为电子商务模式创新提供途径，也有助于企业制订电子商务实施策略和方法。目前有七种常用的电子商务模式分类方法：基于价值链的分类、混合分类、基于原模式的分类、基于新旧模式差异的分类、基于控制方的分类、基于 Internet 商务功能的分类，以及基于 B2B 和 B2C 的分类。

> 1. 基于价值链的分类

这种分类方式是 Paul Timmers 提出的，既考虑了价值链的整合，同时也考虑到了商业模式创新程度的高低和功能整合能力的多寡。按照这种分类方式，电子商务商业模式可以分为电子商店、电子采购、电子商城、电子拍卖、虚拟社区、协作平台、第三方市场、价值链整合商、价值链服务供应商、信息中介、信用服务和其他服务等种类。

> 2. 混合分类

Michael Rappa 将电子商务商业模式分为经纪、广告、信息中介、店主、制造、附属合作、社区、内容订阅、效用等九大类。其中，经纪又可以分为买/卖配送、市场交易、商业贸易社区、购买者集合、经销商、虚拟商城、后中介商、拍卖经纪人、反向拍卖经纪商、分类广告、搜索代理等；广告商又可以分为大众化门户网站、个性化门户网站、专门化门户网站、注意力刺激性营销、免费模式、廉价商店等。

有些学者还将电子商务商业模式分为 B2B、网上金融、网上销售、网上拍卖/买、网络软服务、网络硬服务、数字商品提供者、技术创新、内容服务、网络门户、网上社区、旁观者等。其中，B2B 根据职能又划分为采购、销售、物流、售后服务等类型；网上金融模式根据金融领域又划分为网络证券、网络银行、网上保险、个人理财、风险资本等类型。

> 3. 基于原模式的分类

Peter Weill 认为，电子商务的商业模式从本质上来说都是属于原模式的一种或者是这些原模式的组合。而他所认为的原模式有以下八种：内容提供者、直接与客户交易、全面服务提供者、中间商、共享基础设施、价值网整合商、虚拟社区和企业/政府一体化。

> 4. 基于新旧模式差异的分类

Paul Bambury 从新的商业模式与旧商业模式的差异角度出发，将电子商务商业模式分为两大类：移植模式和禀赋模式。移植模式是指那些在真实世界当中存在的，并被移植到网络环境中的商务模式。禀赋模式则是在网络环境中特有的、与生俱来的商务模式。

> 5. 基于控制方的分类

麦肯锡管理咨询公司认为存在三种新兴电子商务商业模式，即卖方控制模式、买方控制模式和第三方控制模式。这种分类在一定程度上反映了卖方、买方以及第三方中介在市场交易中的相对主导地位，体现了各方对交易的控制程度。

▶ 6. 基于 Internet 商务功用的分类

Crystal Dreisbaeh 和 Staff Writer 按照 Internet 的商务功用，将电子商务商业模式划分为三类：基于产品销售的商业模式、基于服务销售的商业模式和基于信息交付的商业模式。

▶ 7. 基于 B2B 和 B2C 的分类

中国社科院财贸所课题组对基于 B2B 和 B2C 电子商务的商业模式进行分类研究。按照为消费者提供的服务内容不同，将 B2C 模式分为电子经纪、电子直销、电子零售、远程教育、网上预定、网上发行、网上金融等；将 B2B 模式分为名录模式、B2B 和 B2C 兼营模式、政府采购和公司采购、供应链模式、中介服务模式、拍卖模式、交换模式等。其中，中介服务模式又可以细分为信息中介、CA 中介服务、网络服务、银行中介服务等。

电子商务模式的分类从不同的角度思考就会有不同的分类方式，在分类方法的选择上，则需要从研究与应用的目的出发选择合适的分类。目前对电子商务模式认识最广泛的是按参与交易的商业主体进行分类的，如企业对企业的电子商务(B2B)、企业对消费者的电子商务(B2C)、消费者对企业的电子商务(C2B)、消费者对消费者的网上"拍卖"(C2C)、政府对企业的电子商务(G2B)、政府对个人的电子商务(G2C)等，本章将着重介绍按参与交易的主体对象进行分类的电子商务模式。

第二节　B2B 电子商务模式

国内电子商务交易近年来一直处于增长的态势。在电子商务交易中，B2B 电子商务是历史最久、发展最完善的电子商务，B2B 电子商务模式能迅速地带来利润和回报，一直居于电子商务的主导地位。据《2018 年度中国电子商务市场数据监测报告》显示，2018 年我国电子商务市场交易规模达 32.55 万亿元，同比增长 13.5%。其中，B2B 电子商务市场交易额达 22.5 万亿元，同比增长 9.7%；B2B 电子商务服务商的营收规模 22.5 万亿元，同比增长 9.7%。2012—2018 年中国 B2B 市场交易规模如图 2-1 所示。

图 2-1　2012—2018 年中国 B2B 市场交易规模

电子商务市场细分行业结构中，2018 年 B2B 电子商务市场份额占比 69.1%。

从数据可以看出，2018 年 B2B 电子商务模式仍然占据整个电子商务市场的主导地位。2018 年中国 B2B 电商平台市场份额中，阿里巴巴排名首位，市场份额 28.4%，接下来慧聪集团 17.6%、上海钢联 6.5%、国联股份 6.5%、焦点科技 1.4%、生意宝 0.7%、科通芯城 9.2%。2018 年中国 B2B 电商平台市场份额占比情况如图 2-2 所示。

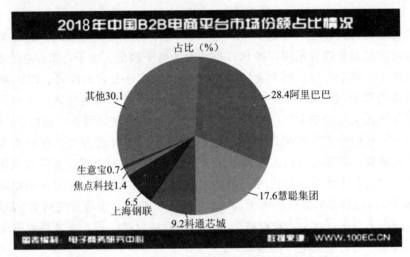

图 2-2　2018 年中国 B2B 电商平台市场份额占比情况

一、B2B 电子商务模式的概念

B2B(Business to Business)电子商务模式，也称企业对企业的电子商务模式或商家对商家的电子商务模式，是指企业与企业之间通过互联网或私有网络等现代信息技术手段，进行产品、服务及信息的交换活动。它是按参与交易对象分类中的一种。这种形式的电子商务是在企业与企业之间进行的，一般以信息发布与商谈为主，涉及双方的商务洽谈、订货及确认订货、合同签订、货款支付、票据的签发及传送和接收、货物的配送及监控等的全部或部分过程，其主要商务活动集中在原材料的采购、产品的买卖、运输三方面。B2B 电子商务模式是建立在企业与企业之间的桥梁。对于很多企业来说，B2B 电子商务是一种全新的营销推广体验，它能帮助企业实现多角度推广。目前，我国 B2B 行业的发展速度十分迅猛，以中小企业为主要使用群体。

B2B 电子商务模式是当前电子商务交易模式中份额最大、最具操作性、最容易成功的模式，是当前电子商务的重点，现在已进入新的发展阶段。以信息服务、广告服务、企业推广的时代已逐渐退去，以在线交易、数据服务、金融服务、物流服务等为主的 B2B 电子商务正在发展。B2B 电子商务模式引起了企业供应链的变革，实现了在整个产业乃至全球的供应链网络上的增值。

二、B2B 电子商务的特点

▶ 1. 交易对象相对固定

企业与企业之间的交易对象一般比较固定，不像普通消费者发生的交易行为比较随意。

▶ 2. 交易金额较大

企业与企业之间的交易规模较大，一般是大额交易。企业间的电子商务相对于有消费者参与的交易来说交易的次数少，但每次的交易金额比较大。

▶ 3. 交易操作规范

企业之间的电子商务活动，一般涉及对象比较复杂，因此对合同格式要求比较规范和严谨，注重法律有效性。企业与企业之间开展电子商务的条件比较成熟，企业 B2B 电子商务模式是未来电子商务发展的主流，具有巨大的发展潜力。

▶ 4. 交易过程复杂

企业间的电子商务活动，一般涉及多个部门和不同层次的人员，因此信息交互和沟通比较多，而且对交易过程的控制比较严格，不容有闪失。

▶ 5. 交易内容广泛

企业间电子商务活动的交易内容可以是任何一种产品，交易商品覆盖种类广泛，既可以是原材料，也可以是半成品或者成品。B2B 只是一个交易平台，将交易双方汇聚在一起撮合双方的交易，交易品的种类也不受网络交易的限制。而有消费者参与的交易受消费者购买习惯的限制，一般集中在生活消费用品方面。

三、B2B 电子商务的类型

B2B 电子商务类型多种多样，如集中销售、集中采购、竞价拍卖、招标、网上交易市场等。

（一）根据 B2B 交易平台的构建主体划分

根据 B2B 交易平台的构建主体分类，B2B 电子商务模式可以分为基于企业自有网站的 B2B 和基于第三方中介网站的 B2B。

▶ 1. 基于企业自有网站的 B2B 电子商务模式

企业之间为了提高效率，减少库存，降低采购、销售、售后服务等方面的成本，与用户或供应商之间的交易需要通过互联网来完成，因此建立 B2B 网站，实现了企业之间的电子商务交易。事实上，大型企业 B2B 网站的交易额在企业间电子商务交易总额中占有主要地位。利用 B2B 网站交易的企业主要是用户、供应商、合作伙伴及其他与企业经营活动有关的部门或机构。

▶ 2. 基于第三方网站的 B2B 电子商务模式

第三方 B2B 网站既不是拥有产品的企业，也不是经营商品的商家，并不参与双方的交易，而只是提供一个平台，将销售商和采购商汇集在一起撮合形成交易，为双方提供交易服务。

对于第三方网站的 B2B 电子商务模式，按照交易产品类别和商品内容分，又分为综合型 B2B 电子商务和垂直型 B2B 电子商务两种。

1) 综合型 B2B 电子商务模式

综合型 B2B 电子商务平台涵盖了不同的行业和领域，为不同行业的买卖双方搭建起一个信息和交易的平台，使买卖双方可以在这些平台上分享信息、发布广告、竞拍投标、进行交易等。国内综合型 B2B 电子商务平台，如阿里巴巴、环球资源网、慧聪网等。综合型的 B2B 电子商务平台的行业范围广，很多的行业都可以在同一个网站上进行贸易活动。

2) 垂直型 B2B 电子商务模式

垂直型 B2B 电子商务平台具有很强的专业性，通常定位在一个特定的专业领域内，如 IT、化工、钢铁或农业等。垂直型 B2B 电子商务平台将特定产业的上下游厂商聚集在一起,让各阶层的厂商都能很容易地找到原料或商品的供应商或买主,国内典型的垂直型B2B电子商务平台如中国建材第一网、中国化工网、中国钟表网、中国粮食网等。垂直型B2B电子商务平台是具有行业针对性的交易平台,平台具有很强的聚集性、定向性。

(二) 根据B2B交易的贸易类型划分

▶ 1. 内贸型B2B电子商务

内贸型B2B电子商务指为国内企业之间的交易提供服务为主的电子商务市场,交易的主体和行业范围属于同一个国家。

▶ 2. 外贸型B2B电子商务

外贸型B2B电子商务指提供国内与国外供应者与采购者交易服务为主的电子商务市场。相对内贸型B2B电子商务市场,外贸型B2B电子商务市场需要突破语言文化、法律法规、关税汇率等各方面的障碍,涉及的B2B电子商务活动流程更复杂,要求的专业性更强。

四、B2B电子商务模式的优势

B2B电子商务通过互联网进行交易,交易双方从交易磋商、签订合同到支付等活动均通过互联网完成,整个交易过程完全网络化。B2B交易的优势主要表现在以下几个方面。

▶ 1. 开发拓展市场,增强企业竞争力

B2B电子商务模式是全新的企业商务运作模式,互联网的无国界和无时限的特点为企业提供了理想和低成本的信息发布渠道,商业机会因此大大增加。交易双方可以通过互联网获得丰富的供求信息,开拓渠道、寻找商机、获得客户,以提高交易效率;B2B电子商务还可以使企业随时了解国际市场的供求变化,获得第一手的商业信息,用较低的成本与全球的贸易伙伴进行磋商;B2B电子商务是传统商务关系和商务活动的延续,能够更大限度地发挥企业与企业之间大笔交易的潜在效益。

▶ 2. 降低交易成本

传统的企业之间的交易,在销售、分销以及采购方面需要耗费企业大量的资源和时间,通过B2B的交易方式,交易双方能够在互联网上完成整个交易流程,即从信息了解,到商品对比,再到磋商、签合同和交货,最后到客户服务。B2B电子商务使企业之间的交易减少了许多事务性的工作流程和管理费用,降低了企业经营成本。另外,对于卖方而言,电子商务可以降低企业的促销成本。传统企业在宣传产品和企业形象时,多要借助电视、报纸、广播、杂志等媒体,广告费用昂贵。而通过互联网发布企业相关信息,如企业产品名称、价格、规格、新产品等信息,可以更及时,更有效率。

▶ 3. 缩短订货和生产周期

电子商务的应用加强了企业内部及企业之间联系的广度和深度,改变了以往信息封闭的分阶段合作方式,使分布在不同区域的交易双方通过互联网协同工作,最大限度地减少信息传递效率低的问题。交易双方能更快、更准确地进行订单处理,降低安全库存量,提高库存补充自动化程度,因此,B2B电子商务可以缩短产品的订货周期和生产周期。

▶ 4. 交易对象广泛

B2B电子商务的交易对象可以是任何一种产品,既可以是中间产品,也可以是最终产品,涉及航空、国防、石油化工、运输、水电、仓储、建筑等诸多领域。由此可见,B2B电子商务交易模式是目前电子商务发展的主流和推动力。

▶ 5. 随时随地提供服务

B2B 电子商务打破了时空的限制,使企业可以随时随地宣传企业形象,发布产品信息;在时间上,企业的电子商务网站可以全天候为客户提供企业相关信息;在地域上,企业可以把市场拓展到世界的任何一个角落,增加了企业的贸易机会。

五、B2B 电子商务模式的交易流程

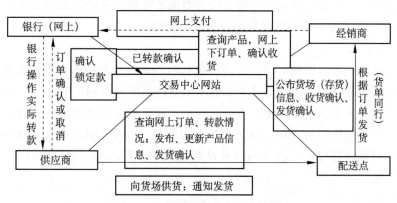

图 2-3　B2B 模式架构与交易流程

图 2-3 显示了 B2B 模式的架构与交易流程。B2B 交易应遵循的基本程序如下。

(1) 采购方向供应方发出交易意向,提出商品报价请求并询问想购买商品的详细信息。

(2) 供应方向采购方回答该商品的报价,并反馈信息。

(3) 采购方向供应方提出商品订购单。

(4) 供应方对采购方提出的商品订购单做出应答,说明有无此商品及目前存货的规格型号、品种、质量等信息。

(5) 采购方根据供应方的应答决定是否对订购单进行调整,并最终做出购买商品信息的决定。

(6) 采购方向供应方提出商品运输要求,明确使用的运输工具和交货地点等信息。

(7) 供应方向采购方发出发货通知,说明所用运输公司的名称、交货的时间、地点、所用的运输设备和包装等信息。

(8) 采购方向供应方回收货通知。

(9) 交易双方收发汇款通知。采购方发出汇款通知,供应告之收款信息。

(10) 供应方备货并开出电子发票,采购方收到货物,供应方收到货款,整个 B2B 交易流程结束。

如果是跨境交易,中间还将涉及海关、商检、国际运输、外汇结算等业务。

六、B2B 电子商务的赢利模式

B2B 电子商务是目前赢利状况最好的电子商务模式。目前,B2B 电子商务的赢利模式主要有以下几种。

▶ 1. 会员费

企业通过第三方电子商务平台参与电子商务交易,必须注册为 B2B 网站的会员,每年要交纳一定的会员费,才能享受网站提供的各种服务,目前会员费已成为中国 B2B 网站最

主要的收入来源。比如，阿里巴巴网站收取中国供应商、诚信通两种会员费，中国供应商会员费每年 40 000～80 000 元（按服务项目收费），诚信通的会员费每年 2 300 元；中国化工网每个会员第 1 年的费用为 12 000 元，以后每年综合服务费用为 6 000 元。

▶ 2. 广告费

网络广告是门户网站的主要赢利来源，同时也是 B2B 电子商务网站的主要收入来源。阿里巴巴网站的广告根据其在首页位置及广告类型来收费。中国化工网有弹出广告、漂浮广告、Banner 广告、文字广告等多种表现形式可供用户选择。

▶ 3. 竞价排名

企业为了促进产品的销售，都希望自己在 B2B 网站的信息搜索中的排名靠前，而网站在确保信息准确的基础上，根据会员交费的不同对排名顺序做相应的调整。阿里巴巴的竞价排名是诚信通会员专享的搜索排名服务，当买家在阿里巴巴搜索供应信息时，竞价企业的信息将排在搜索结果的前三位，被买家第一时间找到。中国化工网对全球近 20 万个化工及化工相关网站进行搜索，搜录的网页总数达 5 000 万，同时采用搜索竞价排名方式，确定企业排名顺序。

▶ 4. 增值服务

B2B 网站通常除了为企业提供贸易供求信息外，还会提供一些独特的增值服务，包括企业认证、独立域名、提供行业数据分析报告、搜索引擎优化等。像现货认证就是针对电子这个行业提供的一个特殊的增值服务，因为通常电子采购商比较重视库存这一块。可以根据行业的特殊性去深挖客户的需求，然后提供具有针对性的增值服务。

▶ 5. 线下服务

线下服务主要包括展会、期刊、研讨会等。通过展会，供应商和采购商面对面地交流，一般的中小企业还是比较青睐这个方式。期刊主要是刊登关于行业资讯等信息，期刊中也可以植入广告。

▶ 6. 商务合作

商务合作包括广告联盟、政府、行业协会、传统媒体的合作等。广告联盟通常是网络广告联盟，亚马逊通过这个方式已经取得了不错的成效，但在中国，联盟营销还处于萌芽阶段，大部分网站对于联盟营销还比较陌生。国内做得比较成熟的几家广告联盟有百度联盟、谷歌联盟等。

▶ 7. 按询盘付费

区别于传统的会员包年付费模式，按询盘付费模式是指从事国际贸易的企业不是按照时间来付费，而是按照海外推广带来的实际效果，也就是海外买家实际的有效询盘来付费。其中询盘是否有效，主动权在消费者手中，由消费者自行判断，决定是否消费。尽管 B2B 市场发展势头良好，但 B2B 市场还是存在不成熟的一面，这种不成熟表现在 B2B 交易的许多先天性交易优势，比如在线价格协商和在线协作等还没有充分发挥出来。因此，传统的按年收费模式受到以 ECVV 为代表的按询盘付费平台的冲击越来越明显。"按询盘付费"有四大特点：零首付、零风险；主动权、消费权；免费推、针对广；及时付、便利大。广大企业不用冒着"投入几万元、十几万元，一年都收不回成本"的风险，零投入就可享受免费全球推广，成功获得有效询盘后，辨认询盘的真实性和有效性后，只需在线支付单条询盘价格，就可以获得与海外买家直接谈判订单的机会，主动权完全掌握在供应商手里。

七、B2B 电子商务模式的发展趋势

从 B2B 行业发展来看，B2B 电子商务的发展呈现出以下趋势。

▶ 1. 从信息服务转向平台交易服务

目前，国内的 B2B 电子商务网站主要提供信息服务，通过发布行业信息资讯、交易双方在平台上发布供需信息进行产品配对，以帮助企业寻找商机。但是，通过 B2B 获取交易信息的企业仍然主要通过线下沟通谈判完成整个交易过程。B2B 电子商务所能实现的在线价格协商等在线交易环节并没有充分发挥出来。所以，对于 B2B 电子商务平台来说，将网站从信息平台转向服务平台能够为 B2B 电子商务带来更深入的发展。要实现在线交易的功能，B2B 网站需要实现交易担保服务，同时由于 B2B 交易主要是企业，交易金额较大，对交易安全性要求很高，这需要 B2B 网站加强对自身诚信机制的建立和完善。这种诚信机制不仅要求所披露的企业信息真实，还要保证交易信息的真实，并有健全的信用评估体系，以保证线上交易的安全性。

▶ 2. 细分型 B2B 电子商务平台崭露头角

目前主流的 B2B 电子商务网站如阿里巴巴、慧聪网、环球资源网等都属于综合型 B2B 电子商务平台。综合型 B2B 电子商务平台对于平台的投资、资讯量要求很高，并且主流的 B2B 电子商务平台已经积累了较多企业用户，比较难以超越。在全国近万家的 B2B 网站竞争之下，细分型 B2B 平台由于平台投资小、运营相对简单，成为一些 B2B 电子商务网站在激烈竞争下所探寻的出路。相对于综合型 B2B 平台的规模和实力，行业细分型 B2B 平台更能让 B2B 领域的创业者以及小型 B2B 电子商务网站找到归属感。制约细分型 B2B 平台发展的因素在于其行业深度，要体现出这个行业的独特的服务内容和赢利模式，才能发挥其竞争优势。

▶ 3. 电子商务平台与搜索引擎平台相融合

B2B 电子商务平台吸引了众多企业尤其是中小企业的眼球，而如何让更多的企业能够加入 B2B 电子商务平台，帮助中小企业用最小投入获得最高回报成为所有 B2B 平台运营商面临的问题。除了电子商务平台，目前企业通过互联网进行市场营销的一种方式是通过搜索网站的竞价排名等营销策略，另一种就是在网站投放广告，扩大宣传知名度。而随着 B2B 电子商务的发展，以往被鼓励使用的这三大领域已经呈现出逐渐融合的趋势。从 B2B 电子商务的发展趋势来看，实现电子商务平台与搜索网站、社交网站融合已经是必然趋势。

▶ 4. 线下服务与线上服务相融合

慧聪网、环球资源网之所以能够稳居国内 B2B 电子商务市场份额占有率排名前三甲，除了靠相关的电子商务技术，更多地依托于其线下服务。如慧聪网旗下的慧聪商情广告、中国资讯大全、研究院行业分析报告等传统纸媒为其转向 B2B 电子商务平台运营发挥了巨大的作用。通过这些行业出版物获取交易信息的企业大部分都成为目前慧聪网买卖通的付费会员。与慧聪网一样，环球资源最初也是从事 B2B 的出版物经营，其迅速发展也依赖于背后的纸媒力量。此外，除了发挥传统营销渠道的优势以外，B2B 运营商越来越注重线下服务的开拓。如通过展会、线下洽谈、大型采购峰会等方式，让各行业的供应商可与海量买家正面洽谈，实现线上与线下互动。通过线下服务的拓展能够增加企业对网站的认可

度，从而增加用户黏度。

此外，B2B 模式下的企业间交易除了获取交易信息、交易洽谈外，还有很多后续环节如货运物流以及进出口过程中的外汇结算、税务、海关等都需要在线下完成，但是目前 B2B 平台运营商对这些附加值较高的服务很少涉及，主要原因还在于目前 B2B 网站仍主要是提供信息资讯并配对商机，还有提供深度服务以应对交易前后的风险因素。但是，从 B2B 长远发展来看，加强线下服务能力和吸纳线下服务资源将成为 B2B 平台运营商在以后发展中的重要工作。

在增值服务拓展方面已经有 B2B 运营商开始试水网络融资。网络融资是企业通过在提供中介服务的网络上填写贷款需求和企业信息等资料，借助第三方平台向银行申请贷款的新型贷款方式。在 B2B 平台运营过程中，一些平台运营商发现对于中小企业而言，除了渴望交易机会外，融资难是其面临的主要问题。网络融资可以突破地域限制，并且能够满足中小企业短时间内大量资金需求，这是传统融资方式无法解决的。同时，申请人通过第三方平台获取融资，避免了金融机构监管和繁复手续，对于 B2B 平台运营商来讲也能增加用户黏度，拓展增值服务，是一项双赢的策略。基于网络融资的优势所在，其已经成为 B2B 行业领域新的增长点。

据《2014 年度中国电子商务市场数据监测报告》显示，2013 年 B2B 电子商务服务商营收（包括线下服务收入）份额中，阿里巴巴排名首位，市场份额为 38.9%，较去年有所下降。其他电子商务服务商市场份额为上海钢联 18.5%、环球资源 4.8%、慧聪网 3.78%、焦点科技 2%、环球市场 1.4%、网盛生意宝 0.6%、其他 30.02%。B2B 模式以信息服务、广告服务、企业推广为代表的时代已逐渐退去，以在线交易、数据服务、金融服务、物流服务等为主的 B2B 电子商务新时代已经到来。B2B 的在线交易仍在探索当中，创新模式也需接受市场的检验，全产业链的配套服务仍需进一步深化和挖掘。预计 3～4 年内，中国 B2B 电子商务市场将保持较平稳增长。Enfodesk 易观智库分析认为，对于 B2B 电子商务模式来说，交易平台一方面不断地完善服务提升用户体验，增强用户对平台的黏性；另一方面，加强自身营销能力，帮助企业寻找有价值的商机；另外，B2B 电商提升全产业链服务能力，实现垂直行业采购、生产、销售、物流、服务等业务流程电商化；未来随着世界经济的复苏，中国进出口政策的导向，跨境电商 B2B 将受到市场关注。

第三节　B2C 电子商务模式

B2C（Business to Customers）电子商务模式，指的是企业与消费者之间进行的电子商务活动，即企业通过互联网为消费者提供完成订购商品或服务的活动。企业对消费者的电子商务，是电子商务的发展方向，也是电子商务发展的一个重点和难点。最近几年，随着互联网的发展，B2C 电子商务模式的发展十分迅速。目前互联网上已经出现了许多大型超级市场，所出售的产品一应俱全，几乎包括了所有的消费品。B2C 电子商务模式的特点是能迅速吸引公众和媒体的注意力，是最富有创造力的商务模式之一，特色鲜明的 B2C 网站，能迅速脱颖而出，锁住消费者。

2018年中国网络零售市场规模持续扩大,全国网上零售额突破9.01万亿元,其中实物商品网上零售额7.02万亿元,同比增长25.4%,对社会消费品零售总额增长的贡献率达到45.2%,较上年提升7.3个百分点。如图2-4所示。

图 2-4　2012—2018年中国网络零售市场交易规模

据网络社——电子商务研究中心监测数据显示,2018年上半年我国B2C网络零售市场(包括开放平台式与自营销售式,不含品牌电商),天猫依然稳居首位,在市场中的份额占比为55%,同比增长5%;京东市场份额占25.2%,较去年同期提高了0.8%,紧随其后;拼多多的市场份额为5.7%,排名第三;排名第四至第八的电商平台分别为:苏宁易购(4.5%)、唯品会(4.3%)、国美(1.2%)、亚马逊中国(0.6%)、当当(0.5%);其他电商平台占3%。

据网络社——电子商务研究中心监测数据显示,2017年我国B2C网络零售市场(包括开放平台式与自营销售式,不含品牌电商),天猫依然稳居首位,总成交额达到2万亿元,增幅达43%,在市场中的份额占比为52.73%,较2016年降了4.97%;2017年京东总成交额达1.3万亿元,京东凭32.5%份额,较往年提高了7.1%,紧随其后;唯品会的市场份额维持2017年的3.25%,2017年唯品会总成交额达1300亿元,继续保持第三;排名第四至第八的电商分别为:苏宁易购(3.17%)、拼多多(2.5%)、国美在线(1.65%)、亚马逊中国(0.8%)、当当(0.46%);其他电商平台占2.95%。截至2018年12月,网络购物用户规模达6.10亿,较2017年年底增长14.4%,网民使用比例为73.6%;手机网络购物用户规模达5.92亿,占手机网民的72.5%,年增长率为17.1%。随着全球上网人数的不断增多,互联网的使用者已经成为企业进行电子商务的主要对象。2017年中国B2C网络购物交易市场份额占比如图2-5所示。

B2C的电子商务模式是近年来各类电子商务模式发展较快的一个,主要原因是互联网的发展为企业和消费者之间开辟了新的交易平台。首先,对于产品制造商来说,它们可以放弃传统的产品销售渠道,通过在网上建立独立的虚拟商店直接销售产品和服务,另外也可以参与由B2C供应商开设的网上商城来销售其产品和服务,成为网上商城的一部分。其

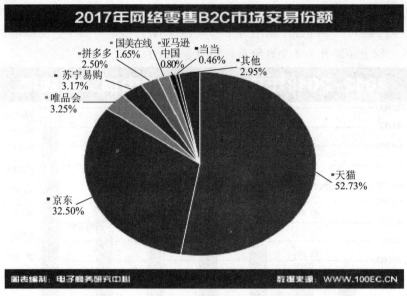

图 2-5　2017 年中国 B2C 网络购物交易市场份额占比图

次,尽管电子商务对传统的销售方式带来了一定的冲击,但它不可能完全取代传统的销售方式。在传统销售渠道中的批发零售商也在考虑电子商务所带来的利益,尤其是零售商,他们也可以将其业务开展到网上,与产品制造商一样可以通过建立自己的网上商城,或参与一个 B2C 商务平台的方式来进行。

一、B2C 电子商务模式的优势

B2C 电子商务模式的优势主要表现在以下几方面。

▶ 1. 大幅降低交易成本

B2C 电子商务模式能够有效地减少交易环节,大幅度降低交易成本,从而降低消费者获得商品的价格。对于产品的制造商来讲,网上直销和借助于 B2C 商务平台的销售方式,大大缩短了传统商品的流通渠道。此外,对于传统的销售商来说,这种新型的销售方式可以很便利地扩展其销售渠道,而不像传统方式那样,为了扩展产品的销售范围,需要企业和商家拿出很多钱来拓展分销渠道,这就意味着更多的分销商的加入,无形中产品的价格就会上升。这样,在 B2C 模式电子商务模式下,由于中间环节的减少和销售范围的扩大,一方面降低产品价格;另一方面使商家或厂家的销售额大幅度提高,竞争力也不断增强。

▶ 2. 减少了售后服务的技术支持费用

许多使用和技术上的问题,消费者可以通过互联网获取在线的技术支持,这样的服务减少了技术服务人员的数量和出差费用,从而降低了企业的经营成本。

B2C 电子商务的付款方式是货到付款与网上支付相结合,而大多数企业的配送选择物流外包方式以节约运营成本。随着用户消费习惯的改变以及优秀企业示范效应的促进,网上购物用户不断增长。此外,一些大型考试如公务员考试也开始实行 B2C 模式。

二、B2C 电子商务模式的交易模式

(一)从经济组织和消费者买卖关系的角度分类

从经济组织和消费者买卖关系的角度分类,主要分为卖方企业—买方个人的电子商务

及买方企业—卖方个人的电子商务两种模式。

▶ 1. 卖方企业—买方个人的电子商务模式

这是商家出售商品和服务给消费者个人的电子商务模式。在这种模式中，商家首先在网站上开设网上商店，公布商品的品种、规格、价格、性能等或者提供服务种类、价格和方式，由消费者个人选购、下订单、在线或离线付款，商家负责送货上门。这种网上购物方式可以使消费者获得更多的商品信息，虽足不出户却可货比千家，买到价格较低的商品，节省购物的时间。当然，这种电子商务模式的发展需要高效率和低成本的物流体系的配合。这种方式中比较典型的代表就是全球知名的亚马逊网上书店。

▶ 2. 买方企业—卖方个人的电子商务模式

这是企业在网上向个人求购商品或服务的一种电子商务模式。这种模式应用最多的就是企业用于网上招聘人才，如许多企业在中华英才网上招聘各类人才，在这种模式下，企业首先在网上发布需求信息，后由个人上网应聘洽谈。这种方式在当今人才流动量大的社会中极为流行，因为它建立起了企业与个人之间的联系平台，使得人力资源得以充分利用。

(二) 根据交易的客体分类

根据交易的客体分类，可分为无形商品和服务的电子商务模式以及有形商品和服务的电子商务模式。前者可以完整地通过网络进行，而后者则不能完全在网上实现，要借助传统手段的配合才能完成。

▶ 1. 无形商品和服务的电子商务模式

计算机网络本身具有信息传输和信息处理功能，无形商品和服务(如电子信息、计算机软件、数字化视听娱乐产品等)一般可以通过网络直接提供给消费者。无形商品和服务的电子商务模式主要有网上订购模式、广告支持模式和网上赠予模式。

(1) 网上订阅模式：消费者通过网络订阅企业提供的无形商品和服务，并在网上直接浏览或消费。这种模式主要被一些商业在线企业用来销售报纸杂志、有线电视节目等。网上订阅模式主要有以下几种。

① 在线出版。在线出版指的是出版商通过互联网向消费者提供除传统出版物之外的电子出版物。在线出版一般都不提供互联网的接入业务，仅在网上发布电子刊物，消费者可以通过订阅来下载刊物的信息。但是，以订阅方式向一般消费者销售电子刊物被证明存在一定的困难。因为，一般消费者基本上可以通过其他途径获取相同或类似的信息。因此，此项在线出版模式主要靠广告支持。1995年，美国的一些出版商网站开始尝试向访问该网址的用户收取一定的订阅费，后来在线杂志开始实施双轨制，即免费和订阅相结合。有些内容是免费的，但有些内容是向专门订户提供的。这样，这些网址既吸引了一般的访问者，保持较高的访问率，同时又可获得一定的营业收入。与大众化信息媒体相对的是，专业化的信息媒体收费方式也比较成功，如一些网络版的专业数据库一直就是付费订阅的。

② 在线服务。在线服务商通过每月收取固定的费用而向消费者提供各种形式的在线信息服务，在线服务商一般都有自己特定的客户群体。如美国在线(AOL)的主要客户群体是家庭用户，而微软网络的主要客户群体是 Windows 产品的使用者，订阅者每月支付固定的费用，从而享受多种信息服务。

③ 在线娱乐。在线娱乐商通过网站向消费者提供在线游戏，并收取一定的订阅费，这是无形商品和服务在线销售中令人关注的一个领域，也取得了一定的成功。当前，网络

游戏已成为网络会战的焦点之一，Microsoft、Excite、Infoseek 等纷纷在网络游戏方面占领市场。事实上，网络经营者们已将眼光放得更远，通过一些免费或价格低廉的网上娱乐换取消费者的访问率和忠诚度。

（2）广告支持模式：广告支持模式是指在线服务商免费向消费者或用户提供信息在线服务，而经营活动全部依靠广告收入来支持。例如，Yahoo 和 Lycos 等在线搜索服务网站就是依靠广告收入来维持经营活动。信息搜索服务对于上网人员在浩瀚的信息海洋中通过互联网找寻相关信息是最基础的服务，企业也愿意在信息搜索网站设置广告，特别是通过付费方式在网上设置 Banner 广告，有兴趣的上网人员通过单击 Banner 广告条就可直接到达企业的网址。

由于广告支持模式要求上网企业的商务活动靠广告收入来维持，该企业的网页能否吸引大量的广告就成为是否能成功的关键。能否吸引网上广告又主要靠网站的知名度，而知名度又要看该网站被访问的次数。美国的网景公司之所以取得广告收入第一名，主要是因为浏览器包括了信息搜索功能。可见，为访问者提供信息的程度是吸引广告的主要因素。

（3）网上赠予模式：网上赠予模式是一种非传统的商业运作模式。这种模式经常被软件公司用来赠送软件产品，以扩大其知名度和市场份额。一些软件公司将测试版软件通过互联网向用户免费发送，用户自行下载试用，也可以将意见或建议反馈给软件公司。用户对测试软件试用一段时间后，如果满意，则有可能购买正式版本的软件。采用这种模式，软件公司不仅可以降低成本，还可以扩大测试群体，改善测试效果，提高市场占有率。由于所赠送的是无形的计算机软件产品，用户是通过互联网自行下载，因此企业投入的成本较低。采用这种方式，如果软件的确有其实用功能，那么很容易让消费者接受。适合采用网上赠予模式的企业主要有软件公司与出版商两类。美国的网景公司在其浏览器最初推广阶段采用的就是这种方法，从而使其浏览器软件迅速占领市场，效果十分显著。

▶ 2. 有形商品和服务的电子商务模式

有形商品是指传统的实物商品，采用这种模式，有形商品和服务的查询、订购、付款等活动在网上进行，但最终的交付不能通过网络实现，还是用传统的方法完成。这种电子商务模式也叫在线销售，也就是我们认为的网上商店。网上商店是消费者通过网上商店购买商品是电子商务的典型应用之一。通过网上商店，消费者可以浏览、选购自己喜欢的商品，安全地完成网上支付，享受安全便捷的购物方式。对于企业，则可以通过网络将商品销售出去，这种方式不但减少店面的开销、销售人员的开销，更重要的是实现零库存销售。

网上商店模式以销售有形产品和服务为主，产品和服务的成交是在互联网上进行的，而实际产品和服务的交割仍然通过传统的方式，而不能够通过计算机和网络来实现。目前，网上交易活跃、热销的实物产品依次为书籍、音像制品、计算机产品、服饰、食品、饮料、礼品、鲜花等。

网上商店和传统的商店在部门结构和功能上应没有多少区别，不同点在于实现这些功能和结构的方法手段以及商务运作方式上发生了巨大变化。一般构成网上商店的四大支柱就是商品目录、购物车、付款平台和后台管理系统。商品目录的作用在于使顾客通过最简单的方式找到所需要的商品，并可以通过文字说明、图像显示、客户评论等充分了解产品的各种信息。购物车则是用来关联商店和个人的，客户可将其所需要的商品放入购物车，也可以将购物车中的商品取出，直到最后付款。付款平台是顾客网上购物的最后环节，消费者需要在付款平台上选择付款方式，输入自己的账号和密码，即可完成付款。以上操作都可在网上完成，但是网上商店的成功运作还需要一个用来处理顾客订单、安排发货、监控库存、处理客户投诉、进行销售预测与分析等的后台管理系统。

目前，企业实现在线销售主要有两种方式：一种是在网上开设独立的虚拟商店；另一种是参与并成为网上购物中心的一部分，如在线书店、在线商店等。实际上，多数企业网上销售并不仅采用一种电子商务模式，往往采用的是综合模式，即将各种模式结合起来实施电子商务。Golfweb 就是一家有 3500 页有关高尔夫球信息的网站，这家网站采用的综合模式运营。网站的 40% 的收入来自订阅费和服务费，35% 的收入来自广告，还有 25% 的收入是该网站专业零售点的销售收入。该网站已经吸引了许多大公司的广告，美国银行、雷克萨斯公司、美国电报电话公司（AT&T）等都在这里做广告。专业零售点开始两个月的收入就高达 10 万美元，该网站既销售服务和产品，还销售广告，一举两得。

有形商品和服务的在线销售使企业扩大了销售渠道，增加了市场机会，与传统的店铺销售相比，即使企业的规模很小，网上销售也可将业务伸展到世界的各个角落。网上商店不需要像一般的实物商店那样保持很多的库存，如果是纯粹的虚拟商店，则可以直接向厂家或批发商订货，省去了商品存储的阶段，从而大大节省了库存成本。

三、B2C 电子商务模式的收益模式

第三方 B2C 电子商务平台的利润主要来源于公司所提供的服务，如通过提供购物、咨询、拍卖等服务收取手续费、会员费；或者因为站点的浏览量和点击量较多，而在站点上提供收费广告服务。

（一）产品销售营业收入

以产品交易作为收入主要来源是多数 B2C 网站采用的模式。这种 B2C 网站又可细分为两种：销售平台式网站和自主销售式网站。

▶ 1. 销售平台式网站

网站并不直接销售产品，而是为了商家提供 B2C 的平台服务，通过收取虚拟店铺出租费、交易手续费、加盟费等来实现赢利。天猫商城就是这种模式的典型代表。天猫商城提供 B2C 交易平台，收取加入天猫商城商家一定的费用，并根据提供服务级别的不同收取不同的服务费和保证金。

▶ 2. 自主销售式网站

与销售平台式不同，自主销售式需要网站直接销售产品。与销售平台相比运营成本较高，需要自行开拓产品供应渠道，并构建一个完整的仓储和物流配送体系或者发展第三方物流加盟商，将物流服务外包。这种网站典型的代表就是凡客诚品（VANCL）。

（二）网络广告收益

网络广告收益模式是互联网经济中比较普遍的模式，B2C 网站通过免费向顾客提供产品或服务吸引足够的"注意力"从而吸引广告主投入广告，通过广告赢利。相对于传统媒体来说，广告主在网络上投放广告具有独特的优势：一是网络广告投放的效率较高，一般是按照广告点击的次数收费。二是 B2C 网站可以充分利用网站自身提供的产品或服务不同来分类消费群体，对广告主的吸引力也很大。

（三）收取会员费

B2C 网站对会员提供便捷的在线加盟注册程序、实时的用户购买行为跟踪记录、准确

地在线销售统计资料查询及完善的信息保障等。收费会员是网站的主体会员，会员数量在一定程度上决定了网站通过会员最终获得的收益。网站收益大小主要取决于自身推广的努力程度，比如网络可以适时地举办一些优惠活动并给予收费会员更优惠的会员价，与免费会员形成差异，以吸引更多的长期顾客。

（四）网站间接收益

除了能够将自身创造的价值变为现实的利润，企业还可以通过价值链的其他环节实现赢利。

▶ 1. 网上支付收益模式

当B2C网上支付拥有足够的用户，就可以考虑通过其他方式获取收入。以淘宝为例，有近90%的淘宝用户通过支付宝支付，带给淘宝巨大的利润空间。淘宝不仅可以通过支付宝收取一定的交易服务费用，而且可以充分利用用户存款和支付时间差产生的巨额资金进行其他投资赢利。

▶ 2. 网站物流收益模式

目前，我国B2C电子商务的交易规模已经达到数万亿元，由此产生的物流市场非常大。将物流纳为自身的服务、网站的服务，网站不仅能够占有物流的利润，还将为用户创造的价值得到增值。不过，物流行业与互联网信息服务有很大的差异，B2C网站将物流纳为自身服务的成本非常高，需要建立专门的物流配送系统，而这需要有强大的资金做后盾，而大多数网站很难做到这些。

四、B2C电子商务的企业类型

（一）经营着离线商店的零售商

这些企业有着实实在在的商店或商场，网上的零售只是作为企业开拓市场的一条途径，它们并不依存于网上销售，如国美电器、苏宁易购、新华书店及各大百货商场等。

（二）没有离线商店的虚拟零售企业

这类企业是互联网商务的产物，网上销售是它们唯一的销售方式，它们靠网上销售生存，如当当网、京东商城、1号店等。

（三）商品制造商网上直销

商品的制造商采取网上直销的方式销售其产品，不仅给顾客带来了价格优势上的好处及商品客户化，而且减少了商品库存的积压。例如，戴尔计算机制造商是商品制造商网上销售最成功的例子，由于建立了网上直销，戴尔公司跻身业内主要制造商之列。目前，戴尔的直销模式已成为各大制造商仿效的案例。

（四）网络交易服务提供商

网络交易服务，是指网络交易平台提供商为交易当事人提供缔结网络交易合同所必需的信息发布、信息传递、合同订立和保存管理等服务。网络交易服务提供商是指以赢利为目的，从事网络交易平台运营和为网络交易主体提供交易服务的法人，这类企业专门为多家商品销售企业展开网上售货服务，如阿里巴巴等。

在未来电子商务的发展中，B2C将继续推动网络零售市场的发展，交易规模超过C2C指日可待。另外，京东商城、苏宁易购、唯品会、聚美优品、当当网等电商在移动端有更多投入，手机端各类应用迅速拓展。用户的购物习惯也逐渐从PC端转向移动端。从B2C

市场未来发展情况看，随着网络零售用户网络购物意识的逐渐成熟及网络购物行为的日趋理性，产品品质及服务水平成为影响网络购物用户购买决策的重要因素，对品质产品的诉求将继续推动B2C市场的高速发展。从网络购物市场看，B2C市场在网络购物整体中的占比将持续提升。发展趋势上，将呈现电商渠道下沉、跨境进口电商集中爆发、移动电商渐成主流、线上线下相融合等趋势。

第 四 节　C2C电子商务模式

一、C2C电子商务模式的概念

C2C（Customer to Customer）电子商务交易模式，即消费者与消费者之间的电子商务交易模式，是将现实中的"跳蚤市场"移植到网上，建立了一个消费者之间交易的平台，让众多的消费者在完全自愿的基础上就转让商品进行"一对一"的交易，通过相互砍价，公开、公平、公正地进行竞价，众多的消费者都可以参与这一交易活动。其特点类似于现实世界中的农贸市场或跳蚤市场，其构成要素除了包括买卖双方外，还包括电子交易平台提供商，类似于农贸市场或跳蚤市场的场地提供者和管理员。在C2C模式中，电子交易平台供应商扮演着举足轻重的角色。C2C电子商务模式使参与交易活动的消费者人数、空间范围扩大，带来了最实际的"一手交钱，一手交货"的交易。如淘宝网、拍拍网、易趣等一些网站都采用了这一模式。

在C2C模式中，电子商务交易平台供应商扮演着举足轻重的角色，主要原因如下。

（1）在浩瀚的互联网中，如果没有一个知名度高且受买卖双方信任的供应商提供平台，将买卖双方聚集在一起，那么双方单靠在网络上漫无目的地搜索是很难发现彼此的，并且也会失去很多的机会。

（2）电子交易平台提供商往往还承担监督和管理的职责，负责对买卖双方的诚信进行监督和管理，负责对交易行为进行监控，最大限度地避免欺诈等行为的发生，保障买卖双方的权益。

（3）电子交易平台提供商还能够为买卖双方提供技术支持服务，包括帮助卖方建立个人店铺，发布产品信息，制订定价策略等；帮助买方比较和选择产品以及电子支付等。正是由于有了这样的技术支持，C2C电子商务交易模式才能够短时间内迅速为广大普通用户所接受。

（4）随着C2C模式的不断发展，电子交易平台供应商还能够为买卖双方提供保险、借贷等金融类服务，更好地为买卖双方服务。

因此，可以说，在C2C电子商务模式中，电子交易平台供应商是至关重要的一个角色，它直接影响这个商务模式存在的前提和基础。

二、C2C电子商务的主要运作模式

（一）拍卖平台运作模式

目前，拍拍网、淘宝网都为网上拍卖提供了平台，它们利用多媒体手段提供产品资讯，供买方参考和竞价，最后卖家再根据买家信誉和出价拍出货品。而网站本身并不参与买卖，免除烦琐的采购、销售和物流业务,只利用网络提供信息传递服务,并向卖方收取中介费用。

电子拍卖是传统拍卖形式的在线实现。卖方可以借助网上拍卖平台运用多媒体技术来展示自己的商品,这样就可以免除传统拍卖中实物的移动,竞拍方也可以借助网络,足不出户进行网上竞拍。该方式的驱动者是传统的拍卖中间商和平台服务提供商。

(二)店铺平台运作模式

店铺平台运作模式是电子商务企业提供平台方便个人在上面开店铺,以会员制的方式收费,也可通过广告或其他服务收取费用,这种平台也可称作网上商城。个人在网上商城开设网上商店不仅依托网上商城的基本功能和服务,而且顾客也主要是该商城的访问者,因此,平台的选择非常重要。不同网上商城的功能、服务、操作方式和管理水平相差较大,理想的网上商城应具有以下基本特征。

(1)良好的品牌形象、简单方便的申请手续、稳定的后台技术、快速周到的顾客服务、完善的支付体系、必要的配送服务以及售后服务保证等。

(2)有尽可能高的访问量,具备完善的网店维护和管理、订单管理等基本功能,并且可以提供一些高级服务,如对网店的推广、网店访问流量分析等。

(3)收费模式和收费标准也是网上商城能正常运营的重要影响因素之一。

三、C2C电子商务模式的交易过程

C2C电子商务模式的交易过程如下。

(1)买方搜索。在搜索时要注意明确搜索词、用好分类、妙用空格、精确搜索、不必担心大小写。

(2)联系卖家。在看到感兴趣的商品时,先和卖家取得联系,多了解商品的细节,多沟通能增进对卖家的了解,避免很多误会。可以发站内信、给卖家留言或利用聊天工具。

(3)当买家和卖家达成共识后,确定购买。

(4)评价。当拿到商品后,可以进行收货确认以及对卖家的服务做出评价。如果对商品很不满意,可以申请退货或换货。

四、C2C电子商务的赢利模式

赢利模式的核心是价值创造结构,它的基本构成要素包括利润点、利润对象、利润源、利润杠杆和利润屏障。几乎所有的赢利模式都是包含这些要素的不同形式的组合。

(一)利润对象

利润对象是指商户提供的商品或服务的购买者和使用者群体,他们是商户利润的唯一源泉。它解决的是向哪些用户提供价值的问题。网上开店的目标受众群是大学生和年轻上班族这样的人群。据第43次《中国互联网络发展状况统计报告》数据显示,截至2018年12月,网络购物用户规模达6.10亿,较2017年年底增长14.4%,网民使用比例为73.6%;手机网络购物用户规模达5.92亿,占手机网民的72.5%,年增长率为17.1%。商户要经常对网上消费群体进行调查分析,包括年龄结构、知识层次、消费习惯等,掌握了主流网民的基本特征,就可以根据自己的实际情况来确定销售方案。

(二)利润点

利润点是指商户可以获取利润的产品或服务,好的利润点第一要针对明确客户的清晰的需求偏好,第二要为构成利润源的客户创造价值,第三要为商户创造价值。它解决的是向用户提供什么样的价值的问题。网店的利润点就是其所销售的商品，不是所有商品都适合个人在网上销售，在网上开店之前，应分析什么商品适宜通过网络销售。

▶ 1. 适合网上销售的商品

适合网上销售的商品一般具备以下条件。

（1）体积较小。主要是方便运输，降低运输的成本。

（2）附加值较高。价值低过运费的单件商品不适合网上销售。

（3）具备独特性或时尚性。独具特色或十分时尚的商品往往销售得不错。

（4）价格合理。如果在实体店可以用相同的价格购买，就不会有人在网上购买。

（5）通过网站了解就可以激起浏览者的购买欲。如果这件商品必须要亲自见到才可以达到购买所需要的信任，那就不适合在网上开店销售。

（6）实体店没有，只有网上才能买到，比如外贸订单产品或者直接从国外带回来的产品。

根据以上条件，目前适宜在网上销售的商品主要包括首饰、数码产品、计算机硬件、手机及配件、保健品、成人用品、服饰、化妆品、工艺品、体育与旅游用品等。网上开店要放弃一些不适合个人网上销售的商品，同时网上开店也要注意遵守国家法律法规，不可销售以下商品。

（1）法律法规禁止或限制销售的商品，如武器弹药、管制刀具、文物、淫秽品、毒品。

（2）假冒伪劣商品。

（3）其他不适合网上销售的商品，如医疗器械、药品、股票、债券和抵押品、偷盗品、走私品或者以其他非法来源获得的商品。

（4）用户不具有所有权或支配权的商品。

▶ 2. 网上开店的进货渠道

在确定了自己的经营商品范围之后，就要去寻找物美价廉的货源，网上开店因为手续简单，也可以随时根据自己发现的货源情况，确定自己的经营方向，网上开店大致可以从以下几个渠道找到货源。

（1）批发市场进货。最为常见的进货渠道，若小店是经营服装，可以去周围大型服装批发市场进货。在批发市场进货需要有强大的议价能力，力争将批发价压到最低，同时要与批发商建立好关系，在关于调换货的问题上要与批发商说清楚，以免日后起纠纷。

（2）厂家进货。直接从厂家进货，可以拿到更低的进货价，但是一次进货金额通常会要求比较高，增加经营风险。

（3）外贸产品或 OEM 产品。目前，许多工厂在外贸订单之外的剩余产品或者为一些知名品牌的贴牌生产之外会有一些剩余产品处理，价格通常十分低廉，通常为正常价格的 2~4 折。

（4）库存积压或清仓处理产品。因为急于处理，这类商品的价格通常极低，如有足够的砍价能力，可以用极低的价格买下，转到网上销售，利用网上销售的优势，利用地域或时空差价获得足够的利润。

（5）特别的进货渠道。如在中国香港或国外有亲戚或朋友，可以经朋友帮助购进一些国内市场上没有的商品，或者一些价格较低商品。

（三）利润源

利润源指的是商户的收入来源，即从哪些渠道获取利润，解决的是收入来源有哪些的问题。网店的利润源完全是销售商品的收入。为提高销售收入，给商品制订适当的网上售价是十分必要的。网上开店的商品定价可以遵循以下原则。

（1）销售价格要保证自己的基本利润点，不要轻易降价，也不要定价太高，定好的价格不要轻易去改。

（2）包括运费后的价格应该低于市面的价格。

（3）实体店买不到的时尚类商品的价格可以适当高一些，低了反而影响顾客对商品的印象。

（4）店内经营的商品可以拉开档次，有高价位的，也有低价位的，有时为了促销需要甚至可以将一两款商品按成本价出售，主要是吸引眼球，增加人气。

（5）如果不确定某件商品的网上定价情况，可以利用比较购物网站，在上面输入自己要经营的商品名称，在查询结果中你就可以知道同类商品在网上的报价，然后确定出自己的报价。

（6）如果自己愿意接受的价格远远低于市场售价，可以直接采用一口价；如果实在不确定市场定价或者想要吸引更多买家，可以采用竞价的方式。

（7）定价一定要清楚明白，定价是不是包括运费，一定要交代清楚，否则有可能引起麻烦，影响到自己的声誉，模糊的定价甚至会使有意向的客户放弃购买。

目前，网上开店主要有四种支付方式：网上支付、邮局汇款、银行汇款和货到付款，为了方便顾客付款，应该给出多种选择，不要只接受一种支付方式，这样很可能会因为顾客感觉不便而失去成交机会。一般情况下不要接受货到付款的方式，会增加经营风险。

（四）利润杠杆

利润杠杆是企业生产产品或服务以及吸引客户购买和使用企业产品或服务的一系列相关活动，必须与企业的价值结构相关，它回答了企业能够提供的关键活动有哪些问题。

▶ 1. 搜索引擎优化

网店推广方法之搜索引擎优化，指遵循搜索引擎的搜索原理，对网站结构、网页文字语言和站点间互动外交攻略等进行合理规划部署，以改善网站在搜索引擎的搜索表现，进而增加客户发现并访问网站的可能性的这样一个过程。搜索引擎优化也是一种科学的发展观和方法论，它随着搜索引擎的发展而发展，同时也促进了搜索引擎的发展。

搜索引擎优化适用于拥有独立域名和空间的网店，利用搜索引擎优化技术，能够让潜在客户利用搜索引擎迅速地找到网店，而不用花费任何的费用。

▶ 2. 广告推广（适合在大型网站开设网店的商户）

（1）利用好网站内的收费推广。在淘宝网、拍拍网等网站上开网店，网站本身提供了一些广告宣传方式，如粗体显示、图片橱窗、首页推荐位展示等，这些服务通常是收费的，但是可以为网店带来浏览量。

（2）利用好网站内其他推广方式。如多参加网站内的公共活动，为网站做贡献，可以得到一些关照，网店自然也可以得到相应的推广。

（3）利用留言簿或论坛宣传自己的网店。使用签名档，将网店地址与经营范围包括在签名档里，无形中会引起许多阅读者的注意。

（4）如网店是需要支付交易费或登录费的，不妨设立一个不需要费用的网店，对于每一个成交的客户，介绍他们以后通过新的网店浏览并购买产品，降低商品的销售成本。

（5）在各种提供搜索引擎注册服务的网站上登录网店的资料，争取获得更多的浏览者进入网店。

▶ 3. 其他推广

（1）论坛推广。在专业论坛推广自身网店，能够起到精确效果，并且在更广泛范围内宣传自身产品和品牌。

（2）微信、博客推广。利用微信平台或者博客平台建立产品及公司信息库，树立产品品牌。

（3）邮件推广。利用电子邮件来推广产品，可以有效地发宣传邮件，是网店营销最常用的而且是最简单最多人使用的方法，经久不衰。

（4）软文推广。网店店主可以写软文，利用优美文章来宣传产品。

（五）利润屏障

利润屏障是指商户为防止竞争者掠夺本企业的利润而采取的防范措施，它与利润杠杆同样表现为商户投入，但利润杠杆是撬动"奶酪"为我所有，利润屏障是保护"奶酪"不为他人所动。它解决的是如何保持持久赢利的方法的问题。网店要想长期赢利，必须有自身的核心竞争力，研究一套他人不可模仿的经营策略。

▶ 1. 常用的网上开店经营策略

（1）网上出售商品，绝大部分买家是无法看到实物的，所以需要拍出清晰漂亮的商品照片，还要有详细的商品描述，这样才能对买家有更大的吸引力。

（2）网店商品种类尽可能齐全，更新迅速。把新货挂到明显位置，但是不要为了增加数量而不顾及质量，不要因为生意不好而放弃上货。

（3）售后服务周到。卖出商品后，要在第一时间和买家取得联系，发货后尽快给你的买家发一封发货通知信，最好能附上包裹单的照片，让买家能看清楚上面的字迹和具体编号等信息，让买家更放心。

（4）重视网店的"信用度"评价。商品网上成交时，提供平台的网站将按商品成交价的比例收取一定的交易服务费，达成交易后，买卖双方都有义务为对方做信用评价，高信用度对于网店的经营至关重要，所有买家都会以信用度来选择是否买你的商品。

（5）诚信第一。在网络上经营，最主要的就是诚信。在网上，每个卖家都有一个关于诚信的记录，买家都可以看到卖家以前的销售状况以及别的买家对卖家的评价。网上记录了任何一个卖家的诚信记录，不诚信的人很难在网络上经营下去，诚信卖家的商品价格高些都有人要。

（6）开店之初先要增加人气，可以考虑设定一元拍或低价出售的方式达成交易，只要有比较多的成交记录，有不错的好评，就会有更多的买家信任你的店，来你的网店买东西。一元起拍能在短时间内聚集人气。但是要做好这件东西一元卖出的准备。开展一元拍的同时，最好能配合做一些广告，让大家都知道你这里的"优惠"政策。一元拍的目的，是通过这件东西，吸引买家顺便看你的其他商品。

（7）采用有效促销策略，定期有折扣，或者赠送。给予回头客一定的折扣，或者是购物满多少元，可以有礼物、有折扣、免邮费等。

（8）额外赠送小礼品。

（9）用心对待拍下不买的买家和差评。

（10）要看某种货物是否好卖，可以先在网站上搜索一下，卖同类商品的人有多少，销售情况如何，如何介绍产品，如何定位产品价格，如何设计店铺等。

（11）网上开店要循序渐进，一般开店的前3个月是适应网上开店和聚集人气的时候，这个时候要多学习好的卖家的经验，及时根据市场调整自己的经营，同时可以积累一些客户。

(12)网上竞价比一口价更能吸引浏览者,但是竞价有时可能会出现被低价拍下的可能。

▶ 2. 网上开店的送货方式的选择

目前网上开店采用的送货方式主要有以下几种。

(1)普通包裹。用的是绿色邮单,寄达时间需 7~15 天。

(2)快递包裹。与普通包裹类似,只是寄达时间加快许多。

(3)EMS 快递。安全可靠,送货上门,寄达时间更快,只是费用较高。

(4)挂号信。适合比较轻巧的物品,20 克内,寄达约 3~5 天。

(5)其他快递。前提是正规的快递公司,比较 EMS,可以节省 50% 的费用。

(6)专人送货。若顾客就在本市,可以考虑送货上门,可以采用货到付款方式。

国内目前电子商务水平并不高,而且由于法律环境、经济实力、消费习惯等的影响,C2C 电子商务模式的发展并非一帆风顺。但是,由于 C2C 电子商务模式具有足够的赢利潜力,能够为买卖双方和电子交易平台提供商带来实实在在的实惠和利润,必将得到越来越广的应用。

第五节　O2O 电子商务模式

一、O2O 电子商务模式的概念

O2O(Online to Offline)模式,即线上到线下。O2O 是一种线上购买和线下体验消费的交易平台。O2O 模式的关键就在于平台通过在线的方式吸引消费者,真正消费的服务或者产品必须由消费者去线下体验。线下服务就可以通过线上来揽客,消费者可以在线上来筛选服务,在线成交以及在线结算,从而使消费者很快达到规模。对于商家来说,O2O 模式的魅力在于,它是支付模式和客流引导的结合。推广效果可查,每笔交易可跟踪。如果需要把线上和线下做到无缝结合,移动互联网就是最好的载体。

O2O 模式分两种:一种是把消费者从线上带到线下消费,一种是把线下的群体带到线上消费,第一种 O2O 即是指把线上的消费者带到现实的商店中去——在线支付购买商品和服务,再到线下去享受服务。目前较火的团购就是 O2O 模式中的第一种。

二、O2O 电子商务模式的特点与优势

▶ 1. 与传统实体企业是合作而非竞争关系

O2O 模式的运作原理就是整合线下的实体企业,线上与线下形成利益共同体,通过线上的优势扩大实体店销售,拓展市场空间,从而使线上与实体店分享增值收益。其优越性在于既可以充分利用互联网跨地域、无边界、海量信息、海量用户的优势,同时也可以充分挖掘线下资源,从而促成线上用户与线下商品与服务的交易。

▶ 2. 体验营销,迎合大众消费心理

据市场调查发现,中国的消费者更喜欢到实体店消费。O2O 模式打通了线上线下的信息和体验环节,采用体验营销方式,一方面让线下消费者避免了因信息不对称而遭受的"价格蒙蔽"和"质量缺失";另一方面实现线上消费者"售前体验"。

▶ **3. 在线支付，形成闭环的消费链条**

在线支付建立了一个闭环的消费链条，真实地完成了一笔交易，是消费数据唯一可靠的考核标准。O2O 模式采用在线预付的方式，可以对商家的营销效果进行直观的统计和追踪评估，规避了传统营销模式的推广效果不可预测性，同时实现了将线上订单和线下消费的结合，使所有消费行为均可以准确统计，进而吸引更多的商家进来，为消费者提供更多优质的产品和服务。

三、我国 O2O 电子商务模式的发展现状

中国 O2O 的发展以团购行业为开端，2011 年 O2O 概念在中国广泛普及。据统计，2011 年 8 月中国团购网站超过 5000 家。各团购网站通过广告、地推、补贴等变相竞争。同年，拉手筹备 IPO。2013 年，O2O 在各行各业遍地开花；在出行、家装、婚庆、家政、教育、旅游等领域涌现出一批 O2O 概念的企业，如滴滴打车、土巴兔、饿了么、婚礼纪等。2014 年，BAT 等巨头以资金和互联网基础设施（支付、搜索、社交、地图等）的优势纷纷入局。如大众点评牵手腾讯、美团接受阿里入股、糯米被百度并购、滴滴和快的红包大战开始。

O2O 行业长期以补贴引流的烧钱营销，在资本转冷的时候，许多使用场景模糊低频和盈利模式不明确的 O2O 企业纷纷倒下。2015 年 9 月，一份 O2O 死亡名单流传于微信圈。O2O 行业转冷，许多公司拿不到融资，资金链断裂后开始裁员或者直接倒闭。2015 年，巨头 O2O 公司也开始进行洗牌整合。一开始阿里打折出售美团老股，携程和去哪儿合并，美团和大众点评合并，阿里 60 亿重启口碑，58 同城和赶集合并，滴滴快的合并；后面滴滴和优步中国合并，阿里投资饿了么并整合口碑外卖，京东到家和达达合并。行业发展进入瓶颈期，2016 年王兴在新美大内部讲话中提出 O2O 进入"下半场"论。在多年的野蛮生长后，O2O 开始进入精耕细作阶段。2017 年口碑提出"新店商"，美团布局出行、民宿领域。

中国网民人口红利褪去，线下客流的运营显得更有价值。百度搜索指数显示，在 2015 年，O2O 的关注度达到顶峰，而后有转冷趋势。从用户规模看，移动互联网网民进入存量时代，线上获客成本大幅增加。如图 2-6、图 2-7 所示。

图 2-6　以 O2O 为关键词的百度搜索指数

O2O 行业发展至今，百度、阿里巴巴、腾讯三方以雄厚的资本、扎实的互联网技术、庞大的用户规模为基础，成为餐饮、出行、旅游、医疗等 O2O 各个领域的领导者。下面将从团购类和外卖类 APP 分析 O2O 行业在下半场的变化和走势。

团购类 APP 周末和假期用户活跃度高，外卖类 APP 工作日用户活跃度高。美团平均日活超过 2400 万，大众点评达 1100 万左右水平，百度糯米近半年呈下滑趋势，2017 年 4 月份为 130 万左右规模。饿了么 2017 年 4 月日活达 380 万，同期，美团外卖为 220 万，百度外卖为 87 万。如图 2-8 所示。

美团在 2016 年 12 月月活达顶峰超过 1.8 亿，2017 年有所回落；大众点评 2017 年 2 月份达最高点 1.2 亿。外卖类 APP 中，饿了么排名第一，高峰期超过 3 000 万人次。如图 2-9 所示。

图 2-7 手机网民规模及其占网民比例

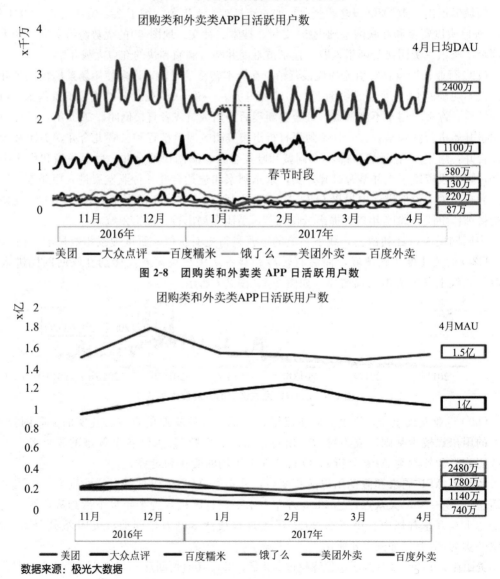

图 2-8 团购类和外卖类 APP 日活跃用户数

图 2-9 团购类和外卖类 APP 月活跃用户数

以上O2O现状内容根据极光大数据《O2O下半场分析报告》整理得到。

四、影响O2O电子商务模式发展的因素

O2O电子商务模式作为当前发展的一个新趋势，影响其发展的因素主要包括宏观环境、市场竞争和企业自身管理三个方面。

（一）宏观环境

宏观环境包括以下几个方面。

（1）稳定的政治环境可以为O2O电子商务的发展提供保障，同时当前的政策侧重点也会影响商务活动是否符合政策导向，例如当前国家对高新技术的支持可以为O2O电子商务发展提供坚实后盾。

（2）快速的经济增长才能促进消费，而只有消费提升上去了，O2O才会有更广阔的市场空间。

（3）科技发展水平尤其是互联网技术的发展对O2O模式的发展具有重要影响，因为电子商务的一个必备要素就是信息化平台的建设，如何利用电子网络迅速、快捷、方便地传递信息对于O2O的发展至关重要，而这些离不开科技的不断发展。

（4）法律环境是影响O2O电子商务模式发展的一个重要因素，因为电子商务涉及网上的在线支付，那么如何保障电子支付安全就受当前的法律环境建设的影响。

（5）文化，尤其是消费文化意识，可以影响消费者是否愿意接受O2O的消费模式，从而决定O2O模式的市场空间。

（二）市场竞争

在良好的宏观环境基础上，O2O模式能否健康发展仍会受到市场竞争的影响，包括在该领域市场当前整体的供给、需求情况和当前该模式的效益。

（1）从当前的市场交易数据可以发现95％左右的商务活动仍徘徊在O2O模式之外，说明当前的市场前景非常大；同时通过将中国居民的消费占人均可支配收入的比例和国外相对比，发现当前中国居民的消费市场远远没有打开，而且当前中国居民消费更加注重消费质量的消费意识改变也为O2O模式提供巨大的需求。

（2）从当前的电商发展来看，真正应用O2O模式的企业可以说寥寥无几，可以说市场复制O2O模式的潜力巨大。同时通过当前携程网、美团网的经营业绩以及当前不断涌现出的新的电商加入该模式，可以看出O2O模式具有巨大的市场效益。

（三）经营管理

单个企业的O2O模式能否发展良好，受企业自身经营管理的影响。

（1）最重要的一个因素就是线下商家的服务质量和服务态度，在O2O模式中，线上仍然是线下扩张的手段，而线下的服务质量和水平才是决定消费者是否满意的根本因素。

（2）电商企业的内部风险控制，包括支付安全隐患的控制是O2O模式能够成功的一个重要因素，只有消费者的支付安全能够得到保障，才会有更多的消费者进入这个模式。

（3）一个企业的信誉在O2O模式下显得极为重要，因为在线上，不仅线下企业的好的信息能够得到迅速传播，坏的信息也同样如此，那么在O2O模式下，如果不注重企业信誉，那么其将迅速被市场淘汰。

（4）在O2O模式下，企业的人才至关重要，包括技术人才和管理人才，技术人才可以在构建信息化平台和风险控制方面提供保障，管理人才可以为企业发现更多的O2O模式

的潜在领域。

总之,在O2O模式下,商品和服务的质量、信息化平台的建设、支付安全的保障、人才的储备都至关重要。

五、我国O2O电子商务模式发展存在的问题

(一)经营模式过于单一

O2O电子商务经营模式过于单一,大部分的O2O经营者提供的都是表面的、低层次的服务,并没有针对不同的地方、不同消费者提供不同的服务,缺乏灵活性,这就在一定程度上丧失了黏性高的使用者。很多相同领域的经营模式是极度相似的,并没有根据自身特点创新模式,提高自身的相对优势,这就造成了规模大的O2O经营者越做越大,使用的客户越来越多,而规模小的经营者面临着以更大的让利来吸引使用者,并不能依靠真实能力做大做强,这在一定程度上造成了利益的减少,就有很多使用者流失,就跟平时我们下载或关注一些微信公众号一样,这样并不能给这个行业带来新生机。与此同时,商务模式过于单一,也在一定程度上造成了恶性竞争,很多网站之间可能为了争夺客户资源而采取一些违法违规的行为。众所周知,一个行业能不能得到进一步的发展,关键在于这个行业是否能够打破常规,实现创新。除此之外,当下的很多传统服务企业并没有适应这个潮流,很多企业的经营模式并不能跟上O2O模式的步伐,这造成线上线下很难衔接,也就在一定程度上阻碍了模式创新的步伐。

(二)诚信问题严重

目前,O2O商务模式发展非常迅猛,但很多体制并不健全,对于有些比较小的O2O商户网站,其注册门槛比较低。这些商户网站为了吸引更多的消费者,会提供一些优惠措施,但是这些优惠可能并不是真实的,比如微信平台的集赞活动,先让消费者扫描二维码,关注公众号,提供一些集赞免费送的活动,但是集完赞并没有这个优惠,或者需要某种途径才能实现这个优惠,这就在消费者留下了集赞不可信的心理,以至于后期商家的微信平台集赞活动无法推广。除此之外,像团购模式的O2O也有很多诚信方面的问题,比如说团购的产品与网站上宣传的并不一致,很多商家卷钱走人,隐形消费等,这些行为不仅造成消费者对这个商户网站缺乏信心,而且也直接影响了一些优质商家的客户流,进而影响到了该商户网站的"流量"。很多商家并没有意识到诚信问题的重要性,只是想着怎么谋取利益,而互联网为其提供了便利,虽然用户评价能够相对减少这种情况的发生,但是所谓"上有政策,下有对策",很多商家利用"好评返现、好评赠优惠券"的活动来影响消费者的评价,严重违背诚信经营的原则。除此之外,还有更为严重的情形,目前很多钓鱼网站采用"预付款"的运营模式,利用消费者贪小便宜的特点,以极低的价格来吸引消费者,收到付款后关闭网站。目前O2O电子商务模式应用领域已经涉及我们生活的很多方面,这些诚信问题是非常普遍的,这一部分原因是因为政府对这一部分的监管没有到位,但很大部分的原因还是O2O商务平台与线下的服务商家的信用缺失造成的。同时,这种情况也有一部分是因为O2O电子商务模式特点所引起的。互联网企业不仅要有很多商家资源以满足客户的需要,但同时其还要在大数据、大流量的情况下筛选出相对比较优质的商家,这就使互联网企业对于线下商家的失信行为与商家规模处于无力监管状态,进而造成了部分失信情况的发生。

(三)O2O企业内部体制不健全

随着O2O电子商务模式的推进,几乎全国上下的企业都在不同程度上引用这个模式,

与此同时很多商户平台也不断地建立。但是正是由于这种一拥而上的情况，使很多企业在没有做好准备的情况下直接接受了这种模式，这就造成了传统服务企业的运营与这种新式模式没有达到一个很好的融合，很多员工的招聘都是很草率的。从过去的一年可以看到，很多 O2O 网站如美团网、携程网、艺龙网等都在不停地扩招员工，但对于这个独特的模式，其人员的招聘与任用并没有形成一个有针对性的流程，员工的入职、离职的频率非常之高，这在一定程度上影响了企业的向心力与凝聚力，进而影响到整个企业的服务水平与运营状况。除此之外，这种快速地进入与引用，企业的很多体制都跟不上，比如人才的管理体制、运营流程、企业独有的文化等，这些都是公司良好运营的重要因素。但在这个过于迅速发展 O2O 商业模式中并没有被好好地看待。我们都知道，一个不健全的企业内部体制肯定会阻碍企业发展的进程，会影响企业今后的发展，并且这种情况对消费者也是很不利的，消费者很有可能享受不到预期的消费结果，这也一定程度上扼制了该企业与该模式的发展。

（四）服务链过长，责任不明确

"线上支付，线下体验"这种商务模式中，电子商务相当于是产品销售与展示的平台。整个消费过程需要该平台与其合作方即商家共同完成，与之前的电子商务模式相比，O2O 的商务模式在一定程度上延伸了电子商务的服务范围。也就是说对于消费者的消费体验与结果，该平台也是需要负一定的责任，但是对于如何明确分配平台与商家的责任，目前并没有一个很好的解决方案。有的消费者在线下消费中出现相关问题，并不能明确知道该如何解决，找商家解决，商家会以我并没有收钱来推卸相关责任，而平台又会以钱最终归还商家的借口作为说辞，同时在网站平台上并没有这一方面的服务，而消费者也并不会因为几十块或几百块钱闹到法院。这种责任不明确是非常致命的，作为消费者，我们都希望每一份消费都是有保障的，就好像我们去实体店直接消费，我们会在知道消费或服务结果的情况下付款，但是在 O2O 模式下，除了一些有体验店的商家之外，消费者是在不了解真实情况下来消费的，再加上责任不明确，这就造成了很多消费者宁愿在实体店进行直接消费的情形，这对 O2O 企业与商家都是相当不利的。

（五）定位不清晰，缺乏良好的商业环境

目前，O2O 电子商务模式的定位都是非常不清晰的，任何行业都可以采用这种模式进行运用与扩张，任何只要符合一些基本条件的网站平台即可上线，没有一个规范商业体制来约束，也没有一个整体的、规范的商业来保证商业秩序。我们都知道"无规矩不成方圆"，但制订规矩的前提是应该找出其规矩规范的对象，而对于 O2O 电子商务，并没有一个清晰的定位，这就说明我们并不能给其制订一些相关的规范。换句话说，即使想进行一些该模式的商业规章或条文的制订，也无从下手。但是没有一个很好的商业环境，O2O 企业的竞争会非常激烈，秩序会被扰乱，甚至有的竞争行为会触犯相关法律，一些小的 O2O 平台是非常难存活的，就更别提给该市场注入新鲜血液了。除此之外，没有一个很好的市场制度，消费者的很多利益也是很难保障的，同时平台之间的产权问题也是相当严重的，这在一定程度上影响了市场秩序，进而影响 O2O 商业模式的进一步发展。

六、我国 O2O 电子商务模式的发展趋势

（一）从单纯的信息中介转向交易化平台

O2O 电子商务早期只希望做一个单纯的网络信息平台，但是网络信息平台回笼资金的周期过长，前期投入过大，并且刚开始信息平台的商业模式比较不清晰，这就促使网络

信息平台并不能单纯地靠信息中介来获取利润。想获取企业的资金流与利润，最主要的办法是达成交易，无论是二手交易、中介交易还是直接交易，都能满足利润的达成与实现。所以说交易化平台将是O2O电子商务发展的一种必然趋势，也是O2O企业资金回笼的一种有效方式。同时随着大众点评、携程网等这些电子商务的发展，不断地向交易化平台发展，从这里也能看出交易化平台是未来发展的重要趋势。

（二）无界化、社交化，跨界融合

目前，随着O2O电子商务模式的发展，很多低模式化与高渗透的行业在这个大环境下优势已经不再那么明显了，其赢利空间不断地缩小。未来的发展趋势逐步地转向了一些底层消费，比如人们生活中的衣食住行。同时随着互联网金融及物流渠道的发展，O2O电子商务模式无法突破时间空间限制的现象将会减少。与此同时，为了提高商家与消费者的黏度，越来越多商户网站将会向本土化、社交化发展，将会根据地方居民的衣食住行等特色不断改进平台建设与维护。同时也会根据民风习俗等推出相关的活动，提高服务质量，增进商家与消费者的关系。除了改进自身服务质量与方案，商家应该采取相关措施来解决其跨界消费难的问题：在空间上，连锁的店家是否能够对不同区域的订单信息给予实现消费；在时间上，能不能打破节假日不可用与到期日的限制。这种跨地域、跨空间的融合将会是O2O电子商务进一步发展的关键。

（三）更加关注中小商户的利益

从未来的发展情况上来看，O2O电子商务将会更加关注中小商户的利益，目前很多中小商户的发展并不乐观，其不仅要以低价吸引更多的消费者，还要及时地把钱交到商户平台，这样就造成了中小商户发展的压力很大。但是根据O2O的商业模式及服务对象，我们知道中小商户是O2O电子商务发展的主要客户来源，为了提高平台的商家数量，其还是会进一步关注中小商户的利益，放宽中小商户的入驻条件，这样才能促进O2O电子商务的长期发展。

（四）O2O商业模式的线下线上将更加融合

目前，很多企业已经意识到电商不只是一种销售商品的工具，它不仅能够给企业带来消费者，更能帮助企业实现资金的流入。如果与电商配合得不够好，就会造成与消费者的脱节，在过去的一年，有一部分企业的高层并没有融入互联网商务思维，并没有将自身的产品宣传与渠道设计同互联网相结合，这就造成部分企业的赢利并不乐观。同时在O2O这种特殊的商务模式下，越来越多的商家将自己的线下服务行为与线上的宣传有力地结合起来，满足消费者对于该产品或服务的预期，实现更多更长期的赢利，所以未来的O2O模式将会达到线上线下完全融合的局面。

第六节　其他电子商务模式

一、B2G模式

B2G(Business to Government)，指的是商业组织与政府机构之间进行的电子商务活动。例如政府招标采购，政府将采购的细节在国际互联网络上公布，通过网上竞价方式进行招标，企业也要通过电子的方式进行投标。B2G 是政府的电子商务行为，不以赢利为目的，主要包括政府采购、网上报关、报税等，对整个电子商务行业不会产生大的影响，其特点是速度快和信息量大。由于活动在网上完成，使企业可以随时随地了解政府的动向，还能减少中间环节的时间延误和费用，提高政府办公的公开性与透明度。B2G 模式典型的应用是中国采购与招标网。

B2G 模式涵盖了政府与企业间的各项事务，包括政府采购、税收、商检、管理条例发布以及法规政策颁布等。政府一方面作为消费者，可以通过互联网发布采购清单，公开、透明、高效、廉洁地完成所需物品的采购；另一方面，政府对企业宏观调控、指导规范、监督管理的职能通过网络以电子商务方式更能充分、及时地发挥。借助于网络及其他信息技术，政府职能部门能更及时全面地获取所需信息，做出正确决策，做到快速反应，能迅速、直接地将政策法规及调控信息传达于企业，起到管理与服务的作用。在电子商务中，政府还有一个重要作用，就是对电子商务的推动、管理和规范作用。政府可以通过 B2G 模式树立政府形象，通过示范作用促进电子商务的发展。除此之外，政府还可以通过 B2G 模式实施对企业的行政事务管理，如政府用电子商务方式发放进出口许可证、开展统计工作，企业可以通过网上办理交税和退税等。

二、B2F 模式

B2F(Business to Family)模式，即电子商务按交易对象分类中的一种，是结合现有的电子商务模式 B2B、B2C、C2C 的诸多优点，并根据地方特色，综合考虑的一种电子商务升级模式。B2F 是商务机构按交易对象分类，把消费者分类为家庭这个单位中，并以当前最为便捷的购物方式来引导消费；"一站式"服务和高效免费的配送、安全可靠的现金交易来赢取市场位置，即表示商业机构对家庭消费的营销商务。这种形式的营销模式一般以目录＋网络销售为主，主要借助于 DM 和互联网开展销售活动。

三、C2B 模式

C2B(Consumer to Business)，又叫 C2T(Consumer to Team)，即消费者对企业的集合竞价模式，又叫作团购模式，就是将零散的消费者及其购买需求聚合起来，形成较大批量的购买订单，从而可以得到厂商的批发价和较低的折扣价，商家也可以从大批量的订单中享受到"薄利多销"的优惠，因此对消费者与商家有"双赢"的好处，例如美团网、中国网众等许多团购网站。

C2B 模式有两种：团购和个性化。其中，团购又可分为三个发展阶段：第一阶段是基于价格的团购，第二阶段是基于产品的团购，第三阶段是个性化定制。现在国内的 C2B 网站都是基于价格的团购网站，处于 C2B 发展的最初级阶段。

四、G2C 模式

G2C(Government to Citizen)是电子政务的简称，是指政府与公众之间的电子政务，政府通过电子网络系统为公民提供各种服务。G2C 电子政务所包含的内容十分广泛，主要的应用包括公众信息服务、电子身份认证、电子税务、电子社会保障服务、电子民主管理、电子医疗服务、电子就业服务、电子教育、培训服务、电子交通管理等。G2C 电子政务的目的是除了政府给公众提供方便、快捷、高质量的服务外，更重要的是可以开辟公众参政、议政的渠道，畅通公众的利益表达机制，建立政府与公众的良性互动平台。

电子政务的基本目标主要为了推动市民与政府的互动，实现网上交易。例如更新执照和证书、报税、申请等，既省时又易于实现。G2C 也力求透过网站或报亭等分发工具的使用，使公众更易于获取信息。许多 G2C 的另一个特征是试图削弱以机构为中心的、同时管理过程相互重叠的政府职能。一些电子政务的倡导者认为实施电子政务的目的之一应该是建立一个"一站式办公"网站，给公众提供多任务集成服务，尤其是涉及多个机构的服务，避免逐个地与各个机构打交道。G2C 的一个潜在的副产品是，通过提供更多的机会克服时间和空间的障碍，从而推动公众之间的互动、激发公众的参政意识。

五、B2B2C 模式

B2B2C 电子商务是指"Business to Business to Customer"，第一个 B 是指商品和服务的供应商。第二个 B 是指 B2B2C 电子商务的服务提供商，通过统一的经营管理对商品和服务、消费者终端同时进行整合，是广大供应商和消费者之间的桥梁，为供应商和消费者提供优质的服务。C 表示在第二个 B 构建的统一电子商务平台购物的消费者。B2B2C 模式是对 B2B、B2C 模式的演变和完善，通过 B2B2C 模式的电子商务企业提供统一的服务。

B2B2C 电子商务模式可以分为两类：一类是价格比较购物形式，即将众多网上商家销售产品的价格进行综合比较，使消费者通过对比找到最低价格的产品；另一类是网站比较购物形式，即 B2B2C 网站经过筛选信誉良好的网上商家向消费者推荐，消费者通过 B2B2C 网站到各个商家购物时可以得到现金返还。两种 B2B2C 网站的侧重点有所不同，前者更注重价格比较，而后者则倾向于比较商家的品牌和服务。

六、B2M 模式

B2M（Business to Marketing），即面向市场营销的电子商务企业。B2M 电子商务公司以客户需求为核心建立起营销型站点，并通过线上和线下多种渠道对站点进行广泛的推广和规范化的导购管理，从而使得站点成为企业的重要营销渠道。相对于拥有站点的简单电子商务模式，B2M 注重的是网络营销市场和企业网络营销渠道的建立、企业网络营销渠道的建立，是针对网络市场营销而建立的电子商务平台，通过接触市场、选择市场、开发市场，而不断地扩大对目标市场的影响力。从而实现销售的增长、市场占有率的提高，通过网络为企业找到新的经济增长点。

B2M 电子商务模式与 B2B、B2C、C2C 电子商务模式有着本质的不同，其根本的区别在于目标客户群的性质不同，B2B、B2C、C2C 的目标客户群都是作为一种消费者的身份出现，而 B2M 所针对的客户群是该企业或者该产品的销售者或者为其工作者，如分布于城市各个小区的"站长"，而不是最终消费者。由于各小区的"站长"对小区内的客户服务，线上下单线下交易，消除了客户对网购质量的顾虑。除此以外，B2M 还具有一个优势：电子商务的线下发展。B2B、B2C、C2C 传统电子商务的买家和卖家都只能是网民，而 B2M 模式能将网络上的商品和服务信息完全地走到线下，企业发布信息，经理人获得商业信息，并且将商品或者服务提供给所有的百姓，不论是线上还是线下。以中国市场为例，传统电子商务网站面对 1.4 亿网民，而 B2M 面对的则是 14 亿中国公民。

七、M2C 模式

M2C（Manufacturers to Customer），即制造商对消费者提供自己生产的产品或服务的一种商业模式。M2C 是 B2M 的延伸，是 B2M 不可缺少的一个后续发展环节。M2C 拥有互联网和地面渠道，通过共享各地的终端推广渠道和售后服务网点，让产品从生产商直接到消费者，并由生产商为消费者提供配送服务和售后服务的商业模式。M2C 的特点是减少流通环节，降低销售成本，保障售后服务质量，并能满足顾客的个性化定制需求。

在 M2C 商业模式下，制造商通过网络平台发布该企业的产品或者服务，消费者通过网络获取该企业的产品或者服务信息，制造商将直接面对最终消费者。与其他传统模式相比，此模式更具有灵活性，减少了流通成本的同时，跨越了时间和地域的限制条件，让价格更统一、更透明化，客户不再需要四处比较价格。此外，M2C 模式还增加了客户与制造商之间的互动，提高沟通效率，让产品更贴近生活。

八、BMC 模式

BMC(Business Medium Customer)，即企业＋中介平台＋终端客户的模式。BMC 集量贩式经营、连锁经营、人际网络、金融等传统电子商务模式优点于一身，解决了传统电子商务模式的发展"瓶颈"，是 B2M 和 M2C 的一种整合电子商务模式，即 B2M＋M2C＝BMC，就是通过第三方的平台为企业提供第三方质量监控、多媒体整合推广、全民参与经营、保障企业消费者权益、改变网络诚信危机、降低企业运营成本等的新型电子商务模式。

与传统的 B2B、B2C、C2C 模式相比，BMC 模式不仅能够满足个人的消费需要，同样也能够满足个人的创业需求，并且还会提供一系列的后台服务。人们不需要懂得相关技术也能够经营，还能够在经营个人资源的基础上，共享平台上所有的资源。BMC 模式让消费者轻松地参与经营。另外，BMC 模式将中国的电子商务引入了第三方监管和保证的时代。在这一模式中，第三方的"M"可有效地帮助消费者去进行专业化的监管，检验商品的质量和服务的质量，保障消费者的权益。企业在网络经营中首先要通过第三方的质量审查、样品审核、资质验证等方可上架销售，消费者通过第三方平台支付购买审核通过的放心商品，由第三方收取货款来保障消费的资金、商品质量。BMC 模式使得商品渠道、金融渠道以及诚信渠道得到了有效整合，企业和消费者的权益能够得到有效的保障。

九、B2T 模式

B2T(Business to Team)指的是团队对商家采购的模式。目前，网络团购形式大致有三种：第一种是自发行为的团购；第二种是职业团购行为，目前已经出现了不少不同类型的团购性质的公司、网站和个人；第三种就是销售商自己组织的团购。而三种形式的共同点就是参与团购者能够在保证正品的情况下买到比市场价格低的产品。

十、SoLoMo 模式

SoLoMo 即社交化、本地化、移动化应用，Social(社会化)、Local(本地化)和 Mobile(移动化)三位一体的 SoLoMo 模式。这种基于本地化的移动社交应用的模式现在已经成为手机用户常选用的一种模式。Social 是由 Facebook、Twitter、Zynga 这些公司带起的社交化运动，互联网应用必须要靠着社交来提供更多价值，才能够打败对手。Local 是随着智能手机的发展，我们得到的资讯将会越来越本地化，也就是所谓的 LBS(Location-Based Service)。Mobile 则是移动互联网的崛起。移动互联网将会在两年内超越台式电脑，成为人们上网的主流方式。SoLoMo 的典型应用主要有大众点评网。

十一、ABC 模式

ABC 电子商务模式，ABC 分别是代理商（Agents）、商家（Business）和消费者（Consumer）。ABC 模式是由代理商、商家和消费者共同搭建的集生产、经营、消费为一体的电子商务平台。商家通过 ABC 平台发布产品，消费者通过购买 ABC 平台上的产品而获得积分，积分累加到一定数额，即可提升为"代理商"，同时享受购买折扣；成为"代理商"的消费者可向其他消费者推销 ABC 平台上的产品，若达成交易，可从中获取提成。同时，当其引荐的消费者的购买积分达到成为代理商的要求时，便自动成了其下线成员。代理商、商家和消费者的三重身份相互之间可以转化。代理商、消费者和商家都是老板。

十二、BAB 模式

BAB（Business Agent Business）是基于 B2B 模式的新型电子商务模式，它的本质是解决企业间的信任问题，它的目的是创造一个包括信息流、资金流、物流、知识流在内的，有信用的电子商务环境。"A"即业务代理机构（Agent），在电子商务环境中的业务代理机构包括：技术支持与服务平台、数字认证技术及机构、商业银行、第三方物流服务及第四方物流支持技术与服务、第三方质检服务及企业信誉评估机构及机制等。

十三、P2C 模式

P2C（Service Provider to Customer）是中国互联网界围绕电子生活资讯黄页服务领域，提出的一种新的服务模式。P2C 生活服务平台把老百姓日常生活当中的一切密切相关的服务信息，如房产、餐饮、交友、家政服务、票务、健康、医疗、保健等聚合在平台上，实现服务业的电子商务化。P2C 将第三方支持平台升级为第一方直接参与进行交易。将产品的展示、运输、售后、质保的工作全部落实到运营平台。零售巨头们已经携着巨资和庞大的销售系统走进了电子商务的历史进程，并将彻底颠覆现有的电子商务格局。

十四、P2P 模式

P2P 是指 Peer to Peer（贸易伙伴对贸易伙伴）、Point to Point（点对点）、Person to Person（人对人）、Path to Path（渠道对渠道），就是消费者和生产者之间为达到一定的目的而进行的直接的、双向的信息或服务的交换。P2P 的实质代表了信息和服务在一个个人或对等设备与另一个个人与对等设备间的流动。

P2P 模式主要服务对象是中小企业，通过其设在全国各地的渠道服务中心，把各地优质产品及其代理商资源加以整合，形成一对多、多对一的商务互动格局。其中任一个点都能通过企业网的体系同步发布产品信息，既是信息资源的提供者，又是其他渠道服务中心信息的受益者，使全国各地企业产品销售渠道高效对接。

十五、B2S 模式

B2S（Business to Share）是分享式商务或体验式商务。与传统电子商务不同的是，B2S 平台即通过互联网为消费者提供一个全新的购物模式——分享式购物或体验式购物，是指有共同兴趣爱好的一群人，通过分享式购物平台，选择自己喜欢的商品，每个人通过网上支付很小的一笔费用（比如 1 元钱），大家累积起来的钱刚好能支付这个商品价钱，然后从这些人中挑选一个幸运者，由幸运者拥有并体验这款最新潮商品。由于这种模式聚集了一大批有共同兴趣的人，人人出一点力，每个人都有机会受益。当然即使没有被选中，消费者所支付的每一笔钱(比如1元钱)都会变成等额的积分累积在消费者的账户中，消费者随时可以到同样价格优惠的积分商城兑换心仪的商品。这既是一个有强烈娱乐性的游戏，又是一个可以有效存取小额存款的好方法。

小结

本章主要介绍了电子商务模式的相关知识，根据参与对象主体不同划分为B2B、B2C、C2C、O2O等电子商务模式，详细描述了B2B电子商务模式的类型、B2C电子商务模式的交易模式、C2C电子商务的赢利模式，对其余电子商务模式进行了简单介绍。

思考题

1. B2B电子商务模式有哪些类型？
2. 简述B2C电子商务模式的交易模式。
3. 总结C2C电子商务的赢利模式。
4. O2O电子商务模式在今后的发展中应重点关注哪些问题？

案例分析

携程网电子商务模式

一、携程网简介

携程网作为中国领先的综合性旅行服务公司，成功整合了高科技产业与传统旅游业，向超过5000万会员提供包括酒店预订、机票预订、旅游度假、商旅管理、特约商户及旅游资讯在内的全方位旅行服务，被誉为互联网和传统旅游无缝结合的典范。

凭借稳定的业务发展和优异的赢利能力，携程网于2003年12月在美国纳斯达克成功上市。携程网目前占据中国在线旅游50%以上的市场份额，是绝对的市场领导者。主要竞争对手包括已被全球第一大在线旅行公司控股的e龙，以及分别背靠大型国有控股旅游集团，拥有雄厚的资金保障和丰富的旅游资源的遨游网和芒果网，但这三大竞争对手尚不具备与携程正面对抗的实力。

二、携程网的赢利模式分析

在线旅游网站的赢利模式分为流量模式和会员模式。流量模式就是不区分用户群，依托庞大的点击率获得广告收入。会员模式则必须区分用户群，依靠足够数量的会员获取会员服务费，或者成为会员与商户的中介，赚取商户的中介费。携程网的赢利模式可归为会员模式，因为它为了获得足够的会员不计成本地发行会员卡，然后赚取旅游中介的费用。携程网的赢利模式主要由网站、上游旅游企业(目的地酒店、航空票务代理商、合作旅社)和网民市场构成。

携程网的目标市场以商旅客户为主，观光和度假游客为辅。酒店和机票预订是其主营业务，同时将其整合成自助游和商务游产品。针对商旅客户，携程网还提供差旅费用管理咨询等服务。携程网还与其他旅行社合作推出组团线路，多以出境游为主且数量有限。此外，携程网还建立了目的地指南频道和社区频道。有效的信息沟通和良好的环境营造成为赢利流程中不可或缺的辅助因素。就现实情况而言，携程网的赢利体现出以下核心竞争力。

1. 利用发卡会员制开发中高端商务会员

对携程网而言,广泛发卡和提供积分会员制是因为单个会员的使用频率对它的利润贡献更重要。因为一个会员使用十次就相当于十个会员只使用一次。如果发行十张卡的话,只要有一个人加入会员就可以保证赢利。虽然积分也有一定的成本,但重复使用会增加利润,同时降低单卡的发行成本。携程网广泛发卡只是为了首先从人群中区分出所需要的目标客户,这些人有较强的消费能力和使用该业务的需求,使用频率非常高,因而发卡成本相当于广告成本。同时,扩大会员规模是为了能够从商户那里得到更低的折扣。所以携程网的发卡成本完全可以降下来,成为一种有效的营销渠道。

当携程网的会员发展到一定规模的时候,它的会员卡将不再毫无价值,相反,它能够给会员带来额外的好处而对非会员形成门槛。也就是说,它把中介平台做得足够大了以后,就占据较为强势的地位,这也是后来携程网不再免费发卡的原因。携程网的本质是个中介机构,只不过借助互联网作为工具,而作为中介最大的风险在于,业务双方直接交流而绕开中介机构。

2. 携程网通过多渠道挖掘利润来源

目前,携程网特有的会员制赢利模式可从以下五个渠道攫取在线旅游市场的利润。

(1) 酒店预订代理费。基本上是从目的地酒店的赢利折扣返还中获取的。

(2) 机票预订代理费。这部分费用是从顾客的订票费中获取的,等于顾客订票费与航空公司出票价格的差价。

(3) 自助游的酒店、机票预订代理费以及保险代理费。采用了赢利折扣返还和差价两种方式。

(4) 在线广告。由于用户完全可以通过携程网和酒店取得联系后双方再直接交易,重新分配携程所应得的中介差价,此种情况导致携程网也提供在线广告以获取利润。

(5) 自助度假业务。有些航空公司开通了自己的网上订票业务,避免损失机票预订费中中介所分得的那一部分利润。基于这些原因,携程网开始利用它所掌握的旅游资源提供更多具有更高附加值的服务,比如,它的自助度假业务就将机票和酒店业务整合在一起,有助于获取更高的利润。

三、携程网核心竞争力分析

携程网作为业内知名度极高的在线旅游品牌,拥有不可复制的核心竞争力,主要表现在以下几个方面。

1. 网站技术提高客户响应速度

携程网基于B/S模式的网上订房系统数据库可以与上游酒店内部的客房管理系统数据库实现前向集成,在不改变酒店数据库所有权的前提下实现资源共享,及时掌握上游酒店的数据,消除牛鞭效应。

同时,携程网还与酒店确认预订环节实现业务流程重组,与客户的互动交流实现客户关系管理,为客户提供更具时效、更经济、更有特色的服务。

携程网的访问量大幅提高,使得更多的酒店愿与其合作。随着后备客房资源越来越丰富,消费者的选择余地也就越加广泛,旅游网站的吸引力也就更大。访问量得以不断攀升,形成一种良性循环。

2. 产品优势

携程网的旅游产品最大的特点在于具有专业性、覆盖面广。传统旅游业和互联网资源经技术创新融合后，传统的旅游运作方式得到极大的改善，并创造出新的产品价值。

携程网充分利用网络资源的优势，整合各地旅游资源，使其不受时空限制，还利用电子商务模式使交易操作程序更简便，交易环节压缩，交易成本大幅节省，交易效果非常显著。

此外，携程网拥有亚洲旅行业首屈一指的呼叫中心，其座席数近4 000个。携程网同全球134个国家和地区的28 000余家酒店建立了长期稳定的合作关系，其机票预订网络覆盖国际、国内绝大多数航线，送票网络覆盖国内52个主要城市。规模化的运营不仅可以为会员提供更多优质的旅行选择，还保障了服务的标准化，进而确保服务质量并降低运营成本。

3. 搜索引擎投放引入访问量

搜索比价式网站的蓬勃发展对携程网造成了一定的压力，为此，2006—2008年，携程网先后对去哪儿和酷讯屏蔽了其业务数据。由于竞争对手非常强势，致使携程网呼叫中心的业务量面临下滑。

为了应对这一竞争格局，2007年10月，携程网携手全球最大的中文搜索引擎公司百度开展酒店搜索方面的全方位合作。出行的客人可以通过百度地图频道查询携程网近5 000家会员酒店的地理位置和介绍信息，并且可以直接预订。携程网将旅游信息和搜索引擎结合起来：一方面，搜索引擎具有便捷和快速的优点，与专业的旅游信息提供网站合作后，可以做到优势互补，更好地推动旅游信息推广和在线旅游业的发展；另一方面，此次合作不仅为百度旅游资讯搜索提供了完善的内容支持，也使携程网的预订量有所增长，实现了双赢。

4. 差异化战略打造携程品牌

国内市场上，大部分在线旅游网站都采用携程模式或艺龙模式，即基本上都包括酒店预订、机票预订、旅游度假产品、公司差旅管理等在线旅游业务，使得在线旅游产品高度同质化，缺乏创新，进而导致恶性价格竞争，妨碍了行业的健康有序发展。尤其是各个服务商为了争夺客源竞相压价，将利润损失转嫁给各酒店和航空公司，造成后者的不满，加剧整个产业链的紧张关系。

为此，新进入者纷纷采取差异化的竞争策略，探索采用新的赢利模式或深耕某一细分市场。携程网则将技术创新后的产品系统化并细分市场，在保证现有业务领先的基础上，进行诸如团队、会议预订等相关新业务的多元化延展，深度挖掘网上消费市场潜力，形成完善的自主研发体系和技术创新体系。

此外，携程网通过整合线上线下渠道、协同运作来经营自有品牌，加强网站的品牌优势和核心竞争力，充分提高赢利能力。同时，携程网作为优秀的在线旅游品牌为公司提供了竞争优势。

(1) 凭借其高水平的品牌知晓度和顾客忠诚度，公司减少了营销成本。
(2) 由于顾客希望分销商与零售商经营这一品牌，加强了公司的讨价还价能力。
(3) 由于该品牌有更高的品质，公司可比竞争者索取更高的价格。
(4) 由于该品牌有更高的信誉，公司更容易进行品牌拓展。
(5) 在激烈的价格竞争中，品牌给公司提供了某些保护。

资料来源：张润彤，朱晓敏. 电子商务概论[M]. 2版. 北京：中国人民大学出版社，2014.

案例思考：

(1) 携程网的核心竞争力有哪些？
(2) 分析携程网的赢利模式。

第三章 电子商务安全

>>> 学习目标

1. 了解电子商务安全的主要问题。
2. 掌握防火墙的功能与分类。
3. 理解 VPN 的虚拟专用性。
4. 掌握 VPN 的分类。
5. 掌握对称加密和非对称加密的工作原理。
6. 掌握消息摘要、数字签名、数字时间戳、数据证书的基本概念及各自对安全方面的保障。
7. 掌握认证中心的功能及其层次构成。
8. 掌握 SSL 提供的安全性，了解 SSL 对话的建立过程。
9. 掌握 SSL 对数字证书的使用。

>>> 导入案例

"熊猫烧香"和携程门事件

中国互联网络信息中心(CNNIC)2019 年 2 月发布的第 43 次《中国互联网络发展状况统计报告》数据显示：2018 年我国网民在上网过程中遇到安全问题的比例进一步下降。数据显示，49.2%的网民表示在过去半年中未遇到过任何网络安全问题，较 2017 年底提升 1.8 个百分点。通过分析用户遭遇的网络安全问题发现，上网设备中病毒或木马的用户比例明显减少，较 2017 年底降低 7.3 个百分点；其他网络安全问题的发生情况相比 2017 年底差异不大。通过对遭遇网络诈骗的用户进一步调查发现，虚拟中奖信息诈骗是最常遭遇的网络诈骗类型，占比为 61.3%，较 2017 年底下降 9.2 个百分点。此外，网络购物诈骗、利用虚假招工信息诈骗和钓鱼网站诈骗的发生比例较 2017 年底也有所降低，分别下降了 4.6、7.3 和 5.8 个百分点。

2006 年 12 月初，我国互联网上大规模爆发"熊猫烧香"病毒及其变种，一只憨态可掬、领首敬香的"熊猫"在互联网上疯狂传播。在病毒卡通化的外表下，隐藏着巨大的传染潜力，短短三四个月，"熊猫烧香"病毒波及上千万个人用户、网吧及企业局域网用户，造成直接和间接损失超过1亿元。

2014年3月22日，国内安全漏洞监测平台乌云网发布一条震撼支付安全领域的重磅消息：携程安全支付日志可遍历下载，可能导致大量用户银行卡信息泄露，包含持卡人姓名、身份证号码、银行卡类别、银行卡号、卡CVV码(卡背面的3位数验证码)、6位卡Pin(用于验证支付信息的6位数字)等。

思考问题：

1. 电子商务出现的安全问题中既包括网络安全问题，也包括信息安全问题，请分析对电子商务危害最大的是哪一类问题？

2. 安全技术和安全管理是保证电子商务安全的基础，从社会层面看显然安全管理更为重要，请分析对于一个电子商务企业来讲，安全管理是否也如此重要呢？

第一节　电子商务安全概述

随着互联网的发展，电子商务成为了目前最时髦最具吸引力的事物，同时由于电子商务具有传统商务不具有的优势，电子商务被越来越多的企业利用，电子商务也成为促进国家经济发展的一种重要力量。在电子商务的发展过程中，很多问题也逐渐暴露出来，成为制约电子商务发展的重要原因，其中安全问题成为了众多问题中最重要、最核心的问题。

一、电子商务存在的安全问题

(一) 网络安全威胁

▶ 1. 服务器的安全问题

电子商务服务器是电子商务的核心，安装了大量与电子商务有关的软件，并且服务器上的数据库里存储了大量的商家信息以及电子商务活动过程中的一些保密数据。因此，服务器特别容易受到安全的威胁，并且一旦出现安全问题，造成的后果将非常严重。

▶ 2. 网络信息的安全问题

非法用户在网络的传输上使用不正当手法，非法拦截会话数据获得合法用户的有效信息，最终导致合法用户的一些核心业务数据泄密或者是非法用户对截获的网络数据进行一些恶意篡改，如增加、减少和删除等操作，从而使信息失去真实性和完整性，导致合法用户无法正常交易。

▶ 3. 计算机病毒

病毒是能够破坏计算机系统正常进行，具有传染性的一段程序。随着互联网的发展，病毒利用互联网，使得病毒的传播速度大大加快，它侵入网络、破坏资源，成为了电子商务中计算机网络的又一重要安全威胁。

(二) 电子商务交易威胁

▶ 1. 交易身份的不确定

电子商务基于开放的网络平台，在买卖双方互不见面的情况下进行各种商贸活动，实现消费者的网上购物、商户之间的网上交易和在线电子支付。正是基于这个特点，攻击者可以通过非法的手段盗窃合法用户的身份信息，仿冒合法用户的身份与他人进行交易。

▶ 2. 交易协议安全性问题

企业和用户在电子交易过程中的数据是以数据包的形式来传送的，恶意攻击者很容易对某个电子商务网站展开数据包拦截，甚至对数据包进行修改和假冒。TCP/IP 协议是建立在可信的环境之下，缺乏相应的安全机制，这种基于地址的协议本身就会泄露口令，根本没有考虑安全问题；TCP/IP 协议是完全公开的，其远程访问的功能使许多攻击者无须到现场就能够得手，连接的主机基于互相信任的原则等性质使网络更加不安全。

综上所述，电子商务面临着来自多方的安全威胁，存在着许多安全隐患。

二、电子商务安全问题的分类

由于电子商务所依托的平台的开放性，以及它所涉及的范围的广阔性，使得电子商务在安全性方面存在很多问题，根据影响因素，可以分为以下几个方面。

▶ 1. 硬件安全

硬件安全主要是服务器硬件和物理连线安全性问题，主要因素有自然灾害、硬件故障、电源和通信线路被切断，以及被搭线窃听等。解决这类问题，可以利用防火墙或者 VPN 技术。

▶ 2. 软件漏洞

现在各种各样的软件越来越多，许多软件在编制时没有考虑安全问题或由于经费问题而设计不足，这都会在日后使用时造成安全隐患，给恶意攻击者留下出入的"后门"。即使一些软件在设计时考虑了安全问题，也可能由于软件过于庞大，测试时很难将漏洞找出，所以在使用中常常会发现新的安全漏洞，必须及时修补。

▶ 3. 黑客的攻击

在电子商务环境中，因为信息多为商务数据，具有商业价值，所以系统资源被黑客攻击的可能性很大，其中的脆弱环节常常成为攻击的入口，电子商务安全易遭受以下四大类攻击。

（1）系统的中断：为了保证电子商务交易能顺利进行，要求电子商务平台要稳定可靠，能不中断地提供服务。

（2）信息被窃听：由于没有采用加密措施，数据信息在网络上以明文的形式传送，入侵者在数据包经过的网关或路由器上，可以通过非法手段截取网络上传送的数据包，造成传输信息的泄密。

（3）信息被篡改：网络上的服务器可以被任意一台联网的计算机所攻击，当入侵者掌握了信息的格式和规律后，通过各种技术手段和方法，将网络上传送的数据包中的信息，在中途进行修改，使数据包不能到达预期的目标或改变数据包中原有的内容。

（4）信息被伪造：由于掌握了数据的格式，入侵者不仅可以篡改信息，还可能冒充合法用户发送假冒信息或者主动获取信息，而远端用户通常很难分辨。

▶ 4. 计算机病毒的危害

计算机病毒这种恶意破坏系统资源的，能够自我复制、传播的计算机代码对系统的危害非常大，常常会恶意破坏数据、删除文件、甚至格式化磁盘。若网上银行的系统被病毒侵入并破坏，后果可想而知。所以为了保证安全，我们必须安装杀毒软件、经常更新病毒库、定期杀毒。

▶ 5. 安全管理不完善

安全管理不完善，缺乏有效的监督机制，也是安全受威胁的重要方面。

三、电子商务系统的安全要素

电子商务所涉及的安全，并没有超出普通的网络安全问题，但因其全球化特性，使其安全问题更为突出。电子商务安全要求包括以下五点。

▶ 1. 有效性

有效性是指能对信息和实体进行鉴别。电子商务以电子形式取代了纸张，那么如何保证这种电子形式贸易信息的有效性则是开展电子商务的前提。电子商务作为交易的一种形式，其信息的有效性和真实性将直接关系到个人、企业或国家的经济利益和声誉。因此，要对网络故障、操作错误、应用程序错误、硬件故障、系统软件错误及计算机病毒所产生的潜在威胁加以控制和预防，以保证交易数据在确定的时候、确定的地点的有效性，而有效性可以利用数字时间戳来实现。

▶ 2. 机密性

电子商务作为交易的一种形式，其信息的有效性和真实性将直接关系到个人、企业或国家的经济利益和声誉。传统的纸面交易都是通过邮寄封装的信件或可靠的通信渠道发送商业报文来达到保守机密的目的，而电子商务是建立在一个开放的网络环境上，维护商业机密是电子商务全面推广应用的重要保障。因此，要预防信息在存储、传输和处理的过程中，被他人非法窃取。机密性一般通过密码技术对传输的信息进行加密处理来实现。

▶ 3. 完整性

完整性就是要求保证数据的一致性，防止数据被非授权访问、修改或破坏。电子商务简化了交易过程，减少了人工干预，同时也带来维护商业信息的完整、统一的问题。由于数据输入时的意外差错或欺骗行为，可能导致交易各方信息的差异。此外，数据传输过程中信息的丢失、重复或传输的次序差异也会导致交易各方信息的不同。交易各方信息的完整性将影响到交易各方的交易和经营策略，保持交易各方信息的完整性是电子商务应用的基础。因此，要预防对信息的随意生成、修改和删除，同时要防止数据传输过程中的丢失和重复并保证信息传送次序的统一。完整性可通过提取信息生成消息摘要以及数字签名技术来实现。

▶ 4. 可靠性/不可抵赖性

在传统的纸面交易中，交易双方通过在交易合同、契约或交易单据等书面文件上，手写签名或印章来鉴别交易伙伴，确定合同、契约、单据的可靠性并预防抵赖行为的发生，即人们常说的"白纸黑字"。在无纸化的电子商务方式下，通过手写签名和印章进行交易方的鉴别已是不可能。因此，要在交易信息的传输过程中为参与交易的个人、企业或国家提供可靠的标识，以保证数据发送方在发送数据后不能抵赖；数据接收方在接收数据后也不能抵赖。为了进行业务交易，各方还必须能够对另一方的身份进行认证，一旦双方就某项交易签订合同后，这项交易就应受到保护以防止被篡改或伪造。可靠性可通过数字证书及信用认证技术来实现。

▶ 5. 审查能力

根据机密性和完整性的要求，应对数据审查的结果进行记录。有时需要解决或者仲裁收发双方对交换的单证所产生的争议，包括发方或者收方可能的否认或抵赖。

通常要求引入认证中心进行管理，由 CA 发放密钥，传输的单证及其签名的备份发至 CA 保存，作为可能争议的仲裁依据。

第二节 电子商务中的网络安全技术

电子商务的安全性是由计算机的安全性，特别是计算机网络的安全性发展而来的。安全问题是电子商务系统所要解决的核心问题。电子商务对网络及应用系统提出了许多安全要求，只有建立科学、合理的安全体系结构和控制机制，才能保证电子商务交易的安全性。概括起来，解决网络安全性的方案有防火墙技术、虚拟专用网技术和防病毒技术等。

一、防火墙技术

一般电子商务系统都包括企业内部的 Intranet，它最大的好处是加强企业内部管理以及与外部的信息交流，提高了工作效率。但是 Intranet 与 Internet 连接以后，如果不加限制，Internet 上的每一个用户都可能访问企业内部网，这就使黑客有机可乘，在毫不察觉的情况下进入企业内网，非法访问企业的资源。因此，在企业内部网和外部网之间设置一道安全屏障的意义就非常重要。

（一）防火墙的概念

防火墙是一个由软件和硬件设备组合而成的，在内部网和外部网之间、专用网与公共网之间构造的一道保护屏障，如图3-1所示，用于加强内部网络和公共网络之间安全防范的系统。只有被授权的通信才能通过防火墙，从而起到内部网与外部网的隔离，防止非法入侵、非法使用系统资源。此外，还可以记录所有通过它的访问，并提供统计数据，防止企业内部信息流入 Internet，也控制外部有害信息流入 Intranet。防火墙主要由服务访问规则、验证工具、包过滤和应用网关4个部分组成。

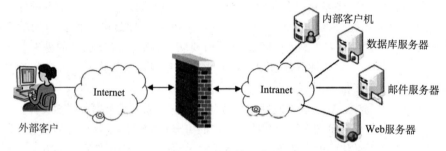

图 3-1　防火墙示意图

（二）防火墙的作用

▶ 1. 网络安全的屏障

一个防火墙(作为阻塞点、控制点)能极大地提高一个内部网络的安全性，并通过过滤不安全的服务而降低风险。由于只有经过精心选择的应用协议才能通过防火墙，所以网络环境变得更安全。如防火墙可以禁止诸如众所周知的不安全的 NFS 协议进出受保护网络，这样外部的攻击者就不可能利用这些脆弱的协议来攻击内部网络。防火墙同时可以保护网络免受基于路由的攻击，如 IP 选项中的源路由攻击和 ICMP 重定向中的重定向路径。

▶ 2. 强化网络安全策略

通过以防火墙为中心的安全方案配置，能将所有安全软件(如口令、加密、身份认证、审计等)配置在防火墙上。与将网络安全问题分散到各个主机上相比，防火墙的集中安全管理更经济。例如在网络访问时，一次一密口令系统和其他的身份认证系统完全可以不必分散在各个主机上，而集中在防火墙一身上。

▶ 3. 对网络存取和访问进行监控审计

如果所有的访问都经过防火墙，那么，防火墙就能记录下这些访问并做出日志记录，同时也能提供网络使用情况的统计数据。当发生可疑动作时,防火墙能进行适当的报警,并提供网络是否受到监测和攻击的详细信息。另外,收集一个网络的使用和误用情况也是非常重要的。首先的理由是可以清楚防火墙是否能够抵挡攻击者的探测和攻击,并且清楚防火墙的控制是否充足。而网络使用统计对网络需求分析和威胁分析等而言也是非常重要的。

▶ 4. 防止内部信息的外泄

通过利用防火墙对内部网络的划分,可实现内部网重点网段的隔离,从而限制了局部重点或敏感网络安全问题对全局网络造成的影响。再者,隐私是内部网络非常关心的问题,一个内部网络中不引人注意的细节可能包含了有关安全的线索而引起外部攻击者的兴趣,甚至因此而暴露了内部网络的某些安全漏洞。使用防火墙就可以隐蔽那些透露内部细节如 Finger、DNS 等服务。Finger 显示了主机的所有用户的注册名、真名,最后登录时间和使用 shell 类型等。防火墙可以同样阻塞有关内部网络中的 DNS 信息,这样一台主机的域名和 IP 地址就不会被外界所了解。

(三)防火墙的分类

目前市场的防火墙产品非常之多,划分的标准也比较杂。下面,我们从防火墙技术方面进行分类。

▶ 1. 包过滤型防火墙

包过滤型防火墙工作在 OSI 网络参考模型的网络层,对数据包的源地址及目的地址具有识别和控制作用;对于传输层,也只能识别数据包是 TCP 还是 UDP 及所用的端口信息,如图 3-2 所示。只有满足过滤条件的数据包才被转发到相应的目的地,其余数据包则从数据流中丢弃。

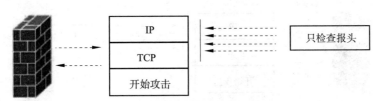

图 3-2 包过滤防火墙工作示意图

这种防火墙的优点是速度快、逻辑简单、成本低、易于安装和使用,网络性能和透明性好,广泛用于 Cisco 和 Sonic System 等公司的路由器上。缺点是缺乏用户日志和审计信息,缺乏用户认证机制,不具备审核管理,且过滤规则的完备性难以得到检验。因此,包过滤型防火墙的安全性较差。

例如,"天网个人防火墙"就属于包过滤类型防火墙,根据系统预先设定的过滤规则以及用户自己设置的过滤规则来对网络数据的流动情况进行分析、监控和管理,进而提高计算机的抗攻击能力。

▶ 2. 应用代理型防火墙

应用代理型防火墙工作在 OSI 的最高层,即应用层,其特点是完全"阻隔"内网和外网的直接通信,内网用户对外网的访问变成防火墙对外网的访问,然后再由防火墙转发给内网用户。所有通信都必须经应用层代理软件转发,访问者任何时候都不能与服务器建立直接的 TCP 连接,应用层的协议会话过程必须符合代理的安全策略要求,如图 3-3 所示。

这种防火墙的优点就是安全,由于它工作于最高层,所以它可以对网络中任何一层数

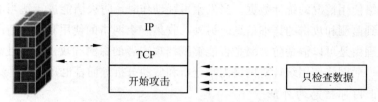

图 3-3 应用代理防火墙工作原理图

据通信进行筛选保护，而不是像包过滤那样，只是对网络层的数据进行过滤；另外代理型防火墙采取的是一种代理机制，所以内外部网络之间的通信不是直接的，而都需先经过代理服务器审核，从而避免了入侵者使用数据驱动类型的攻击方式入侵内部网。其缺点就是速度相对比较慢，当用户对内外部网络网关的吞吐量要求比较高时，该防火墙就会成为内外部网络之间的瓶颈。

代理服务在实际应用中比较普遍，如学校校园网的代理服务器一端接入 Internet，另一端接入内部网，在代理服务器上安装一个实现代理服务的软件，如 WinGate Pro、Microsoft Proxy Server 等，就能起到防火墙的作用。

▶ 3. 状态检测防火墙

状态检测防火墙又叫动态包过滤防火墙。状态检测防火墙摒弃了包过滤防火墙仅考查数据包的 IP 地址等几个参数，而不关心数据包连接状态变化的缺点，在防火墙的核心部分建立状态连接表，并将进出网络的数据当成一个个的会话，利用状态表跟踪每一个会话状态。状态检测对每一个包的检查不仅根据规则表，更考虑了数据包是否符合会话所处的状态，因此提供了完整的对传输层的控制能力，如图 3-4 所示。

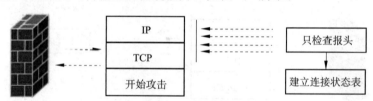

图 3-4 状态检测防火墙工作原理图

状态检测防火墙基本保持了简单包过滤防火墙的优点，性能比较好，同时对应用是透明的，在此基础上，对于安全性有了大幅提升。但它仍只是检测数据包的第三层信息，无法彻底地识别数据包中大量的垃圾邮件、广告以及木马程序等。

▶ 4. 复合型防火墙

复合型防火墙是指综合了状态检测和透明代理的新一代的防火墙，进一步基于 ASIC 架构，把防病毒、内容过滤整合到防火墙里，其中还包括 VPN、IDS 功能，多单元融合为一体，是一种新突破。

常规的防火墙并不能防止隐蔽在网络流量里的攻击，复合型防火墙在网络界面对应用层扫描，把防病毒、内容过滤与防火墙结合起来，这体现了网络与信息安全的新思路。它在网络边界实施 OSI 第七层的内容扫描，实现了在网络边缘部署病毒防护、内容过滤等应用层服务措施，其工作原理如图 3-5 所示。

(四) 防火墙技术的对比与不足

包过滤防火墙：包过滤防火墙不检查数据区，不建立连接状态表，前后报文无关，应

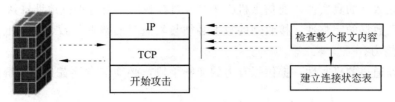

图 3-5　复合型防火墙工作原理图

用层控制很弱。

应用代理网关防火墙：不检查 IP、TCP 报头，不建立连接状态表，网络层保护比较弱。

状态检测防火墙：不检查数据区，建立连接状态表，前后报文相关，应用层控制很弱。

复合型防火墙：可以检查整个数据包内容，根据需要建立连接状态表，网络层保护强，应用层控制细，会话控制较弱。

防火墙不是万能的，其不足之处如下。

（1）防火墙不能防止不以防火墙为目标的攻击。比如，一个企业在内部设置了防火墙，但是该网络的一个用户基于某种理由另外直接与 ISP 连接，这样就绕过了防火墙的保护，成为一个潜在的安全隐患。

（2）防火墙经不起人为因素的攻击，像企业内部网由于管理原因造成的人为破坏，防火墙是无能为力的。

（3）防火墙对于计算机病毒的攻击作用有限。这主要是因为防火墙不可能对通过的数据流中的每个文件进行扫描检查病毒，不仅在时间上不允许，而且也不可能有这么多的计算机资源，加上病毒更新实在太快，使得防不胜防。

二、虚拟专用网技术

在 Internet 和 Intranet 之间安装防火墙，实现存取控制，可以提高安全性。但防火墙不能防止对网上信息的窃听、篡改等攻击。为了保证信息不受攻击，数据加密是有效的方法。我们把 Internet 连接了具有加密功能的路由器和防火墙，对网络上的数据进行加密传送的这一段网络叫做虚拟专用网。

（一）虚拟专用网的概念

虚拟专用网络（Virtual Private Network，VPN）被定义为通过一个公用网络建立一个临时的、安全的连接，是一条穿过混乱的公用网络的安全、稳定的隧道。通过虚拟专用网可以帮助远程用户、分公司、合作伙伴及经销商等建立内部的可信安全连接，保证数据的安全传输，这样既可以得到最新的信息，扩大信息量，又能保证沟通的及时性，最主要的是它让整个的"内部"大环境更加安全可靠。

虚拟专用网使用了隧道协议、身份认证和数据加密三种技术用以保证通信的安全性，其实现过程为：客户机向 VPN 服务器发出请求，VPN 服务器响应请求并向客户机发出身份咨询，客户机将加密的响应信息发送到 VPN 服务器，VPN 服务器根据用户数据库检查该响应，如果账户有效，VPN 服务器将检查该用户是否具有远程访问权限，如果有，VPN 服务器接受此连接，否则将拒绝建立连接。

（二）VPN 的作用

VPN 重点在于建立安全数据通道，它必须具有以下作用。

（1）保证数据的真实性，通信主机必须是经过授权的，要有抵抗地址冒认的能力。

（2）保证数据的完整性，接收到的数据必须与发送时的数据一致，要有抵抗不法分子篡改数据的能力。

（3）保证通道的机密性，提供强有力的加密手段，必须使偷听者不能破解拦截的通道数据。

（4）提供动态密钥交换功能，提供密钥中心管理服务器，必须具备防止数据重演的功能，保证通道不能被重演。

（5）提供安全防护措施和访问控制，要有抵抗黑客通过 VPN 通道攻击企业网络的能力，并且可以对 VPN 通道进行访问控制。

（三）VPN 的分类

不同的商业环境对虚拟专用网的要求和虚拟专用网所起的作用是不一样的。根据其应用领域，VPN 可分成如下三种类型。

1. 内部网 VPN

内部网是通过公共网络将一个组织的总部与各分支机构的局域网连接而成的网络。在该网络中，分支机构的用户只有具有相应的访问权限才能通过"内部网虚拟专用网"访问公司总部的资源，所有端点之间的数据传输都是经过加密和身份鉴别，其工作原理如图 3-6 所示。

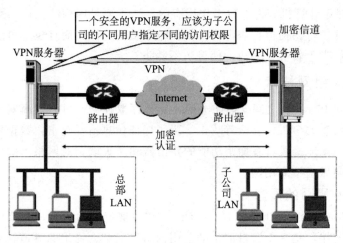

图 3-6 内部网 VPN 工作原理图

这种类型的虚拟专用网主要用于保护公司的 Intranet 不被外部入侵，同时保证公司的重要数据流经 Internet 时的安全性。

2. 外联网 VPN

外联网虚拟专用网是指使用 VPN 网络技术在公共通信设施上将合作伙伴的主机或网络与内联网连接起来，根据安全策略、资源共享约定规则，实施网内的特定主机和网络资源与外部特定的主机和网络资源的相互共享，其工作原理如图 3-7 所示。

外联网虚拟专用网的主要目标是保证数据在传输过程中不被修改，保护网络资源不受外部威胁。

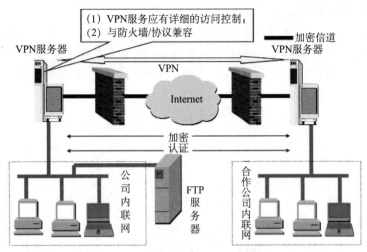

图 3-7 外联网 VPN 工作原理图

▶ 3. 远程访问 VPN

如果一个用户在家里或在旅途中,想访问公司内部网络的资源,可通过"远程访问虚拟专用网"来实现。典型的远程访问虚拟专用网是用户通过本地的信息服务提供商(ISP)登录到 Internet 上,并在家里或在旅途中与公司内部网之间建立一条加密信道,其工作原理如图 3-8 所示。

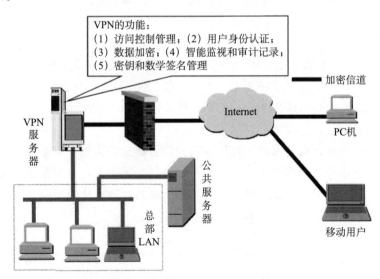

图 3-8 远程访问 VPN 工作原理图

有较高安全度的远程访问虚拟专用网还具有截获到特定主机的信息流,进行加密、身份认证、过滤等功能。

三、计算机病毒的防治技术

长期以来,计算机病毒一直是计算机信息系统中一个很大的安全隐患。由于网络环境的开放性,计算机病毒更有不可估量的威胁性和破坏性,因此计算机病毒的防范是网络安全性建设中重要的一环。

（一）计算机病毒的定义

"计算机病毒"最早是由美国计算机病毒研究专家 F. Cohen 博士提出。《中华人民共和国计算机信息系统安全保护条例》规定，计算机病毒是指编制或者在计算机程序中插入的破坏计算机功能或者毁坏数据，影响计算机使用，并能自我复制的一组计算机指令或者程序代码。

（二）计算机病毒的特征

计算机病毒不同于一般的程序，它具有以下主要特征。

▶ 1. 寄生性

计算机病毒寄生在其他程序之中，当执行这个程序时，病毒就起破坏作用，而在未启动这个程序之前，它是不易被人发觉的。

▶ 2. 传染性

在生物界，病毒通过传染从一个生物体扩散到另一个生物体。在适当的条件下，它可得到大量繁殖，并使被感染的生物体表现出病症甚至死亡。同样，计算机病毒也会通过各种渠道从已被感染的计算机扩散到未被感染的计算机，在某些情况下造成被感染的计算机工作失常甚至瘫痪。与生物病毒不同的是，计算机病毒是一段人为编制的计算机程序代码，这段程序代码一旦进入计算机并得以执行，它就会搜寻其他符合其传染条件的程序或存储介质，确定目标后再将自身代码插入其中，达到自我繁殖的目的。只要一台计算机染毒，如不及时处理，那么病毒会在这台机子上迅速扩散，计算机病毒可通过各种可能的渠道，如软盘、计算机网络去传染其他的计算机。是否具有传染性是判别一个程序是否为计算机病毒的最重要条件。

▶ 3. 潜伏性

大部分的病毒感染系统之后一般不会马上发作，它可长期隐蔽在系统中，只有在满足其特定条件时才启动其破坏模块，轻则在屏幕上显示信息、图形或特殊标识，重则执行破坏系统的操作，如格式化磁盘、删除磁盘文件、对数据文件做加密、封锁键盘以及使系统死锁等。

▶ 4. 隐蔽性

计算机病毒具有很强的隐蔽性，可以在用户没有察觉的情况下扩散传播。计算机病毒的隐蔽性还体现在病毒代码的短小，一般只有几百到几千字节，非常便于隐藏到其他程序中或磁盘的某一特定区域内。随着病毒编写技巧的提高，病毒代码本身还进行了加密或变形，使得对计算机病毒的查找和分析更困难。

▶ 5. 破坏性

任何病毒只要侵入系统，都会对系统及应用程序产生不同程度的影响。轻者会降低计算机工作效率、占用系统资源，重者可导致数据丢失、系统崩溃。

▶ 6. 可触发性

计算机病毒一般都有一个或者几个触发条件，只有满足其触发条件，病毒才会被激活，进行传染和破坏。常见的病毒触发机制有时间、日期、文件类型、系统类型、特定数值或事件等。

（三）计算机病毒的分类

计算机病毒种类繁多，且各有其不同的特征。按寄生方式大致可以分为引导型病毒、文件型病毒和混合型病毒三种。

▶ 1. 引导型病毒

引导型病毒感染磁盘的引导扇区,我们在使用受感染的磁盘(U 盘或硬盘)启动计算机时,它就会首先取得系统控制权,驻留内存之后再引导系统,并伺机传染其他 U 盘或硬盘的引导区,它一般不对磁盘文件进行感染。

▶ 2. 文件型病毒

文件型病毒主要感染计算机中的可执行文件(.exe)、批处理文件(.bat)和命令文件(.com)。当用户调用感染病毒的文件时,病毒首先被运行,然后病毒驻留内存伺机传染给其他文件,其特点是附着于正常程序文件,称为程序文件的一个外壳或部件。

▶ 3. 混合型病毒

混合型病毒综合了引导型和文件型病毒的特性,它的"性情"也就比引导型和文件型病毒更为"凶残"。此种病毒通过这两种方式来感染,更增加了病毒的传染性和存活率。不管以哪种方式传染,只要中毒就会因开机或执行程序而感染其他的磁盘或文件,因而也是最难杀灭的。

(四)计算机病毒的应对措施

在电子商务企业中,重要的数据往往保存在位于整个网络中心节点的文件服务器上,这也是病毒攻击的首要目标。为保护这些数据,网络管理员必须在网络的多个层次上设置全面保护措施。

工作站是病毒进入网络的主要途径,所以应该在工作站上安装防病毒软件。虽然目前许多病毒是通过 Internet 文件下载和 E-mail 文件附着传播的,但最主要的传播途径还是外界的软盘,因此在工作站上实施实时软盘扫描是十分必要的。当然,在工作站上安装的防病毒软件应很好地融合于系统,便于统一更新和自动运行,以避免给用户造成不便。

邮件服务器是防病毒软件的第二个着眼点。邮件在发往其目的地前,首先进入邮件服务器并被存放在邮箱内,所以在这里安装防病毒软件是十分有效的防病毒措施。

备份服务器是用来保存重要数据的。如果备份服务器崩溃了,那么整个系统也就彻底瘫痪了,备份服务器中受破坏的文件将不能被重新恢复使用,甚至会反过来感染系统。

此外,网络中任何存放文件和数据库的地方都有可能出现问题,因此也需要加强保护。

第三节 加密技术及其应用

防火墙技术和计算机病毒防治技术早已是一般企业用来保护企业网络安全的主要机制,但它们只是一种被动的防卫技术。为避免信息被窃取、篡改,影响电子交易数据的安全,我们还可利用主动的防卫技术——数据加密,以提高电子商务系统及数据的安全性和保密性,防治敏感信息被外部破坏。

一、加密技术的原理

加密技术是一种主动的信息安全防范措施,其原理是利用一定的加密算法,将原始信息(明文)转换成无意义的或难以理解的字符串(密文),这个变换处理的过程称之为加密。当数据被合法接收者接收后,可通过一定的算法将密文还原为明文,这个变换处理的过程称为解密。若被非法接收者截获，并试图将密文分析出明文的过程称为破译。对明文进行加密时采用的一组规则称为加密算法，对密文解密时采用的一组规则称为解密算法。加密算法和解密算法是一组仅有合法用户知道的秘密信息（即密钥）的控制下进行的，加密和解密过程中使用的密钥分别称为加密密钥和解密密钥。

例如，采用移位加密法，使移动3位后的英文字母表示原来的英文字母，对应关系如表 3-1 所示。

表 3-1　数据加密对应关系

密文	A	B	C	D	E	F	G	H	I	J	K	L	M	N	O	P	Q	R	S	T	U	V	W	X	Y	Z
明文	D	E	F	G	H	I	J	K	L	M	N	O	P	Q	R	S	T	U	V	W	X	Y	Z	A	B	C

用移位后的字母顺序表示"HOW DO YOU DO"，就变成了"KRZ GR BRX GR"。此例中移位规则就是算法，移动的位数 3 就是密钥，"HOW DO YOU DO"是明文，"KRZ GR BRX GR"是密文。若将密钥换成 5，则密文变成"MTB IT DTZ IT"。

从这个简单的例子中可见，算法和密钥在加密和解密时缺一不可，当算法固定时，变换密钥可以得到不同的密文。所以在设计加密系统时，一般总是假设加密算法是公开的，而真正保密的是密钥，这样可以不必重复烦琐的算法设计工作，实现用一个算法对多个对象发送不同密文，而且万一密文被破，只需更换一个新密钥即可。

根据信息加密使用的密钥体制的不同，可以将加密技术分为两类：对称密钥体制和非对称密钥体制。

二、对称密钥体制

▶ 1. 概念

对称密钥体制是指加密和解密密钥是相同的或等价的，双方使用同一把密钥对数据进行加密和解密，并且密钥不对外发布，因而也称为私密钥体制。如果通信双方能够确保密钥在交换阶段没有泄露，就可以实现数据的机密性和完整性，并可以通过随报文一起发送的电子摘要（或散列值）来实现对机密信息的验证。

私有密钥进行对称加密的过程如下。

（1）发送方用自己的私有密钥对要发送的信息进行加密。

（2）发送方将加密后的信息通过网络传送给接收方。

（3）接收方用发送方进行加密的那把私有密钥对接收到的加密信息进行解密，得到信息明文。

对称密钥技术比较典型的算法有数据加密标准（Data Encryption Standard，DES）算法及其变形——Triple DES（三重 DES）、GDES（广义 DES）、欧洲的 IDEA、日本的 FEALN、RC 等。DES 标准由美国国家标准局提出，主要应用于银行业的电子资金转账领域。

▶ 2. 对称加密算法 DES 举例

DES 工作的基本原理是，其入口有三个参数：Key、Data、Mode。其中，Key 为 8 个字节共 64 位，是 DES 算法的工作密钥；Data 也为 8 个字节 64 位，是要被加密或被解密的数据；Mode 为 DES 的工作方式，有两种：加密或解密。

DES 加密采用的是分组加密的方法，使用 56 位密钥加密 64 位明文，最后产生 64 位密文。DES 算法的基本流程如图 3-9 所示。

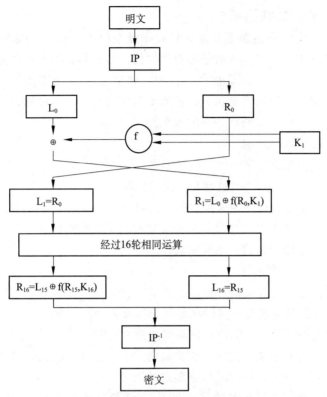

图 3-9　DES 加密算法基本流程

首先，DES 把输入的 64 位数据块按位重新组合，并把输出分为 L_0、R_0 两部分，每部分各长 32 位，然后进行前后置换，规则为：将输入的第 58 位换到第 1 位，第 50 位换到第 2 位，……，依此类推，最后一位是原来的第 7 位。L_0、R_0 则是换位输出后的两部分，L_0 是输出的左 32 位，R_0 是右 32 位。

例如，设置换前的输入值为 $D_1D_2D_3 \cdots D_{64}$，则经过首次置换后的结果为 $L_0 = D_{58}D_{50} \cdots D_8$，$R_0 = D_{57}D_{49} \cdots D_7$。

根据这个法则经过 16 次迭代运算后，得到 L_{16}、R_{16}，将此作为输入，进行与初始置换相反的逆置换，即得到密文输出。

▶ 3. 对称密钥体制的优缺点

对称加密技术的优点是：由于加密和解密有着共同的算法，从而计算速度非常快，且使用方便，计算量小，加密效率高，所以对称加密算法广泛用于对大量数据的加密过程中。

对称加密技术的缺点是：首先，密钥的管理比较困难，因为交易双方必须持有同一把密钥，且不能让他人知道。一旦密钥泄露，则信息就失去了保密性，发送方和接收方再进行通信就必须使用新的密钥。其次，如何把新密钥发送给接收方？用电子邮件传递不安全，用普通的信件传递耗时太长，且不是自动的。最后，其规模很难适应互联网这样的大环境，因为如果某一交易方有几个贸易伙伴，那他就要维护几把专用密钥，因为每把密钥对应了一个贸易方。

三、非对称密钥体制

(一)非对称密钥体制的概念

非对称密钥体制也叫公钥加密技术,该技术就是针对私钥密码体制的缺陷被提出来的。在公钥加密系统中,加密和解密是相对独立的,加密和解密使用两把不同的密钥,加密密钥(公开密钥)向公众公开,谁都可以使用,解密密钥(秘密密钥)只有解密人自己知道,非法使用者根据公开的加密密钥无法推算出解密密钥,故其可称为公钥密码体制。

公钥密钥加密体制有以下两种基本的模型。

▶ 1. 加密模式的工作过程

(1)发送方用接收方的公开密钥对信息加密。
(2)发送方将加密后的信息通过网络传送给接收方。
(3)接收方用自己的私有密钥对接收的密文解密。

这种以收方公钥加密原文,以收方私钥来解密的非对称密码算法,可以实现多个用户加密信息,只能由一个用户解读,进而实现保密通信。

▶ 2. 认证模型的工作过程

(1)发送方用自己的私有密钥对要发送的信息加密。
(2)发送方将加密后的信息通过网络传送给接收方。
(3)接收方用发送方的公开密钥对接收到的密文解密。

这种以发方私钥加密原文,发方公钥来解密的非对称密码算法,可以实现由一个用户加密信息,由多个用户解读,这就是数字签名的原理。

公钥密码体制的算法中最著名的代表是 RSA 系统,此外还有背包密码、McEliece 密码、Diffe-Hellman、Rabin、零知识证明、椭圆曲线、ElGamal 算法等。

(二)非对称加密算法 RSA 举例

RSA 算法是由 Rivest、Shanir 和 Adlerman 三位青年科学家于 1978 年在麻省理工学院研究出来的,是建立在数论中大数分解和素数检测的理论基础上的。两个大素数相乘在计算中很容易实现,但将该乘积分解为两个大素数因子的计算量却相当巨大,甚至不可能实现。

▶ 1. 密钥生成过程

(1)随机选择两个质数 p、q,计算出 $n=pq$。
(2)计算出不大于 n 与 n 互质的数的数量 $f(n)=(p-1)(q-1)$。
(3)取 e 不大于 $f(n)$ 且与 $f(n)$ 互质的数。
(4)计算出 $(ed) \bmod f(n)=1$ 时 d 的值。
(5)则 (e,n) 为公钥,(d,n) 为私钥。

▶ 2. 加密过程

$$(原文\char`\^e) \bmod n = 密文$$

▶ 3. 解密过程

$$(密文\char`\^d) \bmod n = 原文$$

例如,若取质数 $p=3$、$q=13$,算出 $n=39$,$f(n)=24$。取 $e=7$ 时,则满足条件的 $d=31$,所以公钥为 $(7,39)$,私钥为 $(31,39)$。对 5 加密后,密文是 $(5\char`\^7) \bmod 39=8$。对 8 解密后,原文是 $(8\char`\^31) \bmod 39=5$。

（三）非对称密钥体制的优缺点

▶ 1. 非对称密钥体制的优点

（1）在多人之间进行保密信息传输所需的密钥组和数量很小。

（2）解决了密钥的发布问题。

（3）公开密钥系统可实现数字签名。

▶ 2. 非对称密钥体制的缺点

（1）密钥产生困难。RSA 产生密钥很麻烦，受到素数产生技术的限制，因而很难做到一次一密。

（2）运算速度慢。由于进行的都是大数计算，使得 RSA 最快的情况也比 DES 慢 100 倍。无论是软件还是硬件实现，速度一直是 RSA 的缺陷，因此一般来说只用于少量数据加密。

但 RSA 并非 DES 的替代算法，它们的优缺点可以互补。即用 DES 算法来加密相对较大的文件信息，而用 RSA 算法加密 DES 的密钥。这样既利用了 DES 速度快的特点加密文件，又利用了 RSA 的特点解决 DES 密钥分配的难题。

例如，美国的增强的私密电子邮件（PEM）采用了 RSA 和 DES 结合的方法，已成为 E-mail 保密通信标准。PGP（Pretty Good Privacy）也运用了相似的思想。

四、密钥管理技术

在 Internet 环境中，由于用户很多，需要使用大量的密钥，而且出于安全方面的考虑，又需要经常更换密码，所以密钥管理非常重要。历史经验表明，从密钥管理途径进行攻击，窃取密码，要比单纯破译密码所花费的代价小得多。因此，无论是对称加密体系还是非对称加密体系，都需要进行密钥管理。

（一）对称密钥管理

对称加密是基于共同保守秘密来实现的。采用对称加密技术的交易双方必须要保证采用的是相同的密钥，要保证彼此密钥的交换是安全可靠的，同时还要设定防止密钥泄密和更改密钥的程序。因此，对称密钥的管理和分发是一件有潜在危险的和烦琐的过程。

通过公开密钥加密技术实现对称密钥的管理，使相应的管理变得更加简单和安全，同时还解决了纯对称密钥模式中存在的可靠性问题和鉴别问题。

对称密钥管理的实现原理为：交易方可以为每次交换的信息生成唯一一把对称密钥并用公开密钥对该密钥进行加密，然后再将加密后的密钥和用该密钥加密的信息一起发送给相应的交易方。由于对每次信息交换都对应生成唯一一把密钥，因此各交易方就不再需要对密钥进行管理与维护。这种方式的另一个优点是即使泄露了一把密钥，也仅影响一笔交易，而不会影响到交易双方之间所有的交易关系。

（二）非对称密钥管理

电子商务的安全主要是建立在非对称密钥体系上，我们来分析一下非对称密钥体系的密码管理。假定网上有 100 个用户，张三是其中之一，如果其他 99 个用户给张三发信，只需用张三的公钥加密信息就行了，对于张三来讲，他只需要用自己的一个私钥就可以解密其他 99 个用户发来的信息。反之，张三要给这 99 个用户发信，就必须首先获得这 99 个用户的公钥，而这 99 个用户的公钥可能是经常更新的，如何获得这 99 个用户目前的公钥呢，这对张三而言是一个困难的事情。此外，张三本来要给李四发一份文件，结果王五对张三说："我是李四,我的公钥是×××。"那么,张三本打算发给李四的文件却错发给了王五,在电子商务中,交易伙伴间可以使用数字证书(公开密钥证书)来交换公开密钥,以防止这类事件的发生。

(三) 公开密钥基础设施

公开密钥基础设施(Public Key Infrastructure,PKI)是以非对称加密技术为基础实现安全性的技术。该技术在网络信息空间的地位如同电力基础设施在人们生活中的地位:电力系统通过延伸到用户端的标准插座为用户提供能源;PKI通过延伸到用户本地的接口为各种应用提供安全服务,包括认证、身份识别、数字签名、加密等。一方面,作为基础设施,PKI与使用PKI的应用系统是分开的,因此具有"公用"特性;另一方面,离开PKI应用系统,PKI本身没有任何用处。这种基础设施的特性,使得PKI系统的设计和开发效率大大提高。

PKI是一种遵循标准的密钥管理平台,它能够为所有网络应用透明地提供采用加密和数字签名等密码服务所必需的密钥和证书管理。PKI必须具有认证机关(CA)、证书库、密钥备份及恢复系统、证书作废处理系统、客户端证书处理系统等基本成分,PKI的构建也正是围绕这五大系统来构建的。

▶ 1. 认证机关

CA是证书的签发机构,它是PKI的核心。CA负责管理PKI结构下的所有用户(包括各种应用程序)的证书,把用户的公钥和用户的其他信息捆绑在一起,在网上验证用户的身份,CA还要负责用户证书的黑名单登记和黑名单发布。

▶ 2. 证书库

证书库是CA颁发证书和撤销证书的集中存放地,是网上的公共信息库,可供公众进行开放式查询。一般来说,查询的目的有两个:其一是想得到与之通信实体的公钥;其二是要验证通信对方的证书是否已进入"黑名单"。

▶ 3. 密钥备份及恢复系统

如果用户丢失了用于解密数据的密钥,则密文数据将无法被解密,造成数据丢失。为避免这种情况的发生,PKI提供了密钥备份与密钥恢复机制:当用户证书生成时,加密密钥即被CA备份存储;当需要恢复时,用户只需向CA提出申请,CA就会为用户自动进行恢复。但值得强调的是,密钥备份与恢复只针对解密密钥,签名私钥是不能备份的。

▶ 4. 证书作废处理系统

证书作废处理系统是PKI的一个重要组件。同日常生活中的各种证件一样,证书在CA为其签署的有效期内也可能会作废。例如,A公司的职员甲辞职离开公司了,就需要终止甲证书的生命期。

▶ 5. PKI应用接口系统

PKI的价值在于使用户能够方便地使用加密、数字签名等安全服务,因此,一个完整的PKI必须提供良好的应用接口系统,使各种各样的应用能够以安全、一致、可信的方式与PKI交互,确保所建立起来的网络环境的可信性,同时降低管理维护成本。

五、加密技术的应用

加密技术在电子商务安全保障中除了对要传输的数据直接进行保护外,还有一些非常重要也非常广泛的应用,就是数字信封、数字签名、双重签名、数字时间戳等技术。

在介绍这几项技术前,首先我们来理解两个概念——哈希算法和消息摘要。

哈希(Hash)算法,是一类符合特殊要求的散列函数,这些特殊要求是:接受输入的报文数据没有长度限制;对任何输入报文数据生成固定长度的摘要输出;由报文能方便地算出摘要;难以对指定的摘要生成一个报文,由该报文可以得到指定的摘要;难以生成两个不同的报文具有相同的摘要。

消息摘要(Message Digest),是一个唯一对应一个消息或报文的值,由一个单向 Hash 函数对消息作用而产生,又称报文摘要。如果消息或报文在途中改变了,则接收者通过对收到消息或报文新生成的摘要与原摘要比较,就可以知道消息是否被改变了。因此,消息摘要保证了消息的完整性。

▶ 1. 数字信封

数字信封是一种综合利用了对称加密技术和非对称加密技术两者的优点进行信息安全传输的技术。它既发挥了对称加密算法速度快、安全性好的优点,又发挥了非对称加密算法密钥管理方便的优点。

数字信封的加密过程如图 3-10 所示。

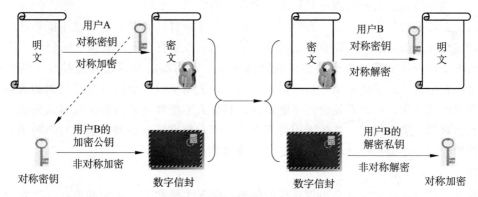

图 3-10 数字信封加密过程

(1)发送方(用户 A)采用对称密钥来加密明文。
(2)发送方将此对称密钥用接收方(用户 B)的公开密钥来加密,形成数字信封。
(3)将数字信封和加密后的密文一起发送给接收方。
(4)接收方先用相应的私有密钥打开数字信封,得到对称密钥。
(5)使用对称密钥解开密文。

这种技术的安全性相当高。数字信封主要包括数字信封打包和数字信封拆解,数字信封打包是使用对方的公钥将加密密钥进行加密的过程,只有对方的私钥才能将加密后的数据(通信密钥)还原;数字信封拆解是使用私钥将加密过的数据解密的过程。这样就保证了数据传输的真实性和完整性。

▶ 2. 数字签名

加密技术只能预防信息的安全不受侵犯,但信息一旦被攻破,将不能保证其完整性。一种新兴的用来保证信息完整性的安全技术——数字签名技术因此应运而生。数字签名是非对称加密技术的一种应用。

数字签名的过程如图 3-11 所示。

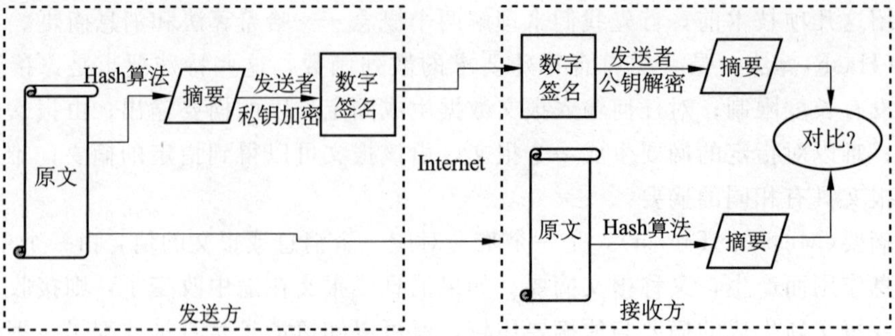

```
                        数字        发送者
        Hash算法  摘要 发送者  数字    签名        公钥解密  摘要
原文             私钥加密 签名                              对比?
                              Internet
                                    原文   Hash算法  摘要
        发送方                        接收方
```

图 3-11 数字签名过程

（1）发送者用自己的私钥对信息摘要加密。

（2）发送者将加密后的信息摘要与原文一起发送。

（3）接收者用发送者的公钥对收到的加密摘要进行解密。

（4）接收者对收到的原文用 Hash 算法得到接收方的信息摘要。

（5）将解密后的摘要与接收方摘要进行对比，相同则说明信息完整且发送者身份是真实的，否则说明信息被修改或不是该发送者发送的。

由于发送者的私钥是自己严密管理的，他人无法仿冒，同时发送者也不能否认用自己的私钥加密发送的信息，所以数字签名解决了信息的完整性和不可否认性问题。

这里要区分数字签名加密和密钥加密的不同。密钥加密是发送者用接收者的公钥加密，接收者用自己的私钥解密，是多对一的关系，表明任何一个拥有公司公钥的人都可以向该公司发送密文，但只有该公司才能解密，其他人不能解密；而数字签名是发送者用自己的私钥对摘要进行加密，接收者用发送者的公钥对数字签名解密，是一对多的关系，表明公司的任何一个贸易伙伴都可以验证数字签名的真伪性。

▶ 3. 双重签名

在电子商务活动中经常会出现这样的情形：张先生要购买王小姐的商品，他发给王小姐一个购买报价单及他对银行的授权书，如果王小姐同意按此价格出售，银行则将钱划到王小姐的账上。但是张先生不想让银行看到报价，也不想让王小姐看到自己的银行账号信息。此外，报价和付款是相连的、不可分割的，仅当王小姐同意他的报价，钱才会转移。要达到这个要求，可使用双重签名实现。

张先生将发给王小姐的报价单(报文1)和发给银行的授权书(报文2)分别生成摘要1和摘要2，然后将两个摘要连接在一起，生成一个新的摘要3(称为双重签名)。接着，将报文1、摘要2和摘要3发给王小姐，将报文2、摘要1和摘要3发给银行。接收者根据收到的报文生成报文摘要，且与收到的报文摘要合在一起，比较结合后的报文摘要和收到的摘要3是否相同，以此来确定报文发送者的身份以及消息的真实性，以上过程如图3-12所示。

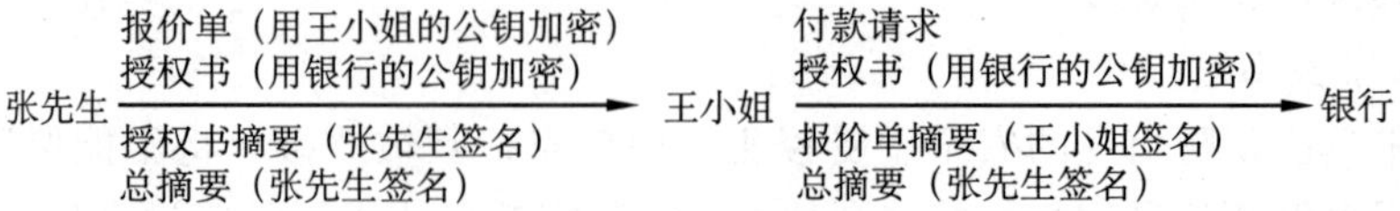

```
         报价单（用王小姐的公钥加密）              付款请求
         授权书（用银行的公钥加密）                授权书（用银行的公钥加密）
张先生                                 王小姐                              银行
         授权书摘要（张先生签名）              报价单摘要（王小姐签名）
         总摘要（张先生签名）                   总摘要（张先生签名）
```

图 3-12 双重签名

▶ 4. 数字时间戳

在电子商务交易中，时间和签名同等重要。数字时间戳（Digital Time Stamp Service，

DTS)是由专门机构提供的电子商务安全服务项目,用于证明信息的发送日期、时间。数字时间戳产生的过程如图 3-13 所示。

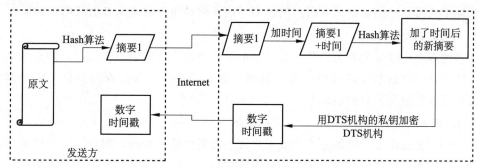

图 3-13 获得数字时间戳的过程

需要数字时间戳的用户首先将文件用哈希算法加密形成摘要 1,然后将摘要 1 发送到提供 DTS 的专门机构,DTS 机构加入时间戳后,用自己的私钥加密(即数字签名)再发还给原用户,获得数字时间戳的用户就可以将它再发送给自己的商业伙伴以证明信息的发送时间。

第四节 认证与识别技术

在前面介绍的非对称加密系统和数字签名中都用到了公钥,当交易的甲方从网上得到了乙方的公钥,他会考虑这个公钥是不是真正属于乙方的,是否会有其他人假冒乙方在网上发布公钥,这个问题他不能直接通过网上向乙方询问(因为假冒者可能会截获询问而在此假冒乙方发回确认信息)。为了解决上述问题,要用到由第三方——认证中心颁发的数字证书以及信用认证。

一、证书认证中心

(一)认证中心的概念

所谓 CA(Certificate Authority)认证中心,是采用公开密钥基础架构技术,专门提供网络身份认证服务,负责签发和管理数字证书,且具有权威性和公正性的第三方信任机构,它的作用就像我们现实生活中颁发证件的公司,如护照办理机构。目前国内的 CA 认证中心主要分为区域性 CA 认证中心和行业性 CA 认证中心。

(二)认证中心的功能

对于一个大型的应用环境,认证中心往往采用一种多层次的分级结构,各级的认证中心类似于各级行政机关,上级认证中心负责发放和管理认证中心的证书,最下一级的认证中心直接面向最终用户。认证中心具有以下 5 个方面的功能。

▶ 1. 证书的颁发

认证中心接收、验证用户(包括下级认证中心和最终用户)的数字证书申请,将申请的内容进行备案,并根据申请的内容确定是否受理该申请。若受理,则进一步确定给用户颁发何种类型的证书。新证书用认证中心的私钥签名后发送到目录服务器供用户下载和查询。为了保证消息的完整性，返回给用户的所有应答信息都要使用认证中心的签名。

▶ 2．证书的更新

认证中心可以定期更新所有用户的证书，或者根据用户的请求来更新用户的证书。

▶ 3．证书的查询

证书的查询可以分为两类：其一是证书申请的查询，认证中心根据用户的查询请求返回当前用户证书申请的处理过程；其二是用户证书的查询，这类查询由目录服务器来完成，目录服务器根据用户的请求返回适当的证书。

▶ 4．证书作废

当用户的私钥由于泄密等原因造成用户证书需要申请作废时，用户需要向认证中心提出证书作废请求，认证中心根据用户的请求确定是否作废该证书。另一类是证书已经过了有效期，认证中心自动将该证书作废。

▶ 5．证书的归档

证书具有一定的有效期，过了有效期之后证书就将作废，但是我们不能将作废的证书简单地丢弃，因为有时可能需要验证以前的某个交易过程中产生的数字签名，这时就需要查询作废的证书。因此，认证中心还应当具备管理作废证书和作废私钥的功能。

（三）我国电子商务认证机构的设立

CA 认证中心是电子商务的核心，具有特殊的地位，除了安全认证以外，它还涉及银行的电子结算、企业间的交易、甚至政府的行政管理等各个方面。随着电子商务的不断发展，企业越来越多的业务将处于认证机构的控制下进行，所以认证中心的建设成为各界所共同关注的问题。

在我国，CA 认证也在不停地建设和推广，例如，2000 年由中国人民银行牵头，中国工商银行、中国银行等十二家商业银行联合共建了中国金融认证中心 CFCA。随后，中国数字认证网、北京数字证书认证中心等认证机构陆续建立，不断地推动着我国电子商务的发展。

二、数字证书

（一）数字证书的定义

数字证书（Digital Certificate 或 Digital ID）又称为数字凭证，即用电子手段来证实一个用户的身份和对网络资源的访问权限。数字证书是一种数字标识，也可以说是网络上的安全护照，它提供的是网络上的身份证明，是一个经证书认证中心数字签名的包含公开密钥拥有者信息以及公开密钥的文件。

对于在 Internet 上进行交易的双方，数字证书对它们之间建立信任是至关重要的，Internet 从一个公共信息交换平台变为一个可信赖的商务载体，并成为电子化的、开放的市场，实现这种转变的非常重要的一个条件是数字证书的广泛应用。

（二）数字证书的功能

数字证书的基本功能如下。

▶ 1．身份认证

使用数字证书，可以通过认证中心证实该证书持有者的身份。

2. 保密性

使用数字证书的公钥加密文档资料，可以保证只有预期的文档资料接收者才可以打开、阅读该文档资料。

3. 数据完整性

使用数字签名，可以保证信息在传递的过程中没有被人修改。

4. 不可抵赖性

由于数字签名使用私钥进行加密，而私钥只有持有者一个人拥有，因此，可以断定签名的就是私钥持有者。

5. 访问控制

利用数字证书的认证功能，可以控制发送的信息只供指定的人员访问。

(三) 数字证书的类别

目前，数字证书有个人数字证书、企业数字证书和软件数字证书。

1. 个人数字证书

个人数字证书仅仅是为某个用户提供凭证，一般安装在客户浏览器上，以帮助其个人在网上进行安全交易。利用个人数字证书可以发送带有个人签名的电子邮件，也可以利用对方的数字证书向对方发送加密的邮件。

2. 企业数字证书

企业数字证书为网上的某个企业 Web 服务器提供凭证。利用企业数字证书可以在网上进行安全的电子交易，可以开启服务器 SSL 安全通道，使用户和服务器之间的数据传送以加密的形式进行。

3. 软件数字证书

软件数字证书为软件开发者提供凭证，证明该软件的合法性。利用软件数字证书可以在网上使用该软件，同时也可提供给网上其他用户使用该合法软件。

(四) 数字证书的申请

中国数字认证网为个人和非营利性机构在线提供免费数字证书，供用户学习使用。免费数字证书的有效期限为一年，申请人不需要支付证书使用费用，证书功能与正式证书一致。证书申请和发放采用在线处理的方式，用户可以在线完成证书的申请，并将证书下载安装到自己的计算机系统或数字证书存储介质中。免费数字证书所包含的内容是未经 CA 机构审核，不提供任何信用等级的保障，不适用于需要确认身份的商业行为，也不应该作为任何商业用途的依据。其申请的具体过程如下。

1. 访问网站主站

访问中国数字认证网主页 (http://www.ca365.com)，选择"免费证书"栏目下的"根 CA 证书"，如图 3-14 所示。

2. 下载并安装根证书

只有安装了根证书链的计算机，才能完成网上申请的步骤和证书的正常使用。如图 3-15 所示，单击"安装证书"按钮。根据证书导入向导提示，完成导入操作。

3. 在线填写并提交申请表

在图 3-14 中，选择"免费证书"栏目的"用表格申请证书"，填写申请表，如图 3-16 所示。选择证书类型(图中选择为"电子邮件保护证书")，密钥大小为 1024 位，单击"提交"按钮，

图 3-14　中国数字认证网主页

图 3-15　下载并安装根证书

图 3-16　填写个人免费证书申请表

注意，要勾选"标记密钥为可导出""启用严格密钥保护""创建新密钥对"三项。提交申请表后，出现如图 3-17 所示的"正在创建新的 RSA 交换密钥"的提示框，确认将私钥的安全级别设为中级后单击"确定"按钮。

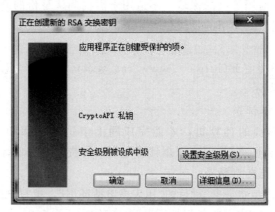

图 3-17　正在创建新的 RSA 交换密钥提示框

▶ 4. 下载并安装证书

证书申请成功后，证书服务器系统将立即自动签发证书。如图 3-18 所示。用户单击"直接安装证书"按钮开始下载安装证书，直到出现"安装成功！"的提示。

图 3-18　下载个人证书

证书安装成功后，选择 IE 浏览器的菜单栏中的"Internet 选项"→"内容"→"证书"，可以看到证书已经被安装成功，如图 3-19 所示。双击证书可查看证书内容。

图 3-19　查看个人证书

▶ 5. 备份、导入证书和私钥

为了保护数字证书及私钥的安全，需要进行证书及私钥的备份工作。如果需要在不同的计算机上使用同一张数字证书或者重新安装计算机系统，就需要重新安装根证书、导入个人证书及私钥，具体步骤如下。

（1）备份证书和私钥。在图 3-19 中选择需要备份的个人数字证书，单击"导出"按钮，出现"证书导出向导"，单击"下一步"按钮，可以选择将私钥跟证书一起导出，选择"是，导出私钥"，单击"下一步"按钮，选择文件导出格式，单击"下一步"，输入并确认保护私钥的口令，单击"下一步"，单击"浏览"按钮确定证书及私钥导出保存的路径和文件名（文件扩展名为.pfx），单击"下一步"按钮，提示证书导出向导完成，单击"完成"按钮，完成导出工作。

（2）导入证书及私钥。如果某台计算机系统中没有安装数字证书，可以进入图 3-19

中,单击"导入"按钮,出现"证书导入向导",单击"下一步"按钮,单击"浏览"按钮确定证书及私钥文件的保存路径,查找到扩展名为".pfx"的证书备份文件,单击"下一步"输入保护私钥的口令,选择"启用强私钥保护",单击"下一步",选择证书存储区域,单击"下一步"按钮,提示证书导入成功,按"确定"按钮。

三、信用认证

信用问题是阻碍整个电子商务发展的瓶颈。我国电子商务市场特别是网络购物正处于快速增长的阶段,信用认证缺失带来网络购物纠纷不断,由于缺乏对网络购物从业主体的能力与条件的审核,缺乏服务与交易标准,容易引发消费争议,也给消费者维权带来严重困难。

2010年10月29日,由商务部中国国际电子商务中心制定的我国首个《电子商务信用认证规则》发布并试运行,《电子商务信用认证规则》的出台将对我国整个电子商务产业的健康发展建设产生深远的影响。

电子商务信用认证(电商认证)是指由独立第三方、权威的机构,按照独立、公正、客观的原则,采用科学的方法和合理规范的程序,经过行业专家的权威论证,从商务信用角度对电子商务经营主体进行真实性审查、信用状况评价、信用行为巡查等全方面的第三方信用服务,并以简明的符号和数字表示出来,给消费者、合作伙伴、交易对象和政府管理部门等机构提供重要参考。

(一)信用认证的过程

信用认证共分为申请提交、审核评价和结果发布三个阶段。

▶ 1. 申请提交阶段

认证对象(电子商务网站和网店)向认证机构提交认证申请表、营业执照、资产负债表、现金流量表、消费者权益保障机制等相关材料。

▶ 2. 审核评价阶段

认证机构的认证员对申请材料的真实性进行形式审查、备案,认证对象提交的有关材料是否真实有效,必要时委托律师事务所调查核实,并出具《资信调查报告》,在此基础上,将认证对象数据录入评价系统进行信用状况评价,得出最终的认证结果。

▶ 3. 结果发布阶段

认证机构将最终的认证结果按展现形式发送给认证对象或发布于互联网上;信用网站认证结果的发布包括:认证证书、信用标签、信用编码和信用标识。

(二)信用认证的结果

信用认证结果由信用等级和信用额度两部分组成。

▶ 1. 信用等级

信用等级是根据认证对象的信用分值确定的,信用分值由认证对象的规模、服务能力、信用记录等几个方面决定。信用等级反映了认证对象的履约能力和商务信用状况,从高至低依次分为优秀、良好、合格、不良、损失。

▶ 2. 信用额度

信用额度是根据认证对象的信用分值和资产状况来决定,是反映认证对象偿付能力的主要指标,也是认证对象信用保障能力的体现。

（三）信用认证的有效期

信用网站认证的有效期为两年，信用网店认证的有效期为一年。认证机构采用例行和不定期巡查的方式对认证结果进行动态核实、修正，以确保认证结果的正确性、有效性。

总之，电子商务的发展需要信用的保证，通过建立完善的社会信用保障机制，企业、政府和个人三方树立信用理念，共同努力营造"诚信经营"的商务环境，促进电子商务行业良好、健康地发展。

第五节　电子商务安全交易标准

为了达到商务活动的要求，电子商务需要有规定客户、商家和各金融机构之间的责任关系的策略，给出各参与方的数据存储和通信过程以及数据流动的支付协议。近年来，针对电子交易安全的要求，IT业界与金融行业一起，推出了不少有效的安全交易标准，主要有以下几种。

一、安全套接层协议

安全套接层（Secure Sockets Layer，SSL）协议是美国网景公司推出的基于Web应用的安全协议，SSL协议指定了一种在应用程序协议（如HTTP、Telnet、SMTP和FTP等）和TCP/IP协议之间提供数据安全性分层的机制，它为TCP/IP连接提供数据加密、服务器认证和消息完整性以及可选的客户机认证，主要用于提高应用程序之间数据的安全性，对传送的数据进行加密和隐藏，确保数据在传送中不被改变，即确保数据的完整性。

▶ 1. SSL协议的作用

SSL是位于TCP/IP和各种应用层协议之间的一种数据安全协议，可以有效地避免网上信息的偷听、篡改及信息的伪造。对于电子商务应用来说，SSL采用对称密码技术和公开密码技术相结合，解决了以下几个问题。

（1）双向认证，客户机和服务器相互识别的过程。它们的识别号用公开密钥编码，并在SSL握手时交换各自的识别号。为了验证证明持有者是其合法用户（而不是冒名用户），SSL要求证明持有者在握手时对交换数据进行数字式标识。证明持有者对包括证明的所有信息数据进行标识，以说明自己是证明的合法拥有者。这样就防止了其他用户冒名使用证明。

（2）对通信数据进行加密。SSL客户机和服务器之间的所有业务都使用在SSL握手过程中建立的密钥和算法进行加密。这样就防止了某些用户通过使用IP数据包嗅探工具非法窃听。尽管数据包嗅探仍能捕获到通信的内容，但却无法破译。

（3）信息完整性，确保SSL业务全部达到目的。SSL利用机密共享和Hash函数组提供信息完整性服务。

▶ 2. SSL协议的体系结构

SSL协议位于TCP/IP协议模型的网络层和应用层之间，使用TCP来提供一种可靠的端到端的安全服务，它使客户/服务器应用之间的通信不被窃听，并且始终对服务器进行认证,还可以选择对客户进行认证。SSL协议在应用层通信之前就已经完成加密算法、通信密钥的协商以及服务器认证工作,在此之后,应用层协议传送的数据都被加密。SSL协议体系结构如图3-20所示。

SSL记录协议:建立在可靠的传输协议(如TCP)之上,为高层协议提供数据封装、压缩、加密等基本功能的支持。

SSL握手协议:建立在SSL记录协议之上,用于在实际的数据传输开始前,通信双方进行身份认证、协商加密算法、交换加密密钥等。

SSL警告协议:用来为对等实体传递SSL的相关警告。如果在通信过程中某一方发现任何异常,立即警告。

SSL修改密文协议:为了保障SSL传输过程的安全性,客户端和服务器双方应该每隔一段时间改变加密规范,所以有了SSL修改密文协议。

因此,SSL协议实际上是SSL握手协议、SSL修改密文协议、SSL警告协议和SSL记录协议组成的一个协议族。

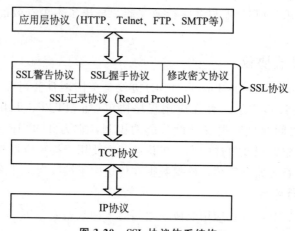

图3-20 SSL协议体系结构

3. SSL安全协议实现的步骤

(1)客户机通过网络向服务器打招呼,并将本机可支持的安全模块告诉服务器。

(2)服务器回应客户机,向客户机发送本机的服务器数字证书、公钥,如果服务器需要双方认证,还要向对方提出认证请求。

(3)客户机用服务器公钥加密向服务器发送自己的公钥,根据服务器是否需要认证客户身份,发送客户端数字证书。

(4)双方根据前面联络的情况,确定专门用于本次会话的专用密钥。

(5)双方使用专用密钥进行会话。

(6)会话结束双方交换结束信息。

4. SSL协议的优势

(1)SSL协议所采用的加密算法和认证算法使它具有一定的安全性,能够抵抗某些攻击。

(2)SSL协议具备很强的灵活性,在浏览器中大都内置有SSL功能。

5. SSL协议的缺陷

在电子商务交易中,客户、商家和银行之间都遵从SSL协议进行通信。客户购买的信息首先发送到商家,商家再将信息转发给银行,银行验证客户信息(如信用卡信息)的合法性后,通知商家付款成功,商家再通知客户交易成功,并将商品配送到客户。

在上述的交易过程中,SSL 协议是建立在商家对客户的承诺之上的,采用 SSL 协议的网上商店通常都在网页上保证要保护消费者的信息安全,客户的信息也是先由商家解密后再发送到银行,这样客户的信用卡信息就会完全暴露在商家眼前。在 SSL 交易中,有利的一方是商家而不是客户,客户仍有安全性的顾虑。

二、安全电子交易协议

安全电子交易协议(Secure Electronic Transaction,SET)是由 VISA 和 MasterCard 两大信用卡公司于 1997 年 5 月联合推出的规范,用于解决客户、商家和银行之间通过信用卡支付的交易安全。SET 协议采用了 RSA 公私钥加密系统、数字签名、数字证书认证等技术,保证了支付信息的保密性、完整性和不可否认性,SET 协议提供了客户、商家和银行之间的身份认证,而且交易信息和客户信用卡信息相互隔离,即商家只能获得订单信息,银行只能获得持卡人信用卡的支付信息,双方各取所需、互不干扰,构成了 SET 协议的主要特色,使得 SET 协议有望成为电子商务的规范。

(一) SET 协议的目标

SET 协议要达到的主要目标如下。

(1)保证信息在 Internet 上的安全传输,防止数据被黑客或内部人员窃取。

(2)订单信息与个人账号信息隔离。在将包括持卡人账号信息在内的订单送到商家时,商家只能看到订货信息,而看不到持卡人的账户信息。

(3)解决多方认证问题。不仅要对消费者的信用卡认证,而且要对在线商家的信誉程度认证,同时还有消费者、在线商店与银行间的认证。

(4)保证网上交易的实时性,使所有的支付过程都是在线的。

(5)要求软件遵循相同协议和消息格式,使不同厂家开发的软件具有兼容性和互操作性,并且可以允许在不同的硬件和操作系统平台上。

(二) SET 协议的参与对象

SET 协议规范所涉及的对象有持卡人、认证机构、商家、银行以及支付网关。它们在 SET 协议中扮演着不相同的角色,如图 3-21 所示。

▶ 1. 持卡人

持卡人是指由发卡银行所发行的支付卡的授权持有者。

▶ 2. 商家

商家是指出售商品或服务的个人或机构。商家必须与收单银行建立业务联系,以接收支付卡这种付款方式。

▶ 3. 支付网关

支付网关是由收单行或指定的第三方操作的专用系统,用于处理支付授权和支付。SET 交易是在公开的网络——Internet 上进行的,但是,考虑到安全问题,银行的计算机主机及银行专用网络不能与各种公开网络直接相联,为了能接收从互联网上传来的支付指令,在银行业务系统与互联网之间必须有一个专用系统来解决支付指令的转换问题,接收处理从商户传来的付款指令,并通过专线传送给银行;银行将支付指令的处理结果再通过

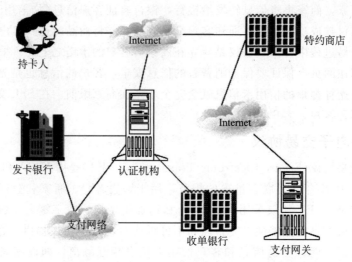

图 3-21 SET 支付系统中参与方之间的关系图

这个专用系统反馈给商户。这个专用系统就称之为支付网关。支付网关具有确认商户身份，解密持卡人的支付指令，验证持卡人的证书与在购物中所使用的账号是否匹配，验证持卡人和商户信息的完整性、签署数字响应等功能。

▶ 4. 收单银行

为商户建立业务联系的金融机构。

▶ 5. 发卡银行

为持卡人提供支付卡的金融机构。

▶ 6. 认证机构

在基于 SET 的认证中，按照 SET 交易中的角色不同，认证机构负责向持卡人颁发持卡人证书、向商户颁发商家证书、向支付网关颁发支付网关证书，利用这些证书可以验证持卡人、商户和支付网关的身份。

(三) SET 协议的交易流程

应用 SET 协议进行网上购物活动的购物流程与传统的、现实的购物流程相似，这使得电子商务与传统商务可以很容易融合，用户使用也没有什么障碍。一个较为简单和完整的购物流程如下。

(1) 消费者利用自己的 PC 机通过 Internet 选定所需购买的商品，并在计算机上输入订货单，订货单包括在线商店、购买物品名称及数量、交货时间及地点等信息。

(2) 通过电子商务服务器与有关在线商店联系，在线商店做出应答，告诉消费者所填订货单的货物单价、应付款数、交货方式等信息是否正确，是否有变化。

(3) 消费者选择付款方式，确认订单，签发付款指令，此时 SET 开始介入。在 SET 中，消费者必须对订单和付款指令进行数字签名，同时利用双重签名技术保证商家看不到消费者的账号信息。

(4) 在线商店接受订单，向消费者所在银行请求支付认同，信息通过支付网关到收单银行，再到发卡银行确认。批准交易后，返回确认信息给在线商店。

(5) 在线商店发送订单确认信息给消费者，消费者端软件可记录交易日志以备将来查询。

（6）在线商店发送货物，或提供服务，并通知收单银行将钱从消费者账号转移到商店账号，或通知发卡银行请求支付。

（四）SSL 与 SET 的比较

SSL 与 SET 两种协议都应用于电子商务中，都通过认证进行身份的识别，都通过对传输数据的加密实现保密性，但 SSL 协议和 SET 协议有着明显的不同。

▶ 1. 在认证要求方面

早期的 SSL 并没有提供商家身份认证机制，虽然在 SSL3.0 中可以通过数字签名和数字证书可实现浏览器和 Web 服务器双方的身份验证，但仍不能实现多方认证；相比之下，SET 的安全要求较高，所有参与 SET 交易的成员（持卡人、商家、发卡行、收单行和支付网关）都必须申请数字证书进行身份识别。

▶ 2. 在安全性方面

SET 协议规范了整个商务活动的流程，从持卡人到商家，到支付网关，到认证中心以及信用卡结算中心之间的信息流走向和必须采用的加密、认证都制定了严密的标准，从而最大限度地保证了商务性、服务性、协调性和集成性。而 SSL 只对持卡人与商店端的信息交换进行加密保护，可以看作是用于传输的那部分的技术规范。从电子商务特性来看，它并不具备商务性、服务性、协调性和集成性。因此，SET 的安全性比 SSL 高。

▶ 3. 在网络层协议位置方面

SSL 是基于传输层的通用安全协议，而 SET 位于应用层，对网络上其他各层也有涉及。

▶ 4. 在应用领域方面

SSL 主要是和 Web 应用一起工作，而 SET 是为信用卡交易提供安全，因此如果电子商务应用只是通过 Web 或是电子邮件，则可以不要 SET。但如果电子商务应用是一个涉及多方交易的过程，则使用 SET 更安全、更通用些。

总之，SSL 协议实现简单，独立于应用层协议，大部分内置于浏览器和 Web 服务器中，在电子交易中应用便利。但它是一个面向连接的协议，只能提供交易中客户与服务器间的双方认证，不能实现多方的电子交易中。SET 在保留对客户信用卡认证的前提下增加了对商家身份的认证，安全性进一步提高。由于两协议所处的网络层次不同，为电子商务提供的服务也不相同，因此在实践中应根据具体情况来选择独立使用或两者混合使用。

三、Internet 电子邮件的安全协议

电子邮件已经成为 Internet 上最普及的应用，电子邮件的方便和快捷，以及低廉的费用赢得了众多用户的好评。电子商务活动离不开电子邮件，但是，电子邮件内容的安全正引起人们的关注。

涉及电子邮件内容的安全问题主要有以下几方面。

（1）发送者身份认证：即如何证明电子邮件内容的发送者就是电子邮件中所声称的发送者。

（2）不可否认：即发送者一旦发送了某封邮件，他就无法否认这封邮件是他发送的。

（3）邮件的完整性：即能否保证电子邮件的内容不被破坏和篡改。

（4）邮件的保密性：即防止电子邮件内容的泄露问题。

为了解决上述安全问题，历史上曾经提出过许多解决方案，其中三个经常提到的安全协议是 PEM、S/MIME 和 PGP。它们的共同特点是：采用公钥和私钥密码算法对电子邮件内容进行加密或签名，并且按照自己规定的标准格式对加密或签名的结果进行编码和重排，使接收方能够对电子邮件内容做出正确的解释。

▶ 1. PEM

增强的私密电子邮件（PEM）是 Internet 工程任务组（IETF）从 20 世纪 80 年代后期开始着手的一项工作的成果，这也是试图建立 Internet 邮件安全系统的首次正式努力。

PEM 规范的第 I 部分（RFC 1421）定义了一个消息安全协议，用于支持基本的消息保护服务；而第 II 部分（RFC 1422）则定义了一个支持公开密钥的基础设施体系。其运作方式为：首先获得一个未保护的消息，将其内容转换为一条 PEM 消息，这样，PEM 消息就可以像其他消息一样通过正常的通信网络来进行传递了。PEM 规范认可两种可选的方法来进行网络身份验证和密钥的管理：一种是对称方案，另一种是公开密钥方案。但是，只有公开密钥方案实施过。

PEM 为消息安全协议的发展树立了一个重要的里程碑。但 PEM 在商用领域几乎从未成功过，主要原因是 PEM 与在同期发展起来的多用途网际邮件扩充协议 MIME 不兼容。

▶ 2. S/MIME

安全多用途国际邮件扩充协议（Secure / Multipurpose Internet Mail Extensions，S/MIME），是从 PEM（Privacy Enhanced Mail）和 MIME（Internet 邮件的附件标准）发展而来的。S/MIME 是利用单向散列算法（如 SHA-1、MD5 等）和公钥机制的加密体系。S/MIME的证书格式采用 X.509 标准格式。S/MIME 的认证机制依赖于层次结构的证书认证机构，所有下一级的组织和个人的证书均由上一级的组织负责认证，而最上一级的组织（根证书）之间相互认证，整个信任关系是树状结构的。另外，S/MIME 将信件内容加密签名后作为特殊的附件传送。

▶ 3. PGP

更好的保护隐私（Pretty Good Privacy，PGP），是一个基于 RSA 公钥加密体系的邮件加密软件。它可以对邮件保密以防止非授权者阅读，它还能对邮件加上数字签名从而使收信人可以确认邮件的发送者，并能确信邮件没有被篡改。它可以提供一种安全的通信方式，而事先并不需要任何保密的渠道用来传递密匙。它采用了一种 RSA 和传统加密的杂合算法，用于数字签名的邮件文摘算法、加密前压缩等，还有一个良好的人机工程设计。它的功能强大，有很快的速度，而且它的源代码是免费的。

四、安全的超文本传输协议

安全超文本传输协议（Secure Hyper Text Transfer Protocol，S-HTTP）是 EIT 公司结合 HTTP 而设计的一种消息安全通信协议。

S-HTTP 协议处于应用层，它是 HTTP 协议的扩展，它仅适用于 HTTP 联结上，S-HTTP可提供通信保密、身份识别、可信赖的信息传输服务及数字签名等。

S-HTTP 提供了完整且灵活的加密算法及相关参数。选项协商用来确定客户机和服务器在安全事务处理模式、加密算法（如用于签名的非对称算法 RSA 和 DSA 等、用于对称加解密的 DES 和 RC2 等）及证书选择等方面达成一致。

S-HTTP 支持端对端安全传输,客户机可能"首先"启动安全传输(使用报头的信息),例如它可以用来支持已填表单的加密。使用 S-HTTP,敏感的数据信息不会以明文形式在网络上发送。

五、IP 层安全标准

IP 层安全标准(Internet Protocol Security,IPSec),它是设计为 IPv4 和 IPv6 协议提供基于加密安全的协议,它使用 AH 和 ESP 协议来实现其安全,使用 ISAKMP/Oakley 及 SKIP 进行密钥交换、管理及安全协商。

IPSec 安全协议工作在网络层,运行在它上面的所有网络通道都是加密的。IPSec 安全服务包括访问控制、数据源认证、无连接数据完整性、抗重播、数据机密性和有限的通信流量机密性。IPSec 使用身份认证机制进行访问控制,即两个 IPSec 实体试图进行通信前,必须通过 IKE 协商 SA,协商过程中要进行身份认证,身份认证采用公钥签名机制,使用数字签名标准(DSS)算法或 RSA 算法,而公式通常是从证书中获得的;IPSec 使用消息鉴别机制实现数据源验证服务,即发送方在发送数据包前,要用消息鉴别算法 HMAC 计算 MAC,HMAC 将消息的一部分和密钥作为输入,以 MAC 作为输出,目的地收到 IP 包后,使用相同的验证算法和密钥计算验证数据,如果计算出的 MAC 与数据包中的 MAC 完全相同,则认为数据包通过了验证;无连接数据完整性服务是对单个数据包是否被篡改进行检查,而对数据包的到达顺序不作要求,IPSec 使用数据源验证机制实现无连接完整性服务;IPSec 的抗重播服务,是指防止攻击者截取和复制 IP 包,然后发送到源目的地,IPSec 根据 IPSec 头中的序号字段,使用滑动窗口原理,实现抗重播服务;通信流机密性服务是指防止对通信的外部属性(源地址、目的地址、消息长度和通信频率等)的泄露,从而使攻击者对网络流量进行分析,推导其中的传输频率、通信者身份、数据包大小、数据流标识符等信息。IPSec 使用 ESP 隧道模式,对 IP 包进行封装,可达到一定程度的机密性,即有限的通信流机密性。

综上所述,IPSec 安全协议工作在网络层,SSL 工作在传输层之上、应用层之下,S-HTTP 和 S/MIME 都工作在应用层。相比较而言,SSL 简单,应用广泛。因此,当所需要的保护基于 TCP 并是直接连接而不是经过中介且较为简单时可以考虑 SSL 部署,但 SSL 不提供针对消息等对象的抗抵赖性证明,也不提供时间戳等上层所需要用的标记。如果是比较复杂的安全要求,最好使用有专门针对性的安全协议,如电子邮件采用 S/MIME 协议,信用卡支付采用安全电子交易 SET 协议。

小 结

电子商务交易的安全性是人们关注和担心的问题,电子商务交易安全性得不到保障,电子商务就很难应用和推广下去。本章介绍了电子商务安全的基本知识,并讨论了电子商务安全实践常用的安全技术,如防火墙技术、虚拟专用网技术、数据加密与数字证书技术、用户识别和安全认证技术、安全交易协议、网络病毒防治等。随着人们对安全问题的重视和安全技术的快速发展、安全管理和相关法律的逐步完善,以及国际合作的发展,一个比传统交易和贸易方式更安全、更便捷、更经济的电子商务环境很快就会实现。

思考题

1. 如果你是一个大型网站的管理员,你会受到哪些不安全因素的威胁?如何防范?
2. 什么是防火墙?其主要作用是什么?
3. 对称加密体制和非对称加密体制有何区别?它们各自有什么优缺点?
4. 什么叫消息摘要?什么叫数字签名?什么叫数字信封?
5. 请描述SSL安全协议在电子商务中的技术实现过程,并指出该协议的缺陷。

案例分析

中国煤焦数字交易市场

中国煤焦数字交易市场是国家"863"计划,科技部"九五"重大攻关项目,国家"流通领域信息化"示范工程,是一个面向市场、服务全国、连接世界的大型电子商务应用典范。通过发挥山西省煤焦产销量大的绝对优势,整合卖方和政府资源同时联合银行和运输企业,建立网上集政府监管、信息服务、交易功能、物流结算为一体的综合性中国煤焦数字交易平台,创造了"煤炭+鼠标"的电子商务模式。

煤炭作为一种半市场化的大宗重要能源产品订货合同比一般物品购销合同要复杂很多,一份合同除买卖双方签章认可外,还需要煤炭运销总公司、煤炭销售办公室等多级煤炭管理部门和铁路、公路等运输部门进行签章确认才能成为一份有效的、可执行的合同。这样一份合同往往需要盖五六个公章。在电子合同的签订中,每个环节都需要对合同进行数字签章,并通过判断上一个角色的数字签章是否成功来实现合同的流转,完成最后一个签章才能生成一份有效的电子合同。

2002年2月,通过应用SXCA数字安全证书作为身份确认和数据安全保证,中国煤焦数字交易市场成功召开了2002年度山西省煤炭网上订货会,会议期间60余家煤炭供销企业通过数字证书签订电子煤炭供销合同。所有煤炭运销管理部门和铁路部门采用数字证书登录相应的虚拟办公区对电子合同进行了审核签章。

案例思考:

(1) 中国煤焦数字交易市场采用数字签名签署电子合同,什么是数字签名,它有什么作用?

(2) 简述数字签名的原理。

第四章 电子商务支付

>>> 学习目标

1. 了解电子支付的体系。
2. 掌握常用电子支付工具的使用方法。
3. 熟练使用网上银行。
4. 熟练使用一种第三方支付工具。

>>> 导入案例

微信支付

微信支付是集成在微信客户端的支付功能，用户可以通过手机上的微信 App 软件完成快速的支付流程。微信支付以绑定银行卡的快捷支付为基础，向用户提供安全、快捷、高效的支付服务。

2014 年 9 月 26 日，腾讯公司发布的腾讯手机管家 5.1 版本为微信支付打造了"手机管家软件锁"，在安全入口上独创了"微信支付加密"功能，大大提高了微信支付的安全性。2014 年 9 月 26 日，腾讯公司发布的腾讯手机管家 5.1 版本为微信支付打造了"手机管家软件锁"，在安全入口上独创了"微信支付加密"功能，大大提高了微信支付的安全性。2016 年 1 月，微信支付接入线下门店超 30 万家。2016 年 8 月 8 日，提出"无现金生活"理念，打造全球首个移动支付节日"无现金日"，倡导低碳、高效的生活方式。截至 2017 年 12 月，微信支付绑卡用户已超过 8 亿，已与近 400 家银行进行合作，并拥有超过 3 万家服务商。

用户只需在微信中关联一张银行卡，并完成身份认证，即可将装有微信 App 的智能手机变成一个全能钱包，之后即可购买合作商户的商品及服务，用户在支付时只需在自己的智能手机上输入密码，无须任何刷卡步骤即可完成支付，整个过程简便流畅。

目前微信支付已实现刷卡支付、扫码支付、公众号支付、App 支付，并提供企业红包、代金券、立减优惠等营销新工具，满足用户及商户的不同支付场景。

微信支付支持以下银行发卡的贷记卡：深圳发展银行、宁波银行。此外，微信支付还支持以下银行的借记卡及信用卡：招商银行、建设银行、光大银行、中信银行、农业银行、广发银行、平安银行、兴业银行、民生银行。

思考:
(1) 目前微信支付的应用领域有哪些?
(2) 微信支付对电子商务带来哪些影响?与支付宝有什么区别?

第一节 从传统支付到电子支付

支付方式的产生和发展与社会经济的进步有着紧密的关系,两者相辅相成、互为促进。一方面,社会经济的发展促进了支付方式的产生和发展,例如,在原始社会是没有"支付"这种形式的,从有了交换这种方式之后,"支付"这种形式才慢慢开始出现,随着经济的发展,买卖商品越来越多,支付方式也随之推陈出新;另一方面,支付方式的发展也促进了经济的进步,越来越简单、高效、安全的支付方式的出现为经济的快速发展奠定了一定基础。

支付方式按使用的技术不同,大体上分为传统支付方式和电子支付方式两种;按流通形态的不同,可以分为开放式和封闭式两种。传统支付指的是通过现金流转、票据转让以及银行转账等物理实体的流转来实现款项支付的方式。电子支付是通过先进的通信技术和可靠的安全技术实现的款项支付结转方式。开放式支付方式指的是支付方式所代表的价值信息可以在主体之间无限传递下去。而封闭式支付方式指的是价值信息只能在有限的主体间进行传递。本书认为,网络支付方式作为电子支付方式的一种(也有观点认为网络支付就是电子支付,两者是同等概念),主要是以 Internet 为依托的一种新型支付形式,这里我们着重比较一下传统的支付方式与这种新式支付方式之间的优劣。

(一) 传统支付方式

传统的支付方式主要包括三种形式:现金、票据和信用卡(银行卡)。

▶ 1. 现金结算

现金结算是一种历史悠久的结算方式,从很早以前的以兽骨、贝壳等到后来的以贵金属为媒介的现金结算,再到一直沿用至今的以纸质货币为媒介的支付形式,现金结算在社会经济中一直扮演着不可或缺的角色。在现金交易中,买卖双方处于同一位置,而且交易是匿名进行的,卖方不用了解买方的身份,现金就是最好的身份证明,因为现金本身是有效的,其价值是由发行机构加以保证的,加之现金所具有使用方便和灵活的特点,因此在日常生活中多数是由现金来完成的。

当然,现金交易也有不足。

(1) 受时间和空间的限制,对于不在同一时间、地点进行的交易就不便于用现金交易。

(2) 当涉及大宗买卖时,不适宜用现金支付,因为现金的面额都比较小,所以在携带大量现金时会产生不便与安全问题。

▶ 2. 票据结算

票据交易方式就是在现金方式不能满足支付需要后产生的。人们笼统地把股票、债券、汇票这类记载一定文字,代表一定权利的文书凭证称为票据。狭义票据专指汇票、本票和支票三种。在商业交易,特别是当交易双方分处两地或者两个国家时,采用票据结算是比较便捷的一种方式。票据让交易在异时、异地进行成为可能,并且更为方便,突破了现金交易的一些局限性。虽然如此,票据本身也有缺陷,例如,票据的真伪、遗失等会给票据使用带来一些问题。

▶ 3. 信用卡结算

信用卡这种支付方式最早出现于美国,刚开始是用于一些百货店招徕顾客、扩大生意,后来,慢慢地在饮食、娱乐等行业也开始使用,甚至从美国扩展至全球。我国从 1978 年中国银行广东分行代理香港东亚银行信用卡业务开始,伴随着我国改革开放的不断深化,信用卡在我国也得到了快速发展。1985 年 3 月 1 日,中国银行珠海分行发行了我国第一张信用卡——人民币中银卡,到后来我国国有的商业银行也相继发行了自己的信用卡(如牡丹卡、龙卡、金穗卡等),带来了我国信用卡业务的一个全新发展时期。

信用卡主要有如下几个特点。

(1) 多功能。不同的信用卡其功能和用途不同,但主要有转账结算、消费借贷、储蓄和汇兑四种功能。

(2) 高效便捷。

(3) 减少现金流通。

(二) 电子支付方式

网络支付顾名思义,是一种依托 Internet 的支付方式,网络支付属于电子支付的一种,是新式支付方式的代表之一。如今,网络支付已经成为快速、便捷、安全的支付代名词,在普通客户、商家、支付平台、结算渠道有着重要地位。目前,网络支付通过网银、支付宝、手机支付、快捷付、信用卡支付、找人代付等形式存在。网络支付省去了中间的人工,使支付更快捷、更方便,也可以减少买卖双方的损失,同时也是电子时代的特征。另外,也有研究称网络支付的方便性和与实体店相比低廉的价格更能促进消费,而且网络支付是转账,在消费者眼中只是账户数据的变化,从心理学角度来讲不会有消费时的疼痛感,所以理论上也可以增加消费额。

当然,这种支付方式也有其弊端。

(1) 安全性。根据对网上支付使用情况的调查显示,目前有些网民不使用网络支付的原因,最主要是因为担心安全。

(2) 个人隐私以及注册麻烦等问题。频频爆出的网银密码泄露等问题也是其安全备受关注的焦点之一。

(3) 金融监管问题。网络支付虽然给网民带来很多方便,解决了电子商务的支付瓶颈,但由于目前我国关于电子支付的法律法规并不完善,网上支付无序的发展存在一定金融安全隐患。

(4) 市场规范问题。包括缺乏市场准入标志,缺乏相应法律法规。

总之,各种支付方式都有其可取的一面,不论是传统的、网络式的,它们在各方面各领域都存在一定的影响力。传统支付方式在今后很长一段时间内仍会发挥相当重要的作用,而网络等这类新型支付方式会在以后的支付方式中占有越来越重要的地位。当然,我们应该合理有效地运用各类支付手段,这样对于我们的经济生活来说将会更高效、便捷、安全。

第 二 节 电子支付系统

一、电子支付的定义及特征

(一) 电子支付的定义

2005 年 10 月,中国人民银行公布《电子支付指引(第一号)》规定:"电子支付是指单位、个人直接或授权他人通过电子终端发出支付指令,实现货币支付与资金转移的行为。电子支付的类型按电子支付指令发起方式分为网上支付、电话支付、移动支付、销售点终端交易、自动柜员机交易和其他电子支付。"简单来说,电子支付是指电子交易的当事人,包括消费者、厂商和金融机构,使用安全电子支付手段,通过网络进行的货币支付或资金流转。电子支付是电子商务系统的重要组成部分。

(二)电子支付的特征

与传统的支付方式相比,电子支付具有以下特征。

(1) 电子支付是采用先进的技术通过数字流转来完成信息传输的,其各种支付方式都是通过数字化的方式进行款项支付的;而传统的支付方式则是通过现金的流转、票据的转让及银行的汇兑等物理实体来完成款项支付的。

(2) 电子支付的工作环境基于一个开放的系统平台,即互联网;而传统支付则是在较为封闭的系统中运作。

(3) 电子支付使用的是最先进的通信手段,如 Internet、Extranet,而传统支付使用的则是传统的通信媒介;电子支付对软、硬件设施的要求很高,一般要求有联网的计算机、相关的软件及其他一些配套设施,而传统支付则没有这么高的要求。

(4) 电子支付具有方便、快捷、高效、经济的优势。用户只要拥有一台上网的计算机,便可足不出户,在很短的时间内完成整个支付过程。支付费用仅相当于传统支付的几十分之一,甚至几百分之一。

在电子商务中,支付过程是整个商贸活动中非常重要的一个环节,同时也是电子商务中准确性、安全性要求最高的业务过程。电子支付的资金流是一种业务过程,而非一种技术,但是在进行电子支付活动的过程中,会涉及很多技术问题。

二、电子支付系统

电子商务的支付系统应该是集购物流程、支付工具、安全认证技术、信用体系以及现代金融体系为一体的综合大系统。电子支付系统的基本构成包括活动参与的主体、支付方式以及遵循的支付协议几个部分,如图 4-1 所示。

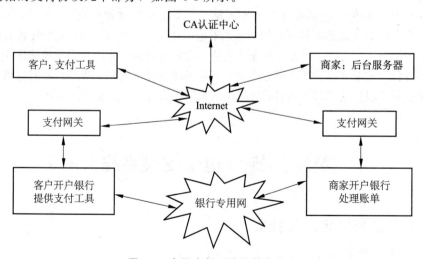

图 4-1 电子支付系统的基本构成

▶ 1. 客户

客户一般是商品交易中负有债务的一方。客户使用支付工具进行网上支付，是支付系统运作的原因和起点。

▶ 2. 商家

商家是商品交易中拥有债权的另一方。商家可以根据客户发出的支付指令向金融体系请求资金入账。

▶ 3. 银行

电子商务的各种支付工具都要依托于银行信用，没有信用便无法运行。作为参与方的银行方面会涉及客户开户行、商家开户行、支付网关和金融专网等方面的问题。

▶ 4. 客户的开户行

客户的开户行是指客户在其中拥有自己账户的银行，客户所拥有的支付工具一般就是由开户行提供的。开户行在提供支付工具的同时也提供了银行信用，保证支付工具的兑付。在信用卡支付体系中把客户开户行称为发卡行。

▶ 5. 商家开户行

商家开户行是商家在其中拥有自己账户的银行。商家将客户的支付指令提交给其开户行后，就由商家开户行进行支付授权的请求以及银行间的清算等工作。商家开户行是依据商家提供的合法账单（客户的支付指令）来操作，因此又称为收单行。

▶ 6. 支付网关

支付网关是作为连接银行网络与 Internet 之间接口的一组服务器，主要作用是完成两者直接的通信、协议、转换和进行数据加密、解密，以保护银行内部网络的安全。实际上，支付网关就是起着一个数据转换与处理中心的作用。支付网关的建设关系着网上支付结算的安全以及银行系统的安全风险。

▶ 7. 金融专用网

金融专用网是银行系统内部进行通信的专用计算机网络，安全性较高。

第 三 节　电子支付工具

目前，我国广泛流行的电子支付工具主要有电子卡、电子现金、电子支票和电子钱包。

一、电子卡

（一）信用卡

信用卡由银行或信用卡公司依照用户的信用度与财力发给持卡人，持卡人持信用卡消费时无须支付现金，待账单日时再进行还款。信用卡是银行向个人和单位发行的，凭此向特约单位购物、消费和向银行存取现金，其形式是一张正面印有发卡银行名称、有效期、号码、持卡人姓名等内容，背面有磁条、签名条。

信用卡的电子支付使用有如下几种情况。

▶ 1. POS 机刷卡

在 POS 机上刷卡是最常见的信用卡使用方式，是一种联网刷卡的方式。刷卡时，操作员应首先查看信用卡的有效期和持卡人姓名等信息。然后，根据发卡行以及需要支付的货币种类选择相应的 POS 机，将磁条式信用卡的磁条在 POS 机上划过，或者将芯片式信用卡插入卡槽，联通银行等支付网关，输入相应的金额。远程支付网关接受信息后，POS 机会打出刷卡支付的收据（至少是两联），持卡人检查支付收据上的信息无误后应在此收据上签字。操作员核对收据上的签名和信用卡背后的签名后（包括姓名完全相符和笔迹基本相符），将信用卡及刷卡支付收据的一联给持卡人，至此，POS 机上的刷卡程序完成。

▶ 2. RFID 机拍卡

在 RFID 机上以拍卡感应是一种新类型的信用卡使用方式，亦是联网方式的一种。拍卡时，操作员应首先查看信用卡的有效期和持卡人姓名等信息。然后，根据发卡行以及需要支付的货币种类选择相应的拍卡机，输入相应的金额，将信用卡平放于感应器上方不多于 10cm 的地方。RFID 机感应到信用卡后会发出讯号声响，然后继续运行程序，远程支付网关接受信息后，打印机（如已连接）会打出拍卡支付的收据，但与以往之方式不同，持卡人无须签字，比以往之方式更快捷，更方便。至此，RFID 机上的拍卡感应程序完成。

▶ 3. 网络支付

从持卡人角度来讲，网络支付被认为是信用卡的几种支付方式中风险最大的一种，因为不怀好意的人可能使用网络钓鱼、窃听网络信息、假冒支付网关等手段窃取用户资料。网络支付时，需要输入卡号、信用卡有效期、卡背面签名栏旁的数字 CVV2 码/万事达卡 CVC2/银联 CVN2、网上交易密码，有时需要输入姓名、网页随机生成的验证码等。输入完成后，点提交即可完成网络支付。随着互联网的发展，网络支付及信用卡支付的安全性也逐渐提高了，从而也促进了网上消费的发展。

（二）智能卡

内嵌有微芯片的塑料卡（通常是一张信用卡的大小）的通称。一些智能卡包含一个 RFID 芯片，所以它们不需要与读写器的任何物理接触就能够识别持卡人。智能卡配备有 CPU 和 RAM，可自行处理数量较多的数据而不会干扰到主机 CPU 的工作。智能卡还可过滤错误的数据，以减轻主机 CPU 的负担，适用于端口数目较多且通信速度需求较快的场合。卡内的集成电路包括中央处理器 CPU、可擦可编程只读存储器 EEPROM、随机存储器 RAM 和固化在只读存储器 ROM 中的卡内操作系统（Chip Operating System，COS）。卡中数据分为外部读取和内部处理部分。智能卡可应用于金融卡，也称为银行卡，又可分为信用卡和现金卡两种。前者用于消费支付时，可按预先设定额度透支资金；后者可作为电子钱包或者电子存折，但不能透支。

二、电子现金

电子现金是一种以数据形式流通的货币，它把现金数值转换成一系列的加密数据序列，通过这些序列数来表示现实中该交易金额的币值。用户使用电子现金进行购物，需要在开展电子现金业务的银行设立账户并在账户内存钱。电子现金交易时类似实物现金，交易具有匿名性。

电子现金在经济领域起着与普通现金同样的作用，对正常的经济运行至关重要。电子现金应具备以下性质。

▶ 1. 独立性

电子现金的安全性不能只靠物理上的安全来保证，必须通过电子现金自身使用的各项密码技术来保证电子现金的安全。

▶ 2. 不可重复花费

电子现金只能使用一次，重复花费能被容易地检查出来。

▶ 3. 匿名性

银行和商家相互勾结也不能跟踪电子现金的使用情况，也就是无法将电子现金的用户的购买行为联系到一起，从而隐蔽电子现金用户的购买历史。

▶ 4. 不可伪造性

用户不能造假币，包括两种情况：一是用户不能凭空制造有效的电子现金；二是用户从银行提取 N 个有效的电子现金后，也不能根据提取和支付这 N 个电子现金的信息制造出有效的电子现金。

▶ 5. 可传递性

用户能将电子现金像普通现金一样，在用户之间任意转让，且不能被跟踪。

▶ 6. 可分性

电子现金不仅能作为整体使用，还能被分为更小的部分多次使用，只要各部分的面额之和与原电子现金面额相等，就可以进行任意金额的支付。

三、电子支票

电子支票是一种借鉴纸张支票转移支付的优点，利用数字传递将钱款从一个账户转移到另一个账户的电子付款形式。这种电子支票的支付是在与商户及银行相连的网络上以密码方式传递的，多数使用公用关键字加密签名或个人身份证号码(PIN)代替手写签名。用电子支票支付，事务处理费用较低，银行也能为参与电子商务的商户提供标准化的资金信息，因此可能是最有效率的支付手段。

使用电子支票进行支付，消费者可以通过计算机网络将电子支票发送到商家的电子信箱，同时把电子付款通知单发到银行，银行随即把款项转入商家的银行账户，这一支付过程在数秒内即可实现。然而，这里面也存在一个问题：如何鉴定电子支票及电子支票使用者的真伪。因此，就需要有一个专门的验证机构来对此做出认证，同时，该验证机构还应像 CA 认证中心那样能够对商家的身份和资信提供认证。

电子支票交易的过程可为以下几个步骤。

(1) 消费者和商家达成购销协议并选用电子支票支付。

(2) 消费者通过网络向商家发出电子支票，同时向银行发出付款通知单。

(3) 商家通过验证中心对消费者提供的电子支票进行验证，验证无误后将电子支票送交银行索付。

(4) 银行在商家索付时通过验证中心对消费者提供的电子支票进行验证，验证无误后即向商家兑付或转账。

四、电子钱包

电子钱包是电子商务购物活动中常用的一种支付工具，适用于小额购物。在电子钱包内存放电子货币，如电子现金、电子零钱、电子信用卡等。使用电子钱包购物，通常需要在电子钱包服务系统中进行。电子商务活动中电子钱包的软件通常都是免费提供的。国际上有 Visa Cash 和 Mondex 两大在线电子钱包服务系统。

电子钱包的功能如下。

▶ 1. 个人资料管理

消费者成功申请电子钱包后，系统将在电子钱包服务器为其开立一个属于个人的电子钱包档案，消费者在此档案中增加、修改、删除个人资料。

▶ 2. 网上付款

消费者在网上选择商品后，登录到电子钱包，选择入网银行卡向"金融联"支付网关发出付款指令来进行支付。

▶ 3. 交易记录查询

消费者可对通过"金融联"电子钱包完成支付的所有历史交易记录进行查询。

▶ 4. 银行卡余额查询

消费者可通过"金融联"电子钱包查询个人银行卡余额。

▶ 5. 商户站点链接

"金融联"电子钱包内设众多商户站点链接，用户可通过链接直接登录商户站点进行购物。

第四节 网上银行

一、网上银行的概念

网上银行也称为网络银行、在线银行，是指利用 Internet、Intranet 及相关技术处理传统的银行业务及支持电子商务网上支付的新型银行。2017 年 12 月 1 日，《公共服务领域英文译写规范》正式实施，规定网上银行标准英文名为 Online Banking Service。它实现了银行与客户之间安全、方便、友好、实时的连接，可向客户提供开户、销户、查询、对账、行内转账、跨行转账、信贷、网上证券、投资理财以及其他贸易或非贸易的全方位银行业务服务。可以说，网上银行是在 Internet 上的虚拟银行柜台。

目前，网上银行有两种形式：一种是完全依赖于 Internet 发展起来的全新电子银行，它所有的业务都依靠 Internet 进行；另一种是在传统商业银行基础上发展而来的，是传统银行的补充，本书中的网上银行都属于这种形式。

二、网上银行的特点

▶ 1. 全天候跨国界运作

传统银行是通过开设分支机构来发展金融业务和开拓国际市场的，其客户往往只限于固定的地域，而网上银行是利用 Internet 来开展银行业务，因此可以将金融业务和市场延伸到全球每个角落，网上银行是一种能在任何时间、任何地方、任何方式为客户提供超越时空、智能化服务的银行，因此可称之为"三 A 银行"。由于互联网不分昼夜每天 24 小时运转，网上银行服务不受时间因素的制约，可以全天候地连续进行，摆脱了上下班及白天和黑夜的时间制约，也摆脱了全球时区划分的限制。此外，互联网把整个世界变成了"地球村"，地域距离变得无关紧要，导致网上银行不受空间因素的制约，大大加快了银行全球化的进程，金融市场的相互依存性也就空前加强了。

▶ 2. 工作效率大大提高

互联网以光速传输信息，信息流动空前加快，实时信息变得日益重要。以计算机芯片为例，其发展速度遵循摩尔定律，即每18个月处理速度增加一倍。网上银行的全部业务都通过互联网进行并由信息系统软件处理，所有传统银行使用的票据和单据全面电子化，真正实现了无纸化和网络化运作，大大缩短了资金在途时间，提高了资金的利用率，避免了人为差错，使银行服务的准确性和时效性达到一个新高度。

▶ 3. 虚拟化

虚拟化银行，即可以在虚拟世界中进行活动的银行。与其他行业相比，金融产品的交易以虚拟资本为交易对象，不是实物的交换，这就使得金融与构筑虚拟活动空间，使得银行服务无纸化程度大大提高，服务效率大大提高。虚拟化特征还使人们业已形成的银行概念受到较大冲击。银行不一定再以高楼大厦的形态出现，客户面对的将可能不是银行柜台，而是计算机屏幕上显示的虚拟银行柜台。银行无须再为扩张分支行网络而投入大量购置或租用办公场地的资金，也无须为刻意树立银行形象而建造或租用雄伟的办公大楼。

▶ 4. 创新化

在个性化消费需求日趋凸显及技术日新月异的信息时代，网上银行提供的金融产品和技术的生命周期越来越短，淘汰率越来越高。在这种情况下，只有不断采用新技术、推出新产品、实现持续创新才不至于被淘汰。

▶ 5. 低成本

与其他银行服务手段相比，网上银行的运营成本最低。网上银行交易成本仅是电话银行的1/4，是普通银行的1/10。此外，由于客户使用的是公共互联网网络资源，银行减少了建立专用通信网络所带来的成本及维护费用。网上银行业务成本优势显而易见。

▶ 6. 个性化服务增强

增加与客户的沟通与交流是企业获取必要信息、改进企业形象、贴近客户、寻找潜在客户的主要途径。在这方面，网上银行具有传统银行无法比拟的优势。网上银行可通过统计客户对不同网上金融产品的浏览次数和点击率，以及各种在线调查方式了解客户的喜好与不同需求，通过对客户行为偏好的分析，细分服务市场，利用互联网交互性的特点，投其所好地设计营销策略和服务内容，对产品进行金融创新，从而为客户提供量身定制的服务。这不仅方便了客户，银行也因此增强了与客户的亲和性，提高了竞争力。

三、网上银行的业务

目前，各网上银行的基本业务包括个人网上业务、企业网上业务、信用卡业务、投资理财业务、网上购物支付、代扣代缴支付和信息发布业务。

▶ 1. 个人网上业务

个人网上业务是为个人用户推出的服务，也称对私业务，具体包括业务查询、转账业务、代收代缴业务、储蓄业务、公积金贷款业务、金融卡消费业务、财务状态管理业务、客户金融咨询服务、客户意见反馈服务等。例如，用户可以通过网上银行查询账户余额、交易明细，进行电子转账。与企业银行业务一样，个人银行业务也仅对在网上银行开户注册的客户提供服务。公众只要在网上银行开立了普通存折或一卡通账户，就可以上网享受网上银行提供的各种个人银行服务。

▶ 2. 企业网上业务

企业网上业务是为企业或团体提供综合账户服务的业务，也称对公业务，具体包括账务查询、内部转账、对外支付、活期定期互转、工资发放、信用管理、企业账务查询和信用查询、网上信用证、金融信息查询、银行信息通知等。例如，企业可以通过网上银行查阅本企业或下属企业的账户余额情况、划转企业内部各单位之间的资金。网上的企业银行业务仅面向在网上银行系统开户的注册客户，所有的交易数据均经过加密后才在网上传输。

▶ 3. 信用卡业务

信用卡业务是当前各大银行争夺的焦点，包括通过互联网申办、开启、挂失信用卡、信用卡账户查询、收付清算等功能。

▶ 4. 投资理财业务

投资理财服务分为以下两种。

（1）可由客户主动进入银行的网站进行金融、账户等信息查询以及财务账目的处理；也可由网上银行系统对用户实施全程跟踪服务，即根据用户的储蓄、信贷情况进行理财分析，适时地向用户提供符合其经济状况的理财建议或计划。

（2）投资理财业务是银行为客户投资理财提供信息服务的一种增值业务，包括股票、基金、债券、外汇、黄金、期货、保险等金融产品的即时信息发布，用户理财账户的管理等，用户可以查询基金的收益情况，了解外汇汇率的波动情况，股票、黄金、期货市场的行情，同时用户也可以直接通过网银购买各种理财产品。

▶ 5. 网上购物支付

在网上购物方面，网上银行以网上商店的形式向供求双方提供交易平台，商户在此可建立自己的订购系统，向网上客户展示商品并接收订单，商户在收到来自银行的客户已付费的通知后即可向客户发货。客户可进入银行的网上商店，选购自己所需的商品，并通过银行直接进行网上支付，供求双方均通过网上银行这一中介机构建立联系并实现收支，降低了交易的风险度。

▶ 6. 代扣代缴支付

支付是银行的基本业务，包括数字现金、电子支票、信用卡支付等网上支付方式，以及各种企业间转账或个人转账等。除此之外还包括代收水费、电费、燃气费、电话费、上网费等服务，代客户履行缴纳按揭款等分期付款行为。

▶ 7. 公开信息发布

网上银行还是银行发布信息的平台。银行介绍，银行业务、服务项目介绍，银行网点分布状况，ATM分布情况，银行特约商户介绍，存贷款利率查询，外汇牌价、利率查询，国债行情查询，各类申请资料（贷款、信用卡申请），投资理财咨询使用说明，最新经济信息，客户信箱服务等，这些信息对网上的所有访问者都开放。

第 五 节　第三方支付

一、第三方支付的定义

所谓第三方支付，就是一些和产品所在国家以及国外各大银行签约、并具备一定购买力和信誉保障的第三方独立机构提供的交易支持平台。在通过第三方支付平台的交易中，买方选购商品后，使用第三方平台提供的账户进行货款支付，由第三方通知卖家货款到达、进行发货。买方检验物品后，就可以通知第三方付款给卖家，第三方再把款项转至卖家账户。

随着网络经济时代的到来，电子商务也在迅速崛起，成为商品交易的最新模式。作为中间环节的网上支付，是电子商务流程中交易双方最为关心的问题。由于电子商务中的商家与消费者之间的交易不是面对面进行的，而且物流与资金流在时间和空间上也是分离的，这种没有信用保证的信息不对称导致了商家与消费者之间的博弈：商家不愿先发货，怕货发出后不能收回货款，消费者不愿先支付，担心支付后拿不到商品或商品质量得不到保证。博弈的最终结果是双方都不愿意先冒险，网上购物无法进行。第三方支付平台正是在商家与消费者之间建立了一个公共的、可以信任的中介。它满足了电子商务中商家和消费者对信誉和安全的要求，它的出现和发展说明该方式具有市场发展的必然需求。

二、第三方支付的特点

在第三方支付交易流程中，第三方支付模式使商家看不到客户的信用卡信息，同时又避免了信用卡信息在网络上多次公开传输而导致信用卡信息被窃。第三方支付具有以下显著的特点。

（1）第三方支付平台提供一系列的应用接口程序，将多种银行卡支付方式整合到一个界面上，负责交易结算中与银行的对接，使网上购物更加快捷、便利。消费者和商家不需要在不同的银行开设不同的账户，可以帮助消费者降低网上购物的成本，帮助商家降低运营成本；同时，还可以帮助银行节省网关开发费用，并为银行带来一定的潜在利润。

（2）较之 SSL、SET 等支付协议，利用第三方支付平台进行支付操作更加简单而易于接受。在 SET 中，各方的身份都需要通过 CA 进行认证，程序复杂、手续繁多，速度慢且实现成本高。有了第三方支付平台，商家和客户之间的交涉由第三方来完成，使网上交易变得更加简单。

（3）第三方支付平台本身依附于大型的门户网站，且以与其合作的银行的信用作为信用依托，因此第三方支付平台能够较好地突破网上交易中的信用问题，有利于推动电子商务的快速发展。

三、第三方支付平台处理支付的原理

在实际的操作过程中，第三方机构可以是发行信用卡的银行本身。

在进行网络支付时，信用卡号以及密码的披露只在持卡人和银行之间转移，降低了因通过商家转移而导致的风险。同样，当第三方是除银行外的具有良好信誉和技术支持能力的某个机构时，支付也通过第三方在持卡人或者客户和银行之间进行。持卡人首先和第三方以替代银行账号的某种电子数据的形式（如邮件）传递账户信息，避免了持卡人将银行信息直接透露给商家；另外也可以不必登录不同的网上银行界面，取而代之的是每次登录时，都能看到相对熟悉和简单的第三方机构的界面。第三方机构与各个主要银行之间签订有关协议，使得第三方机构与银行可以进行某种形式的数据交换和相关信息确认。这样第三方机构就能实现在持卡人或消费者与各个银行，以及最终的收款人或者是商家之间建立一个支付的通道。

四、第三方支付平台的支付步骤

第三方支付平台的支付步骤如下。

（1）单击"在线支付"按钮后，该网站的服务器会发送一个信息给第三方支付平台的服务器，这个发送的信息内容主要包括付款人的名称、付款金额、订单号等信息。

（2）第三方支付平台的服务器收到信息后，会连接到银行的服务器，并向银行的服务器传输与资金划转有关的信息，并将付款人付的钱通过银行的在线支付系统划至自己的银行账户。这个过程是用户将银行账户中的钱转移到第三方支付平台的银行账户中，而不是直接转移到商户的银行账户中，而且，在第三方支付平台接收到"确认付款"信息将资金划拨到商户账户中之前，资金一直停留在第三方支付的银行账户中。

（3）资金划至第三方支付平台的银行账户后，银行会发一个"付款成功"的信息给第三方支付平台，收到此信息后，第三方支付平台的服务器会将付款成功的订单号的信息发给商户。

（4）商户收到第三方支付平台用户"付款成功"信息后才会发货。

（5）用户接收到货物，在网站上完成"确认付款"的流程，网站服务器将该信息传给第三方支付平台。

（6）第三方支付平台接收到"确认付款"的信息，将存放在自己账户中的款项转到商户的银行账户中，支付过程至此方才完成。如遇到相关的服务纠纷，第三方支付平台会作为中间方进行了解和裁定。

五、第三方支付模式的优缺点

▶ 1. 第三方支付模式的优点

（1）比较安全。信用卡信息或账户信息仅需要告知支付中介，而无须告诉每一个收款人，大大减少了信用卡信息和账户信息失密的风险。

（2）支付成本较低。支付中介集中了大量的电子小额交易，形成规模效应，因而支付成本较低。

（3）使用方便。对支付者而言，他所面对的是友好的界面，不必考虑背后复杂的技术操作过程。

（4）支付担保业务可以在很大程度上保障付款人的利益。

▶ 2. 第三方支付模式的缺点

（1）第三方支付是一种虚拟支付层的支付模式，需要其他的"实际支付方式"完成实际支付层的操作。

（2）付款人的银行卡信息将暴露给第三方支付平台，如果这个第三方支付平台的信用度或者保密手段欠佳，将带给付款人相关风险。

（3）第三方结算支付中介的法律地位缺乏规定，一旦终结破产，消费者所购买的"电子货币"可能成为破产债权，无法得到保障。

（4）有大量资金寄存在支付平台账户内，而第三方平台非金融机构，所以有资金寄存的风险。

七、第三方支付平台的应用

（一）各支付平台的简介

▶ 1. 支付宝

支付宝（中国）网络技术有限公司是国内领先的独立第三方支付平台，是由阿里巴巴集团CEO马云先生在2004年12月创立的第三方支付平台，是阿里巴巴集团的关联公司。支付宝致力于为中国电子商务提供"简单、安全、快速"的在线支付解决方案。目前，除淘宝和阿里巴巴外，支持使用支付宝的商家已经超过20万家。支付宝以其在电子支付领域先进的技术、风险管理与控制等能力赢得银行等合作伙伴的认同。支付宝已和国内各大商业银行以及中国邮政、VISA国际组织等机构建立了战略合作，成为金融机构在网上支付领域极为信任的合作伙伴。支付宝是互联网发展过程中一个创举，也是电子商务发展的一个里程碑。

▶ 2. 安付通

安付通是由易趣联合贝宝PayPal，向买卖双方提供的一种促进网上安全交易的支付手段。作为值得信赖的交易第三方，安付通会监控整个交易流程。安付通目前集成了14家商业银行的网上银行以及贝宝等在线支付渠道，买家可以极为便捷地通过网上银行实时支付安付通货款。易趣eBay推出交易安全金、卖家保障金、身份证认证、安付通、网络警察等五重安全防线，力图从制度上、技术上提供安全保障。

▶ 3. 首信易支付

首信易支付是首都电子商城的网上支付平台，创建于1999年3月，是国内首家中立第三方网上支付平台，开创了跨银行、跨地域、多种银行卡、实时交易模式，二次结算模式以及信任机制。首信易支付目前支持国内23家银行卡及4种国际信用卡在线支付，拥有国内外800余家企事业单位、政府机关、社会团体的庞大客户群。首信易支付在公共支付、教育支付、会议支付等服务领域发展尤为突出，在银行合作和银行卡交易数量等方面，均大举超越竞争对手，已成为支付领域的资深支付专家。向教育、科研、政府部门提供支付服务使其回归到"首都电子商务工程"的初衷上来。

▶ 4. 云网

云网成立于1999年，作为国内首家实现在线实时交易的电子商务公司，一直致力于在线实时支付系统的研发与推进，为在线买家提供平滑的实时购物体验。云网是中国建设银行第一家正式授权开通的网上银行B2C商户，中国工商银行电子银行部最早实现接入且业绩最好的电子商务合作伙伴，还是招商银行、农业银行、民生银行等国内知名银行中网上支付交易量最大的合作商户。云网在线支付平台与全国多家主流银行及通信集团独立直接连接，在网上支付领域积累了丰富的经验。

▶ 5. 贝宝

贝宝是由上海网付易信息技术有限公司与世界领先的网络支付公司——PayPal公司通力合作为中国市场度身定做的网络支付服务。贝宝利用PayPal公司在电子商务支付领域先进的技术、风险管理与控制以及客户服务等方面的能力，通过开发适合中国电子商务市场与环境的产品，为电子商务的交易平台和交易者提供安全、便捷和快速的交易支付支持。

▶ 6. 快钱

快钱公司是独立第三方支付企业，最早推出基于E-mail和手机号码的综合电子支付服务，拥有千万级注册用户。快钱致力于为各类企业及个人提供安全、便捷和保密的电子收付款平台及服务。作为快钱的基础服务，快钱账户提供了充值、收款、付款、提现、对账、交易明细查询等功能。以"快钱"为品牌的支付产品包括人民币网关、外卡网关和神州行网关等众多产品，支持互联网、手机和固话等多种终端，满足各类企业和个人的不同支付需求。其中人民币网关支持银行卡支付、快钱账户支付、电话支付、线下汇款等多种支付方式。同时，快钱还为商家提供众多实用的交易工具，包括快钱钮、快钱链、多笔交易付款、电子优惠券等，协助商家广泛深入地开展电子商务。

▶ 7. 网汇通

中国提供互联网现金汇款、支付的服务提供商，集联天下公司与中国邮政紧密合作，提供"网汇通"业务的数据处理和经营。2005 年成立以来，作为在线支付市场的生力军，集联天下公司致力互联网新经济和传统行业相结合的研究，为电子支付的商业应用，开创性地推出崭新的电子金融服务产品——网汇通。由于中国邮政的网络遍布城乡，"网汇通"产品更加具备服务于普通民众的特性。集联天下公司兼蓄国内外先进资源、建造的大型计算机处理系统，可以遵照消费者的指令，将资金安全、可靠、实时地送达。

▶ 8. 财付通

财付通网站作为功能强大的支付平台，作为在线支付工具，在 B2C、C2C 在线交易中，起到了信用中介的作用，同时为 CP、SP 提供了在线支付通道以及统一的计费平台，解除了个人用户和广大商家的安全顾虑，保证了在线交易的资金和商品安全。

▶ 9. 易宝

易宝 YeePay 是独立的第三方支付平台，由北京通融通信息技术有限公司开发并运营。从前台网站到后台数据库，从大型硬件设备到各种软件，易宝 YeePay 支付平台基于 IBM 先进的技术环境，充分保障安全而高效的运转。同时，在电话支付、在线支付和短信支付方面，易宝得到了各大商业银行的全力支持。

利用其 IT 技术方面的强大优势，深入分析交易的每一个环节，去设计与创造推进交易发生的多元化支付机制，消除交易环节中的支付障碍，促进交易大量而顺利地发生。从前台网站到后台数据库，从大型硬件设备到各种软件，易宝支付平台基于 IBM 先进的技术环境，充分保障安全而高效的运转。通过易宝支付，银行可以和更多的消费者和广大商家在不同的支付终端相遇，为更多的需求提供有针对性的金融服务。

（二）各支付平台的运用

▶ 1. 支付宝

支付宝目前已和国内工商银行、农业银行、建设银行、招商银行、上海浦发银行等各大商业银行以及中国邮政、VISA 国际组织等各大机构建立了战略合作，成为金融机构在网上支付领域极为信任的合作伙伴。另外，支付宝还与中国建设银行合作，发布了国内首张真正专注于电子商务的联名借记卡——支付宝龙卡及电子支付新产品——支付宝卡通业务。该卡除了具有建行龙卡借记卡的所有功能外，还能使持卡人享受到电子支付创新产品支付宝卡通的服务。持卡人将支付宝账户与支付宝龙卡通过建行柜台签约绑定后，可登录支付宝账户，直接通过支付宝龙卡账户，完成持卡人在支付宝平台的在线支付业务。同时，持卡人还能通过支付宝卡通完成支付宝龙卡账户余额和支付限额的查询服务。

2. 财付通

腾讯财付通与重庆公众城市一卡通建立合作关系，重庆公众城市一卡通正式启用财付通提供的支付服务。通过本次合作，重庆公众城市一卡通用户可以使用财付通进行在线充值，从而实现在线缴纳水电煤气等公共事业费用、充值话费、网上购物、预约门诊等服务。同时，财付通还能满足用户线下日常生活需求，如零售市场、休闲娱乐场所等小额金融消费，图书馆还款，乘坐公共交通，停车场及加油站交费和购买保险等多种服务。

3. ChinaPay

2002年12月，国内最大的在线游戏商盛大网络采用了 ChinaPay 的"CD 卡安全认证解决方案"，使之成为网络游戏的保护神，赢得业界的一致好评。2003年4月28日，ChinaPay 与华安基金公司共同推出的"银联通"开放式基金网上交易系统。该系统通过"银联通"的跨行资金划拨和 CD 卡身份认证实现了真正意义上的基金远程网上开户、交易和结算。

4. 快钱

国内首家基于 E-mail 和手机号码的网上收付费平台——快钱宣布，它已经获得硅谷 Doll 资本管理公司和半岛资本公司的风险投资。快钱将利用这笔资金，进一步发展其技术平台，同时促进其支付平台在国内合作伙伴及互联网用户中的应用。公司同时宣称，DCM 的联合创始人及董事合伙人 David Chao 先生以及半岛资本公司管理成员 Greg Penner 先生已加入公司董事会。

自2005年1月平台正式发布以来，快钱为国内电子商务运营商、互联网和无线服务提供商以及个人用户创造了一个快捷、安全和便利的在线及无线支付平台。它同国内领先银行合作，开发了借记卡和信用卡处理功能，使得任何个人及企业能够接收逾27亿张国际和国内银行卡。目前，公司已经拥有40多万注册用户。

5. 易宝支付

和背靠3.4亿腾讯活跃用户的财付通、8 000多万注册用户的支付宝相比，易宝支付看起来还是电子支付行业的小虾米。在2008年5月汶川大地震的募集捐款活动中，易宝支付突然跻身一线电子支付公司。这次募捐，财付通募集2 300万、支付宝2 000万、易宝支付1 850万，成为全国最大的三个捐款网站之一。

6. 环迅支付

万卡通商城是由深圳恒瑞达科技发展有限公司开发完成的，该商城能够实现各类电话卡、游戏点卡、手机充值卡等各类卡的实时在线购买，在此基础上，万卡通商城还在国内率先推出了网上售卡的一系列电子商务解决方案，采用电子销售系统，提供给代理商进货和管理的商务平台，为代理商提货提供最大的便利。

环迅支付平台的接入，为万卡通商城的网上实时售卡提供了网上支付的最佳解决方案，全方位强大的支付平台为网上购卡的用户提供了更多的便利和选择，提高了网上售卡的成功率。环迅支付平台使得万卡通商城推出的网上售卡电子商务解决方案成为了完整的、真正意义上的电子商务解决方案，一站式实现了网上售卡、支付和资金回笼，加快了商城的资金流通速度，实现了资源的优化配置。

7. 首信易支付

首信易支付是首都电子商城的网上支付平台，创建于1999年3月，是国内首家"中立第三方网上支付平台"，开创了"跨银行、跨地域、多种银行卡、实时"交易模式、"二次结算"模式以及"信任机制"。首信易支付目前支持国内23家银行卡及4种国际信用卡在线支付，拥有国内外 800 余家企事业单位、政府机关、社会团体的庞大客户群。在公共支付、教育支付、会议支付等服务领域发展尤为突出，以及银行合作和银行卡交易数量等方面，均大举超越竞争对手，已成为支付产业的"资深支付专家"。

8. 云网

2000 年，云网率先运作网上银行业务。云网坚信网上支付才是电子商务发展的必然趋势，于是云网的第一个大胆而成功的战略决策就是：不做线下支付，只发展网上支付的产品销售。云网另一个成功的战略决策就是云网的产品政策。数字卡产品在 1999 年的时候品种还非常少，用户也不多。当时的数字卡类产品主要为 IP 卡和上网卡，而当时使用 IP 卡和上网卡的人都不多。选择这样一类产品在于云网首先预见了这类产品的庞大市场；另外一个原因就是云网认为数字卡类产品是最适合网上销售的产品。

9. 贝宝

贝宝是由上海网付易信息技术有限公司与世界领先的网络支付公司——PayPal 公司通力合作为中国市场度身定做的网络支付服务。贝宝利用 PayPal 公司在电子商务支付领域先进的技术、风险管理与控制以及客户服务等方面的能力，通过开发适合中国电子商务市场与环境的产品，为电子商务的交易平台和交易者提供安全、便捷和快速的交易支付支持。

10. 财付通

财付通助力多家航空公司，打造机票 B2C。2009 年 1 月 13 日，财付通联合南航开展的"有爱就有家，春节南方团聚"活动，南航春节往返特价机票，包括了全国各大城市往返广州、深圳和珠海的特价机票。在春运期间一票难求的格局下，财付通联合各大航空公司开展的"春节团聚特价机票"活动，给旅客带来了亲情的温暖和真正的实惠。艾瑞统计数据显示，经过前期的运作，财付通特价机票专区在用户中已经得到很好的口碑，用户量也出现高速增长的趋势。

11. 网汇通

网汇通是使用范围最广泛支付工具之一，它由中国邮政几千个邮政网点同时推出，大部分的邮政网点都可以受理网汇通业务。因此，在中国大陆，网汇通称得上是通行无阻，随着网汇通支付体系的逐渐形成，网汇通将会出现在国内的任何地方。

12. 易趣

易趣的支付方式多种多样。最初，易趣可提供包括手机、E-mail、信用卡、身份证、地址等 5 种会员认证方式。此后，易趣又推出了"易付通"服务。在卖家和买家交易过程中，买家可以先将钱打入易趣特设的一个账户中，一旦钱到位，易趣会马上通知卖家发货；买家收到货并对货物的数量和质量没有疑义，易趣才会将钱支付给卖家。这种做法成了目前中国商业信用缺乏的情况下一种有效解决方案。目前，活跃在易趣网的买家为 35 万～40 万，有 5 万人左右采用网上银行信用卡的方式划账。

第六节 移动支付

一、移动支付的定义

移动支付，也称之为手机支付，是指交易双方为了某种货物或者服务，使用移动终端设备为载体，通过移动通信网络实现的商业交易。移动支付所使用的移动终端可以是手机、PDA、移动 PC 等。

二、移动支付的特征

移动支付属于电子支付方式的一种，因而具有电子支付的特征，但因其与移动通信技术、无线射频技术、互联网技术相互融合，又具有自己的特征。

▶ 1. 移动性

随身携带的移动性，消除了距离和地域的限制，可随时随地获取所需要的服务、应用、信息和娱乐。

▶ 2. 及时性

不受时间地点的限制，信息获取更为及时，用户可随时对账户进行查询、转账或进行购物消费。

▶ 3. 定制化

基于先进的移动通信技术和简易的手机操作界面，用户可定制自己的消费方式和个性化服务，账户交易更加简单方便。

▶ 4. 集成性

以手机为载体，通过与终端读写器近距离识别进行的信息交互，运营商可以将移动通信卡、公交卡、地铁卡、银行卡等各类信息整合到以手机为平台的载体中进行集成管理，并搭建与之配套的网络体系，从而为用户提供十分方便的支付以及身份认证渠道。移动支付业务是由移动运营商、移动应用服务提供商(MASP)和金融机构共同推出的、构建在移动运营支撑系统上的一个移动数据增值业务应用。移动支付系统将为每个移动用户建立一个与其手机号码关联的支付账户，其功能相当于电子钱包，为移动用户提供了一个通过手机进行交易支付和身份认证的途径。用户通过拨打电话、发送短信或者使用 WAP 功能接入移动支付系统，移动支付系统将此次交易的要求传送给 MASP，由 MASP 确定此次交易的金额，并通过移动支付系统通知用户。在用户确认后，付费方式可通过多种途径实现，如直接转入银行、用户电话账单或者实时在专用预付账户上借记，这些都将由移动支付系统(或与用户和 MASP 开户银行的主机系统协作)来完成。

三、移动支付的技术支持

移动支付技术的实现方案主要有五种：双界面 CPU 卡、SIM Pass 技术、RFID-SIM、NFC 技术和智能 SD 卡。

▶ 1. 双界面 CPU 卡(基于 13.56MHz)

双界面 CPU 卡是一种同时支持接触式与非接触式两种通信方式的 CPU 卡，接触接口和非接触接口共用一个 CPU 进行控制，接触模式和非接触模式自动选择。

双界面 CPU 卡包括一个微处理器芯片和一个与微处理器相连的天线线圈，具有信息量大、防伪安全性高、可脱机作业、可多功能开发、数据传输稳定、存储容量大、数据传输稳定等优点。

▶ 2. SIM Pass 技术(基于 13.56MHz)

SIM Pass 是一种多功能的 SIM 卡，支持 SIM 卡功能和移动支付的功能。SIM Pass 运行于手机内，为解决非接触界面工作所需的天线布置问题给予了两种解决方案：定制手机方案和低成本天线组方案。

SIM Pass 是一张双界面的多功能应用智能卡，具有非接触和接触两个界面。接触界面可以实现 SIM 应用，完成手机卡的通信功能；非接触界面可以同时支持各种非接触应用。

▶ 3. RFID-SIM（基于 2.4GHz）

RFID-SIM 是双界面智能卡技术向手机领域渗透的产品。RFID-SIM 既有 SIM 卡的功能，也可实现近距离无线通信。

▶ 4. NFC 技术（基于 13.56MHz）

NFC 是一种非接触式识别和互联技术。NFC 手机内置 NFC 芯片，组成 RFID 模块的一部分，可以当作 RFID 无源标签来支付使用，也可以当作 RFID 读写器进行数据交换和采集。

▶ 5. 智能 SD 卡

在 SIM 卡的封装形势下，EEPROM 容量已经达到极限。通过使用智能 SD 卡来扩大 SIM 卡的容量，可以满足业务拓展的需要。

四、移动支付的实现条件

要实现移动支付，除了要有一部能联网的移动终端以外，还需要移动运营商提供网络服务、银行提供线上支付服务有一个移动支付平台，以及商户提供商品或服务。

五、移动支付的支付流程

移动支付的支付流程包括购买请求、收费请求、认证请求、认证、授权请求、授权、收费完成、支付完成，以及支付商品，如图 4-2 所示。

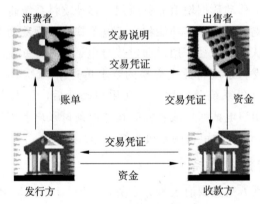

图 4-2 移动支付流程

六、移动支付的支付方式

移动支付的支付方式有短信支付、扫码支付、指纹支付和声波支付等。

▶ 1. 短信支付

手机短信支付是手机支付的最早应用，将用户手机 SIM 卡与用户本人的银行卡账号建立一种一一对应的关系，用户通过发送短信的方式在系统短信指令的引导下完成交易支付请求，操作简单，可以随时随地进行交易。

▶ 2. 扫码支付

扫码支付是一种基于账户体系搭起来的新一代无线支付方案。在该支付方案下，商家可把账号、商品价格等交易信息汇编成一个二维码，并印刷在各种报纸、杂志、广告、图书等载体上发布。

用户通过手机客户端扫拍二维码，便可实现与商家支付宝账户的支付结算。最后，商家根据支付交易信息中的用户收货、联系资料，就可以进行商品配送，完成交易。

▶ 3. 指纹支付

指纹支付即指纹消费，是采用目前已成熟的指纹系统进行消费认证，即顾客使用指纹注册成为指纹消费折扣联盟平台会员，通过指纹识别即可完成消费支付。

▶ 4. 声波支付

声波支付是利用声波的传输，完成两个设备的近场识别。其具体过程是，在第三方支付产品的手机客户端里内置"声波支付"功能，用户打开此功能后，用手机麦克风对准收款方的麦克风，手机会播放一段"咻咻咻"的声音，售货机听到这段声波之后就会自动处理，用户在自己手机上输入密码，售货机就会吐出商品。

七、支付种类

（一）按用户支付的额度分类

按用户支付的额度可以分为微支付和宏支付。

▶ 1. 微支付

根据移动支付论坛的定义，微支付是指交易额少于 10 美元的支付行为，通常是指购买移动内容业务，如游戏、视频下载等。

▶ 2. 宏支付

宏支付是指交易金额较大的支付行为，例如，在线购物或者近距离支付（微支付方式同样也包括近距离支付，例如，交停车费等）。

（二）按完成支付所依托的技术条件分类

按完成支付所依托的技术条件可以分为远程支付和近场支付。

▶ 1. 远程支付

远程支付指通过移动网络，利用短信、GPRS 等空中接口，和后台支付系统建立连接，实现各种转账、消费等支付功能。

▶ 2. 近场支付

近场支付是指通过具有近距离无线通信技术的移动终端实现本地化通信，进行货币资金转移的支付方式。

（三）按支付账户的性质分类

按支付账户的性质可以分为银行卡支付、第三方支付账户支付和通信代收费账户支付。

▶ 1. 银行卡支付

银行卡支付就是直接采用银行的借记卡或贷记卡账户进行支付的形式。

▶ 2. 第三方支付账户支付

第三方支付账户支付是指为用户提供与银行或金融机构支付结算系统接口的通道服

务,实现资金转移和支付结算功能的一种支付服务。第三方支付机构作为双方交易的支付结算服务的中间商,需要提供支付服务通道,并通过第三方支付平台实现交易和资金转移结算安排的功能。

▶ 3. 通信代收费账户支付

通信代收费账户是移动运营商为其用户提供的一种小额支付账户,用户在互联网上购买电子书、歌曲、视频、软件、游戏等虚拟产品时,通过手机发送短信等方式进行后台认证,并将账单记录在用户的通信费账单中,月底进行合单收取。

(四) 按支付的结算模式分类

按支付的结算模式可以分为及时支付和担保支付。

▶ 1. 及时支付

及时支付是指支付服务提供商将交易资金从买家的账户及时划拨到卖家账户。一般适用于"一手交钱一手交货"的业务场景(如商场购物),或信誉度很高的 B2C 以及 B2B 电子商务,如首信、YeePay、云网等。

▶ 2. 担保支付

担保支付是指支付服务提供商先接收买家的货款,但并不马上就支付给卖家,而是通知卖家货款已冻结、卖家发货、买家收到货物并确认后,支付服务提供商将货款划拨到卖家账户。支付服务商不仅负责资本的划拨,同时还要为不信任的买卖双方提供信用担保。担保支付业务为开展基于互联网的电子商务提供了基础,特别是对于没有信誉度的 C2C 交易以及信誉度不高的 B2C 交易。做得比较成功的是支付宝。

(五) 按用户账户的存放模式分类

按用户账户的存放模式可分为在线支付和离线支付。

▶ 1. 在线支付

在线支付是指用户账户存放在支付提供商的支付平台,用户消费时,直接在支付平台的用户账户中扣款。

▶ 2. 离线支付

离线支付是用户账户存放在智能卡中,用户消费时,直接通过 POS 机在用户智能卡的账户中扣款。

八、移动支付的发展趋势

▶ 1. 替代纸币虚拟化

我们在未来可以抛却烦琐的现金交易和各种名目繁多的银行卡,只需一部智能手机或平板电脑即可完成付款,整个交易过程无现金、无卡片、无收据,NFC 支付技术正带领我们走向一个无纸质货币时代。

▶ 2. 银行服务移动化

随着移动互联网的快速发展,智能手机很有可能会代替钱包,就像它已代替了数码相机、个人日程管理表和其他传统附件一样。传统商业银行可以借助移动互联技术接触到那些有手机但没有银行账户的"无银行账户"或"未能享受银行服务"的人群,从而改变金融服务。金融机构通过移动网络不但可以提供"掌上银行"服务,还能通过为消费者、小企业提供小额贷款和理财顾问服务从而刺激经济活动。

3. 理财工具贴身化

个人理财应用是主流需求,却不受人们欢迎,因为它们需要输入用户的银行账号。但大多数人又需要知道自己有多少钱,并且需要有个"顾问"告诉他哪些钱该花哪些不该花。仍在继续发展完善的个人理财工具就将成为这个顾问,并通过实时数据比如历史交易、线上/线下支付等帮助人们做出更正确的财务决策。

4. 虚拟货币国际化

虚拟货币,类似于 Q 币,它以文件的形式储存在电脑里,可以用它购买一些虚拟物品,如果对方接受,也可以用虚拟货币购买现实物品。虚拟货币和现实货币最大的不同点在于,它不属于国家或任何组织和个人,任何人只需有一台联网的电脑就能参与其中。在虚拟货币的世界里,货币的自由度达到空前高度。而因为系统产生虚拟货币的速度和数量有限,许多急着使用虚拟货币的用户就宁愿用现实货币与其他人兑换,如此一来,虚拟货币就开始流通,有了价值。

九、移动支付的发展存在的问题

1. 运营商和金融机构间缺乏合作

国内移动支付不同商业模式并存,运营商、金融机构、移动支付第三方虽然已经在不同程度上建立起合作关系,但总体来看,主导者、合作方以及运营模式不统一。此外,不同主导所采用的技术方案有差别,实现移动支付功能的载体及其工作频段不统一,分别工作于 13.56 MHz 和 2 GHz 频点。上述两方面的差异,增加了国内移动支付推广的成本,为国内移动支付更快地普及带来了一定的障碍。

2. 交易的安全问题未能妥善解决

移动支付的安全问题一直是移动支付能否快速推广的一个瓶颈。信息的机密性、完整性、不可抵赖性、真实性、支付模式、身份验证、支付终端(手机)的安全性、移动支付各环节的法律保障不健全。

3. 行业标准尚未能完全完善统一

从国内移动支付业务的开展情况看,仍然缺乏统一的被广泛认可的支付安全标准。首先应加强用于移动支付安全保障的信息安全基础和通用标准的研制,为移动支付的安全保障提供基础性技术支撑;同时,加强支撑移动支付业务应用的 RFID 标准的研制,突破 RFID 空中接口安全保障技术,加快具有自主知识产权的 RFID 空中接口协议的制订;国内移动支付产业链中各部门应加强合作,制订通用的移动支付安全保障流程、协议、安全管理等标准,保障移动支付业务系统的互联互通,促进移动支付产业的安全、快速、健康发展。只有一个相对完善的行内标准才能给用户提供一个诚信的支付环境。

小结

本章着重阐述了电子商务支付。电子支付是指单位、个人直接或授权他人通过电子终端发出支付指令,实现货币支付与资金转移的行为。电子终端是指客户可用以发起电子支付指令的计算机、电话、销售点终端、自动柜员机、移动通信工具或其他电子设备。本章主要介绍了电子支付系统的组成、常见的电子支付工具、网上银行的特点、第三方支付的运作等。

思考题

1. 电子支付的方式主要有哪几种？
2. 简述电子钱包的特点及使用过程中要注意的问题。
3. 什么是第三方支付？
4. 展望未来移动电子支付可应用的商业领域。
5. 电子货币产生和发展的条件是什么？

案例分析

微信红包

一、微信简介

微信（WeChat）是腾讯公司于2011年1月21日推出的一个为智能终端提供即时通信服务的免费应用程序，微信支持跨通信运营商、跨操作系统平台通过网络快速发送免费（需消耗少量网络流量）语音短信、视频、图片和文字，同时，也可以使用通过共享流媒体内容的资料和基于位置的社交插件"摇一摇""漂流瓶""朋友圈""公众平台""语音记事本"等服务插件。

微信提供公众平台、朋友圈、消息推送等功能，用户可以通过"摇一摇""搜索号码""附近的人"、扫二维码方式添加好友和关注公众平台，同时微信将内容分享给好友以及将用户看到的精彩内容分享到微信朋友圈。

截至2013年11月，微信注册用户量已经突破6亿，是亚洲地区最大用户群体的移动即时通信软件。

2014年9月13日，为了给更多的用户提供微信支付电商平台，微信服务号申请微信支付功能将不再收取2万元保证金，开店门槛将降低。

2015年春节期间，微信联合各类商家推出春节"摇红包"活动。根据微信团队年初一公布出的除夕期间微信用户数据显示：除夕20时至年初一0时48分，春晚微信摇一摇互动总量超过110亿次；春晚微信祝福在185个国家之间传递了约3万亿公里，相当于在地球与月球之间往返370万次。其中，22时34分春晚摇一摇互动出现峰值，达到了8.1亿次/分钟。

二、微信支付

微信自从5.0版本后，新增了支付功能，简称微信支付。用户通过绑定银行卡，即可在微信中实现购物、滴滴打车、购买电影票、购买游戏钻石，还可以在第三方平台使用微信支付完成购物。

（1）手机登录微信，单击右上角的功能按钮，弹出功能选项单，单击我的银行卡，进入银行卡页面。

（2）在填写银行卡页面可以看到所添加银行卡的类型，填写银行卡的有效期、姓名、身份证号码，以及手机号码，自动跳转到验证手机号页面。

（3）在验证手机号页面，自动识别手机验证码，选择下一步，进入设置支付密码页面。

（4）在设置支付密码页面，设置支付密码，自动进入第二次输入密码页面。

（5）设置好添加的银行卡后，微信就绑定了银行卡，以后涉及的微信支付将从该银行卡来扣款。

三、微信红包

微信红包是腾讯旗下产品，于2014年1月27日推出的一款应用，功能上可以实现发红包、查收发记录和提现。

2019年2月10日,微信官方发布2019年春节数据报告,除夕到初五,8.23亿人次收发微信红包。

1. 微信红包特色

(1) 设计简单。在"微信红包"这个功能的设计上,遵循了简单的原则。发送方通过"新年红包"公众号,选择发送红包的数量和金额,以及祝福的话语,通过"微信支付"进行支付,就可以发送给好友;接收方则在打开后获得相应收益,只需要将储蓄卡与微信关联,就可以在一个工作日后提现。2014年1月27日前,用户在抢红包之前,要先写上祝福,然后才可以抢。在这之后,已经改为先抢红包再发送祝福的过程。

(2) 流行迅速。自2014年1月26日悄悄上线后,微信红包迅速流行开来,其火爆程度,不亚于此前的"打飞机"小游戏。而收到红包后想要提现,就必须绑定银行卡,这样一来,绑定微信支付的用户数量大增。

腾讯数据显示,从2015年除夕开始,至初一16时,参与抢微信红包的用户超过500万,总计抢红包7 500万次以上。领取到的红包总计超过2 000万个,平均每分钟领取的红包达到9 412个。

(3) 私密机制。微信利用现有的好友关系网络,用户通常不会主动添加别人为自己的支付宝好友,只有在需要转账的时候才会添加对方信息。但是微信本身就作为日常交流的工具,其好友关系都是在平时积累,在这种情况下,人的主动传播显然更利于人群之间的互动和扩散。

(4) 红包形式。微信派发红包的形式共有两种,第一种是普通等额红包,一对一或者一对多发送;第二种更有新意,被称作"拼手气群红包",用户设定好总金额以及红包个数之后,可以生成不同金额的红包。

2. 微信红包发放步骤

(1) 在微信"通讯录"的按左上角的"添加"键,进入界面后选择"查找公众号",在搜索栏里输入"新年红包"。在搜索结果中选择那个马年红包图案并经过微信认证的公众号,然后关注。

(2) 点击"新年红包"进入发红包界面。此时有两个选择,"拼手气群红包"和"普通红包"。普通红包,就是输入一定的金额后,发给指定的人。拼手气群红包需要输入发红包的个数和总金额,在分享给微信群后,每个红包金额随机生成。

(3) 无论是拼手气群红包还是普通红包,需要填写的信息基本一致。需要注意:一是拼手气群红包的每个红包金额在0.01~200元之间随机产生,最大不超过200元;二是普通红包可以发送给不同好友,每人只能领取一次,而且好友之间不会看到对方信息。

(4) 填完红包信息你就可以点击界面上的"塞钱进红包"了。发红包功能不支持信用卡,需要绑定储蓄卡。

(5) 塞完钱就可以开始发红包了,点击界面右上角按钮,选择发送红包给你想发送的人。

注意:红包只能在朋友群里发或者单发给每个人。

案例思考:

1. 微信支付的特点是什么?
2. 微信支付与支付宝支付有什么区别?

第五章 移动电子商务

>>> 学习目标

1. 了解移动电子商务的发展过程及发展趋势，移动电子商务的组成要素。
2. 掌握移动电子商务的概念，移动电子商务的技术基础。
3. 理解移动电子商务的应用。

>>> 导入案例

手机支付

在POS刷卡机上轻轻一扫，就可完成支付，这意味着，今后出门不一定要带钱包，带手机就能逛街消费。所谓手机支付，即基于NFC（近距离无线通信）技术，把银行卡信息直接写入手机SIM卡，无须再通过银行网点或自助设备，就可直接使用手机完成账户充值、消费支付等诸多服务。银行NFC手机支付产品，已可在国内标有银联"闪付"标识的POS机上使用；还有另外一个场景，顾客按下售货机的按钮，并输入自己的手机号码，随后便可以接到移动公司传回的短信提示，再输入密码，可口可乐就从这台售货机上落下来，整个过程只用了短短几分钟，这套程序也是移动电子商务的一次实现。现在的手机购物、微信电子商务等是最普及的移动电子商务。

思考：
1. 手机支付对商务支付有何影响？
2. 手机支付在电子商务中有什么应用前景？

第一节 移动电子商务概述

一、移动电子商务

随着互联网的迅速发展，电子商务作为一种重要的商业运作方式已经给人们的生活带来了巨大的影响,但随着网络技术、通信技术的迅猛发展和相互融合,人们已经不再满足于台式计算机的连线上网,越来越多的人希望随时随地地收发电子邮件、查阅新闻、股票信息、手机支付,真正实现移动互联,这促使移动电子商务成为电子商务发展的又一个新方向。

电子商务的发展经历了萌芽、探索和调整时期,目前呈高速发展态势。今天的移动电子商务正处在20世纪90年代末电子商务所处的时代,面临的机遇众多,同时也面临着在基础设施和市场营销方面的巨大投资。移动电子商务重塑商业本质的力量对众多跃跃欲试的企业而言,蕴涵着巨大的希望,同时也意味着巨大的风险。就本质而言,移动电子商务是由供应方来驱动的,在目前阶段新的供应还没有创造出大量新的需求。因为供应方毕竟只能起到提供服务的作用,关键在于如何把技术供应方转化为移动电子商务的需求方。

(一) 移动电子商务的概念与特点

▶ 1. 移动电子商务的概念

移动电子商务是指通过手机、PDA(个人数字助理)、掌上电脑、笔记本电脑等移动通信设备与无线上网技术结合所构成的一个电子商务体系。与传统的电子商务相比,移动电子商务可以不受时间、地点的限制而获得信息和服务。随时随地的信息交流意味着需求的增加和多样化,同时也为企业带来了更多的商业机会。移动电子商务也称无线电子商务,是在无线平台上实现的电子商务。移动电子商务是电子商务的一个新的分支,同时也是电子商务的整合与扩展。

移动电子商务时代,原有电子商务的技术支撑、业务流程,以及商业应用都会发生有线向无线的扩展与完善,从这一点来说,移动电子商务是电子商务发展的高级形式。

▶ 2. 移动电子商务的特点

相对于电子商务而言,移动电子商务特点比较明显。

(1) 移动性。移动电子商务的出现意味着当用户进行电子银行操作、购买物品、下载歌曲、玩游戏时,仅需要一些移动手持设备,如PDA、手机等即可实现。作为一种变革性的技术,移动计算使人们即使没有物理连接的时候,也可以随时随地地访问信息。人们想购买某种商品时,可能会因为某些原因,如想买某样商品却没有时间没有机会去实体店购买,或看到某样商品却想多了解相关信息,这时都可借助移动电子商务来实现。移动电子商务这种"无处不在"的技术通过数据信息和资源扩大了实体空间的能力。

(2) 即时性。消费者不仅可以在移动的状态下工作、开会、旅行、社交及进行购物等活动,而且可以在移动状态下满足其即时产生的需求,获得视听信息、图文信息、定制信息和相关服务。

(3) 连通性。具有相同位置或者兴趣的用户,可以方便地通过文本消息和移动聊天的方式连接到一起,广告商可以通过这种途径促销商品,并能做出特别的提议,以期望订阅者能回答和接受它们的信息。

(4) 便携性。便携式的手持设备,大部分可以个人携带。开会时,不必局限于会议室,可以使用能连接到Internet的移动设备。不再受时间和空间的限制,如在等电话、堵车时可以通过移动电子商务应用浏览喜欢的网页及处理一些事务。用户可以通过移动终端具有的照相功能保存商品的外形、公司地址、饭店和宾馆的信息、银行细目、支付和信用卡详情,以及安全信息等,同时这些都可以在他们需要购物或者签订合同时通过移动终端进行传递和确认。

（5）基于位置的服务（位置相关性）。可以根据用户的位置来提供服务。移动通信技术可以方便地对使用者进行定位。基于位置的服务（LBS）如紧急医疗事故服务、汽车驾驶导航服务、旅游向导服务等，可以充分地发挥移动电子商务的优势。

（6）可识别性。手机有一个可嵌入的 ID 号来支持安全事务，而个人计算机是匿名的。移动设备一般是由一个单独的个体使用，通过 GPS 可以精确地识别到一个用户。在电子商务环境下，用户可以在固定网络接入的地方访问各类信息资源，很难确认用户的真实身份。由于移动通信用户所用的终端通常属于个人所有。用户的个人配置能被内置在移动设备中，而每个终端都有一个唯一的标识，因此用户的身份不但容易分辨，而且容易收集和处理。

（7）个性化。移动设备一般都是其主人来使用的，所以可以实现个性化。手机比个人计算机有更强的渗透力，所以生产者可生产更多的细分的生活方式的工具，如喜好习惯等。移动电子商务手机号码与移动电子商务主体之间存在着对应关系，这种对应性具有随身性的特点，使每个手机号码都代表着一个确定的移动电子商务主体。移动通信终端的号码在事实上成为了移动电子商务主体的商业符号，这是以往任何通信方式都不具备的一种更紧密的对应关系。

（8）基础性。由于起源不同，电子商务与移动电子商务的用户群是完全不同的。大部分早期的互联网用户是受过高等教育的计算机用户，后来互联网才慢慢地扩散到普通民众。相比之下，有数据表明，除商业移动用户外，大部分蜂窝电话用户以年轻的、教育程度较低的用户为主。使用手机的人不仅有高级白领，还有很多低学历的人士。移动电子商务的成功主要基于消费者的潜在人群数众多。

（9）成本效益。一方面，电子交易比一个人工出纳员/会计员的成本少 7 倍，这也为移动电子商务提供了巨大的潜力市场；另一方面，手机等手持设备的成本要低于 PC。

（10）安全优势。SIM 卡存储了秘密的信息可以保护用户。

尽管移动电子商务没有像很多学者几年前宣称的那样，为大众提供了空前的商业功能，但其确实是下一代计算的主要驱动力量，对很多公司来说也是产生利润的平台。

（二）移动电子商务提供主要领域服务

互联网、移动通信技术和其他技术的完善组合创造了移动电子商务，使之能够根据客户的位置和个性提供多样、快捷的服务，并能频繁地与客户互通信息，从而加强与客户的联系，并降低服务成本。通过个人移动设备来进行可靠的电子商务交易的能力被视为移动互联网业务的一个重要方面。但真正推动市场发展的却是多样的服务，目前，移动电子商务主要提供以下服务。

▶ 1. 移动银行业务

移动银行也称手机银行，是利用移动电话办理有关银行业务的简称。它可以认为是金融机构借助移动通信运营商的新技术平台开展的一种"便民业务"。使用这种业务的银行用户可使用其移动终端办理多种金融业务，使用户能随时随地在网上安全地进行个人财务管理，进一步完善互联网银行体系，突破时空限制，只需使用手机，依照屏幕提示信息，即可享受手机银行服务提供的个人理财服务，实现账户信息查询、存款账户间转账、银证转账、证券买卖、个人实盘外汇买卖、代缴费、金融信息查询等功能。

▶ 2. 交易

移动电子商务具有即时性，一般都传递一些实时变化的动态信息，如股票指数、事件通知，因此非常适合股票交易等应用。移动设备可用于接收实时财务新闻和信息，也可确认订单并安全地在线管理股票交易。

▶ 3. 订票

通过互联网预订机票、车票或入场券已经发展成为一项主要业务，其规模还在继续扩大。移动电子商务使用户能在票价优惠或航班取消时立即得到通知，还可随时支付票款或在旅行途中临时更改航班或车次。借助移动设备，用户可以浏览电影剪辑、阅读评论，订购电影院的电影票。

▶ 4. 购物

借助移动电子商务，用户能够通过移动通信设备进行网上购物，如订购鲜花、礼物、食品或快餐等。传统购物也可通过移动电子商务得到改进，例如，用户可以使用无线电子钱包等具有安全支付功能的移动设备，在商店里或自动售货机上购物。

▶ 5. 娱乐

移动电子商务将带来一系列娱乐服务。用户不仅可以利用移动设备收听音乐，还可以订购、下载特定的曲目，而且可以在网上与朋友们玩交互式游戏，还可以参加快速、安全的博彩等活动。

▶ 6. 无线医疗

无线医疗服务可以在时间紧迫的情形下，向专业医务人员提供关键的医疗信息。医疗产业十分适合移动电子商务的开展。在紧急情况下，救护车可以作为治疗的场所，而借助无线技术，救护车可以在行驶中同医疗中心和病人家属建立快速、实时的数据交换，这对每一秒钟都很宝贵的紧急情况来说至关重要。无线医疗使病人、医生、保险公司都可以获益，也会愿意为这项服务付费。

▶ 7. 移动应用服务

一些行业需要经常派遣工程师或工人到现场作业。在这些行业中，移动应用服务提供商（MASP）将有开展业务的巨大空间。移动应用服务提供商结合定位服务技术、短消息服务、无线应用协议（WAP）技术以及呼叫中心技术，为用户提供及时的服务，提高用户的工作效率。过去，现场工作人员在完成一项任务后，需要回到总部等待下一项任务。现在，现场工作人员直接用他们的手持通信设备接受工作任务，并根据所在的位置、交通的状况以及任务的紧急程度，自动安排各项工作，使用户得到更加满意的服务。

（三）移动电子商务的商业模式

▶ 1. 移动商务商业模式的内涵

成功的商务模式往往比技术更对市场有驱动力。如何寻找新的电子商务业务、找到业务后如何寻找合作伙伴、合作伙伴如何进行利益分成与分工都是移动电子商务推行是否成功的重要因素。没有一个好的商务模式，再好的技术也只能作为一种知识而不能带来现实的商务价值。

商业模式的核心是价值创造。而价值链相关理论的研究目的就是基于为客户、企业、合作伙伴创造价值，找出价值创造环节，分析价值在价值链中传递和转移过程，为企业赢得竞争优势，两者的本质和核心是统一的。价值链可以展现出具体的价值创造环节、价值的传递和实现过程，不同的商业模式可以用不同的价值链进行描述，对不同商业模式的价值链进行比较，可清晰地反映出不同商业模式间的本质区别。因而，价值链为商业模式研究提供了有效的分析框架和理论模型。另一方面，通过对价值链上价值活动进行整合和创新，可以创造出新的商业模式。

移动商务商业模式涉及产业链条的各个环节，包括运营商、互联网公司、内容提供商、软件开发商、终端设备提供商、平台提供商等，这些参考者以处于移动状态的客户为中心，以移动通信网络为依托，在一定的政府管制政策限定下开展各种活动，以实现企业自身的商业价值。

移动商务的商业模式处于不断发展和变化的过程中，正如电子商务的兴起造就了一批新型的企业，也创造了许多全新的商业模式，如亚马逊、eBay、腾讯、淘宝、易趣、阿里巴巴等，都是电子商务的新生产物。伴随移动商务的发展也将产生许多新型的移动商业模式，同时促生许多新兴的企业。这是一个全新的研究领域，成功的模式可能诞生于理论界，更有可能源于成功的商业实践。

总体来讲，商业模式是从简单、种类少到复杂、种类多变化的。移动商务模式的发展也同样如此，但在变化过程中又呈现出自身特色。

（1）内容提供商地位的变化。在移动商务模式发展过程中最大的变化莫过于从没有内容提供商的参与到内容提供商在整个商业模式中逐渐占据主要地位。现在大多数移动商务的商业模式中都少不了内容提供商参与，它们是移动商务内容和服务的来源，也是移动商务实现商业价值的根本。

（2）无线网络运营商作用的减弱。移动商务发展伊始，无线网络运营商凭借其独特的资源优势一直处于整个价值链的核心地位。然而随着其他参与者的不断壮大和移动商务模式的变化，无线网络运营商的作用明显减弱，从原来价值链的管理者逐渐回归到通信服务提供者的角色，其在移动商务中的主导地位已开始动摇。尽管如此，在现阶段而言，无线网络运营商仍处于主导地位。

（3）移动技术的引领作用。网络条件下所有的商业模式都是以信息传递为基础的，而信息传输率的大小也反过来影响商业模式的发展。移动商务模式随着技术的升级而不断扩充、完善和成熟，种类也不断多样化。

（4）产业价值链上利润模式到价值模式的转换。企业的商务活动只有与价值理念相结合，树立为顾客创造价值的观念，才能可持续性发展。从生产到消费整个就是"价值创造—价值传递—价值体验"的价值网络。在这个价值网络上，如果只顾及自身利润而不为消费者创造价值，就会失去生产的机会，进而从这个产业价值链上出局。

（5）企业互动性的增加。在移动商务模式中，首先，打破了过去对行业的界限，当手机中出现音乐、商家开始在线销售、个人在网上理财，这时已经超出了过去某个行业所辖的范畴。其次，企业与消费者之间的距离被缩短，传统的生产与消费关系发生颠覆性变化，处于价值链一端的客户力量已经可以影响到整个产业价值链上的每一种转变，移动商务企业必须考虑向服务转型，提供个人定制化的生产、个人定制化的服务，以满足客户的需求。

▶ 2. 移动商务商业模式的价值链构成要素

移动商务模式就是指在移动网络环境中基于一定技术基础的商务运作方式和赢利模式。研究和分析移动商务模式的价值链，有助于挖掘新的移动商务模式，为移动商务模式创新提供途径，也有助于企业制订特定的移动商务策略和实施步骤。

通过对移动商务价值链价值活动的详细分析，可以总结出移动商务的6类基本参与者：无线网络运营商、门户及接入服务提供商、内容及应用服务提供商、终端平台和应用程序提供商、最终用户和支持性服务提供商。

(1) 最终用户。

移动用户可以是个人或者企业级别的客户，可以是参与商务活动实现交易的用户，也可以是利用移动商务的平台来进行企业宣传广告促销的用户等，这些都属于移动用户的范畴。

(2) 内容及应用服务提供商。

内容及应用服务提供商提供原创的、对客户有价值的内容。向客户传递内容的方式有多种，可以通过 WAP 网关，也可以通过当地的移动接入商选择不同的提供方式就会产生不同的商业模式。

内容及应用服务提供商在移动商务价值链中的地位占据着越来越重要的地位，但其在与移动运营商的合作中必须要注意自身品牌的宣传，防止品牌被淡化。同时加强与内容整合商及移动门户的合作，以确保所提供的内容及服务在站点上能够被访问到。

(3) 门户及接入服务提供商（一般是移动门户网站）。

该类参与者可以提供个性化的、本地化的服务，可以根据客户个人的偏好，定制浏览的内容，减少网络的传输量。

虽然在移动商务价值链分析中已提到，移动门户对于使用者而言与互联网门户存在很多共性之处。但是针对移动商务的特性，它们之间也存在着一些根本性的差别。第一，对于移动端口，内容部分必须先得到优化才能适用于移动终端有限的屏幕。第二，移动门户所提供的内容必须保证能够传递到移动用户。

(4) 无线网络运营商。

在移动商务中运营商的角色非常重要。根据它在价值链中的位置，它的角色可以是简单的移动通信提供者，可以是媒介、移动接入商，甚至是可信赖的第三方。

通过对移动商务价值链的分析可以看出，价值链中各个参与者提供的服务和所处的产业地位有所不同。虽然近年来无线网络运营商的主导地位有所动摇，但仍然处于整个产业发展的核心。在移动商务价值链中各个参与者所创造的价值从基础网络层到应用服务层不断增值，随着移动商务的发展，无线网络运营商势必要利用其在价值链中的特殊地位对应用服务层（提供内容应用服务、门户及接入服务）进行延伸和渗透来获取更多的价值，以稳定其核心地位。

(5) 支持性服务提供商。

支持性服务提供商包括银行、物流、邮政等服务机构。有些情况下，移动网络运营商可以扮演第三方服务机构的角色来完成它的任务。比如在欧洲，运营商自己成为银行或者通过与银行合资开展预存业务的方式很常见。但在中国，移动运营商能否经营金融业务还需要相关金融政策的支持。

(6) 终端平台和应用程序提供商。

终端平台提供商包括移动终端提供商和技术平台提供商两部分。典型的移动终端设备包括移动电话、PDA、笔记本计算机及 GPS 手持机等。移动终端设备在技术方面需要满足便携性、软件适应性，支持完整的操作系统和应用软件，以及安全性的要求，能够提供身份认证、权限设置等功能。而技术平台提供商主要提供保证移动终端正常运行的操作系统平台及相关技术支持。

应用程序提供商包括应用管理系统提供商、支付系统提供商和安全组件提供商，它所开发的应用程序均要与移动终端所使用的操作系统相兼容。

第二节　移动电子商务的技术基础

无线技术的发展带动了电子商务进一步发展，传统的电子商务也开始由固定网络拓展到移动通信网络。与此同时，移动运营商、接入服务商、应用服务商等纷纷登场，构成了移动电子商务的价值链条，由此而产生的安全问题开始引起人们的关注，各种安全技术也纷纷出台。

一、移动电子商务的架构技术

移动电子技术自20世纪80年代中期以来，经历了模拟技术、数字技术、高速数据技术，即所谓的1G、2G和3G。进入3G时代，移动电子商务得到了进一步发展，所提供的服务也有了新的突破。

▶ 1. 无线网络技术

无线网络技术是移动电子商务的核心，构成了移动电子商务的技术主体。这一层主要是移动网络基础设施，也是所有移动应用的网络基础，通常所说的GPRS(2.5G)或3G都是这一层的概念。这一层通常由网络运营商负责建设、运营和维护。

我国无线网络技术正趋于完善，逐步形成了无线广域网、无线城域网、无线局域网等多种无线网络设施。中国电信、中国移动和中国联通是目前我国最主要的无线网络运营商，负责无线网络的建设及维护。

▶ 2. 中间服务层技术

中间服务层技术主要是为第三层的移动应用服务提供统一的平台。其中，内容和应用技术主要负责信息资源的包装，以及数据业务的移动技术，使内容和应用商所负责的内容能够满足移动终端设备的要求。设备提供商为无线网络及上网用户提供网络设备支持。支持性服务指上网必需的其他辅助支持技术。

▶ 3. 应用层技术

移动应用层技术由移动应用商开发和维护，为用户提供各种各样的服务。移动电子商务的应用层技术在发达国家应用较为普遍。谷歌、亚马逊等应用服务商推出的"云计算"技术已在移动电子商务领域得到广泛运用。我国的移动电子商务的应用层技术仅仅停留在移动银行、移动游戏软件等浅层应用服务层。

二、移动电子商务的主要实现技术

(一) 主要实现技术

▶ 1. 无线应用协议

无线应用协议(Wireless Application Protocol，WAP)，是由Motorola、Nokia、Ericsson和Phone.com公司最早倡导和开发的，它的提出和发展是基于在移动中接入Internet的需要。WAP是开展移动电子商务的核心技术之一，它提供了一套开放、统一的技术平台，使用户可以通过移动设备很容易地访问和获取以统一的内容格式表示的互联网或企业内部网信息和各种服务。通过WAP，手机可以随时随地、方便快捷地接入互联网，真正实现不受时间和地域约束的移动电子商务。

▶ 2. 移动IP

移动IP(Mobile IP)是由互联网工程任务小组(IETF)在1996年制定的一项开放标准。

它的设计目标是能够使移动用户在移动自己位置的同时无须中断正在进行的互联网通信。移动 IP 现在有两个版本，分别为 Mobile IPv4(RFC 3344)和 Mobile IPv6(RFC 3775)。目前移动 IP 主要使用三种隧道技术，即 IP 的 IP 封装、IP 的最小封装和通用路由封装来解决移动节点的移动性问题。

▶ 3. 蓝牙

蓝牙是由 Ericsson、IBM、Intel、Nokia 和 Toshiba 等公司于 1998 年 5 月联合推出的一项短程无线联接标准。该标准旨在取代有线连接，实现数字设备间的无线互联，以便确保大多数常见的计算机和通信设备之间可方便地进行通信。"蓝牙"作为一种低成本、低功率、小范围的无线通信技术，可以使移动电话、个人计算机、个人数字助理、便携式计算机、打印机及其他计算机设备在短距离内无须线缆即可进行通信。蓝牙支持 64kb/s 实时话音传输和数据传输，传输距离为 10~100m，其组网原则采用主从网络。

▶ 4. 无线局域网

无线局域网络（Wireless Local Area Networks，WLAN），是一种借助无线技术取代以往有线布线方式构成局域网的新手段，可提供传统有线局域网的所有功能，它支持较高的传输速率。它通常利用射频无线电或红外线，借助直接序列扩频（DSSS）或跳频扩频（FHSS）、GMSK、OFDM 和 UWBT 等技术实现固定、半移动及移动的网络终端对互联网进行较远距离的高速连接访问。1997 年 6 月，IEEE 推出了 802.11 标准，开创了 WLAN 先河；目前，WLAN 主要有 IEEE802.11x 与 HiperLAN/x 两种系列标准。

▶ 5. 通用分组无线业务

通用分组无线服务（General Packet Radio Service，GPRS），是欧洲电信标准化协会（ETSI）在 GSM 系统的基础上制定的一套移动数据通信技术标准。它利用"包交换"的概念所发展出一套无线传输方式。GPRS 是 2.5 代移动通信系统。GPRS 具有数据传输率高、永远在线和仅按数据流量计费的特点，目前得到较广泛的使用。

▶ 6. 第三代移动通信技术

第三代数字通信（3rd Generation，3G），是由卫星移动通信网和地面移动通信网所组成，支持高速移动环境，提供语音、数据和多媒体等多种业务的先进移动通信网。国际电联（ITU）原本是要把世界上的所有无线移动通信标准在 2000 年左右统一为全球统一的技术格式。但是由于各种经济和政治的原因，最终形成了三个技术标准即欧洲的 WCDMA、美国的 CDMA2000 和中国的 TD-SCDMA(时分-同步码分多址接入)。TD-SCDMA 是由中国原邮电部电信科学技术研究院（现大唐电信科技股份有限公司）第一次提出并在无线传输技术（RTT）的基础上与国际合作完成的，相对于其他两个标准 TD-SCDMA 具有频谱利用率高、系统容量大、建网成本低和高效支持数据业务等优势。

第一代模拟移动通信系统不能提供非话音业务，语音传输质量不高。第二代移动通信系统采用数字调制技术，可以支持话音业务，也可以支持低速数据业务。随着无线用户的增长以及无线数据业务的迅速增加，GSM 推出了一种移动数据业务，即通用分组无线业务（GPRS）。GPRS(2.5G)在 GSM 电路中叠加一个基于分组的无线接口，提供 115kb/s 速率的分组数据业务，以快速接入数据网络。但是 115kb/s 的接入速率是一种理想的情况，在实际应用中，由于多种因素的影响，速率一般为 20kb/s 左右，比理论速度慢得多。

第三代移动通信系统采用频分双工（FDD）模式和时分双工（TDD）模式。FDD 模式支持对称业务，移动速度能达到500km/h。FDD模式利用分离的两个对称频率信道，进行信息接收和传送，采用包交换等技术，实现高速数据业务。TDD模式支持非对称的分组交换业务和速率高达2Mb/s的互联网业务，移动速度能达到120km/h。TDD模式不需要成对的频率，上下行链路的业务可以共享一个信道，允许在同一个无线电载波上交替地进行上下行链路传输，适合非对称分组交换业务的传输。3G在无线数据传输方面的性能指标已经达到传输多媒体业务的速率要求，它们能实现在高速移动环境中支持速率为144kb/s的业务，步行慢速移动环境中支持速率为384kb/s的业务，室内环境支持速率达2Mb/s的业务，完全能够满足信息交互、娱乐等移动电子商务业务的运行，对于开拓业务范围、提高服务水平提供了理想的平台，大大拓展了增值业务的空间。

例如，在票务系统的开发中，依托3G传输速度的优势，在传统订票业务的基础上可拓展更高质量的服务。如电影院、餐饮的移动订票订位服务系统，用户可通过手机实时查看座位预定情况，直接预定需要的座位；机票订票系统中可通过无线通信实现航班查询、预定电子客票和办理登机牌的功能。

（二）可靠的信息安全性保证现代移动电子商务应用

安全是电子商务推进过程中最被用户关注的问题，移动电子商务信息的安全性主要体现在业务信息的保密性和身份认证两个方面。

▶ **1. 保密性是电子商务全面推广应用的重要屏障**

第一代模拟移动通信系统几乎没有采用任何保密措施，用户的信息是以明文传递的。第二代移动通信系统中，在保密性方面有了较大的改进，采用了密钥分配和加密等密码技术，用户信息以密文的方式传递，但仍然存在三个方面的缺陷。

（1）加密机制基于基站，只对空中接口部分进行加密，而网络内和网间链路上仍然采用明文传输。

（2）密钥长度较短，只有64b。

（3）没有考虑数据完整性保护。

第三代移动通信系统克服了第二代移动通信系统的不足，并针对3G系统的新特性，定义了更加完善的安全特性与安全服务。3G系统在改进算法的同时把密钥长度增加到128b，还把3GPP接入链路数据加密延伸至无线接入控制器(RNC)，既提供了接入链路信令数据的完整性保护，还向用户提供了可随时查看自己所用的安全模式及安全级别的安全可视性操作。

3G在保密性能方面的提高为移动电子商务实时支付等功能的发展奠定了基础，为手机直接小额支付和以手机为媒介进行银行卡消费创造了条件。例如，重庆市推出的"长江掌中行手机钱包"将手机SIM卡和银行卡账号进行捆绑，当市民在商场、超市、餐饮娱乐场所等进行消费或乘坐轻轨买票时，只要拿出手机在POS机上轻轻一扫，即刻完成支付，手机同时接收到此次消费的信息记录。

▶ **2. 身份认证是保障移动电子商务中个性化、便捷化的重要条件**

第一代模拟移动通信系统中用户身份鉴别非常简单，攻击者只要截获了电子序列号(MIN)和移动台识别号(ESN)就可以很容易克隆手机。第二代移动通信系统中虽采用了身份认证，但采用的是单方面认证机制，用户无法实现对网络进行认证，同时用户身份识别(IMSI)以明文形式在网络传送，因此非法的设备(如伪基站)可以伪装成合法的网络成员，从而欺骗用户，窃取用户的信息。3G系统则提供了双向认证机制，不但网络可以对用户进行身份认证，而且用户可以对网络进行身份认证，同时 3G 采用增强的用户身份机密（EUIC），通过归宿网络内的用户身份解密节点（UIDN）对移动业务身份识别模块进行认证。

3G 提供了更完善的身份认证体系，双向认证的引入更进一步保障了用户使用的安全性，有效地防范了虚假网站，而且对移动电话用户身份的有效识别为移动电子商务业务开展创造了条件。由于手机识别码（IMSI）的唯一性，在可靠的身份识别系统的支持下，使手机作为移动电子商务成功的交易凭证成为可能。例如，在门票系统中使用手机作为购票工具和支付手段，交易成功后以手机作为检票依据，实现多用户同步交易和快速通过，将大大提高工作的效率。

综上所述，3G 技术的发展为移动电子商务在传输速度、传输质量、安全性能等方面提供了良好的技术保障，为提高移动电子商务的服务质量，开拓增值业务创造了条件。随着 3G 技术广泛使用，建立在 3G 平台上的移动电子商务将具有巨大的应用前景。

三、移动电子商务的应用技术

▶ 1. 定位系统技术

定位系统可通过卫星定位和无线通信基站定位实现，两者可单独使用也可结合使用，互有优势。物流在运输过程中涉及货物运输、仓储、装卸、送递等环节，而各个环节中涉及的运输路线选择、运输车辆调度、投递路线选择等都可以通过定位系统的导航、车辆跟踪、信息查询等功能实现。这无疑将有助于配送企业有效地利用现有资源、降低消耗、提高效率。

▶ 2. 条码技术

条码技术是在计算机应用实践中产生和发展起来的一种自动识别技术，可以实现对信息的自动扫描。条码有专门的物流条码，在商品从生产厂家到运输、交换的整个物流过程中可以通过物流条码来实现数据共享，从而使信息的传递更加方便。

利用条码技术，企业可以对物流信息进行采集和跟踪管理，从而满足企业针对物料准备、生产制造、仓储运输、市场销售、售后服务、质量控制等方面的信息管理需求。

▶ 3. 射频技术

射频识别（radio frequency identification，RFID）技术是一种非接触式的自动识别技术。常称为感应式电子晶片或感应卡、非接触卡、电子标签、电子条码等，常用于物流过程中的货物追踪、信息自动采集、仓储应用、港口应用、邮政、快递等。信息的准确性和及时性是物流的关键，这恰恰是射频识别技术最突出的优点之一。

沃尔玛 100 家供应商 2005 年之前就实现了向配送中心发送货盘和包装箱时使用射频识别技术，例如，宝洁公司在应用了射频识别 RFID 后，年销售额大幅度增长。

四、推动移动电子商务发展的技术因素

移动电子商务同传统电子商务的主要区别就是无线网络的应用，而正是无线数据通信技术的快速发展，推动了移动电子商务的迅猛发展。从技术的角度看，推动移动电子商务发展的因素主要有以下三个。

▶ 1. 无线应用协议的推出

如何将互联网的丰富信息及先进的业务引入到移动电话等无线终端设备当中，是实现移动电子商务需要解决的第一个问题。无线应用协议（WAP）的出现，很好地解决了这个问题。无线应用协议（WAP）的出现使移动互联网有了一个通行的标准，使移动电话等无线终端设备接入互联网成为了可能。

2. 无线接入技术的快速发展

早期无线接入技术如 GSM、TDMA 和 CDMA 数据传输速率很低，不适于互联网接入。而近年来得到广泛使用的通用分组无线服务（GPRS）等接入技术，大大提高了无线数据传输速率。目前，世界各国大力推广的第三代移动通信技术（3G），不仅可以克服传统无线接入方式传输速率方面的缺陷，而且还可以支持宽带多媒体数据传输，这将缩小有线和无线接入的差距，必将进一步推动移动电子商务的发展。

3. 移动终端技术的日趋成熟

移动终端技术本质上是一种结合手持硬件、无线宽带网络与移动应用软件的总称。目前市面上各种个人数码助理、智能手机已经随处可见，各种移动智能终端设备不断推陈出新，移动终端用户也不断攀升。这不仅给消费者使用移动终端进行电子商务提供可能，而且在数量上大大超过互联网用户的移动终端用户更是为移动电子商务提供了巨大的市场。

五、移动电子商务应用主要存在的威胁

1. 无线网络的安全威胁

无线通信网络可以实现不受时间地理环境的限制，给无线用户带来通信自由和灵活性的同时也带来了诸多不安全因素，如通信内容容易被窃听威胁、网路漫游的威胁、针对无线通信标准的攻击、窃取用户的合法身份、对数据完整性的威胁。

2. 移动终端面临的安全威胁

移动终端的安全威胁比较复杂。由于移动终端的移动性，移动终端很容易被破坏或者丢失，势必造成安全影响，甚或安全威胁。更由于移动终端的持有者和网络终端的所有者一般情况下分属于不同的实体，因此，它们尽管都属于终端的范畴，但是它们所面临的安全威胁是不尽相同的。概括起来，移动终端的安全威胁主要包括如下方面：移动终端设备的物理安全、移动终端被攻击和数据破坏、SIM 卡被复制、RFID 被解密，以及在线终端容易被攻击。

3. 软件病毒造成的安全威胁

自从世界上第一个针对 Symbian 操作系统的手机软件病毒出现，移动终端就已经面临了严峻的安全威胁。况且，手机软件病毒呈加速增长的趋势，每个星期至少有一款新的手机病毒产生，这就加重了这种安全威胁。

4. 商家欺诈行为造成的安全威胁

在移动商务中，消费者对于产品的了解只能通过图片和文字的简单说明进行了解和判断，这就使消费者对商品的产地、规格、原材料来源、成分等真实情况缺乏全面、深入的了解。这种交易双方的信息不对称，现实中消费者购买的商品与广告的信息不符，这种虚假广告对消费者的欺诈行为，我国移动商务中的售后服务滞后，一旦消费者要向商家退货或索赔，商务网站需要提供该经营者的详细信息资料，但商务网站常常以商业秘密为由拒绝提供。

5. 移动商务平台运营管理漏洞造成的安全威胁

随着移动商务的发展，移动商务平台林立。大量移动运营平台如何管理、如何进行安全等级划分、如何确保安全运营，还普遍缺少经验。移动商务平台设计和建设中做出的一些技术控制和程序控制的安全思考，急需要在运营实践中进行修正和完善，更需要把技术性安全措施和运营管理中的安全措施，交易中的安全警示和安全思考进行整合，以形成一个整合的、增值的移动商务安全运营和防御战略，确保使用者免受安全威胁。

▶ 6. 移动商务应用主体缺乏安全思考面临的安全威胁

随着移动电子商务的发展，2.5G 向 3G 的移植和提升，大量实测性项目进入试应用或试运营阶段。移动商务的应用会更加便捷，应用范围会进一步扩大。但是相当多的移动商务应用主体缺少安全防范意识和安全使用意识。概括起来，存在着"五个缺少"。

（1）缺少对移动终端的安全性使用、运营和管理意识。

（2）缺少进行移动商务运作中的安全性、警示性思考。

（3）缺少进行移动商务前的系统性安全教育。

（4）缺少前瞻性、安全性防范知识和防范措施。

（5）缺少对移动商务数据安全备份、恢复以及对非法入侵者的追踪、取证等法律思考。

▶ 7. 应用层威胁

2000 年以前，当我们谈及网络安全的时候，还主要指防火墙，因为那时候的安全还主要以网络层的访问控制为主。的确，防火墙就像一个防盗门，给了我们基本的安全防护。但是，防火墙也不能阻挡今天的网络威胁的传播。今天的网络安全现状和 2000 年以前相比，已经发生了很大的改变，我们已经进入了一个"应用层威胁"泛滥的时代。

五、移动电子商务应用安全保障技术

▶ 1. 安全认证

安全认证的目的有两个：一是验证信息发送者的真实性，即不是冒充的；二是验证信息的完整性，即验证信息在传送或存储过程中未被篡改、重放等。

▶ 2. 信誉系统

信誉系统的作用是增进电子商务环境中陌生者之间的信任。信誉系统可以帮助人们明确某个人是否可信，激励每个人都采取诚实守信的行动，还可以阻止欺诈团伙参与到交易活动中来。

▶ 3. 加密技术

加密是防止信息在传输过程中被泄露和篡改的一项重要技术。加密主要采用数学方法对原始信息进行再组织，使得加密后的内容对于非法接收者来说毫无意义，而对于合法的接收者，因为其掌握正确的密钥，可以通过解密过程得到原始信息内容。主流的加密技术有 SSL（安全套接层）、SET（协议）、WEP（有线等效加密）等，它们是目前保障电子商务信息安全的基础。

第三节 移动电子商务的应用

第二代移动通信系统不足以支撑移动电子商务的应用和发展。本文仅对第三代移动通信系统的传输速度、QoS、信息安全等方面的关键技术进行了论述，对移动电子商务中的具体应用进行介绍。

随着互联网的普及与发展，建立在互联网基础上的电子商务逐渐被人们接受并给人们的生活带来重大的影响。但随着数字技术与网络技术的结合，以及互联网与移动通信的融合发展，人们已不再仅仅满足于依托固定通信线路的电子商务运作方式，而希望能实现"任何人在任何地点、任何时间可以进行任何形式的"电子商务活动，因此主要依托移动电话和移动互联网的移动电子商务具有广阔的应用前景。

一、移动电子商务应用的类型

按照应用主体可将移动电子商务应用分成面向个人的应用和面向企业的应用。其中，面向个人的应用主要提供娱乐和资讯业务，包括移动即时通信、移动搜索、移动支付、移动音乐等；面向企业的应用则主要是商务应用，是将企业作为移动电子商务应用的用户时使用的服务，如移动广告、移动营销、移动MIS等。

(一) 面向个人的移动电子商务应用

面向个人的移动商务应用主要是提供娱乐、沟通和信息服务，多属于B2C模式，这类应用是目前应用最广泛的移动商务内容，可以进一步分为如下类型。

▶ 1. 直接的商业应用

通过直接的交易活动为移动用户提供的服务，这类服务又包括数字产品服务(如游戏、MP3和电子书籍的下载等)、有形商品的服务(如电子元件、书籍、光盘和鲜花的销售等)以及信息类服务(如移动电子邮件、移动银行、移动购票服务等)。以移动电子邮件业务为例，它使用户通过手持终端在任何时间、任何地点通过移动网络的分组数据功能收发电子邮件，是一项利用Push技术将E-mail直接可以如同短信一样推送到终端上的服务。

(1) 移动支付。移动金融应用是移动电子商务应用中最为重要的一种，又包括若干应用，如移动银行、经纪人业务、移动资金转移业务和移动支付业务等。

(2) 移动电子邮件。WAP电子邮件系统又不够人性化。因此，在移动网络运营商开始关注移动电子邮件，并希望赢得商务用户的大背景下，以黑莓为代表的新型移动电子邮件系统进入了移动网络运营商的视野。

(3) 移动音乐。移动音乐，又叫无线音乐，就是通过移动通信网络下载音乐并在手机上播放的一类服务。

(4) 移动即时通信。移动即时通信服务是在传统的基于Web通信系统的基础上，把手机的短信和手机移动互联网完美地结合起来，使用户通过手机终端，也能够方便地与他人以短信、移动互联网来进行即时的信息交流。它突破了传统Web界限，把即时信息转移到移动互联网上面，同时用户通过短消息或移动互联网，实现更即时的交流，现在比较流行的移动通信软件有腾讯手机QQ等。

▶ 2. 直接的中介应用

中介应用是指通过间接方式为用户提供的服务。例如，股票中介商可以用Push或者Pull的方式将那些实时变化的股票信息实时地传送到移动用户的终端上，新闻媒体可以将每天早晨7：30的天气预报和交通路况以标题新闻的形式发送给客户。

(二) 面向企业的移动电子商务应用

企业移动电子商务的应用，最普及的方式是企业短信。目前企业短信的应用大致可分为三个层次：第一个层次是以纯粹的短信群发为主，为企业提供促销、广告等消息群发服务；第二个层次是把企业短信应用上升到具体的解决方案，在功能上进行了一定的定位和扩展；第三个层次是把企业短信应用与企业管理信息系统相联系，向复杂的应用系统延伸。在对未来企业移动应用的主要系统调查中，以CRM、ERP为代表的复杂纵向MIS应用将成为企业移动应用的主要领域。

面向企业的移动电子商务具体应用主要包括以下几个方面。

▶ 1. 移动信息服务

移动信息服务是移动电子商务应用的主要方式之一，其应用十分广泛，正由通用服务向企业商务活动和业务管理的广阔领域扩展，如短信服务已经介入到企业办公、银证、交通、教育、社保等众多领域。

▶ 2. 移动营销

移动营销是使用无线技术为客户提供独特的个性化服务，无线移动营销更改了传统的营销活动策略，以符合移动客户和无线设备的需求。无线营销可分为推战略、拉战略或者两者兼而有之。

▶ 3. 移动广告

移动营销无疑是移动商务企业应用中最具潜力的服务，而移动广告则是移动营销中最具普及和实用的应用。中国移动获得了 2008 年奥运会的广告特权，在运营商的推动下，移动广告市场，尤其是移动互联网广告市场将得到迅速的发展。比起电视、广播和互联网广告来说，移动广告是一种非常复杂的广告形式。由于手机本身及其所采用的传输工艺存在差异，导致无线移动广告的派送五花八门。移动广告的成功实现需要内容提供商、广告客户和媒体建立一个系统。该系统能在正确的时间、正确的位置将广告展现在客户面前。

▶ 4. 其他信息应用

其他的信息应用包括通过 Push 的方式为用户提供个性化的信息，其中有的信息服务可能是对位置要求比较高的，如旅游服务，包括风景名胜的通知、交通服务、宾馆服务、天气预报等，以及移动黄页，即根据用户的需求，提供附近基本设施的情况等信息。

目前，中国移动电子商务领域个人应用业务的几大热点包括即时通信、移动电子邮件、移动支付、移动搜索、移动股市等。

二、移动电子商务的行业应用

（一）移动娱乐

娱乐是人类生活不可缺少的一部分，娱乐的内容随着时代的变化而发展。移动电子商务时代娱乐的内容和方式均得到了进一步的扩展，同时随着 3G 技术的应用，移动电子娱乐已经显现出与传统的计算机游戏、电视游戏和网络游戏并驾齐驱的趋势。

▶ 1. 移动电子娱乐的内容种类繁多

移动电子娱乐的内容丰富多彩，涵盖了移动沟通为主、信息为主，以及纯娱乐服务的多种形式。

（1）移动沟通服务的典型应用如移动 QQ 等移动短消息。

（2）移动信息服务的典型应用如短信天气预报、手机广播等。

（3）纯娱乐服务则是目前移动电子娱乐的重头戏，也是移动产业的主要收入来源之一，其中的移动游戏、移动音乐、移动彩铃和铃声、移动电视业务等也因为能够为移动运营商、服务商和内容提供商带来附加业务收入，将成为下一次移动业务的增长点。

▶ 2. 移动电子娱乐的接入方式趋向简单

传统的娱乐方式受场所和设备的约束。移动电子商务时代，电子娱乐的方式趋向简单，目前主要的接入方式为手机接入，其操作方式简单，同时不受时间和空间的限制，成为未来娱乐的发展方向。

（二）移动办公

移动办公又称为无线办公，即无论何时何地，用户都可以利用手机等移动终端设备，通过多种方式与企业的办公系统进行连接，从而将公司的内部局域网扩大成为安全的广域网，实现移动办公。目前，移动办公的设备主要包括手机、笔记本电脑和个人数字助理，移动办公的实现方式主要有以下几种。

（1）通过短信实现邮件提醒服务。
（2）通过WAP服务浏览详细公文、邮件内容。
（3）通过无线局域网实现在公司内部的移动办公。
（4）采用会议通，实现随时随地召开内部会议。
（5）通过虚拟拨号专用，远程访问内部办公网络。

（三）移动服务

▶ 1. 移动金融业务

（1）移动电子商务使用户能随时随地在网上安全地进行个人财务管理，也可以使用其移动终端核查账户、支付账单、进行转账，以及接收付款通知等。

（2）移动电子商务的即时性非常适用于股票等交易应用，另外移动设备可用于接收实时财务新闻和信息，也可确认订单并安全地在线管理股票交易。

▶ 2. 移动购物

（1）借助移动电子商务，用户能够通过其移动通信设备进行网上购物，如订购鲜花、礼物、食品或快餐等。传统购物也可通过移动电子商务得到改进，例如，用户可以使用"无线电子钱包"等具有安全支付功能的移动设备，在商店里或自动售货机上进行购物。

（2）通过互联网预订机票、车票或入场券已经发展成为移动电子商务的一项主要业务，其规模还在继续扩大。移动电子商务使用户能在票价优惠或航班取消时立即得到通知，也可支付票费或在旅行途中临时更改航班或车次。借助移动设备，用户还可以浏览电影剪辑、阅读评论，然后订购邻近电影院的电影票。

▶ 3. 无线医疗

医疗产业的显著特点是每一秒钟对病人都非常关键，这一行业十分适合移动电子商务的开展。在紧急情况下，救护车可以作为进行治疗的场所，而借助无线技术，救护车可以在移动的情况下同医疗中心和病人家属建立快速、动态、实时的数据交换，这对每一秒钟都很宝贵的紧急情况来说至关重要。

第四节　移动电子商务环境分析

一、影响移动电商发展的外环境因素

▶ 1. 网速

目前移动互联网还处于初期发展阶段，移动互联网的网速是制约移动电商发展的一个因素。通常情况下多数移动网民都处在没有无线网络，只能通过手机流量上网的环境下，这种条件下手机网速严重影响了用户浏览商品页面的效率。如果打开每个页面都有几秒钟的时间缓冲，那这样的条件下根本不适合用户使用移动电商 APP 挑选商品。

▶ 2. 流量

另外一个制约移动电商发展的外环境因素就是电信运营商对流量的限制。目前手机上网都采用流量包月套餐，虽然中国电信、中国移动、中国联通三大电信运营商推出了从 10G 到 100G 不等的大流量套餐，但总体而言，这些大流量套餐价格都不低。

▶ 3. 移动终端

移动终端的配置也是影响移动电商发展的一个重要因素。虽然现在智能手机与平板电脑的价格都在不断下降，但是适合移动电商发展的移动终端设备的普及尚需一段时间（平板电脑不是普通人的生活必需品，所以暂不讨论平板电脑对移动电商的影响）。目前大部分普通用户的智能手机配置相对还比较低，低配置智能手机的分辨率、运行速度、系统稳定性等因素都严重影响着移动电商的用户体验。

二、影响移动电商发展的内环境因素

▶ 1. 移动支付

没有移动支付就无法完成移动电商交易，所以移动支付是影响移动电商发展的首要问题。目前移动支付还处于初期发展阶段，不同的利益集体对移动支付的建设有着不同的打算，现在的移动支付市场还比较混乱，待国家统一移动支付标准之后将会加速移动支付的发展。

▶ 2. 信息安全

移动电商涉及金钱交易，凡是涉及金钱交易的事情，消费者都会很敏感，目前移动互联网的安全问题仍然有待提高。随着移动互联网的发展，很多不法分子已经开始把目光转移到移动互联网上，恶意软件与手机病毒越来越多，移动电商想要发展一定要有能力保护好用户的信息安全。

▶ 3. 消费者认知

移动电商才刚刚起步，消费者对移动电商的认知仍需一段时间的培养。传统电商的发展也是经历了缓慢的消费认知过程，移动电商同样需要一个消费认知过程，只是消费者在有传统互联网电商的认知下，可以更快地接受移动电商这一新的购物方式。

▶ 4. 商品选择

就像不是所有商品都适合在传统电商上销售的道理一样，也并不是所有商品都适合在移动电商上出售。由于智能手机屏幕大小等客观因素的限制，很多商品无法通过移动电商了解得很清楚，尤其是 3C、家电这类高单价的商品。消费者在购买这类商品时需要经过谨慎的对比思考，最后才能下决策，很显然移动电商不适合出售这类商品。移动电商需要主推那些适合在移动终端上出售的商品，选择商品是移动电商的重要课题。

▶ 5. 用户体验

传统电商交易与移动电商交易是在不同的硬件终端上进行的，不同终端的用户体验完全不同。传统电商的功能在日臻完善，而移动电商还有很多问题需要解决。消费者已经习惯了传统电商的操作方式，对于移动电商的操作方式仍需时间慢慢体验。

6. 产品功能

移动电商的用户体验取决于产品功能的设置,而移动电商的产品功能还有很多地方需要完善。例如,传统电商是在 PC 机浏览器进行查看商品信息,购买商品等操作过程的,而移动电商多是通过移动电商 APP 进行商品查看与交易的。在 PC 机浏览器上购物时可以同时打开多个商品页面,然后根据自己的喜好对商品进行比较,最终做出购买选择,但在移动 APP 上这个功能就差很多。

第五节 移动电子商务的发展过程及发展趋势

一、移动电子商务的发展

(一)移动商务前时代

在人类几千年的贸易实践中,人们总是及时地利用新出现的工具和技术,工具的使用先后经历了几个显著的阶段。

1. 传统贸易时代

传统贸易时代各种电子化工具的使用,如印刷术、蒸汽机和电话等,这些工具的使用改变了人们的交易方式。

2. 互联网初期

互联网初期,电子数据交换(EDI)电子商务方式的采用。20 世纪 90 年代,随着电子数据交换电子商务技术的成熟,电子数据交换电子商务也得到了较大的发展。众多的银行、航空公司、大型企业等纷纷建立自己的电子数据交换系统。但是电子数据交换电子商务是建立在大量功能单一的专用软硬件设施基础上,具有很大的技术局限性,使得大多数的中小企业难于应用,因此在全世界范围内得不到普及和发展。

3. 网络化和全球化时代

随着互联网和计算机网络技术的蓬勃发展,网络化和全球化已成为不可抗拒的世界潮流,应用互联网开展电子商务业务开始具备实用的条件,电子商务时代不可避免地到来。

电子商务是一场革命,它打破了时空的局限,彻底改变了人们的生活方式,同时也改变了贸易形式,使企业可以进行连锁交易。

4. 移动电子商务时代

移动通信技术的成熟和广泛商业化的应用,功能强大、价格便宜的移动通信终端的普及,同时,交通工具日益发达,市场竞争与经济全球化不断加剧,必然产生移动通信的需求。这些都是促使移动电子商务兴起的原因。

移动电子商务的发展经历了三代,第一代移动商务系统是以短信为基础的访问技术。这种技术存在着许多严重缺陷,其中最严重的问题是实时性较差,查询请求不能立即得到回答。第二代移动商务系统采用基于 WAP 技术的方式,手机主要通过浏览器的方式来访问 WAP 网页,实现信息的查询,部分地解决了第一代移动访问技术的问题。但第二代移动访问技术 WAP,网页访问交互能力极差,限制了移动电子商务系统的灵活性和方便性。第三代移动电子商务即 3G 移动电子商务,它融合了 3G 移动技术、智能移动终端、增值网络、身份认证及网络服务等多种移动通信,为现代商务的发展提供了丰富多彩的通信方式和内容。

二、制约移动电子商务发展的问题及对策

(一)移动电子商务发展中存在的问题

移动电子商务迅速发展的同时在下列几个方面还存在一些问题,须予以高度重视,并在实践中加以解决。

▶ 1. 安全性

与传统的电子商务模式相比,移动电子商务的安全性更加脆弱,如何保护用户的合法信息(账户、密码等)不受侵犯是一项迫切需要解决的问题。除此之外,目前中国还应解决好电子支付系统、商品配送系统等的安全问题。可以采取的方法是吸收传统电子商务的安全防范措施,并根据移动电子商务的特点,开发轻便高效的安全协议,如面向应用层的加密(如电子签名)和简化的 IPSEC 协议等。

▶ 2. 无线信道资源短缺、质量较差

与有线系统相比,对无线频谱和功率的限制使无线系统的带宽较小、带宽成本较高,同时分组交换的发展使得信道变为共享,时延较大。而且,无线连接可靠性较低,超出覆盖区服务则被拒绝接入。所以服务提供商应优化网络带宽的使用,同时增加网络容量,以提供更加可靠的服务。

▶ 3. 提供面向用户的各种业务

就目前的应用情况来看,移动电子商务的应用主要集中于获取信息、订票、炒股等个人应用,缺乏更多、更具吸引力的应用,这无疑将制约移动电子商务的发展。

▶ 4. 移动终端的设计

为了吸引更多的人参与移动电子商务活动,必须提供方便可靠和具备多种功能的移动设备。基于 WAP 的应用必须比个人计算机易于操作(如电话那样),无线设备采用 WAP,仅允许提高较少的成本,这使得设备的成本和实现复杂性较高。

▶ 5. 社会环境的制约

当前国内市场机制还不规范,电子商务的商业运作环境还不够完善,缺乏必要的信用保障体系,从而影响了人们利用移动电子商务的积极性。同时,国内企业的信息化基础比较薄弱,人们的消费观念还比较保守,这也在很大程度上限制了移动电子商务的发展。另外,移动电子商务涉及一系列行业(如移动设备制造商、移动网络运营商和移动服务提供商等)经济利益的分配和重组,因而移动电子商务要展现辉煌还需要经历一段过渡时期。

▶ 6. 相应法律法规不健全

移动电子商务是虚拟网络环境中的交易模式,比传统交易模式更需要法律法规来规范其发展。我国关于电子商务方面的立法与一些发达国家比较滞后,近几年我国也相继出台了保证电子商务发展的法律法规,2005 年 4 月 1 日《中华人民共和国电子签名法》正式实施,中国人民银行公布《电子支付指引(征求意见稿)》,但是面对蓬勃发展的移动电子商务,这些明显不足。我国移动电子商务刚刚起步,在立法方面应该针对在实践中暴露出来的问题,借鉴发达国家和国际组织的经验,用有效的法律保证移动电子商务能按照其自身规律快速健康发展。

(二) 推动移动电子商务发展的因素

电子商务是网络技术与通信技术在商务领域中的应用,是未来企业参与国际市场竞争的有效工具。电子商务代表新的经济增长点、有着广泛的市场前景,但它的推广和发展不可能是一帆风顺的,也会存在一些困难和问题。

从我国目前的经济发展水平和企业的经营状况看,电子商务是机遇与挑战并存,而且挑战大于机遇。为了推动电子商务在我国的健康发展,我们应该积极应对。

▶ 1. 转变观念,迎接网络时代的挑战

我们应该充分利用各种手段,大力宣传网络和信息在未来竞争中的重要作用,促进居民和企业转变观念,重视网络贸易的发展,构筑推进网络贸易发展的舆论环境。

▶ 2. 通过行政干预、免税、降价等策略,扩大电子商务需求

发展电子商务,当务之急是扩大电子商务的需求。为此,我们可参照国内外的一些经验,如采用类似国外的一些电子商务的减免税、降价、行政干预等举措,则可大大扩大我国电子商务的需求,开拓市场,从而可进一步促进我国电子商务的发展。

▶ 3. 推广关键技术,充分发挥网络优势

我国应充分利用和发挥现有的网络资源,尽量扩大网络流量,规范交易信息实施产品或行业标准,组织建设虚拟商厦,力争商业信息在数量、质量和表现形式上能上一个台阶。一些技术条件好的企业应积极参与电子商务的开发和推广应用。政府应鼓励、支持电子商务中介服务机构的发展,对于电子货币的安全性、商务的安全性,政府部门应利用投资研发、科研攻关、技术与产品引进等途径来解决。

▶ 4. 加强对电子商务的研究,规范电子商务的发展

网络贸易是一种全新的商业领域,具有广阔的发展前景,但同时也带来了不少新的问题,如交易的安全性、网络贸易的征免税、知识产权的保护、电子合同的有效性及纠纷的处理等。这些问题的解决直接影响到网络贸易的发展,而且由于网络贸易的发展速度很快,业务方式没有最终定型,在其发展过程中既有本身的新进展,又与现有体制的冲突,这给规范网络贸易的发展带来一定的困难。因此,必须对市场的发展保持高度的敏感,加强对网络贸易的研究,制定和完善相应的政策、标准、法律和法规,保护和规范网络贸易在我国的健康发展。

三、移动电子商务的发展趋势

第43次《中国互联网络发展状况统计报告》显示,截至2018年12月,手机网民规模达8.17亿,全年新增手机网民6 433万。网民使用手机上网的比例达98.6%,使用台式电脑、笔记本电脑上网的比例分别为48.0%和35.9%,使用电视上网的比例为31.1%。

智能终端的普及、网络设施的建设,为移动电子商务的快速发展提供了坚实的技术平台基础,推动着移动电子商务向便捷化趋势发展。开展移动电子商务,首先要从技术上保障速度与安全。一方面,移动电子设备的广泛应用为移动电子商务的发展提供了强大动力。与传统PC端电子商务相比,移动电子商务方便快捷,约束条件少,弥补了传统电子商务的不足。另一方面,移动电子商务的安全性成为人们注意的热点。在开展移动电子商务的过程中,存在着消费者信息泄露等不安全性因素,保障移动电子商务安全成为移动电子商务发展的重要趋势。

移动电子商务的应用不断创新，为移动电子商务的发展提供了完备的应用基础，推动着移动电子商务向企业应用化与产业配套化趋势发展。一方面，企业作为市场经济的主体，逐步认识到移动电子商务在企业经营与管理方面的重要性，利用移动电子商务，建立移动互联网应用平台，扩展企业信息系统的可访问范围，优化企业数据采集和信息传递流程，实现远距离客户关系维护、销售管理及其他日常运行工作，实现由"传统互联网"向"移动互联网"的跨越转变，从而提高业务效率和服务水平。另一方面，移动电子商务产业链整合将不断深入，移动电子商务的合作形式将从最初的上下游线链状形态逐渐变更为多条产业链为主体、多层次网状协作的较完整的产业链形态，不同的参与主体在产业链中都可找到合适的角色与定位，从而创新移动电子商务模式，实现资源的合理配置与组合。

▶ 1. 企业应用将成为移动电子商务领域的热点

做互联网行业的人都深有体会，面向企业用户的服务和应用是可以快速赚钱的业务，但一般来说成长性不会特别大，不会呈几何级数增长；而面向个人用户的服务和应用则正好相反，虽然不能很快赚到钱，但只要业务对路，则很有可能做成一个大生意。同理，移动电子商务的快速发展，必须是基于企业应用的成熟。企业应用的稳定性强、消费力大，这些特点个人用户无法与之比拟。而移动电子商务的业务范畴中，有许多业务类型可以让企业用户在收入和提高工作效率上得到很大帮助。企业应用的快速发展，将会成为推动移动电子商务的最主要力量之一。

▶ 2. 获取信息将成为移动电子商务的主要应用

互联网公司的通常做法是在主营业务的周围会有一系列的辅助应用，在移动电子商务中，虽然主要目的是交易，但是实际上在业务使用过程当中，信息的获取对于带动交易的发生或是间接引起交易是有非常大的作用的，例如，用户可以利用手机通过信息、邮件、标签读取等方式，获取股票行情、天气、旅行路线、电影、航班、音乐、游戏等各种内容业务的信息，而这些信息，有助于引导客户进行电子商务的业务交易活动。因此，获取信息将成为各大移动电子商务服务商初期考虑的重点。

▶ 3. 安全性问题仍将是移动电子商务中的巨大机会

由于移动电子商务依赖于安全性较差的无线通信网络，因此安全性是移动电子商务中需要重点考虑的因素。和基于计算机终端的电子商务相比，移动电子商务终端运算能力和存储容量更加不足，如何保证电子交易过程的安全，成了大家最为关心的问题。在这样的大环境下，有关安全性的标准制订和相应法律出台也将成为趋势。

▶ 4. 移动终端的机会

移动终端也是一个老生常谈的话题。移动电子商务中的信息获取、交易等问题都和终端密切相关。终端的发展机会在于，不仅要带动移动电子商务上的新风尚，还对价值链上的各方合作是否顺利，对业务开展有着至关重要的影响。随着终端技术的发展，终端的功能越来越多，而且考虑人性化设计的方面也越来越全面，比如显示屏比过去有了很大的进步，而一些网上交易涉及商品图片信息显示的，可以实现更加接近传统计算机互联网上的界面显示。又如智能终端的逐渐普及或成为主流终端，如此一来，手机更升级成为小型计算机，虽然两者不会完全一致，也不会被替代，但是手机可以实现的功能越来越多，对于一些移动电子商务业务的进行，也更加便利、易于随身携带。

▶ 5. 移动电子商务将与无线广告捆绑前进

移动电子商务与无线广告,在过去的发展过程中有些割裂,其实这是两条腿走路的事情,两者是相辅相成的,任何一方的发展,都离不开另外一方的发展。移动电子商务在我们未来的生活将会扮演举足轻重的角色。移动电子商务将互联网、移动通信技术、短距离通信技术及其他技术完善的结合,使人们可以在任何时间、任何地点进行各种商贸活动,实现随时随地的线上线下购物与交易、在线电子支付以及其他各种交易活动、商务活动。

移动电子商务作为一种新型的电子商务方式,利用了移动无线网络的优点,是对传统电子商务的有益的补充。尽管目前移动电子商务的开展还存在安全与带宽等很多问题,但是相比于传统的电子商务方式,移动电子商务具有诸多优势,得到了世界各国普遍重视,发展和普及速度很快。

移动电子商务不仅能提供互联网上的直接购物,还是一种全新的销售与促销渠道。它全面支持移动互联网业务,可以实现电信、信息、媒体和娱乐服务的电子支付。移动电子商务不同于目前的销售方式,它能充分满足消费者的个性化需求,设备的选择以及提供服务与信息的方式完全由用户自己控制。移动电子商务与传统电子商务的区别在于其服务对象的移动性、服务要求的即时性、服务终端的私人性和服务方式的方便性。

四、移动电子商务发展模式的构建

▶ 1. 以移动运营商为核心的移动电子商务模式构建

终端设备制造商的主要职能是开发和推广移动终端设备。设备制造商作为市场上的移动设备制造者,主要采用"设备+服务"的商业模式,目前市场上以苹果公司的 App Store 为代表。移动通信运营商是提供一个高速的网络支撑平台。作为移动电子商务中的主要网络提供者和支撑者,移动通信运营商主要采用"通道+平台"的商业模式,它控制着移动网络平台,在移动电子商务产业链中处于信息传递的核心地位,为移动应用用户提供方便快捷的网络接入服务,以获取利润,并确保网络交易的信息安全。

▶ 2. 以平台提供商为核心的移动电子商务模式构建

移动电子商务交易平台提供商为商户与用户提供一个商品交易技术平台,主要采用"平台+服务"的商业模式。平台提供商为移动电子商务商户运营提供多样化的整体解决方案,为用户提供功能完备、内容丰富、灵活方便的应用平台,满足日益快速发展的交易需求。所建平台支持不同的技术标准、行业协议和终端需求,方便不同的用户使用。平台提供商通过分析商家和用户信息,为他们提供个性化的服务。平台提供商通过广告等不同手段,扩大客户基础,吸引更多内容提供商加盟。平台提供商通过吸引内容提供商在平台投放广告来增加利润。

▶ 3. 以内容与服务提供商为核心的移动电子商务模式构建

内容与服务提供商主要通过"内容+服务"的商业模式来经营。内容提供商是移动电子商务中有关交易的创造者和传播者,是为移动电子商务提供内容和服务的具体执行者,是实现移动电子商务商业价值的根本推动者。它通过提供产品信息、商业图片、版权动画等丰富的移动电子商务资源,直接或通过移动网站向客户提供多种形式的信息内容和服务,从而实现移动电子商务的增值价值。服务提供商是对内容提供商已经开发出来的内容进行二次处理,形成满足客户需求的适合在网络上传送的数据应用,或者将内容开发成为终端客户提供增值服务的应用。

五、移动电子商务未来发展四方面建议

在移动电子商务未来发展的过程中,分析师建议应从以下四个方面去着手建设。

▶ 1. 企业加强自律提高相关人员素质

在移动电子商务企业早期的宣传、销售过程中,趋于利益的关系,各企业纷纷扩大人员规模以及代理商的招募。而有些企业在迅速的扩张过程中,对代理商的资质等评估不全面,导致了一些由于旗下代理商打着公司旗号进行虚假宣传、误导性营销的事件发生。

▶ 2. 普及移动电子商务知识

据了解发现,多数购买了移动电子商务产品的用户之前对移动电子商务、3G 等并不知情。从各大用户的投诉中可发现,缺乏移动电子商务知识成为其当初冲动购买产品的重要因素。单听各移动电子商务厂商的宣传,各厂商在自身产品的营销过程中,势必会对其产品效果过于夸大的宣传,而一旦用户对移动电子商务缺乏认识,就很容易产生冲动购买的现象。

▶ 3. 服务商提升服务内容

各移动电子商务厂商在产品销售后,应加强服务内容的提升。在内容的提升方面,应把销售的产品怎么使用、产品特性等进行传授,而不应该纯粹地卖产品。这样的一次性销售不仅将阻碍整个移动电子商务行业的发展,对各服务商而言,也将是自断后路。

▶ 4. 相关法律、法规的出台

整体而言,我国移动电子商务发展尚不成熟,还有较长一段路要走。目前,手机行业门户所存在的问题关键是相关法规的缺失,让市场秩序难以得到规范,只有加快建立相关市场规则和法律,才能保障市场健康发展。

小结

本章主要讲解了移动电子商务的概念、技术基础、发展过程及发展趋势,以及移动电子商务的组成要素和应用。

思考题

1. 移动电子商务的应用领域。
2. 移动电子商务的安全因素。
3. 移动电子商务的发展前景和制约因素。

案例分析

手机淘宝扫描二维码支付

在手机上打开淘宝客户端,便可在手机淘宝首页页面的左上角看到"扫一扫"字样,这就是淘宝二维码的位置,在二维码位置点击一下"扫一扫",此时会弹出"手机淘宝想访问您的相机"对话框,点击"好",即可进入到了扫码界面。在扫码界面,中间就是最基本的扫码功能,面对二维码扫描即可完成支付。此外,我们还可以将"扫码"切换为"拍照购"。

案例思考:

1. 移动支付的应用领域。
2. 移动支付的发展前景和制约因素。

第六章 电子商务物流

>>> **学习目标**

1. 掌握物流、物流管理、电子商务物流的相关概念。
2. 掌握国际物流的概念、特点和分类。
3. 了解电子商务与物流的关系。
4. 了解我国电子商务物流的发展之路。
5. 熟悉电子商务物流模式及其特点。

>>> **导入案例**

淘宝网的 C2C 物流服务

淘宝网目前已经发展成为亚太地区最大的 C2C 购物网站，日交易规模达 600 万笔。C2C 物流配送是指物流配送企业针对客户的需求，进行一系列分类、编码、整理、配货等理货工作，按照约定的时间和地点将确定的数量和规格要求的商品传递到用户的活动及过程。

淘宝网主要业务在于网上零售商品，目前它也是国内比较大的拍卖网站，是全亚洲最大的购物网站。由于消费者的折扣及方便心理，大部分业务量都是体积小的商品，决定了淘宝物流配送是小规模、多频次的格局。

淘宝网购物产业链中，主要由淘宝网交易网站平台、物流公司、卖家、买家共同构成。这条产业链中，物流、信息流、商流、资金流实现了完整的电子信息化，只有将货物的实体流动实现好，才能使整个产业链得以实现价值。

淘宝网为客户提供更安全和高效的网络交易平台，离不开物流的支持。通过参考"网货物流推荐指数"，淘宝网与圆通速递、中通速递、韵达快递、中邮 EMS 等公司合作。这些物流公司在服务质量、服务价格等方面参差不齐。由于观念的差异或配送设施的差距，消费者往往会因为第三方物流公司的过错而迁怒于购物网站，比如会因为商品或包装在运输过程中有破损而去责怪那些本身信誉很好的购物网站。尽管淘宝网也致力于让客户享受更好的物流服务，但它却很难改变这个现状。

物流对现代经济社会和人们的生活产生了重大的影响。生产制造与商品的流通均依赖物流的支持,没有物流的支持,商品交换无法实现,电子商务也难以取得蓬勃的发展。

思考:以淘宝网为例,思考现代物流业如何推动电子商务发展?

第一节 电子商务物流概述

一、物流概述

(一)物流的概念

物流的早期概念为 physical distribution(PD),意为物料流通。现在物流主要用 logistics 表示,logistics 起源于第一次世界大战中的战争物资供应,翻译为"后勤",直到 1986 年,美国物流管理学会正式提出将物流这个概念由 physical distribution 改为 logistics,随后该词被引进中国,至今被广泛使用。

世界各组织均对物流做出定义,美国提出的定义时间最早,1974 年,美国物流工程学会所做的定义为:物流是与需求、设计、资源供给和维护有关,以支持目标、计划及运作的科学、管理及技术活动的艺术。

1981 年,美国空军从军事角度提出的定义为:物流是计划和执行军队的调度与维护的科学,它涉及与军事物资、人员、装备和服务相关的活动。

而受到广泛认可的定义是美国物流管理学会于 1985 年提出的:物流是为满足消费者需求而进行的对原材料、中间库存、最终产品及相关资讯从起始地到消费地的有效流动与存储的计划、实施与控制的过程。

1997 年,美国 EXEL 物流公司作为企业提出的定义为:物流是与计划和执行供应链中商品及物料的搬运、储存及运输相关的所有活动,包括废弃物及旧品的回收复用。

日本对物流的研究相对较少,1981 年日本日通综合研究所提出的定义也备受认可:物流是物质资料从供给者向需求者的物理移动,是创造时间性、场所性价值的经济活动。从物流的范畴来看,包括包装、装卸、保管、库存管理、流通加工、运输、配送等诸种活动。

在欧洲,具有代表性的定义为 1994 年欧洲物流协会提出的:物流是一个在系统内对货物的运输、安排及与此相关的支持活动的计划、执行与控制,以达到特定的目的。

在中国,台湾地区对物流的研究较早,1996 年,台湾地区物流管理协会对物流所下的定义为:物流是一种物的实体流通活动的行为,在流通过程中,通过管理程序有效结合运输、仓储、装卸、包装、流通加工、资讯等相关机能性活动,以创造价值,满足顾客及社会性需求。

在大陆,依据《中华人民共和国国家标准物流术语》,物流是物品从供应地向接收地的实体流动过程。根据实际需要,将运输、储存、装卸、搬运、包装、流通加工、配送、信息处理等基本功能实施有机结合。

从以上定义来看,物流包含了包装、搬运、运输、存储、流通加工和物流信息管理 6 个环节,并且应该是 6 个环节的有机结合,不能单独关注某一环节而忽略了物流的整体经济效益。

(二)物流的分类

"物流"概念中的"物",是指所有的物质资料,实际指一定积累的社会劳动产品,也包括用于社会生产和社会消费的各种自然资源；既包括用于生产性消费的劳动资料、劳动对象，也包括用于人们最终消费的生活资料(即消费资料)。

现代物流有两个重要功能：第一，能够管理不同货物、物资的流通质量；第二，通过信息技术与顾客直接建立客户关系网。现代物流的运作，力求最大限度地减少环节(或者说要素)间的重复劳动，实现最大限度"缩短"原材料供应者、产品生产者、商品消费者之间的物流距离和物流时间。

▶ 1. 宏观物流与微观物流

宏观物流是指社会再生产总体的物流活动，从社会再生产总体角度认识和研究物流活动。宏观物流以国家为单位，受到运输政策和商业政策等物流政策的影响；微观物流是指消费者、生产者、企业所从事的实际的、具体的物流活动，如企业物流、生产物流、供应物流、销售物流、回收物流、废弃物物流、生活物流等。微观物流以企业和消费者为单位，受到物流管理的组织、成本、效率、服务水平等影响。

▶ 2. 社会物流和企业物流

社会物流(也叫第三方物流)可以理解为各需求点和生产点之间的各种物资流动，即在企业外部完成两个不同需求实体之间的流动；也可以理解为物流的实际需求方(假定为第一方)和物流的实际供给方(假定为第二方)之外的第三方通过合约向第一方和第二方提供的物流服务。企业物流是指企业内部的物资移动，如供应链物流、采购物流、生产物流等，是生产企业中原料或半成品在各个生产环节之间的流动，销售物流也是企业物流中的一种，是企业将自己生产出的成品直接送抵需求方的物资流动。

▶ 3. 国际物流和区域物流

国际物流指的是商品流通超越一个国家或一个地区，国际物流是伴随国际贸易或国际往来而产生的，涉及的地域广、范围大。区域物流的范围比国际物流小，指的是一个国家范围内的物流、一个城市内的物流或一个经济区域内的物流。

▶ 4. 一般物流和特殊物流

一般物流指具有物流活动共同点和一般性的物流。一般物流涉及大部分产品和大部分企业，其物流系统的建立及物流活动的运作可以普遍适用。带有特殊制约因素(如特殊应用领域、特殊管理方式、特殊劳动对象、特殊机械装备)的物流则属于特殊物流范围，例如，按劳动对象的特殊性分为水泥物流、石油及石油产品物流、煤炭物流、危险品物流等；按装备及技术不同分为集装箱物流、托盘物流等。

(三) 物流的功能

▶ 1. 包装

包装是指为在流通过程中保护商品、方便储运、促进销售，按一定技术方法而采用的容器材料及辅助物等的总体名称。也指为了达到上述目的，在采用容器材料和辅助物的过程中施加一定技术方法的操作活动。包装是物流系统的构成要素之一，包装是生产的终点、物流的起点。包装分为流通包装和销售包装，物流包装作业旨在通过对销售包装进行组合、拼配和加固，形成适合于物流和配送的组合包装单元。包装有许多保护技术，如防震保护技术、防破损保护技术、封存包装技术、防霉腐包装技术、防虫包装技术、危险品包装技术等。在包装过程中应该注意包装不足、包装过剩、包装成本过高等问题。

2. 运输

运输是指人和物的载运及输送。运输是电子商务物流最重要的功能之一，是物流的关键，有人把运输作为物流的代名词。运输方式有公路运输、铁路运输、船舶运输、航空运输、管道运输等。各种运输方式有其鲜明的优点和缺点，在物流运作中应根据实际情况进行选择。

运输成本在整个物流系统的成本中所占的比重是最大的，甚至达到50%左右，所以，有效地降低物流成本，进行物流系统合理优化配置，是电子商务物流的重要任务。

3. 存储

存储是指在商品生产出来之后而又没到达消费者手中之前所进行的商品保管的过程，是电子商务物流系统的一个重要组成部分。存储的主要作用是仓库作业，包括入库作业、保管作业、盘点作业、安全维护、出库作业、信息处理等。存储可以使商品快速、及时地从商家传递到消费者手中，提高客户的满意度。商品存储避免了为单个客户单独运送货物的情况，实现运输的规模经济，从而可以降低运输成本，提高运输效率。商品存储还可以利用生产和消费不完全同步，调节商品的时间需求，消除商品的价格波动。

4. 流通加工

流通加工是物品在生产地到使用地的过程中，根据需要施加包装、分割、计量、分拣、刷标志、贴标签、组装等简单作业的总称。流通加工的作用体现在以下方面。

（1）流通加工集中下料，优材优用，小材大用，提高原材料的利用率。

（2）流通加工可以使用户省去初级加工的投资、设备、人力，方便用户生产和消费。

（3）流通加工面向全社会、加工数量大、加工范围广、加工任务多，从而提高加工效率和设备利用率。

（4）流通加工不是物流的主要功能要素，但它具有补充、完善、提高、增强的作用，能起到运输、保管等其他功能要素无法起到的作用，有效地完善流通。

（5）流通加工是一种低投入、高产出的加工方式，是物流业的重要利润源泉。

5. 装卸搬运

装卸是指在同一地域范围内（如车站范围、工厂范围、仓库内部等）以改变物品的存放状态和空间位置的活动。搬运是指在同一地域范围内改变物品的空间位置的活动。装卸活动的基本动作包括装车（船）、卸车（船）、堆垛、入库、出库以及联结上述各项动作的短程输送，装卸搬运是随运输和保管等活动而产生的必要活动。

在物流过程中，装卸活动是不断出现和反复进行的，它出现的频率高于其他各项物流活动，每次装卸活动都要花费很长时间，所以往往成为决定物流速度的关键。装卸活动所消耗的人力也很多，所以装卸费用在物流成本中所占的比重也较高。装卸搬运的合理化要力图防止和消除无效作业，如减少搬运次数、提高被搬卸物料的纯度、包装适宜、缩短搬运距离等；要提高装卸搬运的灵活性，即货物的存放状态对装卸搬运是方便的；要积极慎重的使用重力原则，实现装卸作业的省力化。

6. 配送

配送是指在经济合理区域范围内，根据客户要求，对物品进行拣选、加工、包装、分割、组配等作业，并按时送达指定地点的物流活动。配送是物流的最后一项流程，与客户直接接触，因而也是一项特殊的、综合的活动形式。如果配送不及时，就会延长整个物流时间，还会引起大量库存，造成资金积压，降低资金利用率。所以，配送质量会影响到物流其他环节效率，影响到物流的成本，甚至能影响到商品的价值。

二、电子商务与物流的关系

（一）物流对电子商务的作用

▶ 1. 物流是电子商务系统的组成部分

电子商务系统由电子商务实体、电子市场、交易事务、信息流、商流、资金流、物流等基本要素构成。电子商务实体是指能够从事电子商务的客观对象，它可以是企业、银行、商店、政府机构和个人等。电子市场是电子商务实体从事商品和服务交换的场所，它由各种各样的商务活动参与者，用各种通信装置，通过网络连接成一个统一的整体。交易事务是指电子商务实体之间从事的具体的商务活动的内容，比如询价、报价、转账支付、广告宣传、商品运输等。

电子商务中的任何一笔交易都包含着几种基本的"流"，即信息流、商流、资金流、物流。物流作为四流中最为特殊的一种，是指物质实体的流动过程。在电子商务中，除少数商品和服务，如各种电子出版物、信息咨询服务、有价信息软件等，可以直接通过网络传输的方式进行配送外，绝大多数商品和服务的物流需要经由实物方式进行传输。

▶ 2. 物流是电子商务的重要基础

电子商务的发展离不开网络基础设施、网民素质、社会诚信机制、物流体系的支持。物流体系是电子商务的重要基础，没有物流，网上销售的商品无法配送到分散在世界各地的消费者，从而电子商务也无法实现。现实也表明，物流体系较为发达的地区，电子商务交易额也更高。更进一步说，物流也是顾客对电子商务的直接感知，如果物流发生严重滞后、破损、丢失，将会使顾客对电子商务失去信任，从而制约电子商务的发展。物流的发展为电子商务提供了可能，反之，电子商务的大规模发展也促进了现代物流配送的蓬勃。

▶ 3. 物流能提升电子商务的竞争力

（1）物流是电子商务的利润源泉，电子商务的不断发展对我国物流业提出了更高的要求。物流作为电子商务的终端须经过实体运作过程，直接影响着消费者对电商购物的体验，成为决定电子商务效益的关键因素。

（2）物流的发展会降低社会物流费用，从而降低物流成本，这对电子商务的发展来说，无疑能更好地展现自身的优势。尤其对于大件商品，邮费过高往往是消费者选择实体店购物的重要原因，而物流的发展将进一步缩小与实体店购物的差距。

（3）物流扩大了电子商务的市场范围。物流体系的扩大，将为电子商务扩大市场提供有力的支持。物流的配送范围、物流配送的价格都将影响着电子商务的交易数量。"江浙沪包邮，是中国最严重的地域歧视"，虽是网友的戏言，却反映出网购和快递在日常生活中的重要地位。物流配送范围的扩大、价格的降低，将为电子商务市场提供有力的保障。

（4）物流提升消费者评价。对于很多电子商务网站来说，物流配送的水平与商品质量、卖家服务一样，成为了消费者评价交易的重要指标，物流水平直接影响到顾客对商品的评价，而评价又是完全公开于其他消费者的，对电子商务企业来说，物流成为了企业提升竞争力的重要途径。先进的物流水平将使电子商务企业获得较好的评价。

（二）电子商务对物流的作用

▶ 1. 电子商务改变了物流经营理念

电子商务本身即是一场思想的变革，在电子商务的大环境下，顾客成为了供应链的核心,"以顾客为中心"的理念对物流行业产生了重要的影响,物流活动更加重视客户的需求,重视客户对物流的评价。另外,在信息化、网络化高度发达的今天,物流活动不再局限于运输和仓储,而是充分利用信息技术,实现了供应链的有机整合。

▶ 2. 电子商务改变了物流运作方式

(1) 在传统行业,物流设备是物流活动的核心,物流企业往往是以设备取胜,而在电子商务环境下,企业能在全球范围内寻找商业伙伴,从而使具有某一物流流程解决方案的物流公司具备了市场竞争力,如提供物流咨询、定制信息系统、规划设计物流网络的物流公司也获得了较大的市场关注。

(2) 电子商务活动多种多样,小批量、多频率的商务交易占据了很大的市场份额,这样的市场需求下,物流的运作方式也由大批量、长周期向小批量、多频率,甚至是一对一配送转变。

▶ 3. 电子商务扩大了物流市场

(1) 电子商务活动直接产生的物流需求。电子商务活动中,除了极少数的数字化产品可以通过网络直接传输之外,绝大部分商品仍然有赖于物流配送,物流是实现电子商务的保证。因此,电子商务活动的过程中,有着广泛的物流需求。

(2) 电子商务推动经济发展而间接产生的物流需求。经济发展本身可以直接产生物流需求,物流总量是与经济总量成正比的,发达国家的物流成本与 GDP 之比大概为 10% 左右,而发展中国家,以中国为例,则可以占到 18% 左右。电子商务极大地推动了全球经济的发展,在电子商务推动全球经济总量增加的同时,必然创造了巨大的物流需求。

三、电子商务物流的内涵及特点

(一) 电子商务物流的内涵

电子商务作为一种新兴的商业方式,传统物流行业的格局不能够有效地支持电子商务发展,一方面,电子商务向物流业提出了新的挑战,要求物流电子商务化;另一方面,物流成为电子商务的一个瓶颈,没有现代的物流就不会有电子商务。物流行业应该建立以商品代理和配送为主要特征的电子商务物流体系。

目前,对电子商务物流并没有统一的定义,诠释的角度也各不相同。普遍认可的定义为:电子商务物流又称网络物流,就是基于互联网技术,旨在创造性地推动物流行业发展的新商业模式。

电子商务物流的一般过程如图 6-1 所示。

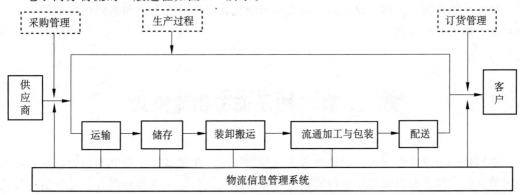

图 6-1 电子商务物流的一般过程

电子商务物流管理的目的就是使各项物流活动(在电子商务环境下)实现最佳的协调与配合,以降低物流成本,提高物流效率和经济效益。

(二) 电子商务物流的特点

电子商务环境下的物流与传统物流相比,有其自身的特点,主要体现为信息化、自动化、网络化和柔性化。

▶ 1. 信息化

电子商务本身即是信息化的产物,在电子商务环境下,物流信息化是必然要求。包括物流商品信息化、物流数据实时化、物流存储数字化等。物流信息化依托于现代数据库技术、网络信息技术、条码技术、无线射频技术、卫星定位系统的支持。

▶ 2. 自动化

现代物流技术得到很大的改进,许多物流设施与设备大大减少了人工操作,更加节省人力和物力。自动化的基础是信息化,这与电子商务的发展密不可分。正是由于互联网技术的发展与推动,才使得物流自动化得以实现。另外,条码识别系统、语音识别系统、射频识别系统、自动分拣系统、自动定位系统等基于互联网技术的设施设备为物流自动化提供了保障。

目前,我国物流自动化的水平处于起步阶段,与西方国家还存在一定差距,在物流的很多环节还存在人工操作为主力的情况。

▶ 3. 网络化

物流网络的基础是信息网络,物流的网络化是信息化的必然结果,也是电子商务环境下物流活动的主要特征之一。物流网络化首先表现为物流链上的成员依靠计算机通信网络进行数据通信和数据输出。整个供应链上的成员,无论是供应商还是制造商,分销商还是客户,都通过计算机通信网络进行通信。物流网络化其次表现为物流活动依靠计算机通信网络进行数据收集、处理和输出。如企业内部的物料采购、商品存储、加工等相关信息通过企业内部网络进行及时分享和有效管理。

▶ 4. 柔性化

物流柔性化是在"以客户为中心"和"供应链管理"理念的基础上提出来的。所谓柔性化就是指物流企业能根据消费者的多样需求来灵活调节物流活动,即根据供应链终端的消费者需求合理安排生产,合理规划物流活动。这就需要物流企业根据消费者需求"多品种、小批量、多批次、短周期"的安排物流活动,灵活组织和实施物流作业。

另外,物流包装、物流设施的标准化和智能化、物流的社会化和共同化也都是电子商务环境下物流的新特点。

第二节 电子商务物流模式

中国是一个发展中国家,引进物流管理理念较晚,在发展电子商务的同时,缺乏物流技术的有效支持。所以需要注意将物流技术和物流模式与电子商务相配合,充分引进先进的物流理念,否则电子商务活动难以推广。

一、自营物流

(一) 自营物流的特点

自营物流是指电子商务企业借助于自身物质条件(包括物流设施、设备和管理机构等)自行组织的物流活动。我国早期的生产企业多为"大而全、小而全"的运作模式,自营物流广泛存在,但是设备、技术和管理水平并不高,企业的精力多放在生产制造上。在电子商务环境下,对自营物流有了更高的要求,设备和管理理念的先进性、物流系统规划的合理性是对自营物流提出的新要求。

自营物流的优势主要是便于控制和管理物流活动。物流活动由自身企业开展并进行管理,相关数据容易获取,能为决策提供支持,也容易在物流环节中发现问题、改进问题,从而进一步提升物流运作能力。

然而,对于电子商务企业来说,自营物流的劣势首先体现在成本较高,启动时需要购置相应的物流设备和信息系统、配置物流人才,并合理规划物流网络。除了经济成本以外,自营物流对企业自身的要求也较高,如物流设计能力、管理理念和水平等。自营物流的另一个劣势在于企业将部分财力、物力和人力放在物流活动上,可能会导致无法集中精力于核心业务。

(二) 自营物流适用情况

如果电子商务企业有很高的顾客服务质量标准,其物流成本占总成本的比重较大,而自己的物流管理能力又比较强,一般不会选择外购物流服务,而采用自营物流的方式。

一般来说,自营物流适合具有以下特征的电子商务企业。

▶ 1. 规模较大、资金雄厚、客户群体较大的企业

此类企业物流活动存在规模效应,本身即可从物流活动获得利润,并且基础条件也可以达到,如亚马逊网站建立的遍布美国重要城市的配送中心。

▶ 2. 代理、分销、连锁店覆盖范围较广的企业

这样的企业一般是从传统产业转型或者依然拥有传统产业经营业务的企业,如电脑生产商、家电企业等。

▶ 3. 业务集中在企业所在城市,送货方式比较单一的企业

由于业务范围不广,企业独立组织配送所耗费的人力不是很大,所涉及的配送设备也仅仅限于汽车以及人力而已,如果交由其他企业处理,反而浪费时间、增加配送成本。如昆明的新知图书城,就是仅仅针对昆明地区的消费者进行配送。

▶ 4. 传统流通渠道较为发达的企业

较为发达的传统企业具有较大的规模、良好的客户基础,因而在建立电子商务网络、拓展电子商务市场时,就已经有了基础优势。

(1) 已经形成一定规模的连锁加盟店,使配送的范围更加广泛。

(2) 传统渠道本身也有仓储配送的设施及业务,电子商务的商品配送可以依托于原有的物流网络和设施支持,不仅可以节约新的物流设施投资,充分利用已有的仓储、运输资源,甚至还可以重新布局,将传统商务和电子商务有机结合,提高基础设施和设备的利用率。

(3) 传统企业已经有了一定的客户基础,形成了一定的品牌效应,这是电子商务配送的良好基础。如苏宁易购,充分依靠传统的物流配送能力,建立了完善的物流配送中心。

二、第三方物流

（一）第三方物流的现状

第三方物流是指物流的实际供给方（假定为第一方）和物流的实际需求方（假定为第二方）之外的第三方通过合约向第一方和第二方提供部分或全部的物流服务，也称合同物流、契约物流。

第三方物流从提出之初至今已有六十多年的历史，经过六十多年的发展与研究，第三方物流已经成为被学术界和社会广泛接受的一个概念。国外物流行业中，第三方物流占据了重要的位置，在中国，第三方物流的作用和认可度也逐渐凸显，日益成为重要的物流主体。美国是世界上最大的第三方物流市场，其次为中国，可见第三方物流还有很广阔的市场。但从发展程度来看，我国的物流市场呈现出"高物流支出、低第三方物流占比"（第三方物流收入占总物流收入的比率）状况，与美国"低物流支出、高第三方物流占比"形成鲜明对比。可见我国第三方物流无论在基础设施上，还是物流管理理念上都有很大的提升空间。

21世纪以来，我国的第三方物流公司如春笋般涌现，其中不乏大量开展电子商务物流的公司，如德邦、EMS、顺丰、申通、圆通、中通和韵达等，还有很多业务范围集中在某些地区的民营中小型第三方物流企业。

（二）第三方物流的特点

第三方物流的特点如下。

（1）提供物流服务是第三方物流企业的主营业务，是企业的核心竞争力所在，所以第三方物流企业是专业的物流服务提供商，在成本控制、流程管理及运作方面往往具有优于普通电子商务企业的能力，从而能够大幅度降低物流成本，提高物流水平。

（2）借助第三方物流企业庞大的配送网络，可以弥补企业自身不足，提高顾客服务的水平。

（3）由于电子商务企业与第三方物流公司签订了明确的服务合同，明确规定了服务费用、期限及相互责任等事项，所以物流成本较为明确，容易展开相关计划。

（5）物流外包可以分散企业的物流风险。企业自营物流面临着巨大的资金风险、管理风险，将大量的资金、物力和人力投入物流活动中，变成了大量的固定成本，可能会影响到核心部门的生产效率，难以进行灵活调整，从而增加了企业的风险。而将物流外包，固定成本变成了可变成本，物流活动也可以根据市场情况进行灵活调整，大大降低了物流风险和经营风险。

在现实情况中，很多企业选择分段外包模式，即自营物流与第三方物流结合使用，各自承担不同的物流环节。企业可以根据自身成熟的条件，承担部分物流流程，而将能力较弱的环节外包出去，或者自我运作关系到企业机密和企业核心竞争力的物流环节，而将其他物流业务外包出去。

（三）第三方物流适用情况及选择要点

如果企业不具备自营物流的条件，如资金不够雄厚、自身物流管理能力也比较欠缺，或是物流在企业中所占的比重不大，不是企业的核心业务，这样的情况适合选择第三方物流企业提供物流服务。

物流外包是发达国家主要的物流模式，即将在我国占据更大的市场空间。企业将物流外包，需要对第三方物流公司进行慎重选择，选择的依据主要是对第三方物流公司的以下情况进行准确的评价。

1. 服务的地理范围

第三方物流公司的服务网络应该与电子商务企业的业务覆盖地理范围相对应，才能提供物流服务。

2. 服务水平

第三方物流公司为企业及顾客提供服务的水平及能力是至关重要的。电子商务企业可以从物流企业相关执照、行业评价或客户评价来综合考察第三方物流公司的服务水平。

3. 服务的成本

计算第三方物流公司的服务成本较为容易，可以由对方正式合同提供，此外还需要计算自营物流的成本，再将两者进行比较。

4. 企业规模及设备情况

第三方物流公司的规模是否较大、资金是否雄厚，是否有自建仓库及先进的物流设备、信息网络系统，都可以作为服务水平的参照标准。

三、第四方物流

（一）第四方物流的内涵

第四方物流最早是于20世纪90年代中期，由美国埃森哲咨询公司Accenture（原安盛咨询公司）提出的。

第四方物流是区别于物流需求企业（第一方）、消费者（第二方）、第三方物流公司以外的，并为以上三者提供物流规划、咨询、物流信息系统等供应链解决方案的综合服务提供商。

埃森哲咨询公司最早提出第四方物流的定义为：第四方物流供应商是一个供应链的集成商，它对公司内部和具有互补性服务的供应商所拥有的不同资源、能力和技术进行整合和管理，并提供一整套供应链解决方案。

第四方物流和第三方物流不同，它不是简单的为客户提供物流服务，而是通过对企业客户所处供应链的整个系统或行业物流的整个系统进行详细分析后提出具有指导意义的解决方案。可见第四方物流并不承担实际的物流活动，而是依靠第三方物流公司、IT咨询公司等多类型的公司协助实施物流活动。

（二）第四方物流的运作模式

根据第四方物流主体的不同组织方式，第四方物流主要有四种运作模式：协同运作型、方案集成型、行业创新型和动态联盟型。

1. 协同运作型

协同运作模式即第三方物流与第四方物流共同开发市场，利用双方的能力和双方拥有的市场运作供应链，如图6-2所示。第四方物流向第三方物流提供一系列的服务，包括技术、供应链策略、进入市场的能力和项目管理的能力。第四方物流服务供应商在第三方物流公司内部工作，而不直接与企业客户接触，其思想和策略通过第三方物流这样一个具体实施者来实现，其目的是为客户服务。第三方物流与第四方物流一般会采用商业合同的方式或者战略联盟的方式合作，业务范围多集中在物流配送管理方面，业务针对性强、灵活性大。该模式的突出特点是协同运作其中一方——第三方物流提供商雄厚的物流配送实力和第四方物流提供商最优的解决方案。

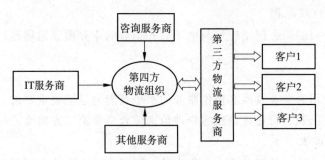

图 6-2　协同运作型第四方物流的运作模式

该模式的一个具体的实例是：广州安得供应链技术公司是安得物流有限公司投资设立的，是国内第一家由第三方物流孵化的第四方物流。安得物流公司因为有美的集团在资金、资源和货源方面的保证，因此在我国众多的第三方物流公司中脱颖而出。同时，凭借着安得物流公司的支持，在我国第四方物流中脱颖而出。在前期，安得供应链技术公司可以利用安得物流公司现有的客户资源，免费或以较低的价格为安得物流的客户提供第四方物流服务，相比其他竞争对手有大量的客户资源，在为这些客户服务过程中积累经验，一旦有几个成功的案例，以它相对于跨国咨询公司的价格优势和本土优势，很可能领先其他对手。

▶ 2．方案集成型

方案集成型即由第四方物流为客户提供运作和管理整个供应链的解决方案，并利用其成员的资源、能力和技术进行整合和管理，为客户提供全面的、集成的供应链管理服务，如图6-3 所示。该运作模式与协同运作型不同，第四方物流服务供应商并不是在第三方物流公司内部工作，而是作为企业客户与第三方物流的纽带，将企业客户与第三方物流连接起来，这样企业客户就不需要与众多第三方物流服务供应商进行接触，而是直接通过第四方物流服务供应商来实现复杂的物流运作的管理。在这种模式下，第四方物流作为方案集成商除了提出供应链管理的可行性解决方案外，还要对第三方物流资源进行整合，统一规划，因此服务也更加综合和全面。方案集成模式的核心是第四方物流组织，第四方物流作为一个集成者，和客户成立合资或合伙公司，客户在公司中占主要股份，第四方物流作为一个联盟的领导者和枢纽，集成多个服务供应商的资源，为客户提供服务，因此和客户的关系也更加紧密。这种模式的运作一般是在同一行业范围内，供应商和加工制造商等成员处于供应链的上下游和相关的业务范围内，彼此间比较熟悉，业务联系紧密，有一定的依赖性。第四方物流以服务主要客户为目标，带动其他成员企业的发展。服务对象及范围明确集中，客户的商业和技术秘密比较安全是该模式的突出优点。第四方物流与客户的关系稳定、紧密而且具有长期性。但重要的前提条件是客户的业务量要足够大，使参与的服务商对所得到的收益较为满意，否则大多数服务商不愿把全部资源集中在一个客户上。

该模式的一个具体的实例是：COMPAQ 公司为降低成本，提高在供应链管理上的竞争力，聘请埃森哲公司规划其在欧洲的维修与回收物流管理。埃森哲公司为 COMPAQ 公司进行了为期一年的咨询，建议 COMPAQ 将维修和回收管理外包，实行归核化管理，以达到其最初目标，同时提升服务水平。为此，埃森哲公司为 COMPAQ 公司做了一系列的工作，管理整个供应链的解决方案。

▶ 3．行业创新型

行业创新型即第四方物流通过与各个资源、技术和能力的服务商（第三方物流供应商、

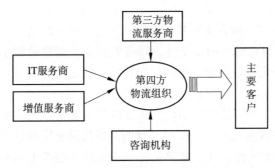

图6-3　方案集成型第四方物流的运作模式

IT服务商、管理咨询公司和增值服务商)进行协作,为多个行业的客户提供供应链解决方案,如图6-4所示。行业创新型与方案集成型的主要不同之处在于它是为多个行业的客户提供服务的,而不是只为一个主要的客户提供服务。它以整合供应链的职能为重点,以各个行业的特殊性为依据,领导整个行业供应链实现创新。这种模式是以第四方物流为主导,联合第三方物流公司等其他服务商,提供仓储、配送、运输等全方位的高端服务,给多个行业客户制作供应链解决方案。这种模式下,第四方物流提供行业整体物流的解决方案,这样可以使第四方物流运作的规模更大限度地得到扩大,使整个行业在物流运作上获得更多收益,但是同时也需要能提高更大范围、更多行业领域的供应链解决方案。

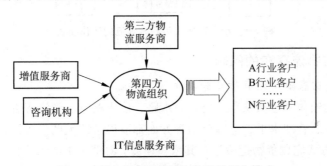

图6-4　行业创新型第四方物流的运作模式

该模式的一个具体实例是：美国卡特彼勤物流公司从起初的只负责总公司的货物运输,发展到后来为其他多个行业的客户,如戴姆勒—克莱斯勒公司、标志公司、爱立信公司等大企业提供供应链解决方案。

▶ 4. 动态联盟型

动态联盟型即第三方物流、咨询机构、供应商、制造商、分销商等一些相对独立的服务商和客户等,当具有一定市场机会时,通过信息技术相连接的,在某个时期内结成的供应链管理联盟,如图6-5所示。市场的机会来临时,这些组织快速地组织起来,共同抓住机会,当完成一个项目,这样的联盟就消失了。当新的机会来临时,这些组织又寻找新的机会,和其他可利用资源快速组织起来。这样的组织是动态的、柔性化的。这些企业在设计、供应、制造、分销等领域里分别为该联盟贡献出自己的核心能力,以实现利润共享和风险分担。它们除了具有一般企业的特征外,还具有基于公共网络环境的全球化伙伴关系及企业合作特征,面向经营过程最优化的组织特征,面向客户快速反应的特征,可再构、重组与可变的敏捷特征等,能以最快速度完成联盟的组织与建立,优势集成、抓住机遇、响应市场、赢得竞争。

动态联盟企业除具有一般企业的基本特征，还有一些专门的特点。

(1) 组织过程具有灵活可变的动态性。动态联盟企业通常由盟主企业发动组建，根据机遇产品的资源需求设定企业模型、选择联盟伙伴、确定协作关系，并在企业运作过程中根据需要对协作关系做出灵活调整。

(2) 运作过程强调明确可控的协作性。动态联盟企业是以物流服务过程为主线的企业组织，各成员在这一主线的贯穿下，按照一定的协作规则完成各自环节上的任务。

(3) 信息满足及时有效性。动态联盟企业的各成员在组织上相对独立，地理上较为分散，因此它们之间的协作需要快速畅通的信息传递，保证信息的快速有效。

如今国内还很少有这样运作模式的第四方物流企业。

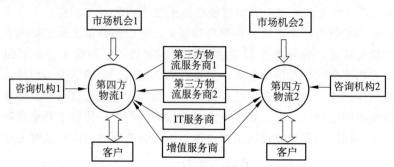

图 6-5　动态联盟型第四方物流的运作模式

(三) 第四方物流存在的问题

▶ 1. 我国物流基础设施有待充分利用

我国目前的运输体系包括铁路、公路、水路、民用航空及管道等五种运输方式，在基础设施、技术装备、管理水平、运输市场等方面都取得了巨大的发展。截至 2017 年年底，2017 年各种运输方式完成货物运输量及其增长速度，如表 6-1 所示。

表 6-1　2017 年各种运输方式完成货物运输量及其增长速度

指标	单位	绝对数	比上年增长 %
货物运输总量	亿吨	479.7	9.3
铁路	亿吨	36.9	10.7
公路	亿吨	368	10.1
水运	亿吨	66.6	4.3
民航	万吨	705.8	5.7
管道	亿吨	7.9	7.3
货物运输周转量	亿吨/公里	196 130.4	5.1
铁路	亿吨/公里	26 962.2	13.3
公路	亿吨/公里	66 712.5	9.2
水运	亿吨/公里	97 455.0	0.1
民航	亿吨/公里	243.5	9.5
管道	亿吨/公里	4 757.2	13.4

数据来源：两会·2017 年统计公报

另外，运输线路和作业设施也有了较大的改善。以发展现代物流为核心的物流园区、物流中心、配送中心等大批涌现。随着经济发展和技术进步，在共用通信网的规模、技术层次、服务水平方面都发生了很大的飞跃。

我国的物流基础设施虽然进步较快、总量较大，但是并没有得到更加充分的应用。主要表现在以下方面。

（1）市场范围交叉严重，各种运输方式尚未形成合理的分工关系，使得部分运输方式没有得到很好的应用，不能合理地发挥各自的优势，物流资源浪费严重。

（2）物流发展不均衡，从区域上划分，中部地区及沿海地区物流企业发展稳定性好，差距小。

（3）从类型上划分，以陆上业务为主的物流企业发展均衡性较好。

（4）高浪费、高成本在物流企业还广泛存在。

所以，我国应该很好地利用良好的物流资源，提高物流效率。

▶ 2. 第三方物流无法有效地支撑第四方物流的发展

第四方物流得以发展的基础之一是成熟的第三方物流市场。第四方物流的产生要有高度发达、具有强大竞争力的第三方物流市场为基础，第四方物流是对第三方物流的社会资源进行整合，在此基础上更高层次的发展。我国第三方物流服务有很多不足，不仅在成本和效率方面，而且在规模和服务方面都存在很大的开发潜力，只有不断改进，才能更好地支撑第四方物流行业的发展，否则第四方物流的高效率和低成本都是空谈。

▶ 3. 我国物流体制不规范

（1）我国现代物流的发展仍处于起步阶段，相关制度和法规有待完善。这些不健全的法律制度给我国第四方物流的发展带来很大阻碍，我国应规范物流管理，物流活动应有专门部门对其进行管理。

（2）物流活动与其他经济活动和社会生活密不可分，与物流制度相关的其他制度的不健全，阻止物流行业与其他行业更好地融合，影响了资源的再分配。

（3）地方保护主义不利于形成社会化的物流系统和跨区域、跨行业的物流网络，限制了物流效率的提高，很大程度上限制了物流的发展。

（4）偷税漏税等问题也需要进一步制止和规范化管理，否则恶性竞争会破坏社会公平。

▶ 4. 高级物流人才及复合型物流人才缺乏

物流人才已被列为我国 12 类紧缺人才之一。我国物流人才需求缺口很大，物流规划咨询人才、物流外向型国际人才、物流科研人才这三种人才在业内最为缺乏。我国物流人才缺口为 600 万左右，其中高级物流人才缺口约为 40 万。由于整个人力资源市场物流高级人才不足，物流企业无适合的人可以引进，只好聘用普通的人员，造成企业经营水平低下，难以适应物流业发展日益国际化的要求。另外，物流人才由于缺少先进物流企业的工作经历、缺乏系统的专业知识，导致行业内既掌握物流知识和经验，又具备物流信息技术、物流系统集成和管理能力的复合型人才也明显缺乏。

▶ 5. 第四方物流的需求方和供给方尚未成熟

大宗的跨区域贸易是产生第四方物流需求的前提。然而在我国，物流市场化程度不高，物流产业还不成熟，我国大部分企业还保留着"大而全，小而全"的经营模式，由企业自身提供物流服务，并且在一定程度上由企业内的物流水平决定贸易程度，而不是从物流的需求量出发设计物流运作。另外，大多数第三方物流企业仅提供仓储、运输等基础服务，也在一定程度上限制了社会对第四方物流的需求。所以，目前对第四方物流的市场需求度明显不足。

四、绿色物流

（一）绿色物流的概念

随着环境资源开发程度的加深，自然环境持续恶化，自然资源也变得日益紧缩，企业和社会越来越关注物流活动对环境的影响，越来越提倡物流用品的回收与再利用，绿色物流就是在这样的环境下被提了出来。另外，物流技术不断突破提高，先进的设备和运输技术、储存技术的提高，信息的共享程度也极大地促进了绿色物流。

《中华人民共和国国家标准物流术语》对绿色物流的定义为：绿色物流是指在物流过程中抑制物流对环境造成危害的同时，实现对环境的净化，使物流资源得到充分和合理的利用。它包括物流作业环节和物流管理全过程的绿色化。从物流作业环节来看，包括绿色运输、绿色包装、绿色流通加工等。从物流管理过程来看，主要是从环境保护和节约资源的目标出发，改进物流体系，既要考虑正向物流环节的绿色化，又要考虑供应链上的逆向物流体系的绿色化。

绿色物流模式与前面三种模式分类不尽相同，前面三种模式主要从参与者来确定模式类型，而绿色物流是从物流理念进行创新，在整个物流环节和管理中加入经济学、社会学和环境学的相关内容。绿色物流的最终目标是实现可持续发展，实现该目标的准则是经济利益、社会利益和环境利益的统一。

（二）绿色物流的意义

绿色物流的普及和发展对社会影响深远，企业和政府责任重大。发展绿色物流有很重要的意义。

▶ 1. 绿色物流是企业降低成本的必由之路

绿色物流将物流用品和物流设施重复利用，如物流系统中的托盘、包装箱、货架等资源消耗量大的用品和设施，能减少资源的浪费，起到降低成本的作用。

▶ 2. 绿色物流提高企业核心竞争力

中国加入WTO以后，国际物流业大量进入中国，竞争加剧，物流行业专业化水平不断提高，发展绿色物流已经成为衡量物流企业技术水平的一个重要指标，传统的粗放、浪费的运作方式势必被精细化运作方式所取代。

▶ 3. 绿色物流是物流企业与可持续发展之路的完美融合

可持续发展已成为全世界的共识，人类的经济活动不能以消耗大量的资源、破坏环境为代价，绿色物流的中心思想与可持续发展不谋而合，是物流企业未来的必经之路。

（三）绿色物流的构成

绿色物流由绿色运输、绿色包装及绿色流通加工三个子范畴组成。

▶ 1. 绿色运输

绿色运输是指各种运输工具采用节约资源、减少污染和保护环境的原料作为动力，从而减少资源浪费和环境污染。如采用电力或液化气等其他燃料代替燃油，或者采用太阳能作为动力，既节约了不可再生资源，也能减少废气排放。这些有利于资源节约和环境保护的原料和运输方式，还能得到政府的政策支持。

▶ 2. 绿色包装

绿色包装指在包装过程中采用保护环境的材料，或采用节约资源的包装方式。绿色包装的方式主要有以下几方面。

(1) 使用简化的包装材料，直接控制材料的浪费。
(2) 使用容易降解的材料制成包装，减少对环境的污染。
(3) 流通过程中使用能重复利用的包装，实现流通部门自身经营活动包装的减量化。
(4) 积极协助生产部门对包装材料进行回收和再利用。

▶ 3. 绿色流通加工

流通加工是指在流通过程中继续对流通中的商品进行生产性加工，以使其成为更加适合消费者需求的最终产品。流通加工具有较强的生产性，也是流通部门对环境保护可以大有作为的领域。绿色流通加工的途径主要分两个方面，一方面变消费者分散加工为专业集中加工，以规模作业方式提高资源利用效率，以减少环境污染，如餐饮服务业中对食品的集中加工减少了家庭分散烹饪所造成的浪费和空气污染。另一方面是集中处理消费品加工中产生的边角废料，以减少消费者分散加工所造成的废弃物污染，如流通部门对塑料、钢铁的集中加工，减少了分散丢弃带来的浪费。

第三节 电子商务物流的发展

一、我国电子商务物流需求和供给分析

（一）需求分析

电子商务物流在我国存在着巨大的市场需求。据《2012 年中国电子商务物流发展调查报告》显示，27%的电子商务企业日处理包裹量在 1 000~5 000 件，甚至有 14%的企业日处理包裹量达到 10 000 件以上。

（二）供给能力分析

目前，我国的电子商务物流有三类体系：以公路、铁路、航空、海陆、管道运输为代表的运输体系，以商品仓储与配送为主的配送体系，以及以包装、加工等业务为主的物流体系。总体看来，各个体系发展极不平衡，配送体系以申通等新型物流公司为代表，迅猛发展，管理和技术却较为落后，服务水平比较低，物流成本依然较高。运输体系方面，近几年基础设施有了较快发展，却仍然存在物流运输各自为政、浪费严重的现象。加工体系方面却发展缓慢，重视程度较低，包装和加工缺乏技术性，仍然停在落后的阶段。总之，我国电子商务物流还处于发展的初级阶段，还难以满足现代企业和电子商务对物流的需求。

据网经社——电子商务研究中心监测，2018 年全年，全国快递业务量达到 507.1 亿件，人均快件使用量为 36 件，较上年增加 7 件。我国快递业务量超过美、日、欧发达经济体之和，规模连续五年稳居世界第一，是第二名美国的 3 倍多，占全球快递包裹市场的

一半以上。2017年，中国电子商务服务业营收规模达到2.92万亿元，同比增长19.3%。其中，电子支付、电子商务物流、信息技术服务等支撑服务业态市场营收规模达1.1万亿元，增速为17.9%。

而极光大数据在《2018年电商行业研究报告》中指出用户对物流快递不放心。物流快递方面，没有任何一家电商平台的物流快递能使用户感到完全放心，用户认为京东、唯品会、拼多多、当当的物流速度较快，而淘宝、天猫、蘑菇街的快递员服务和态度好。如图6-6所示。

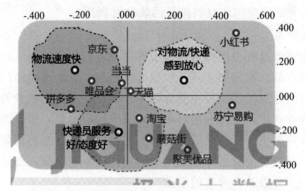

图6-6 物流快递用户评价 数据来源：极光调研

2017年，中国车货匹配平台市场规模超预计为1.6万亿，同比增长24.5个百分点。未来，随着公路物流的发展，加上行业本身市场集中度的提高，以及大数据、人工智能等技术的成熟，行业效率得到进一步加强，预计2018年将突破2万亿元大关。

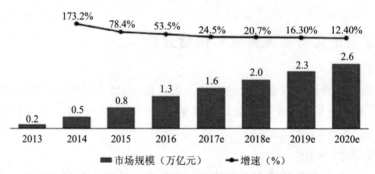

图6-7 2013—2020年中国车货匹配平台市场规模及增速

消费升级的主要表现之一，在于消费者对消费体验期望值的增加。即时物流由于快捷、便利的典型优势受到消费者的热捧，需求逐渐提升。2017年中国即时物流行业整体订单量预计达到89.2亿，增幅相较16年有所下降，但仍保持59.0%的较高增速。

从上述分析中可以看出，我国电子商务物流行业的现状是需求大于供给，快速发展的电子商务行业必然要求物流业能够承载更大的业务量及更高的服务水平，电子商务物流行业逐渐成为投资的热点，国外资本也加大了投资力度，在未来，本土物流企业与跨国物流企业的竞争会更加激烈，现代物流业这块蛋糕一定会随着电子商务的发展而做大做强。

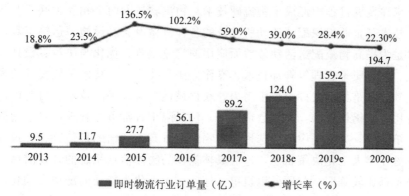

图 6-8　2013—2020 年中国即时物流行业订单量及增速

二、我国电子商务物流企业将面对国外物流公司的挑战

随着中国加入 WTO，快速发展的电子商务使外资物流企业纷纷进入中国，物流业已成为外资新的投资方向。目前，中国国际快递市场 60％ 以上的份额被 DHL、UPS、FedEx、TNT 等国际快递巨头占据，而其中 DHL 就达到了 37％ 的惊人份额。DHL 对亚太区的投资占到其全球投资的 1/3，而对中国的投资则超过对亚洲任何其他国家和地区。

另外，国外资本迅速注入传统企业的配送中心，如投资连锁超市配送中心、物流基础设施建设，投资采购中心，组建中外合资物流公司等。其方式较多是通过大型零售企业进入中国，从而建立大型零售企业的物流中心，并逐步将业务范围扩大到企业外部，如沃尔玛物流配送中心。或者是通过合资方式，为国内本土企业建立物流中心。以美国联邦快递与天津大田集团合作为例，双方共同组建大田联邦快递有限公司，业务已扩展到中国的 210 个城市，经营额每年以 30％ 的速度上升。

国外资本、物流技术和管理理念的注入，无疑会给我国本土物流企业带来新的技术和理念，但这是一把双刃剑，也会给我国企业带来巨大的挑战，甚至带来严重的影响。

面对这样激烈的竞争，信息产业部、外经贸部和国家邮政局先后几次颁布相关文件限制国际快递企业在华业务。包括联邦快递公司在内的全球四大快递企业向国家邮政局办理委托手续，从而保证其在中国的国际快递业务不受影响。面对来自国外物流企业的激烈竞争，我国物流业面临的发展压力和机遇日益突出，尽早做好全局性战略部署，将有利于中国电子商务物流业的健康发展。

三、电子商务物流发展建议

《2012 年中国电子商务物流发展调查报告》为我国发展电子商务物流提出了以下建议。

▶ 1. 新技术在储配业务上的应用

仓储和配送是物流环节中的重要组成部分。传统物流的仓储是以收保管费为商业模式的，希望自己的仓库总是满满的，这种模式与物流的宗旨背道而驰。电子商务物流以整合流程、协调上下游为己任，静态库存越少越好，其商业模式也建立在物流总成本的考核之上。所以在具体操作上如入库、出库、分拣、理货等，就需要充分利用新技术，以实现提高效率、节约成本的目的。

配送技术在发展过程中形成了物流硬技术与物流软技术两个相互关联、互相区别的技术领域。硬技术是企业组织配送活动所涉及的各种机械设备、设施、运输工具、信息设备等；软技术是为提高物流配送活动效益而应用的物流预测、优化与决策、设计、评价以及物流标准化、物流质量管理等管理技术、操作方法与技能。硬技术是软技术的强有力的支撑，而物流软技术是最能发挥硬技术潜力、获得最佳物流效果的技术。目前国内配送中心的计算机应用程度仍比较低，大多数情况下，仍只限于日常事务管理，对于物流配送中的许多重要决策问题，如配送中心的选址、货物组配方案、运输的最佳路径、最优库存控制等方面，还处在半人工化决策状态，适应具体操作的物流信息系统的开发滞后；物流设施的技术和设备都比较陈旧，与国外以机电一体化、无纸化为特征的配送自动化、现代化相比，差距很大。

▶ 2. 加强物流管理新理念的引入及实施

现阶段我国物流市场化、社会化的程度很低，第三方物流只在少数发达地区得到重视，物流企业缺乏先进的物流理念，直接制约了企业对新技术、新模式的引进和吸收。所以，我国发展电子商务物流，当务之急是引进发达国家和地区的物流理念，并将其付诸实施。

▶ 3. 人才是未来电子商务物流发展的关键

现代物流人才需要掌握的知识涵盖多个学科，包括经济学、工程学、运输学、管理学、计算机科学等，必须能够解决物流运作中的一系列问题，甚至还应有一定的外语能力，并能熟悉相关的政策法律知识。在我国，这样的物流人才严重不足，制约了现代物流的发展。这就要求我国的高等院校开设相关的专业，设置合理的课程与实践体系，培养出大批量的不同层次的物流人才，以适应现代物流发展的需要。

▶ 4. 重视服务质量，走物流营销之路

电子商务环境下的物流客户越来越重视服务质量。近几年，我国电子商务物流公司在数量上有了较大提升，同质化现象普遍，竞争也比较激烈。各个物流公司实力差距不大，价格非常接近，这对顾客来说，服务质量就成为一个更加重要的选择因素。服务质量对物流公司来说，是提升企业竞争力的重要因素，从而吸引更多的客户，以实现利润的提高。

▶ 5. 强化内控功能，重视运作细节

具有较强的内部控制能力对一个企业来说至关重要，对于运作流程较强的物流企业来说，更是重中之重。物流企业应做到：完善内部物流系统软件建设，加强信息记录的完备和录入的准确性及时性，使相关基础数据便于分类归集和分析，及时发现经营过程中存在的问题，为完善内控提供新的控制点。

▶ 6. 夯实管理基础，从功能向系统工程转变

物流企业要进一步重视基础管理，推进基础管理水平，夯实基础管理，提升核心竞争力和企业形象。管理事关企业核心竞争力和企业形象，千万不可小觑。尤其是基础管理，更要加强，不可削弱。管理要有系统的思想，不可各部门各自为政，而应该形成流程化管理的思想，推进管理系统工程。

▶ 7. 整合社会资源，打造业务共生圈

物流行业对基础设施的依赖性较强，依靠单个企业的力量难以提高物流竞争力，所以

物流企业应该充分整合社会资源,在科学合理的制度安排下,借助现代科技特别是计算机网络技术的力量,以培养企业核心竞争力为主要目标,将企业有限的物流资源与社会分散的物流资源进行无缝化链接,这样的动态管理运作体系,不仅提升对基础设施的建设,也能扩大业务规模,提高服务质量,合作共生,产生更大的社会经济效益。

▶ 8. 强化信息化建设,打造全时监控网络

电子商务物流离不开信息化的支持。现代物流的核心理念是用信息系统来整合对顾客、经销商、运输商、生产商、物流公司和供应商之间的管理,让物品的流动具有最佳目的性和经济性,从而提高整个社会资源的利用水平。在物流的运作中,要根据总目标的需要适时、适量地调度系统内的基本资源。物流系统中的相互衔接是通过信息予以沟通的,基本资源的调度也是通过信息共享来实现的。

第四节 电子商务下的国际物流

一、国际物流概述

在经济全球化的背景下,企业正在突破一国的限制而向多国发展,跨国企业也来越多,从而在外国采购原材料,在外国组装和建设配件中心的生产布局也开始出现,国际物流随之迅速发展起来。

国际物流就是组织货物在国际间的合理流动,也就是发生在不同国家和地区之间的物流。国际物流的实质是按国际分工协作原则,依照国际惯例,利用国际化的物流网络、物流设施和物流技术,实现货物在国际间的流动与交换,以促进区域经济的发展和世界资源优化配置。它是相对于国内物流而言的,是国内物流的延伸和进一步扩展,是跨国界的。流通范围扩大了物品的流通,也叫国际大流通或大物流。

国际物流由四个部分构成。

(1) 商品的全球采购,如商品的进出口。

(2) 与国际物流相关的物流活动,如国际运输、储存、货运保险等。

(3) 口岸物流,如海关仓库、集装箱货场作业、组配、加工等。

(4) 国际运输,转运货物,过境货物报关等。

二、国际物流的特点和分类

(一) 国际物流的特点

与国内物流相比,国际物流的复杂环境形成了国际物流运作的独有特点。

▶ 1. 国际物流需要国际贸易中间人

由于跨越国界,国际物流比国内物流更加复杂。因为不熟悉其他国家的社会、经济、政策和法律环境,也不熟悉其他国家办事的流程,本国企业物资想要进入其他国家流通,依靠自身力量很难实现,所以贸易中间人出现了。贸易中间人指专门从事商品贸易的代理机构或代理人。贸易中间人可以依据自身获得的资质,从事与货物运输合同有关的活动,如运输、储货(也含寄存)、报关、验收、收款等。例如,国际货物的运输是通过国际货物

运输服务公司代理货物的进出口运输，此外，报关行、进出口贸易公司和进出口经纪人等也接受企业委托，代理与货物有关的各项业务。是否涉及国际贸易中间人是国际物流与国内物流的一个重要区别。

▶ 2. 物流系统范围的广泛性

国际物流系统不仅具有物流本身的复杂的功能要素，如运输、存储、包装、配送等，而且还要面对不同国家、不同地区错综复杂的不断变化的各种因素。国际物流涉及广阔的地域空间和诸多内外因素，需要较长的时间，操作过程难度较大，并要面临较大的风险。

面对国际物流广泛的系统范围，信息技术成为一个关键的手段。现在信息技术和先进的物流信息系统能够实现对物流信息全面掌握，对物流流程精确控制，从而减少国际物流的风险性。从而使国际物流尽可能提高速度，增加效益，并推动其发展。

▶ 3. 国际物流具有复杂性

国际物流的复杂性主要是由各国之间经济、技术、政策、自然环境、管理方法、文化等差异造成。

（1）在经济与科学技术水平限制下，各国的物流技术和基础条件参差不齐，甚至有些技术根本无法应用，这将影响国际物流的整体布局。

（2）不同国家不同标准，也造成国际间"接轨"的困难，因而使国际物流系统难以建立。

（3）不同的政策和法律环境，使得国际物流更加复杂，也将给国际物流的开展带来困难。

（4）自然环境的优劣程度对国际物流业有重大影响，如地形、天气温度、人口密度等都将影响到国际物流的方式。

（5）企业管理方法和当地的文化习惯也给国际物流带来巨大的挑战。因而在国际间组织货物进行从生产到消费的合理流动，是一项复杂的工作。

因此，国际物流相对于国内物流来说要复杂得多，构建一个完善的物流体系也更加困难。

▶ 4. 国际物流具有高风险性

国际物流顺利运作，离不开物流标准化。如果没有统一的标准，国际物流水平就不能提高。国际物流所涉及的内外因素更多，所需时间更长。这些因素带来的直接后果是难度和复杂性的增加，即风险增大。

国际物流的风险性主要包括政治风险、经济风险和自然风险。政治风险主要指由于所经过国家的政局动荡，如罢工、战争等原因，造成货物可能受到损害或损失；经济风险又可分为汇率风险和利率风险，主要指从事国际物流必然要发生的资金流动，因而产生汇率风险和利率风险；自然风险则指物流过程中，可能因自然因素，如海风、暴雨等而引起的风险。

（二）国际物流的分类

国际物流的分类如下。

（1）根据货物在国与国之间的流向可以分为进口物流和出口物流。

（2）根据货物流动的关税区域可以分为不同国家之间的物流和不同经济区域之间的物流。

（3）根据跨国运输货物特性可以分为国际货物物流、国际军火物流、国际邮品物流、国际捐助物流或国际救助货物物流、国际展品物流和废弃物物流。

（4）根据国际物流服务提供商不同可以分为国际货运代理、国际船务代理、无船承运人报关行、国际物流公司和仓储配送公司。

三、电子商务下国际物流的发展战略

我国国际物流的构建与发展任重道远，为了提高我国国际物流体系的竞争力，使其更加合理高效，可以采取以下措施。

▶ 1. 总体布局，合理规划

首先应该扩大国际物流的规模，在基础设施等建设费用的基础上，可以实现规模经济；其次应合理布局国内外物流网点，使物流线路更加合理、经济、高效，从而缩短货物在途运输的时间和流程。总之，用全局的眼光布局物流网络，才能避免后续流程的浪费。

▶ 2. 采用先进的运输方式、运输工具和运输设施

我国主要的运输方式有陆路、水路和空路。而现阶段，作为国际物流主要运输方式的海运力量明显不足，航线不齐、港口较少，应积极进行船舶的现代化建设，以及船舶运输的流程改进，以节约更多的管理费用。另外，在国际物流中，空运虽然速度较快，但运输量有限，且成本较高，应全面加快空运公司的调整与优化，构建完善的现代航空运输体系，如优化机场布局、优化成本费用等。

▶ 3. 改进包装，扩大技术装载量

目前我国物流包装的材料多是引进技术或者模仿制造，运输包装技术水平低、质量不高，运输包装的质量曾出现过许多问题，造成大量产品损坏和损失；运输包装循环使用率也较低，浪费了大量资金；包装观念也较为落后，与发达国家还存在一定差距。我国改进产品运输包装和实行集装化运输的任务十分繁重而艰巨，应树立现代包装意识和观念，尽快建立起一批出口商品包装的工业基地，以适应国际物流系统对出口商品包装的特殊要求。

▶ 4. 加强国际物流信息网络的建设

信息技术在各行各业展现出巨大的生产力，在物流行业更是如此。国际物流中，信息系统建设尤为重要，信息系统可以加强物流过程的信息化处理，使其更加高效。在物流信息系统的建设中，应按国际标准化来设计，这样才能实现国际物流的信息共享；应加强电子商务与国际物流之间的紧密结合，建设成为一个信息共享的电子商务物流网络；应加强信息网络的设计与管理，使信息真正为物流过程提供有力的管理依据和决策支持。

可以预见，随着电子商务日益成熟，跨国跨区域的物流将日益重要。没有物流网络、物流设施和物流技术的支持，电子商务将受到极大制约，没有完善的物流系统，电子商务虽然能够降低交易费用，却无法降低物流成本，电子商务所产生的效益将大打折扣，只有大力发展电子商务，广泛开展国际物流合作，才能促进世界经济繁荣。

小结

物流是物品从供应地向接收地的实体流动过程。根据实际需要，将运输、储存、装卸、搬运、包装、流通加工、配送、信息处理等基本功能实施有机结合。电子商务物流又称网络物流，就是基于互联网技术，旨在创造性地推动物流行业发展的新商业模式。电子商务环境下的物流与传统物流相比，有其自身的特点，主要体现为信息化、自动化、网络化和柔性化。

电子商务物流的模式包括自营物流、第三方物流、第四方物流和绿色物流，这些模式都有其自身的特点和局限，要根据企业的特点进行选择。

我国发展电子商务物流，应注重新技术在储配业务上的应用，加强物流管理新理念的

引入及实施,重视人才、重视服务质量,强化内控功能,重视运作细节,夯实管理基础,整合社会资源,强化信息化建设。

国际物流就是组织货物在国际间的合理流动,也就是发生在不同国家和地区之间的物流。与国内物流相比,国际物流的复杂环境形成了国际物流运作的独有特点,所以,国际物流的发展要因地制宜,选择合适的战略。

思考题

1. 物流的内涵是什么?物流有哪些功能?
2. 试分析电子商务与物流的关系。
3. 分析自营物流的特点及适用情况。
4. 分析第三方物流的特点及适用情况。
5. 分析第四方物流的特点及适用情况。
6. 电子商务物流发展有哪些有效的建议?
7. 阐述国际物流的特点和分类。
8. 探讨电子商务环境下国际物流的发展战略。

案例分析

京 东 物 流

一、背景

价格风向标——越来越多的消费者开始注意传统卖场与网络商城之间的性价对比,越来越多的消费者开始从传统卖场转战网络商城,而京东商城的"超级低价"的口碑传播像病毒一样疯狂提高着京东的知名度。

疯狂领跑——2006—2008年,京东每年保持300%以上的增长率,2009年上半年,销售额已经超过去年全年。从2008年第二季度开始,京东已成为国内B2C企业的销售冠军。京东的销售业绩在五年时间内即打造成了单笔销售额过亿元的数字,作为电子商务公司,物流已经成为了它发展的掣肘,面对如此强大的销售额,京东理应拥有自己的自营物流系统。

咄咄逼人——根据京东最新物流政策,从2011年11月25日起,金额不足39元的订单收取5元运费,钻石级和双钻级用户可以继续享受全场免运费的特别优惠,虽然京东此举为了确保配送服务的质量,使消费者得到更好的配送服务,但更多的人对于京东如何面对电商寒冬表示担心,所以对于此京东更加需要加大对物流的投入。

政策扶持——2011年6月8日,国家出台物流国八条,决定从税收、土地政策、过路过桥收费和物流业投入等方面着手,进一步促进物流业健康发展,旨在推动降低物流企业成本,促进物流行业的良性发展。在整个背景环境的支持下,京东更没有理由拒绝自营物流系统的建设和发展。

京东转型B2C网购后2年多时间,由于订单绝对数量并不多,主要采用与第三方物流公司合作方式进行配送。鉴于各种因素以及业务的发展,第三方物流体系越来越不能满足京东配送需求(例如大件3C产品),京东开始考虑自建物流。京东商城CEO刘强东表示,无论过去还是现在,物流都是我们最大的挑战。公司能不能继续平稳地发展,就在于物流体系建设的成功与否。

二、京东商城简介

自2004年初正式涉足电子商务领域以来，京东商城始终坚持以纯电子商务模式运营，缩减中间环节，为消费者在第一时间提供优质的产品及满意的服务。

目前，京东商城拥有2 800万注册用户，近6 000家供应商，在线销售家电、数码通信、电脑、家居百货、服装服饰、母婴、图书、食品等11大类数万个品牌百万种优质商品，日订单处理量超过30万单，网站日均PV超过5 000万。

京东商城目前共有员工1.3万左右，其中占比最大的是物流和客服人员约为60%，业务和市场人员占比约为30%，技术团队不到1 500人，其余的是行政、人力资源、财务等。

1. 飞速发展，物流先行

2008年底，在获得2 100万美元融资后，京东网上商城董事局主席兼CEO刘强东就表示，该笔融资中的70%将用于物流配送环节的改善。根据战略规划，京东网上商城配送站网络将逐步覆盖至全国200座城市，并全部由自建快递公司提供物流配送服务。此外，北京、上海、广州三地共3万平方米的仓库在2009年到将扩大至6万～8万平方米，提高仓储吞吐量。并且，随着引进流水线及高科技作业设备。

业内人士分析指出，与美国、韩国等电子商务相对发达的国家相比，物流行业的落后是制约国内电子商务发展的重要原因。京东网上商城此举将为其保持高速发展提供强有力的支撑，并为行业发展指明了方向。

2. 资本注入，势不可当

京东商城综合实力在国内B2C网购平台中首屈一指，飞速发展和广阔前景赢得了国际著名风险投资基金的青睐。2007年，京东商城获得了来自今日资本千万美元的融资。2008年底，京东获得2 100万美元的联合注资，这为京东商城的高速发展提供了资金保障。2011年初，京东商城获得融资共计15亿美元，这对于正在发展的京东商城乃至中国电子商务行业具有非常积极的意义。

3. 用户体验，以人为本

京东商城提供了灵活多样的商品展示空间。依托多年打造的庞大物流体系，消费者充分享受了"足不出户，坐享其成"的便捷。2010年，京东商城在北京等城市率先推出"211限时达"配送服务，在全国实现"售后100分"服务承诺，随后又推出"全国上门取件""先行赔付""7×24小时客服电话"等专业服务。京东商城的服务系统正在逐步进行跨越性的升级。京东商城在为消费者提供正品行货、机打发票、售后服务的同时，还推出了"价格保护""延保服务"等举措。

三、京东业务中心布局及物流体系发展状况

1. 京东业务中心布局

京东初创时坚持在光磁产品领域发展，到2003年已成为中国最大的光磁代理商之一，销售量及影响力均名列前茅。之后受到非典影响，传统零售行业遭遇困境，京东放弃在全国开店计划，转而涉足网购。

2005年11月，京东日订单处理量突破500个，2006年1月，京东宣布进军上海，并于2009年12月8日下午，京东商城与上海工业区正式签署了投资协议，将在嘉定工业区建设一个占地200亩的京东商城华东区总部，以满足华东地区消费者快捷、优质的购物需求。此举也为嘉定工业区发展现代服务业、转变经济发展方式增添了"重码"。

2007年5月，京东广州全资子公司成立，开拓华南市场。同年8月，京东获得来自今日资本千万美元的融资。2008年年底，今日资本、雄牛资本以及亚洲著名投资银行家梁伯韬私人公司再次为京东注资2 100万美元，京东在全国业务布局加速。2009年10月，京东商城呼叫中心由分布式管理升级为集中式管理，并由北京总部搬迁至江苏省宿迁市。此外，自2009年后，京东陆续在苏州、杭州、南京、深圳等多座重点城市建立分部。

2010年10月，京东西南分公司成立。2010年12月，京东华中总部落户武汉。至此，从2004年开始到2010年，经过6年布局，京东基本完成对全国的业务覆盖，设立分公司的城市数量已达到125个。

京东总部设在北京，北京也是京东管理中心及采购中心。在发展过程中，京东分别在北京、上海、广州、成都、武汉设立了华北、华东、华南、西南、华中分公司，各分公司均同时拥有服务和物流系统。此外，京东建设的一级物流中心包括北京、上海、广州、成都、武汉，二级物流中心包括沈阳、济南、西安、南京、杭州、福州、佛山、深圳。全国客服中心仍在江苏宿迁。

目前，京东网络平台基础扎实，可升级性强。仓储物流能力有限、区域管控不强、财务基础薄弱、人力资源供应短缺是公司内部管理的四大问题。

2. 京东商城华东分公司

对于B2C平台来说，供应链的提速，则依赖于后台仓储物流体系的高效运转，因此京东不断加大对仓储物流后台的扩建。据了解，建成后的京东商城华东区总部将承担京东商城华东地区物流配送、仓储、售后服务等业务需要。通过此举，京东商城将进一步加强其全国性的物流服务体系布局，也为华东地区消费者带来更便捷、更优质的购物体验。京东商城总裁刘强东表示，入驻嘉定工业区的京东商城华东区总部将由京东华东仓储中心、配送中心、华东售后服务总部三部分组成。

而作为上海市级工业园区，嘉定工业区经过多年的开发建设，已吸引了来自世界40多个国家和地区的500多家投资商入户，项目总投资超过150亿美元，世界500强企业有30家，形成了汽车制造、科技电子、精密机械、新材料等为主导的先进制造业产业链，产业集聚效应凸显。

华东大区以上海为一线物流中心龙头，带领着南京、杭州二线物流中心服务于整个华东地区，但是和需求量发展迅猛的苏北、安徽地区相距较远，配送能力有一定局限性。

案例思考：

1. 结合京东物流，分析自营物流的优劣势。
2. 京东物流面临的挑战有哪些？

第七章 物联网

>>> 学习目标

1. 了解物联网技术基础。
2. 掌握物联网的定义、物联网的应用。
3. 熟悉物联网与电子商务的关系、物联网与物流的关系。

>>> 导入案例

生活中的物联网

通过晾衣架上装传感器，遇到下雨就自动收衣服。有甚者还可以在下班前发条信息，即可让家中的电饭煲开始煮饭……这一切可不是"开心农场"之类的网络游戏，它是实实在在将走入现实生活中的物联网，物联网让网络生活不再虚幻。出租车、车辆信息与公安局联网，"假如一个通缉犯上了车，马上就能被识别。这个是非常关键的，保护自身，也维护社会治安。"据出租车司机介绍，新租车用户要先在公司扫描身份证，公司专门建有档案。以前没有这个系统时，曾有一些出租车司机遇害。

思考：
1. 物联网从哪些方面改变了我们的生活？
2. 物联网对商业活动将产生哪些影响？

第一节 物联网概述

一、物联网的定义

物联网自诞生以来，引起人们极大关注，被认为是计算机、互联网、移动通信网之后的又一次信息产业浪潮。

物联网的概念最早出现于比尔·盖茨于1995年出版的《未来之路》一书，比尔·盖茨在此书中提及物联网的概念，但当时受限于无线网络、硬件及传感设备的发展，并没有引起世人的重视。

目前，比较能达成共识的就是物联网是麻省理工学院Ashton教授于1999年最早提出，该理念是基于射频识别技术（RFID）及电子代码（EPC）等技术，旨在互联网的基础上，再构造出一个实现全球物品信息实时共享的实物互联网，即物联网。它有两个内涵：第一，物联网的核心是互联网，它是在互联网基础上延伸和扩展起来的网络；第二，物联网用户端延伸和扩展到了任何物体与物体之间进行信息交换和通信。

2005年11月17日，在突尼斯举行的信息社会世界峰会（WSIS）上，国际电信联盟（ITU）发布了《ITU互联网报告2005：物联网》，正式提出了"物联网"的概念。根据国际电信联盟的描述，物联网是指通过在各种各样的日常用品上嵌入一种短距离的移动收发器，人类在信息与通信世界里将获得一个新的沟通维度，从任何时间任何地点的人与人之间的沟通连接扩展到人与物和物与物之间的沟通连接。

2010年出台的《国务院关于加快培育和发展战略性新兴产业的决定》将物联网作为战略性新兴产业的发展重点。《物联网"十二五"发展规划》提出，到2015年，我国要在核心技术研发与产业化、关键标准研究与制定、产业链条建立与完善、重大应用示范与推广等方面取得显著成效，初步形成创新驱动、应用牵引、协同发展、安全可控的物联网发展格局，推出了一系列鼓励政策。

我国有学者认为，物联网是一种"泛在网络"，这种泛在网就是利用互联网将世界上的物体都连接在一起，使世界万物都可以上网。因此，可以把物联网理解为：通过射频识别（RFID）装置、红外感应器、全球定位系统、激光扫描器等种种装置与互联网结合成一个全新的巨大网络，实现现有的互联网、通信网、广电网及各种接入网和专用网连接起来，实现智能化识别和管理。

广义上说，物联网与传感网构成要素基本相同，是对同一事物的不同表述，其中物联网比传感网更贴近"物"的本质属性，强调是信息技术、设备为"物"提供更高层次的应用服务，而传感网（传感器网）是从技术和设备角度进行的客观描述设备、技术的元素比较明显。

狭义上说，传感网特别是传感器网可以看成是"传感模块"和"组网模块"共同构成的一个网络，它仅仅强调感知信号，而不注重对物体的标识和指示。无线传感网（WSN）作为物联网的关键，由部署在监测区域内大量廉价的智能微型传感器节点组成，通过无线通信方式形成一个灵活的、自组织的网络系统，自动完成不规则分布的各种传感器与控制节点的双向无线组网，同时具有一定的移动能力和动态调整能力，目的是协作地感知、采集和处理网络覆盖区域中被感知对象的信息，并发送给观察者。无线传感网定义包含三方面的含义。

（1）传感网的感知节点包含传感器节点、汇聚节点和管理节点，具备无线通信与计算能力。

（2）大量传感器节点随机部署于需要感知的区域，这些节点能通过自组织方式构成分布式网络。

（3）传感器节点感知的数据沿其他传感器节点逐跳传输到达汇聚节点，再通过互联网等传输到管理节点。传感网拥有者通过管理节点进行配置、管理，收集监测数据及发布监测控制任务，实现智能化决策、控制。协作地感知、采集、处理、发布感知信息是传感网的基本功能。

可以看出，物联网作为目前备受关注的、涉及多学科高度交叉、知识高度集成的研究热点，综合了传感器技术、嵌入式计算技术、现代网络及无线通信技术、分布式信息处理技术等，实现了物理世界、计算世界以及人类社会三元世界的连通。它以最少的成本和最大的灵活性，连接任何有通信需求的终端设备，采集数据，发送指令。基于WSN，能实时监测、物联网则强调人感知物、强调标识物的手段，即除传感器外，还有射频识别（RFID）装备、二维码、一维码等。因此，物联网应该包括传感网，但传感网只是物联网的一部分。物联网是基于互联网的一种高级网络形态，它们之间最明显的不同点，是物联网的连接主体从人向"物"的延伸，网络社会形态从虚拟向现实的拓展，信息采集与处理从人工为主向智能化为主的转化，可以说物联网是互联网发展创新的伟大成果，是互联网虚拟社会连接现实社会的伟大变革，是实现泛在网目标的伟大实践。

"物联网+互联网"几乎就等于"泛在网"。所谓"泛在网"就是运用无所不在的智能网络、最先进的计算技术及其他领先的数字技术基础设施武装而成的技术社会形态，帮助人类实现在任何时间、任何地点、任何人、任何物都能顺畅地通信。从泛在的内涵来看，首先关注的是人与周边的和谐交互，各种感知设备与无线网络不过是手段。"泛在网"包含了物联网、传感网、互联网的所有属性，而物联网则是"泛在网"实现目标之一，是"泛在网"发展过程中的先行者和制高点。

根据上述比较分析，我们给出物联网的概念：通过各种感知设备和互联网，连接物体与物体的、全自动、智能化采集、传输与处理信息的，实现随时随地科学管理的一种网络。

二、物联网的基本特征

根据对物联网的理解，我们得出网络化、物联化、互联化、自动化、感知化、智能化是物联网的基本特征。

▶ 1. 网络化

网络化是物联网的基础。无论是机器到机器（M2M）、专网，还是无线、有线传输信息，感知物体，都必须形成网络状态，不管是什么形态的网络，最终都必须与互联网相连接，这样才能形成真正意义上的物联网（泛在性的）。

▶ 2. 物联化

人物相联、物物相联是物联网的基本要求之一。电脑和电脑连接成互联网，可以帮助人与人之间交流。而"物联网"，就是在物体上安装传感器、植入微型感应芯片，然后借助无线或有线网络，让人们和物体"对话"，让物体和物体之间进行"交流"。可以说，互联网完成了人与人的远程交流，而物联网则完成人与物、物与物的即时交流，进而实现由虚拟网络世界向现实世界的连接转变。

▶ 3. 互联化

物联网是一个多种网络、接入、应用技术的集成，也是一个让人与自然界、人与物、物与物进行交流的平台，因此，在一定的协议关系下，实行多种网络融合，分布式与协同式并存，是物联网的显著特征。与互联网相比，物联网具有很强的开放性，具备随时接纳新器件、提供新的服务的能力，即自组织、自适应能力。

▶ 4. 自动化

通过数字传感设备自动采集数据；根据事先设定的运算逻辑，利用软件自动处理采集到的信息，一般不需人为的干预；按照设定的逻辑条件，如时间、地点、压力、温度、湿度、光照等，可以在系统的各个设备之间，自动地进行数据交换或通信；对物体的监控和管理实现自动的指令执行。

▶ 5. 感知化

物联网在各种物体上植入微型感应芯片，这样，任何物品都可以变得"有感受、有知觉"，它主要依靠射频识别（RFID）、红外感应器、全球定位系统、激光扫描器等信息传感设备来实现。在物联网中，这些传感设备发挥着类似人类社会中语言的作用，借助这种特殊的语言，人和物体、物体和物体之间可以相互感知对方的存在、特点和变化，从而进行"对话"与"交流"。

▶ 6. 智能化

所谓智能，是指个体对客观事物进行合理分析、判断及有目的地行动和有效地处理周围环境事宜的综合能力。通过装置在各类物体上的电子标签，传感器、二维码等经过接口与无线网络相联，从而给物体赋予智能，可以实现人与物体的沟通和对话，也可以实现物体与物体互相间的沟通和对话。

第二节　物联网的技术基础

一、物联网的体系架构

物联网应用广泛，它是继计算机、互联网与移动通信网之后的世界信息产业第三次浪潮。物联网概念的问世，打破了之前的传统思维。过去的思路一直是将物理基础设施和IT基础设施分开：一方面是机场、公路、建筑物；另一方面是数据中心、个人电脑、宽带等。而在物联网时代，钢筋混凝土、电缆将与芯片、宽带整合为统一的基础设施，在此意义上，基础设施更像是一块新的地球工地，世界的运转就在它上面进行，其中包括经济管理、生产运行、社会管理乃至个人生活。

物联网是物物相联的网络，是在互联网的基础上，将其用户端延伸和扩展到任何物品与任何物品之间，它可以将我们身边的所有东西都连接起来，小到手表、钥匙以及各种家电，大到汽车、房屋、桥梁、道路，甚至那些有生命的东西（包括人和动植物）都连接进网络。这种网络的规模和终端的多样性，显然要远大于现在的互联网。如何实现物联网的末梢终端跟主网互联是非常重要的，本节将对物联网的体系架构及涉及的关键技术进行介绍。

物联网产业是多种产业的聚合，物联网技术也是多种前沿技术的融合。在信息获取、传输、存储、处理直至应用的全过程，诸如材料、器件、软件、网络、系统等各个方面都有其关键技术，只有勇于探索、有所创新、掌握其核心技术，才能促进物联网的健康发展。

物联网产业链可细分为物体标识、感知、处理和信息传送4个环节，所涉及的关键技术包括二维码、射频识别、传感器、智能芯片和电信运营商的无线传输网络等。

（一）物品标识技术

▶ 1. 二维码

二维码技术是物联网感知层实现过程中最基本和关键的技术之一。二维码也叫二位维条码或二维条形码,是用某种特定的几何形体按一定规律在平面上分布(黑白相间)的图形来记录信息的应用技术。从技术原理来看,二维码在代码编制上巧妙地利用构成计算机内部逻辑基础的"0"和"1"比特流的概念,使用若干与二进制相对应的几何形体来表示数值信息,并通过图像输入设备或光电扫描设备自动识读以实现信息的自动处理。

二维码技术优势与一维码相比,二维码信息容量大,能够把图片、声音、文字、指纹等可以数字化的信息进行编码并表示出来,为一维码信息容量的几十倍;另外,二维码容错能力强,具有纠错功能,译码时可靠性高,当二维码因穿孔、污损等引起局部损坏时,甚至损坏面积达50%时,仍可以正确识读,其译码错误率不超过千万分之一,远低于一维码百万分之二的错误率;此外,二维码还可以引入保密措施,其保密性较一维码要强很多,而与射频识别相比,二维码最大的优势在于成本较低。

《物联网"十二五"发展规划》中提出,二维码作为物联网的一个核心应用,物联网终于从"概念"走向"实质"。作为物联网和电子商务的关键应用技术,二维码识别技术在整个物联网的发展中是最好的实现手段。

目前,二维码主要应用于信息/价值流领域,即需要对标的物(即货物)的特征进行描述的领域,在该领域,由于用简单的代码(一维码)无法实现信息和属性描述功能,因此,必须采用二维码及射频识别技术。其中,射频识别由于成本高昂及安全性存在缺陷,限制了其在大部分领域的应用,鉴于此,二维码的应用较为广泛。目前,二维码广泛应用于海关/税务征管管理、文件图书流转管理(我国国务院正在推行机关的公文管理,采用二维码技术;同时,有出版社已正式公布将用二维码替代原有的图书一维码)、车辆管理、票证管理(几乎包含所有行业)、支付应用(如电子回执)、资产管理及工业生产流程管理、电子商务等多项领域。

▶ 2. 射频识别技术

射频识别技术是物联网中非常重要的技术,它是一种非接触式的自动识别技术,通过射频信号自动识别目标对象并获取相关数据,识别工作无须人工干预,可工作于各种恶劣环境。射频识别技术可识别高速运动物体并可同时识别多个标签,操作快捷方便。

一套完整的射频识别系统,是由阅读器、电子标签(即应答器)及应用软件系统3个部分所组成,其工作原理是阅读器发射特定频率的无线电波给应答器,用以驱动应答器电路将内部的数据输出,此时阅读器便依序接收解码数据,送给应用程序做相应的处理。

射频识别技术可应用到社会各个领域,如安防、物流、仓储、追溯、防伪、旅游、医疗、教育等领域,主要实现产品的识别、追踪、溯源等。

(二)传感器技术

人是通过视觉、嗅觉、听觉及触觉等感觉来感知外界的信息,感知的信息输入大脑进行分析判断和处理,大脑再指挥人做出相应的动作,这是人类认识世界和改造世界具有的最基本的能力。但是通过人的五官感知外界的信息非常有限,例如,人无法利用触觉来感知超过几十甚至上千摄氏度的温度,而且也不可能辨别温度的微小变化,这就需要电子设备的帮助。同样,利用计算机控制的自动化装置来代替人的劳动时,计算机类似于人的大脑,而仅有大脑而没有感知外界信息的"五官"显然是不够的,计算机也需要它们的"五官"——传感器。

传感器是一种检测装置,能感受到被测的信息,并能将监测感受到的信息,按一定规律变换成为电信号或其他所需形式的信息输出，以满足信息的传输、处理、存储、现实、记录和控制等要求。它是实现自动监测和自动控制的首要环节。在物联网系统中，对各种参量进行信息采集和简单加工处理的设备，被称为物联网传感器，传感器可以独立存在，也可以与其他设备一起呈现，但无论哪种方式，它都是物联网中的感知和输入部分。在未来的物联网中，传感器及其组成的传感器网络将在数据采集前段发挥重要的作用。

传感器是摄取信息的关键器件，它是物联网中不可缺少的信息采集手段，也是采用微电子技术改造传统产业的重要方法，对提高经济效益、科学研究与生产技术的水平有着举足轻重的作用。传感器技术水平高低不但直接影响信息技术水平，而且还影响信息技术的发展与应用。

（三）网络通信技术

传感器依托网络通信技术实现感知信息的交换。传感器的网络通信技术分为两类：近距离通信技术和广域网络通信技术。在广域网路通信方面，互联网，2G、3G 移动通信，卫星通信技术等实现了信息的远程传输，特别是以 IPv6 为核心的下一代互联网的发展，将为每个传感器分配 IP 地址创造可能，也为物联网的发展创造了良好的网络基础条件。没有网怎能叫物联网？IPv6 具有比 IPv4 大得多的地址空间。这是因为 IPv6 使用了 128 位的地址，而 IPv4 只用 32 位。IPv6 二进位制下为 128 位长度，以 16 位为一组，每组以冒号"："隔开，可以分为 8 组，每组以 4 位十六进制方式表示，例如，2001:0db8:85a3:08d3:1319:8a2e:0370:7344。有一种形象的比喻，说是 IPv6 可以保证每一颗沙子都有可以拥有一个 IP 地址，IPv6 决定了物联网能走多远。其余诸如二维码、条形码、RFID 这些都是属于终端技术。如果我们终端仅使用二维码、条形码，用来获取信息，这是基础的应用。但这只是物联，那么网呢？引入 IPv6，所有物品就可以真正的与你互动。引入各种移动互联网与云技术，所查询的各种终端信息将更全面。例如，你拿着支持 NFC 或安装了二维码、条形码应用的手机，扫过超市货架上一块牦牛肉，在没有网络的时候，你的手机将最多识别出这是时间地点物品等可以定义的信息。但是信息是否真实？如何验证？接入网络，通过云计算，有可能帮你追踪到这块牦牛肉来自于哪一头牦牛，运气好的话还能看到这头牛的照片……所以物联网，网是重点，脱机的数据没有意义。物联网与互联网结合的关键，就在于 IPv6。

▶ 1. 移动通信技术

移动通信是移动体之间的通信，或动与不动体之间的通信。移动体可以是人，也可以是汽车、火车、轮船、收音机等在移动状态中的物体。移动通信系统主要由空间系统与地面系统两部分组成，如卫星移动无线电台和天线、关口站、基站等。

1995 年问世的第一代模拟制式手机（1G）只能进行语音通话；1996—1997 年出现的第二代 GSM、TDMA 等数字制式手机（2G）便增加了接收数据的功能，如接受电子邮件或网页；第三代与前两代的主要区别是在传输声音和数据的速度上的提升，它能够要能在全球范围内更好地实现无缝漫游，并处理图像、音乐、视频流等多种媒体形式，提供包括网页浏览、电话会议、电子商务等多种信息服务，同时也要考虑与已有第二代系统的良好兼容性。第三代移动通信系统（IMT-2000）在第二代移动通信技术基础上进一步演进，是以宽带 CDMA 技术为主，并能同时提供话音和数据业务的移动通信系统，是有能力彻底解决第一、第二代移动通信系统主要弊端的最先进的移动通信系统。第三代移动通信系统的一个突出特点就是,要在移动通信系统中实现个人终端用户能够在全球范围内的任何时间、任何地点,与任何人,用任意方式,高质量地完成任何信息之间的移动通信与传输。

来自工信部的数据显示,2018年3月末,三家基础电信企业的移动电话用户总数达到14.7亿户,其中,移动宽带用户(即3G和4G用户)总数近12亿户,占移动电话用户的81.5%。4G用户总数达到10.6亿户,占移动电话用户的72.2%,较去年末提高1.9个百分点。4G最大的数据传输速率超过100Mb/s,这个速率是移动电话数据传输速率的1万倍,也是3G移动电话速率的50倍。4G手机可以提供高性能的汇流媒体内容,并通过ID应用程序成为个人身份鉴定设备。它也可以接受高分辨率的电影和电视节目,从而成为合并广播和通信的新基础设施中的一个纽带。此外,4G的无线即时连接等某些服务费用会比3G便宜。还有,4G有望集成不同模式的无线通信——从无线局域网和蓝牙等室内网络、蜂窝信号、广播电视到卫星通信,移动用户可以自由地从一个标准漫游到另一个标准。

早在2009年,华为就已经展开了相关技术的早期研究,并在之后的几年里向外界展示了5G原型机基站。华为在2013年11月6日宣布将在2018年前投资6亿美元对5G的技术进行研发与创新,并预言在2020年用户会享受到20Gbps的商用5G移动网络。

2013年2月,欧盟宣布,将拨款5000万欧元加快5G移动技术的发展,计划到2020年推出成熟的标准。

2013年5月13日,韩国三星电子有限公司宣布,已成功开发第5代移动通信(5G)的核心技术,这一技术预计将于2020年开始推向商业化。该技术可在28GHz超高频段以每秒1Gbps以上的速度传送数据,且最长传送距离可达2公里。相比之下,当前的第四代长期演进(4GLTE)服务的传输速率仅为75Mbps。而此前这一传输瓶颈被业界普遍认为是一个技术难题,而三星电子则利用64个天线单元的自适应阵列传输技术破解了这一难题。与韩国4G技术的传送速度相比,5G技术预计可提供比4G长期演进(LTE)快100倍的速度。利用这一技术,下载一部高画质(HD)电影只需十秒钟。

根据各国研究,5G技术相比4G技术,其峰值速率将增长数十倍,从4G的100Mb/s提高到几十Gb/s。也就是说,1秒钟可以下载10余部高清电影,可支持的用户连接数增长到100万用户/平方公里,可以更好地满足物联网这样的海量接入场景。同时,端到端延时将从4G的十几毫秒减少到5G的几毫秒。

正因为有了强大的通讯和带宽能力,5G网络一旦应用,仍停留在构想阶段的车联网、物联网、智慧城市、无人机网络等概念将变为现实。此外,5G还将进一步应用到工业、医疗、安全等领域,能够极大地促进这些领域的生产效率,以及创新出新的生产方式。

2018年世界移动通信大会于当地时间2月26号在西班牙巴塞罗那开幕,2018年的主题为"创造更好的未来"。2018年世界移动通信大会重点关注5G、物联网及人工智能等热门技术。目前包括三星、华为、诺基亚和高通等公司都已经开始进行5G网络测试,而在2018年平昌冬奥会上,5G网络也已经小范围测试使用。AT&T更是宣布从2018年下半年开始面向部分用户推出5G网络服务。2018年2月25号,华为也在巴塞罗那正式向全球发布首款符合全球权威通信标准的5G商用芯片——巴龙5G01,和基于该芯片的首款符合全球权威通信标准的5G商用终端——华为5G CPE。

▶ 2. Zigbee技术

Zigbee技术是一种近距离、低复杂度、低功耗、低速率、低成本的双向无线通信技术。它主要用于距离短、功耗低且传输速率不高的各种电子设备之间进行数据传输及典型的有周期性数据、间歇性数据和低反应时间数据传输的应用。与移动通信的CDMA网或GSM网不同的是，Zigbee网络主要是为工业现场自动化控制数据传输而建立，因而，它必须具有简单、使用方便、工作可靠、价格低的特点。

基于Zigbee技术的传感器网络应用非常广泛，可以帮助人们更好地实现生活梦想。Zigbee技术应用在数字家庭中，可使人们随时了解家里的电子设备状态，并可用于对家中病人的监控，观察病人状态是否正常以便做出反应。Zigbee传感器网络用于楼宇自动化可降低运营成本，如酒店里遍布空调供暖(HVAC)设备，如果在每台空调设备上都加上一个Zigbee节点，就能对这些空调系统进行实时控制，节约能源消耗。此外，通过在手机上集成Zigbee芯片，可将手机作为Zigbee传感器网络的网关，实现对智能家庭的自动化控制、进行移动商务(利用手机购物)等诸多功能。

(四) 定位技术

目前，定位技术有四大系统。

(1) 美国全球定位系统(GPS)，由28颗卫星组成(其中4颗备用)，分布在6条交点互隔60°的轨道面上，民用精度约为10米，军民两用，1994年布设完成能覆盖全球98%的24颗卫星。

(2) 俄罗斯"格洛纳斯"系统，由28颗卫星组成(其中4颗备用)，正式组网比美国全球定位系统早，2011年1月1日在全球正式运行，民用精度为10米左右，军民两用。

(3) 欧洲"伽利略"系统，计划由30颗卫星组成(其中3颗备用)，定位误差不超过1米，主要为民用，该系统建设一再推迟，截至2012年10月，第3、第4颗卫星升空，终于可以组成网络，初步发挥地面精确定位的功能。伽利略系统于2016年12月15日投入使用，截至2016年12月，伽利略导航系统在轨卫星达到18颗。德国《明镜》周刊15日报道称，伽利略卫星定位系统于2016年12月15日投入使用，并免费服务。欧盟委员会和欧洲航天局表示，到2020年，伽利略卫星导航系统在轨卫星将达到30颗，届时将向全球提供定位精度在1～2m的免费服务和1米以内的付费服务。

(4) 中国"北斗"系统，2012年12月27日正式对亚太地区提供无源定位、导航、授时服务。2017年11月5日，中国第三代导航卫星顺利升空，它标志着中国正式开始建造"北斗"全球卫星导航系统。2018年8月25日7时52分，我国成功发射第35、36颗北斗导航卫星，两颗卫星属于中圆地球轨道卫星，也是我国北斗三号全球系统第11、12颗组网卫星。北京时间19日晚22时07分，中国成功发射第37、38颗北斗导航卫星。这两颗卫星属于中圆地球轨道卫星，是中国北斗三号全球系统第13、14颗组网卫星。在这两颗北斗导航卫星上，还首次装载了国际搜救组织标准设备，将为全球用户提供遇险报警及定位服务。2018年12月27日，北斗系统服务范围由区域扩展为全球，北斗系统正式迈入全球时代。

虽然卫星定位系统可以实现全球覆盖，但在使用过程中，卫星信号可能在一些遮蔽物的阻挡下，无法正常接收，如地下停车场、地铁、建筑物内部、隧道、大桥等。而在这些地方，利用移动通信网络可以取长补短，弥补卫星定位的不足。基于全球卫星定位技术和移动通信网络发展起来的位置服务也越来越受到人们的关注。位置服务在交通、安防、电子商务方面也大放异彩。

第三节 物联网与电子商务

回顾现在的电子商务网络营销，在产品的生产、仓储、物流配送的进程等与产品流通相关的各个环节都存在较大的改进空间。网络营销过程中，遇到最多的客户投诉很多就集中在对产品质量的质疑、物流配送服务的质量上。而物联网将帮助网络营销实现对产品全程的可视化数据展现，让用户能够了解从产品生产、仓储到物流配送整个流程环节，对于提升用户的满意度和放心购物起到积极的作用。网络营销过程中的流程控制需要变革，而基于追求完美用户体验的变革将永远获得用户的拥护和支持。物联网是电子商务的产物，是电子商务的一种延伸，是传统物流与电子商务的结合。物联网是物流行业的发展趋势，对电子商务是一种促进。今天的物联网值得我们继续关注。

一、物联网对电子商务的影响

虽然物联网在今天或许还只是一个概念，但在各国政府的重视和 IBM 等一大批企业的推动下，成为现实只是一个时间问题。物联网的实现，在电子商务上有着多方面的应用，对电子商务企业经营管理、消费者购物等方面将具有十分重要的推动作用。

▶ 1. 完善产品质量监控

从产品生产（甚至是原材料生产）开始，就在产品中嵌入 EPC 标签，记录产品生产、流通的整个过程。消费者在网上购物时，只要根据卖家所提供的产品 EPC 标签，就可以查询到产品从原材料到成品，再到销售的整个过程，以及相关的信息，从而决定是否购买。彻底解决了目前网上购物中商品信息仅来自于卖家介绍的问题，消费者可以主动了解产品信息，而这些信息是不以卖家的意志而改变的。

▶ 2. 改善供应链管理

通过物联网，企业可以实现对每一件产品的实时监控，对物流体系进行管理，不仅可以对产品在供应链中的流通过程进行监督和信息共享，还可以对产品在供应链各阶段的信息进行分析和预测。通过对产品当前所处阶段的信息进行预测，估计出未来的趋势或意外发生的概率，从而及时采取补救措施或预警，极大地提高企业对市场的反应能力，加快了企业的反应速度。

二、物联网对电子商务物流的影响

RFID 技术在物流领域中应用于物料跟踪、运载工具和货架识别等要求非接触数据的采集和交换。基于 RFID 技术的电子商务物流功能主要体现在以下几个方面。

▶ 1. 仓储管理

将 RFID 系统用于智能仓库货物管理，有效地解决了仓库里与货物流动有关信息的管理，它不但增加了一天内处理货物的数量，还监督这些货物的一切信息。射频卡贴在货物通过仓库的大门边上，读写器和天线放在叉车上，每件货物均贴有条码，所有条码信息都被存储在仓库的中心计算机里，该货物的有关信息都能在计算机里查到。当货物被装走运往别处时，由另一读写器识别并告知计算中心它被放到哪个拖车上。这样管理中心可以实时地了解到已经生产了多少产品和发送了多少产品，并可自动识别货物，确定货物的位置。

2. 生产线自动化

用 RFID 技术在生产线上实现自动控制和监视，能提高效率、降低成本。例如，德国宝马汽车公司在装配线上应用射频卡以尽可能大量地生产用户订制的汽车。宝马汽车的生产是基于用户提出的要求式样而生产的，用户可以从上万种选项中选定自己喜欢的颜色、引擎型号及轮胎式样等，这样一来，装配线上就会配上百种式样的宝马汽车，如果没有一个有高度组织的、复杂的控制系统，是很难完成如此复杂的任务的。宝马公司在其装配流水线上配有 RFID 系统，使用可重复使用的射频卡，该射频卡上带有详细的汽车所需的各种要求，在每个工作点处都有读写器，这样可以保证汽车在各个流水线位置处能毫不出错地完成装配任务。

3. 分析和预测

企业通过 RFID 技术对物流体系进行管理，不仅可以对产品在供应链中的流通过程进行监督和信息共享，还可以对产品在供应链中各阶段的信息进行分析和预测。企业通过对物流信息进行分析，可以了解物流过程的各环节，发现各环节存在的不足，从而提出改进措施。通过对产品当前所处阶段的信息进行预测，估计出未来的趋势或发生意外的概率，从而及时采取补救措施或预警。作为分析和预测的信息来源，RFID 数据采集功能在电子商务物流中显得尤为重要。基于 RFID 技术的电子商务物流体系，对数据采集以及数据分析与预测具有巨大优势。

三、物联网对移动电子商务的影响

物联网的出现无疑给移动电子商务的推广应用带来一次革命性机遇。物联网可以为每一件货品提供单独的识别身份，然后通过无线数据传输让计算机网络随时掌握各式各样货品的详细信息。同时，物联网的出现也为移动电子商务的发展提供了良好的技术支持平台，在此基础上，这种全新的商务模式的优势才能得到充分的体现。

1. RFID 手机在移动电子商务中的应用前景

移动电子商务因其快捷方便、无所不在的特点，已经成为电子商务发展的新方向。美国旧金山负责跟踪移动通信产业发展状况的特利菲亚公司的总裁约翰·狄菲尔说："移动商务市场从长远看具有超越传统电子商务规模的潜力。"无线电子商务有超过传统有线互联网电子商务的能力，是因为移动电子商务具有一些无可匹敌的优势。美国冠群电脑公司移动电子商务产品管理总监谢涛玲认为："只有移动电子商务能在任何地方、任何时间，真正解决做生意的问题。"此外，手机支付作为新兴的费用结算方式，由于其方便性而日益受到移动运营商、网上商家和消费者的青睐。手机支付尽管只是最近几年才发展起来的支付方式，但因其有着与信用卡同样的方便性，同时又避免了在交易过程中使用多种信用卡以及商家是否支持这些信用卡结算的麻烦。消费者只需一部手机，就可以完成整个交易，深受消费者，尤其是年轻人的推崇。因此，全球采用手机支付的消费者不断增加。

移动电子商务在未来巨大的市场前景和手机支付的迅速发展为 RFID 手机的发展提供了广阔的市场空间。RFID 技术以及物联网的发展为手机支付解决了技术上的难题，两者的良好结合必然会促进移动电子商务迅速地取代传统的电子商务。

2. 发展限制因素及建议

目前，制约物联网发展的几个主要问题还都没有得到很好的解决，如成本过高、缺乏统一标准、识别率欠佳、隐私担忧等。

根据科尔尼公司的预测,使用 RFID 技术的成本大约为每个配送中心 40 万美元,每个店铺 10 万美元,另需要 3 500 万~4 000 万美元用于整合系统。然而,RFID 手机用户将会产生的庞大数据流量才是真正的阻碍。据估计,如果零售业的 RFID 工程实施起来的话,每天会产生 7TB 以上的数据流量,现有的无线网络系统无法处理这些如同海啸般涌来的数据。而这些数据还必须条理清晰、及时有效,所以需要代价高昂的投入。

当今市场的竞争主要体现在标准之争,谁掌握了标准就等于攫取了产业链中最为丰厚的利润。RFID 技术作为 21 世纪最具发展潜力的技术之一,其标准之争正进入白热化阶段。对于消费者隐私权的潜在影响也阻碍了 RFID 技术的发展进程。人们购买商品的情况很容易被一些机构或个人通过手机或其他无线读取器在远距离不接触的情况下获取,这对于个人隐私无疑是一大威胁。解决这些问题还需要时间、技术、社会关注等多方面的支持和保障,也许会为此经历一个长期的过渡阶段。实现 RFID 技术的大规模的应用,首先,要解决成本问题,只有 RFID 标签降到 3 美分以下才有可能应用于单件包装消费品。此外,RFID 阅读器也是一笔不小开支,这都需要技术的不断进步。其次,就是制定标准问题,标准是新的企业和国家的核心竞争力来源,标准是利益分配的工具,涉及标准的拥有者、管理者和使用者,涉及企业利益、产业利益和国家利益。标准是一种产业和经济的秩序,往往也是产业存在的技术方案。我国要想在 RFID 产业应用中占有一席之地就必须尽快制定本土标准,积极参与国际标准的制定和研究。

四、物联网对电子商务发展的推动及潜在问题

物联网是在"物"的基础上,将所有互联网商务活动中任何真实存在的东西变成"物"的对象,通过连接这些"物"形成一张真正高速运转的"网",它把以信息流为主导的电子商务活动过渡到"物"的管理阶段,从而实现电子商务运作水平整体的提升。也就是在电子商务体系里,人、资金、实体店、商品等均成为"物",这些"物"全部在一个"电子"系统或者"平台"中连接起来,所有数据(包括人的购物行为、资金从物化到虚拟化的电子支付、实体店的进销存和库存对接、实时的价格变化体系、商品的设计和生产周期、商品的配送等)被统一的"网"连接起来,实现数据的同步和实时处理以及信息的共享化和透明化,实现整个供应链系统的无缝链接来提升整个产业的水平。物联网对电子商务发展的推动作用主要体现在以下几个方面。

(一) 物流服务质量的提升

事实上,电子商务中出现的物流问题主要是企业和消费者对物流过程不能实时监控所造成的。物联网通过对包裹进行统一的 EPC 编码,并在包裹中嵌入 EPC 标签,在物流途中通过 RFID 技术读取 EPC 编码信息,并传输到处理中心供企业和消费者查询,实现对物流过程的实时监控。这样,企业或消费者就能实现对包裹的实时跟踪,以便及时发现物流过程中出现的问题,能有效提高物流服务的质量,切实增强消费者网络购物的满意度。

(二) 完善产品质量监控

在网络购物逐渐被人们接受的今天,仍有许多消费者对这种"看不见、摸不着"的购物方式望而却步。究其原因,除了网络安全、购买习惯等因素外,对产品质量不放心也是主要原因之一。相比而言,消费者觉得在实体店那种"看得见、摸得着"的购物比较踏实。消

费者对网络购物商品质量的疑问在物联网中将得到有效地解决。通过从产品生产（甚至是原材料生产、采购）开始，就在产品中嵌入 EPC 标签，记录产品生产、流通的整个过程。消费者在网上购物时，只要根据卖家所提供的产品 EPC 标签，就可以查询到产品从原材料到成品，再到销售的整个过程，以及相关的信息，从而决定是否购买。彻底解决了目前网上购物中商品信息仅来自于卖家介绍的缺陷。消费者可以主动了解产品信息，而这些信息是不以卖家的意志而改变的。

（三）改善供应链管理

通过物联网，企业可以实现对每一件产品的实时监控，对物流体系进行管理。不仅可对产品在供应链中的流通过程进行监督和信息共享，还可对产品在供应链各阶段的信息进行分析和预测。通过对产品当前所处阶段的信息进行预测，估计未来的趋势或意外发生的概率，从而及时采取补救措施或预警，极大地提高企业对市场的反应能力，加快企业的反应速度。

（四）改善网络营销过程

现在的电子商务网络营销，在产品的生产、仓储、物流配送进程等产品流通相关的各个环节都存在较大的改进空间。网络营销过程中，遇到的客户投诉很多就集中在产品质量的质疑、物流配送服务的质量上。而物联网将帮助网络营销实现对产品全程的可视化数据展现，让用户能够了解从产品生产、仓储到物流配送的整个流程环节，对于提升用户的满意度和放心购物起到积极的作用。

（五）推动移动电子商务的发展

移动电子商务（手机支付）是当前物联网比较切实可行的商业化方向。在众多移动支付技术之中，国家移动电子商务研发中心已经明确了射频识别（RFID）技术与终端结合的技术方案。这一方案被称为 2.4G 全卡技术方案。采用这一方案后，用户只需要更换新型的 RFID-SIM 卡就可以实现手机支付的非接触消费、空中充值、查询等功能。也就是说，用户不用更换专用手机终端就可以实现移动电子商务，使手机支付业务的门槛大大降低。除中国移动外，中国联通也于 2009 年 4 月在上海发布了基于非接触式通信（NFC）技术的手机支付业务；同时中国电信的移动电子商务业务从 2009 年 6 月起在上海等地开始试商用，只不过用户需要购买手机支付 SD 卡。从各方面来看，支持移动支付发展的条件已经成熟。

（六）使智能电子商务成为现实

未来在物联网环境下，每个物体均被植入一个可以获取信息并且发送信息的芯片，这让"冰冷"的物体会说话。虽然说背后是人在操控，但是确实是一个"物语"IT 时代的来临。家用电器组建自己的网络体系让协同工作成为可能，到时人们每天的日常起居生活都将成为物联网时代的生活。家里的冰箱可以根据事先的设定自动地发出订单，完成"补货"任务；洗衣机能识别衣服发送的信号，自动选择水温；上班族的公文包，会提醒主人忘了带什么；通过互联网或手机，可以远程操控家中的电器，使其根据需要工作。物联网时代让这一切成为可能，依附于物品的电子商务平台也将大变样，届时人们梦寐以求的智能电子商务将会实现。

物联网技术在电子商务中的应用，尽管可以有效改善支付问题、物流配送问题和产品质量不可控等问题，但是，目前物联网技术在电子商务领域的商业化运营还处于初级阶段，在技术、客户和行业运营等方面还面临着诸多难题。

1. 技术问题

物联网电子商务是把 IT 技术应用于电子商务中，具体地说，就是把"智能传感器"嵌入服装、书籍、饰品、手机，甚至是宠物、鱼虾、花草等物体中，然后将"物联网"与现有的电子商城整合起来，利用超级强大的蜂式计算机群，对网络内的商品、买卖双方、设备和基础设施实施实时的管理和监督，达到"自动化的智能状态"。

2. 客户消费能力问题

目前，电子商务购物网站中的主流商品依然是 IT、数码、服装、家居、音像等大众化产品。并且网上购物的购买门槛很低，任何收入阶层的客户都是目标客户，而同类产品的价格低是主要的竞争优势。但是，物联网电子商务购物网站中产品的"智能感应芯片"价值不菲，再加上技术平台、智能控制平台、终端设备，以及与之相匹配的智能处理功能的开发成本将会使产品的价格远远高于市场价格。即使将"智能感应芯片"做成了像价格为 30 元左右的手机卡一样普及，那么在网上购买袜子、衬衣、图书、光盘等生活类商品，价格优势也将荡然无存。因此，不能实现上述软件和硬件支持的免费化，产品的高价格将大大提高网上购物的门槛，所有上物联网购物的客户，就只剩下那些"有钱没时间"的高端人群了。

3. 运营门槛问题

目前，电子商务的人力成本和技术成本较低，可采取定制产品的运营模式，因此产品选择范围较广、赢利空间较大。对于物联网电子商务购物网站而言，物联网技术在电子商务领域还未形成有效的模块化、本地化、标准化、普适性的行业应用解决方案，因此降低产品成本，提高产品的市场竞争力是物联网市场化所面临的重要问题。产品的芯片由经销商提供并嵌入还是由网站购买并嵌入，均意味着一笔巨大的成本支出。产品芯片中信息的实时自动化如何实现，是否需自行配置强大的计算机群等均使得产品价格远超市场价格，对大多数低收入客户来说，购物网站已不再对他们开放，这将直接影响中国电子商务的发展。

第四节 物联网与物流

一、物联网对物流的影响

如果说当年人们所说的制约电子商务发展的三大因素还剩下什么没有解决的话，可能就要属物流了。在网络营销过程中，遇到的客户投诉很多就集中在物流配送服务的质量上。虽然和前几年相比，现在的物流网络已经有很大的改善，但在物流服务质量上还有很多不尽如人意的地方，诸如送错目的地、物流状态网络上查询不到、送货不及时等现象时有发生。这其中主要是由于企业和消费者对物流过程不能实时监控。

物联网自 2009 年火热起来之后，各界关于物联网的声音与日俱增。然而，物联网的成熟一方面来自产业的成熟；另一方面来自行业的需求，尤其是以物流领域为主。中国电信北京分公司公众客户部信息业务部经理翁昌亮在 2010 年增值电信业务合作发展大会表示："物联网目前以交流物流和公共事业为主要发展方向，从应用来讲，在公共事业监控以及交流物流信息采集、定位方面取得了一定的进展。"由此可见，物联网的发展离不开物流行业的支持。

早期的物联网又叫作传感网,物流业很早就开始应用了传感网的技术,物流领域是物联网相关技术最有现实意义的应用领域之一,特别是在国际贸易中,物流效率一直是制约整体国际贸易效率提升的关键环节,RFID物联网技术的应用将极大地提升国际贸易流通效率。如在集装箱上使用共同标准的电子标签,装卸时可自动收集货物内容的信息,从而缩短作业时间,并实时掌握货物位置,提高运营效率,最终减少货物装卸、仓储等物流成本。

随着信息技术和网络技术的发展,传统的物流已经不能满足快速发展的需求,物联网的诞生直接为现代物流业起了非常重要的作用。反之,物流也可以说是物联网发展的一块重要的土壤,极大加速了物联网的应用和发展。在传统物流运输中,运输的种类和风险、物流过程中的运输环节和动作方式以及物流企业的服务,都会影响物流运输的成本和质量。

二、物联网和物流的关系

(一)物流是物联网发展的基础

物流随商品生产的出现而出现,也随商品生产的发展而发展。尤其是近年来电子商务的热潮,更加速了物流业的迅猛发展。物联网的发展离不开物流行业支持。物流业最早就开始有效地应用传感网技术,比如RFID在汽车上的应用,都是最基础的物联网应用。可以说,物流是物联网发展的基础。

(二)物流是物联网的重要应用领域

一般认为,物联网的运用主要集中在物流领域和生产领域。特别是在国际贸易中物流效率一直是整体国际贸易效率提升的瓶颈,是提高效率的关键因素。

因此,物联网技术(特别是RFID技术)的应用将极大地提升国际贸易流通效率,而且可以减少人力、货物装卸、仓储等物流成本。

由RFID等软件技术和移动手持设备等硬件设备组成物联网后,基于感知的货物数据便可建立全球范围内货物的状态监控系统,提供全面的跨境贸易信息,货物信息和物流信息跟踪,帮助国内制造商、进出口商、货代等贸易参与方随时随地地掌握货物及航运信息,提高国际贸易风险的控制能力。

实践证明,物流与物联网关系十分密切,通过物联网建设,企业不但可以实现物流的顺利运行,城市交通和市民生活也将获得很大的改观。

(三)物联网对物流信息化的影响

所谓物流信息化,是指物流企业运用现代信息技术对物流过程中产生的全部或部分信息进行采集、分类、传递、汇总、识别、跟踪、查询等一系列处理活动,以实现对货物流动过程的控制,从而降低成本、提高效益。物流信息化是现代物流的灵魂,是现代物流发展的必然要求和基础。物联网技术的应用对物流信息化产生了巨大的影响。物联网对物流信息化的影响具体表现为以下几个特性。

▶ 1. 开放性

实践表明,物流信息化完全靠自己投资和管理的时代快要过去了,必须要有社会信息、外部信息的交换共享,同时还要有自身信息向社会发布的机会。在很多案例中,开放的系统整合外部信息,将自身的信息向外发布,而且还能够获得收益。原因就是传统的"二八法则"需要调整,80%的服务水平要想提高到90%,甚至95%,没有外部系统的沟通是很难做到的。在这个开放的过程中,物联网的一些热门技术,像定位技术、传感器技术等,将会成为实现开放性的关键技术手段。

▶ 2. 动态性

市场发展的动态性导致企业发展的重要需求就是适应快速变化的外部环境,提升精细化管理要求。目前,网络信息化管理以及物联网技术已经被运用到各行各业,现代化的货运物流市场更是离不开智能信息化管理和物联网技术。

当需要系统动态化的时候,定位信息服务将成为基础。定位信息就是采集的信息里包含识别和时空两个基本要素,定位信息捆绑其他状态信息构成物流动态管理的"信息元",上面可以加载其他管理信息,如温度、压力、湿度等信息。用传感技术捆绑,捆绑在什么信息上,就对什么做动态管理。所以,识别信息加时空信息成为一个捆绑的信息元,可以形成动态信息的公共服务。现在已经出现了非常多这样的位置服务公共信息平台。

据 DHL 业务拓展总监郑挚介绍,运输管理系统在物流行业应用了十多年,DHL 公司每辆车都配备 GPS 导航,每辆车的各种信息,包括车辆位置、载货信息等通过信息接口上传到网络,管理人员根据整个网络中的信息进行统筹管理,选择最佳的配货点,优化车辆的调配管理,并根据交通状况为车辆提供最佳的行驶路线,达到货物资源和运力资源的有效整合。

对于物流企业来说,除了成本以外,另一个最重要的方面就是运输货物的安全问题,尤其是一些高端物品或是一些特殊物品。货主会要求运输过程中的透明化,而运输管理系统对车辆的实时监控恰恰能满足这一要求。通过应用 RFID 射频识别技术,对货物进行标识,这样它们就可以把管理精确到每一件物品上,大大简化了管理流程,提高了管理效率。

▶ 3. 集中性

集中管理是各大企业信息化建设的一个重要趋势,物流信息化应用于网络资源的整合和流程的管理的趋势越来越明显。信息如果不集中是无法加工和提升的,因此,这种集中管理有利于提高信息的处理能力和服务能力,同时,信息加工服务的人才是稀缺的,只有集中起来才能够投资建设数据中心。

▶ 4. 物联网将提供商品追溯系统

在产品生产出来之后,厂商即为产品贴上"身份证"——RFID 芯片。芯片上记录了产品的生产厂商、生产日期等相关信息,商家只要将 RFID 芯片上的信息传输到互联网,消费者就可以查询到相关信息。物联网使网上零售商加强与电信运营商之间的合作,探索比较合理的新商业模式,发展多样化的支付业务,借助电信运营商分布极广的充值渠道,增加支付操作的便捷性与安全性。厂商无论采用什么方式销售产品,消费者都能很容易地和厂商取得联系,要求合理的支付售后服务。同时,厂商也可以通过读取商品上的 RFID 芯片来辨别商品是否为该厂生产,以此来决定是否要承担售后服务的责任,双方权责的明确,有利于消费者与商家之间的和谐相处,大大地提高了电子商务售后服务水平。

通过物联技术实现产品唯一的识别标志,不仅可以使用户有效地辨别商品,更加清楚地了解商品的具体来源,让用户能够了解从产品生产、仓储到物流配送整个流程环节的,对于提升用户的满意度和放心购物起到积极的作用,同时还可以降低用户被骗的风险,进一步提高用户消费的积极性。

(四)农业物联网关键技术在网上商城中的应用

据 2012 年 9 月 3 日《科技日报》报道,为进一步发挥国家现代农业科技城信息网联服务优势，北京市科委组织实施了"农业关键技术在网购型物流商城中的应用示范"的研究。该研究进行一年来，京东商城结合不同农产品特点和条码等不同识别技术的特性，应用农产品储存过程环境信息感知设备、无线网络设备、农产品库房管理平台等成果，京东实现商城物流过程信息采集与监测；以蔬菜生成过程数据、物流过程数据为来源，构建溯源中心数据库，开发具有产地定位、生产过程查询、物流过程监测等功能的溯源系统。

目前，京东商城已实现了水果、蔬菜、海鲜水产等多种优质商品在线销售，促成了十余家企业与京东商城顺利对接，并实现了商品的交易与展示，促进了京东商城快速扩大经营规模、提高了企业赢利能力。

在食品安全问题频出的今天，在网上买农产品如何能够放心？物联网技术解决了这个问题，通过数据库的追溯，消费者可直观地了解产品的产地位置、生产责任人、生产过程、检测等信息，实现流向可追踪、责任可追溯。信息化途径促进农产品网上销售，实现了生产可视化、物流可监控、产品可追溯，满足了消费者对食品市场安全、便捷的消费需求。

第五节 物联网的其他应用

一、物联网的出现对人类生活的影响

目前，我国物联网发展处于起步阶段，初步具备了一定的技术、产业和应用基础，呈现出良好的发展态势。目前，物联网与工业、物流、交通、电力、医疗几大行业的联系比较紧密，应用层面更加广泛和深入：在工业领域，物联网已在工业生产控制、产品质量管理等方面得到了良好的应用；在物流领域，食品、药品等物品仓储、运输、监测等多个环节都不断释放出对物联网的需求；在交通领域，通过在出租车及公交车上安装无线终端设备，实现对车辆的管理和调度；在电力行业，无线电表的远程抄表、对配电变压器的运行状态进行实时监测、用电检查、电能质量监测、负荷管理、线损管理、需求管理等应用正在逐步拓展；在医疗领域，面向病房、手术室、保健室等应用场景的物联网产品及解决方案正在日趋成熟。除此之外，物联网在智能家居、环境监测等领域的应用步伐也在不断加快。

（一）物联网的出现将促进生产力的发展，改变社会生活方式

从本质上看，物联网是生产社会化、智能化发展的必然产物，是现代信息网络技术与传统商品市场有机结合的一种创造。这种创造不仅可以极大地促进社会生产力发展，而且能够改变社会生活方式。

▶ 1. 物联网对社会生产方式必将产生深刻影响

物联网把信息网络技术、传感器技术等应用于各个行业、各个产业，组成一个庞大网络，使人们能够通过互联网监控处于庞大网络中的物品运行情况，从而实现对物的智能化、精确化管理与操作。物联网的发展不仅能使生产确保质量、流通实现有序高效、资源配置更加合理、消费安全指数大大提高，而且将催生新兴产业、新的就业岗位和职业门类。可以说，物联网的发展将使生产领域和流通领域发生革命性突进，使劳动产品更多地具有人的智慧，进而导致生产力和生产方式的变革。

▶ 2. 物联网对社会生活方式也将产生深刻影响

物联网是在互联网的基础上建立起人与物的充分沟通，在现代综合技术层面上达到人与物的智能化交流，这对社会生活具有非常重大而深远的意义。

（二）物联网可以大大推进信息技术元件的生产

物联网可以增加大量的就业机会，在物联网普及以后，用于动物、植物和机器、物品的传感器与电子标签及配套的接口装置的数量将大大超过手机的数量。按照目前对物联网的需求，在近年内就需要按亿计的传感器和电子标签，这将大大推进信息技术元件的生产，同时增加大量的就业机会。

（三）物联网被称为世界信息产业的第三次浪潮

目前，互联网仍在蓬勃发展，但随着互联网日趋普及，其发展空间也将越来越小，人们急需寻找一种能超越互联网的新技术。物联网被认为是未来网络技术发展的新亮点，它将催生一个庞大的新兴产业。据美国权威咨询机构弗雷斯特研究公司（Forrester）预测，到2020年世界上物联网业务将达到互联网业务的30倍。因此，物联网也被称为继计算机、互联网之后，世界信息产业的第三次浪潮。

二、物联网的应用前景

（一）物联网在电子商务领域的应用

在电子商务体系里，人、资金、实体店、商品等均成为"物"，这些"物"全部在一个"电子系统"或者"平台"中连接起来，实现了数据的同步和实时处理及信息的共享化和透明化，实现了整个供应链系统的无缝链接，从而提升商务流程的自动化和安全化。

新兴的移动电子商务，市场规模和赢利能力在快速发展的同时，也对传统电子商务产业的各个环节提出了新的要求，支付方式、物流配送、产品质量管理等方面的诸多问题成为影响电子商务发展的主要瓶颈。移动电子商务用户开始由原来的少数群体逐渐向普通消费者蔓延、渗透，其影响力也在逐渐增强，但在运营管理上却存在着不少问题。在订单环节，由于网上零售商户以中小卖家为主，库存更新的及时性低，导致在订单确认方面浪费了不必要的时间；在支付手段上，网上银行转账或线下自助终端进行充值等方式，对于偏远地区用户来说极不方便；在物流过程中，一旦因操作延误或者某些原因导致货物无法及时到达目的地时，消费者和卖家均不能及时了解货物的准确物流信息；在产品质量方面，用户专业知识的欠缺，没有能力准确辨别产品真假，也为部分造假、售假的商户提供了以次充好的可能。

现在的电子商务，在产品的生产、仓储、物流配送的进程等于产品流通相关的各个环节都存在较大的改进空间。而物联网技术在电子商务市场的应用，可以有效地改善目前移动电子商务市场在运营和管理中出现的各种问题。特别是近年来物联网技术与移动通信技术、互联网完善地结合，嵌入电子商务库存、物流、支付、产品质量管理等整体流程，提升移动电子商务的整体水平，让我们可以随时随地利用RFID射频芯片手机、PDA及掌上电脑等无线终端自如开展衣食住行、购物娱乐和商务谈判。

▶ 1. 物联网将使用户消费更方便、快捷

随着移动通信技术的发展以及通信设备的不断升级，越来越多的智能手机终端具有定位功能，而基于位置的服务也随之发展起来，其应用范围极为广阔。移动商务由于其个性化、移动性、普及性和使用方便等特性，成为电子商务中不可缺失的部分。移动电子商务

与基于位置服务相结合，则可以为用户提供更个性化、方便快捷的服务。

利用定位技术，手机用户只需通过手机输入目的地，手机就会选择一条最优的路线发送到手机上；用户还可以查看当前位置周边的相关餐饮、娱乐、休闲、银行、住宿、购物、医疗等方面的商家信息，还可以通过手机查询周边商家的优惠打折信息；用户购物时，可以扫描商品二维码查询商品价格及对不同商场进行比价，这些都会使用户的消费变得快捷简单。

▶ 2. 物联网将使支付方式多样化

在支付环节，网上零售商可加强与电信运营商之间的合作，探索比较合理的新商业模式，发展多样化的手机支付业务，借助电信运营商分布极广的充值渠道，增加支付操作的便捷性，降低用户的使用门槛。

随着技术的发展，电子商务支付方式的电子化、移动化是一个必然趋势，手机支付将最有可能成为撬动移动电子商务时代的支点。和网上支付工具支付宝、财付通、快钱不同，手机支付是以离线支付（现场支付）为基础的；和银行卡、信用卡等不同，手机支付立足点是解决小额支付的。将手机支付的芯片如 RFID 物联网智能芯片植入手机中，手机就成为现场支付、小额支付的工具。通过通信的作用即可把智能射频支付卡同时扩展到公交地铁、电子门票、门禁、身份识别、会员卡、优惠券等应用，变成了支付卡、民生卡、商务卡等多卡合一，我们也就进入了移动电子商务时代。

▶ 3. 物联网可以实现自动库存管理

通过物联网，电子商务企业可以实现对每一件产品的实时监控，对物流体系进行管理，不仅可对产品在供应链中的流通过程进行监督和信息共享，还可对产品在供应链各阶段的信息进行分析和预测。通过对产品当前所处阶段的信息进行预测，估计出未来的趋势或意外发生的概率，从而及时采取补救措施或预警，极大提高电子商务企业对市场的反应能力，加快企业的反应速度。

在电子商务的库存层面，物联技术可以通过对库存物品信息的实时感知，形成自动化库存，并达到整个网上零售营销体系实现共享的目的。这样一来，既可以降低管理成本、增加营销效率，还可以减少用户订单的确认时间，改善用户消费体验。

▶ 4. 物联网将实现安全物流

在物流领域，可借助物联网和 GPS 技术结合的方式，将配送包裹模块化，让消费者、网上零售商户和物流公司三方实时获悉货物的路线，利用无线视频系统，甚至还可以看到货物运输车辆的现场状态。

物联网通过对包裹进行统一的 EPC 编码，并在包裹中嵌入 EPC 标签，在物流途中通过 RFID 技术读取 EPC 编码信息，并传输到处理中心供企业和消费者查询，实现对物流过程的实时监控。这样，企业或消费者就能实现对包裹的实时跟踪，以便及时发现物流过程中出现的问题，有效提高物流服务的质量，切实增强消费者网络购物的满意程度。

（二）物联网在市政管理中的应用

城市的窨井盖丢失难寻是个老问题，但在物联网环境中，窨井盖丢失后会自动报警。城管人员赶到现场，通过 GPS 定位，相关数据会发送到数字城管平台上，指挥系统马上就能掌握窨井盖的类型及养护、管理单位。城管部门在户外广告牌上加装了传感器，从此户外广告牌的一举一动就会进入监控范围。遇到大风或雷雨天气，户外广告牌只要发生倾斜，甚至有坍塌危险，城管平台就会及时发现并指挥应急处理，消除安全隐患。一旦有人告知某地绿化隔离栏遭到破坏，管理单位立即进行处理，几秒之内就反馈、安排到位。

（三）物联网在农业科技管理中的应用

现在的温室大棚智能监控系统通过设置的传感器采集数据，电脑对大棚花卉的温度、湿度、光照、土壤含水量进行精确控制。工作人员可通过视频传感器，点对点远程控制大棚内的风机、天窗、遮阳布、灌溉等设施。只要将温度、湿度设定在一个范围内，智能监控系统在自动控制状态就可实现自动操作：温度高了，智能监控系统就会通过远程控制，打开顶窗或风机；温度低了，就会启动喷灌设施。通过手机无线上网，即使人在外地，也可实时监控大棚内的温度、湿度、光照等数据，直接看到花卉生产现场动态，一切都在掌控之中。只需点击手机屏幕，就可遥控现场，相当于给大棚装上了"千里眼"，科学又省时。

（四）物联网在健康领域的应用

"感知"并非虚拟而遥远的概念，对于出门在外的人，希望手机能随时收到家人的健康情况，这样在外地就放心了。此时的手机不再仅仅是手机，已经打上了物联网的烙印。家中配备健康保姆系统，病人测完血压，装有健康保姆软件的手机马上就能收到信息，并且与健康保姆系统即时连接，健康保姆可以马上进行专业分析，判断要不要就医。物联网不但可以连接的是物，还可以连接情感。

（五）智能家电

部分商家开始尝试智能家电了，电视通过家庭网络接收用户用手机应用发送的命令，为他们定时下载各种节目等，进行信息的收发与互动。

"物联网是将生活给拟人化了，万物成了人的同类"，不仅是同类，也是伙伴。将来有一天，物联网就像是一位闯入百姓生活的生活管家，帮人们打理着里里外外。从简单到复杂，物联网就是在人们的想象与需要中长大的。

小结

本章主要介绍了物联网的定义、技术基础和应用，讲解了物联网与电子商务的关系、物联网与物流的关系。

思考题

1. 物联网应用于哪些领域？
2. 物联网与电子商务有什么关系？
3. 为什么说物联网是移动电子商务的基础？

案例分析

可口可乐测试 RFID 自动装饮料机

近日，可口可乐着手测试一台 RFID 自动装饮料机 Freestyle 可提供 100 多种饮料，据该公司称这将改革整个饮料自动出售行业。Freestyle 采用 RFID 技术来识别 30 多个调料桶，判断各类调料的剩余量，并将相关数据传送给可口可乐，使公司及时了解哪一种饮料什么时候用完。

"我们认为 Freestyle 将给饮料自助行业带来一场革命",可口可乐的通信主管 Ray Crockett 称。这台设备不仅为消费者提供多种可口可乐饮料选择,他称,从苏打水到调味水,还能让公司实时了解到分布在美国各个饭店里饮料出售机的状况。

历经几年设计的 Freestyle 系统采用 RFID 确保各个调料桶的正常安装,防止假冒;如果可口可乐需要召回某个调料桶,设备可以立即停止出售含这种调料的饮料,公司 JET 项目组主管 Gene Farrell 称。

开发这套系统时,可口可乐考虑过几种方案来帮助公司追踪调料桶。每种饮料都是由几种配料组成,举个例子,可乐是由浓缩调味、加甜剂、水和碳酸盐组成。当顾客下单时,机器将这些成分以适当的比例混合,并注入顾客的杯子里。

调料是饮料的重要成分,追踪这些调料桶,确保它们的正确放置或使用是机器成功运作的关键。最初,JET Innovation 项目组考虑对每个桶粘贴条形码,然而条码应用有如下几种限制:首先,调料桶装机前,员工必须手工扫描每一张标签,这增加了额外的工作量;其次,条形码无法读取或记录使用数据,追踪调料桶的使用情况,或根据要求进行升级。

当调料桶在可口可乐工厂完成生产和灌装后,被粘贴一张无源 RFID 标签(公司拒绝透露标签的频段和标准,称之为商业秘密),工厂的阅读器接着对标签写入数据,如调料类型和数量。

当员工对 Freestyle 装桶时,一台 RFID 阅读器读取标签 ID 码及其他标签数据。如果机器配备的电脑确认标签 ID 码的有效性后,它解锁设备门,桶要安装的位置开始闪灯,员工接着打开门,将空桶移出,换上新桶。新桶安装时,机器内部一台 RFID 阅读器读取标签 ID 码。如果桶安装位置出错,机器将无法运行。

据 Farrell 称,单台 Freestyle 出售机含多台 RFID 阅读器,然而他拒绝透露确切数量。RFID 设施是这套系统最难开发的硬件部分之一,如何在这么狭小的地方保证标签不交叉读取,是一个充满智慧的设计,也是公司的商业秘密。Farrell 补充称,这台设备有多项设计需要申请专利。

选择饮料时,消费者在机器前端触摸屏上选择饮料的类型。每一次调料桶被使用时,出售机的阅读器在标签上写入相关数据,从而让系统计算出调料桶里剩余量。

而且,Freestyle 配备有蜂巢和电缆以太网功能,可与可口可乐位于亚特兰大的 Freestyle SAP 数据管理系统通信,向公司提供商业分析,机器可以将消耗最多的饮料类型、时间和地点数据上传,还可以接收网络指令。举个例子,如果一个调料桶需要召回,网络指令机器立即停止出售含这种调料的饮料。

可口可乐还计划在供应链管理采用 RFID 标签,在包装点,发货前 RFID 阅读器可以确认装载调料桶的箱子。这项技术还可以被用于调料桶循环项目。

案例思考:
1. 讨论 RFID 在防伪技术中的应用。
2. RFID 在可口可乐自动装饮料机的使用中有什么限制因素?

第八章 网络营销

> **学习目标**
>
> 1. 掌握网络营销的含义和特点。
> 2. 了解网络营销的产生与发展。
> 3. 理解网络营销与传统营销的关系。
> 4. 掌握网络营销的常用方法。
> 5. 懂得如何使用网络营销的常用方法。

> **导入案例**
>
> **布莱恩的吉他**
>
> 　　奥美互动全球CEO布莱恩是一位业余吉他爱好者，到目前为止他已经收藏了7把吉他，其中前6把吉他的购买过程基本上是一样的，翻阅《吉他英雄》杂志，找到自己心仪的款式，然后到乐器商店挑选、试弹和购买。在他购买第7把吉他的时候情况有了变化，虽然还是从《吉他英雄》上发现了一款看上去很酷的吉他，但是之后的购买过程发生了一些变化。他先是开始通过雅虎和吉他制造商的网站搜集这款吉他的相关信息，此外他还访问了一些提供第三方评估及跨厂商比价的独立购物社区和网站，同时还通过交互式在线吉他，用不同的特效及音乐风格"试弹吉他"，并录制了一张在线吉他试听带，最后他才到乐器店购买了这把吉他，还在店员的建议下订阅了制造商的电子目录，后来通过这种电子目录购买了一些吉他配件。
>
> 　　思考：布莱恩购买吉他过程的变化说明了什么？

第一节 网络营销概述

　　互联网作为双向交流的多媒体通信工具，被称为继广播、报纸、杂志、电视之后的又一新媒体，逐步受到广大商家和消费者的青睐。产品制造商、中间商、消费者、市场服务部门及政府管理部门进入互联网后，形成了一个名副其实的网络市场。既然有市场存在，就必然会产生营销活动。因此，互联网的不断深入发展带来了电子商务的发展，电子商务的发展带来了新的市场营销模式——网络营销。

网络营销产生于20世纪60年代，发展于90年代。由于具有信息的快速流动和资源的全面集成等功能，网络营销已经成为21世纪市场营销的核心内容之一。随着互联网影响的进一步扩大，人们对网络营销的理解进一步加深，网络营销不单单是一种营销手段，更是一种文化，是一种信息化社会的新文化，引导媒体进入一个新的模式。2018年4月11日，中国发布《世界电子商务报告》，报告显示，当前，全球网民人数已达41.57亿人，互联网普及率达54.4%，亚洲网民数占全球网民数的比重最高，达48.7%。网上巨大的消费群体特别是企业的商务习惯变化，给网络营销提供了广阔的空间，带来了巨大的商机。在欧美国家，90%以上的企业都建立了自己的网站，通过网络寻找自己的客户。

一、网络营销的产生

网络营销的产生是计算机技术和通信技术，特别是互联网技术的飞速发展，消费者价值观的逐步变革、企业竞争日益激烈等综合因素所促成的。随着互联网的不断发展，人们才开始认真思考和研究网络营销的有关问题，网络营销的概念也逐渐开始形成。网络营销的产生得益于以下几点。

▶ 1. 互联网技术的飞速发展提供了技术基础

互联网是一个集通信技术、信息技术、计算机技术为一体的网络系统，它之所以发展如此迅速，得益于它的三个优良特性：开放、快捷和廉价。互联网是一个开放的网络，任何人都可以入网，所有的信息流动皆不受限制，网络资源是共享的，它将入网的不同类型的网络和不同机型的计算机互联起来，构成一个整体，从而实现了网上资源的共享和网络信息的共享。在网络上没有地域的限制，也没有距离感。网络通信的速度是所有通信方式中最快的，从网络上可以最快捷地获得最新信息，同时网络不仅可以传输文字，还可以传输图像、声音、动画及视频。

满足消费者的需求是企业营销活动的核心。随着科技的发展，产品生产能力的迅猛增长，市场正由卖方市场向买方市场转变。消费者可以在品种多样的商品中进行选择，他们拥有众多的信息来源，通过充分的比较，可以在广阔的市场上搜寻到价格更低、质量更高的商品。消费者的观念也发生了很大的改变，他们的消费主动性增强了，不再是被动地等待推销，而是主动地通过各种可能的途径获取与商品有关的信息并进行比较分析，而且随着对消费者权益保护的意识越来越强，消费者对产品和服务的质量越来越挑剔。

在传统购物中会遇到交通安全问题、商场保安问题、礼貌服务问题、产品信息问题以及付款排队、打包等烦琐的购物过程，对工作压力大、时间紧张的消费者来说，提高购物的便利性将成为他们追求的目标之一。随着社会的进步、文明程度的提高，消费者的观念也在不断地变化，个性化消费逐步成为消费主流，消费者希望以个人心理愿望为基础，购买个性化的商品及服务，甚至要求企业提供个性化的定制服务。

▶ 2. 市场竞争的日益激烈推动了网络营销的发展

在网络经济时代，竞争方式正在发生重大变化，竞争对手不再局限于眼睛能看到的，而是有无数来自世界各地的看不见的竞争对手,厂商所拥有的大型商场、仓库及众多员工不再成为竞争的主要优势。现在的竞争是高科技的竞争,它会改变新财富分配的格局。网络营销为厂商在高科技的竞争中获胜提供了一个新的机遇。

目前,传统的营销店铺已遍地开花,其物理空间受到限制,在商业繁华地段的场地租用费可以说是寸土寸金,店铺与仓库的场地租用费及员工工资成为最重要的成本项目。高成本削弱了厂家的竞争力,影响了经济效率的提高。世界各地每天都有企业在破产,高淘汰率迫使厂商要降低成本,运用新的营销手段来提高竞争力。在这种形势下,不少厂商将目光转向网络空间,这里有着巨大的发展空间。开展网络营销可以节约昂贵的店铺租金,可以减少库存商品的资金占用,网络营销的经营规模也不受场地的限制,对传统企业而言,网络营销也是对传统营销模式的必要补充,所有的这些都可以降低经营成本,缩短营销周期,从根本上增强厂商的竞争力。

▶ 3. 经济全球化趋势为网络营销奠定了现实基础

经济全球化成为不可逆转的时代潮流,各国各地区的经济相互交织、相互影响、相互融合,形成全球统一市场。同时新技术革命正在产生,产品生产中的知识含量越来越高,产品的种类越来越多,产品的生产能力越来越强,产品的生命周期越来越短。网络营销有利于打破地区分割,使产品生产企业在较短的时间内迅速占领广大的市场。

互联网的商业化应用为网络营销的产生提供了技术基础,经济全球化为其提供了环境基础,激烈的市场竞争推动了网络营销的产生和发展,消费者需求观念的改变也拉动了网络营销的发展,所以网络营销的发展是由上述一系列综合因素促成的。

二、网络营销的含义与特点

网络营销是在市场营销的基础上发展起来的,因此与传统的市场营销有着密切的关系。要熟悉和掌握网络营销,就应该先了解市场营销。

(一)市场营销的含义

美国市场营销学教授菲利普·科特勒在《营销管理》中对市场营销做了如下的定义:市场营销是个人或群体通过创造并同他人交换产品和价值来满足需求和欲望的一种社会和管理过程。

要理解市场营销的含义,一定要把握以下几点。

(1)人类的需要与欲望是市场营销的起点,也是市场营销的目标。市场营销的最终目标是"满足需求和欲望"。

(2)"交换"是市场营销的核心。交换过程是一个主动、积极寻找机会,满足双方需求和欲望的社会过程和管理过程。因此企业不仅要提供质优价廉的产品和周到细致的服务,而且要设法保持良好的交换关系,以实现持续发展。

(3)市场营销是一种整体行为,是围绕消费者需求而开展的一系列活动的总称。营销活动能否顺利进行,取决于营销者的创造的产品和价值满足顾客需求的承担和交换过程管理的水平。

综上所述,市场营销可以概括为:它是通过市场交换及交易的过程达到满足组织或个人的需求目标的、综合性的经济活动过程,其目的是满足消费者现实或潜在的需求;市场营销的中心是促成交换活动的实现;实现交换的手段是开展综合性的营销战略和策略。

（二）市场营销的功能

1. 满足市场需求

在现代市场营销观念指导下的营销过程是始于市场、终于市场的。只有从需求出发生产的产品，才能受到消费者的欢迎。企业在满足需求的同时还必须引导需求、激发和创造需求。

2. 创新企业生产

通过市场营销活动，可以将消费者的需求和市场竞争的信息反馈到企业决策的生产系统，对生产起引导作用，以最大限度地满足消费者的需求。

3. 实现企业目标

在市场分析的基础上，选择最有利于企业发展，最有利于发挥企业优势的产品生产。通过市场营销活动，满足和扩大现实需求，挖掘潜在需求，增加市场销售，使消费者接受企业的产品，实现企业的目标。

（三）网络营销的含义与特点

1. 网络营销的含义

与许多新兴交叉学科一样，网络营销的定义在国内外一些网络营销的文献中没有一个统一的说法，这可以从网络营销这一名词的多样化中得到印证，如 cyber marketing、network marketing、E-marketing、Internet marketing 等。cyber marketing 主要是指网络营销是在虚拟的计算机空间进行运作；network marketing 是在网络上开展的营销活动，同时这里指的是网络不仅仅是 Internet，还可以是一些其他电子类型的网络，如增值网络 VAN；E-marketing 是指使用电子数据实施的营销活动，同时这里指的"电子"已经超出了网络营销的概念，但由于它与电子商务、电子虚拟市场等进行对应，所以也是目前一些研究者们比较习惯采用的提法；Internet marketing 是指在 Internet 上开展的营销活动，鉴于目前互联网络作为跨时空传输的"超导体"媒体，是信息时代中最具魅力的营销工具，因此，本章研究的范围将集中于基于互联网的网络营销。

为了理解网络营销的全貌，有必要为网络营销下一个比较合理的定义。从市场营销的角度出发，本章将网络营销定义为：网络营销，也叫网络市场营销，是企业整体营销战略的一个组成部分，是个人或组织以互联网络为核心平台，以网络用户为中心，以新的方式、方法和理念创造并与他人交换有价值的产品以满足自身的需求的一种社会活动的管理过程。它的出现是为了更有效地促进个人和组织交换活动的实现。

准确理解网络营销要把握以下几点。

（1）网络营销建立在传统营销理论之上。因为网络营销是企业整体营销战略的一个组成部分，网络营销活动不可能脱离一般营销环境而独立存在，网络营销理论是传统营销理论在互联网环境中的应用和发展。一个完美的网络营销方案，除了在网上推广之外，还很有必要利用传统营销方法进行网下推广。这可以理解为关于网络营销本身的营销，正如关于广告的广告。

（2）网络营销是一个管理过程。与传统营销一样，网络营销作为一种管理活动，是综合利用各种网络工具及方法，进而实现企业的经营目标的一个过程，是企业整体营销的一种方法和手段。

（3）网络营销的价值。网络营销的价值，就在于使企业与消费者能够更便利、更有效、更充分地进行价值交换。

（4）网络营销是以互联网络为载体的新营销方式、方法和意识的现代市场营销。在互联网上进行的营销活动就是网络营销。因此网络营销不只是某种网络工具、某种方法，而是综合各种网络资源形成一个系统发挥作用。网络营销有本身属于企业整体营销系统的一个于系统。

（5）网络营销是一种新的营销方式、方法。因此，企业开展网络营销，还要求掌握丰富的互联网知识，诸如搜索引擎、电子邮件、论坛、发布信息等。

▶ 2. 网络营销的特点

网络营销作为一种全新的营销方式，与传统的营销方式相比具有明显的不同，其特点如下。

（1）理论的交叉性。网络营销是在众多新的营销理念的积淀、新的实践和探索的基础上发展起来的。同时，它也吸纳了当代计算机科学、网络技术、通信技术、密码技术、信息安全技术、应用数学、信息学等多学科的综合技术和方法，成为了一门名副其实的交叉学科。

（2）市场的全球化。由于互联网络具有超越时间约束和空间限制进行信息交换的功能，减少了市场壁垒和市场扩展的障碍，从而使企业面临一个更为广阔的、更具选择性的全球化市场。

（3）价格的柔性化。只有实现价格优惠、价格公开，才能促使网络客户进行网上购物的尝试并做出购买决定。传统的营销，价格的变动总是经过一定的时间之后才能反馈给客户，而网络营销可以在第一时间将价格信息反馈给顾客。同时，相关的促销信息也可以及时发布，实现价格柔性。

（4）渠道的直接化。网络营销减少了许多营销环节，缩短了传统供应链，使传统的迂回模式变为直接模式，厂商通过网络直接与顾客进行联系和销售，使商品流通过程大为缩短，节省了大量时间，提高了运作效率。

（5）服务的大众化。企业通过网络连续不断地对位于世界任何角落的任意顾客提供全方位的服务，从而避免了企业因无法与每一位顾客沟通而不能满足其需求的可能，减少了顾客的不满意度。

（6）沟通的双向化。传统营销单向式的信息沟通方式，被网络营销中"一对一"的、具有双向交互式的沟通方式取代。消费者可以在网上主动选择感兴趣的信息、产品或服务，或向企业提出各种消费意愿。企业也可根据消费者反馈的需求信息，定制、改进或开发新产品。这种交互式的沟通方式是以消费者为主导的、非强迫性的。

三、网络营销的理论基础

一般认为，网络营销的理论基础主要是直复营销、网络关系营销、网络整合营销和数据库营销。

▶ 1. 直复营销

直复营销是20世纪80年代引人注目的一个概念。美国直复营销协会对其所下的定义是，一种为了在任何地方产生可度量的反应或达成交易所使用的一种或多种广告媒体的相互作用的市场营销体系。直复营销又称为直接营销 direct-marketing，它是个性化需求的产物，是传播个性化产品和服务的最佳渠道。直复营销中的"直"是指不通过中间分销渠道而直接通过媒体连接企业和消费者。网络上销售产品时顾客可通过网络直接向企业下订单付款；直复营销中的"复"是指企业与顾客之间的交互，顾客对这种营销努力有一个明确的回复（买还是不买），企业可统计到这种明确回复的数据，由此可对以往的营销努力进行评价。

▶ 2．网络关系营销

关系营销是以系统论为基本思想，把一切内部和外部利益相关者纳入研究范围，用系统的方法考察企业所有活动及其相互关系。由于互联网为了解消费者提供了更加便利的条件，因此使得关系营销又向前迈进了一步，随着企业和客户相互了解的增多，企业可以根据消费者的具体情况，只向消费者提供他们需要的产品和服务，即定制营销。

▶ 3．整合营销

网络营销首先要求把消费者整合到整个营销过程中来，从他们的需求出发开始整个营销过程。根据客户的行业背景分析、目标对象的特点、客户的实际情况及商业目的等进行综合分析，结合网络营销市场的现状与需求设计一套符合客户整体商业运作的策划方案，其中包括网站所属行业市场分析、目标对象分析、网站定位分析、栏目及页面分析、功能需求分析以及网站推广方案建议等一系列内容。

▶ 4．数据库营销

数据库营销，就是利用企业经营过程中收集、形成的各种客户资料的数据库，经分析整理后作为制定营销策略的依据，并作为保持现有顾客资源的重要手段。基于这个数据库的分析，能帮助企业确认目标消费者，从而更迅速、更准确地抓住消费者的需要，然后用更有效的方式把产品和服务信息传达给消费者，服务的过程本身就是营销的过程。

第二节　网络营销战略概述

美国市场营销学教授菲利普·科特勒的观点是，当一个组织清楚其目的和目标时，它就知道今后要往何处去。问题是如何通过最好的路线达到那里。公司需要有一个达到其目标的全盘的、总的计划，这叫战略。

一、一般竞争战略

企业战略一般分为三个层次：总体战略、经营战略和职能战略。

所谓总体战略，也叫公司战略，是企业最高层次的战略，一般都是指企业为了适应未来环境的变化，寻找长期生存和稳定发展的途径，并为实现这一途径优化配置企业资源，制定总体性和长远性的谋划与方略。网络营销战略属于职能战略层次。

目标指出向何处发展，战略则说明达到目标的基本打算。有关公司战略的研究是20世纪60年代最热门的研究领域之一。迈克尔·波特在其经典著作《竞争战略》中明确地提出了三种一般性竞争战略。波特认为，在与五种竞争力量的抗争中，蕴含着三类成功战略思想：总成本领先战略、差异化战略和市场聚焦战略。

▶ 1．总成本领先战略

总成本领先要求坚决地建立起有规模效应的生产设施，在经验的基础上全力以赴降低成本，抓紧成本与管理费用的控制，以及最大限度地减少研究、开发、服务、推销、广告等方面的成本费用。为了达到这些目标，就要在管理方面对成本给予高度的重视。尽管质量、服务以及其他方面也不容忽视，但贯穿于整个战略之中的是使成本低于竞争对手。

总成本领先地位非常吸引人。一旦公司赢得了这样的地位，所获得的较高的边际利润又可以重新对新设备、现代设施进行投资，以维护成本上的领先地位，而这种再投资往往是保持成本状态的先决条件。

▶ 2. 差异化战略

差异化战略是将产品或公司提供的服务差异化，树立起一些全产业范围中具有独特性的东西，实现差别化战略可以有许多方式，如名牌形象、技术上的独特、性能特点以及顾客服务、商业网络等方面的独特性。最理想的情况是公司在几个方面都有其差别化特点。

如果差别化战略成功，它就为企业建立起防御阵地，对付五种竞争力量，虽然其防御的形式与成本领先有所不同。波特认为，推行差异化战略有时会与争取占有更大的市场份额的目标相矛盾，因此推行差异化战略往往要求公司对于这一战略的排他性有思想准备。

▶ 3. 市场聚焦战略

市场聚焦战略是主攻某个特殊的顾客群、某产品线的一个细分区段或某一地区市场。正如差异化战略一样，市场聚焦战略可以具有许多形式。这一战略依靠的前提思想是公司业务的集中程度能够以高的效率、更好的效果为某一细分市场服务，从而超过在较广阔范围内竞争的对手们。波特认为这样做的结果是公司通过满足特殊对象的需要而实现了差异化，或者在为这一对象服务时实现了低成本，或者两者兼得。这样的公司可以使其赢利的潜力超过产业的普遍水平。

二、网络营销战略

根据波特的观点，企业战略模式的选择必须成为企业战略管理的核心。

网络营销战略是指企业以互联网络为媒介，以新的方式、方法和理念实施网络营销活动的计划。网络营销战略是企业战略的一部分。鉴于营销策略在目前企业发展中的地位，它实际上已成为企业战略的重点。在企业开展以互联网为媒介的营销活动中，企业要实现外部环境、企业实力与企业目标三者的动态平衡，主要依靠有效的网络营销战略。

(一) 网络营销战略目标

一般来讲，不同类型的企业有其不同的网络营销战略目标。

▶ 1. 销售型网络营销目标

销售型网络营销是指建造网站主要是为企业拓宽销售网络，借助网上的交互性、直接性、实时性和全球性为顾客提供方便快捷的网上销售点。目前许多传统的零售商都在网上设立销售点，如北京图书大厦的网上销售点。

▶ 2. 服务型网络营销目标

服务型网络营销主要为顾客提供网上联机服务，顾客通过网络可以进行远距离咨询、享受售后服务。目前大部分信息技术型公司都建立了此类站点。

▶ 3. 品牌型网络营销目标

品牌型网络营销主要通过网络营销替代传统营销手段、全面降低营销费用、改进营销效率，促进营销管理和提高企业竞争力。目前的戴尔、海尔等企业的站点属于此类型。

▶ 4. 混合型网络营销目标

混合型网络营销网站想同时达到上面几种目标。如 Amazon 通过设立网上书店作为其主要销售网络，既是销售型，又是品牌型，同时还属于提升型。

(二) 网络营销战略考虑重点

互联网使网络营销可以扩大企业的视野，重新界定市场的范围，缩短与消费者的距离，取代人力沟通与单向媒体的促销功能，改变市场竞争形态。企业网络营销战略的重点也相应体现在以下几个方面。

▶ 1. 顾客关系的再造

网络营销能否成功的关键是如何跨越地域、文化、时空差距，再造顾客关系、发掘网络顾客、吸引顾客、留住顾客，了解顾客的愿望以及利用个人互动服务与顾客维持关系。

▶ 2. 定制化能力

网络环境下，巩固顾客、扩大网上销售的重要战略手段是通过定制化营销，提升顾客满意度，如一对一地向顾客提供独特、个性化的产品或服务。

▶ 3. 建立营销伙伴关系

网络营销争取顾客的关键在于如何适时获取、分析、运用来自网上的信息，如何运用网络组成合作联盟，并以网络合作伙伴所形成的资源规模创造竞争优势。建立网络联盟或网上伙伴关系，就是将企业自己的网站与他人的网站关联起来，以吸引更多的网络顾客。

(三) 网络营销战略模式选择

目前，主要的战略模式选择有以下几种。

(1) 挽留顾客增加销售型，即顾客服务→增强与顾客的关系→留住顾客→增加销售。
(2) 利用信息刺激消费型，即有用信息→刺激消费→增加购买。
(3) 简化渠道、减少费用型，即购买方便→折扣→直接销售→减少管理费用。
(4) 客户参与、培育忠诚度型，即新的娱乐→促进顾客参与→重复购买。
(5) 提高知名度获取高额利润型，即提高品牌知名度→获取顾客忠诚→更高的利润。
(6) 数据挖掘深度开发型。

第 三 节 网络营销方法

一、搜索引擎营销

(一) 搜索引擎营销的含义

搜索引擎营销(search engine marketing, SEM)，就是根据用户使用搜索引擎的方式，利用用户检索信息的机会尽可能地将营销信息传递给目标用户。

传统营销需要选择目标市场，通过创造、传递、传播优质的客户价值，获得、保持和发展优质客户。而在互联网时代，网站由于其内容丰富，查阅方便、不受时空限制，成本低等优势受到网民及商家的喜爱，成为传递、传播价值的主要手段，并在获得、保持和发展客户方面呈现强大的潜力。所以网站的营销活动越来越丰富。

由于大量的网民在搜索过程中表达了真实的欲望和需求,对同一个关键词进行搜索的网民会呈现对特定信息强烈的兴趣倾向,推广商家可以通过购买特定的关键词来选取受众,并在不同的关键词页面上传达有针对性的信息。

对于一个企业网站而言,平均80%的新流量都是来自搜索引擎,以下是三家知名调查公司的统计数据。全球最大的网络调查公司CyberAtlas的调查表明,网站75%的访问量都来自于搜索引擎的推荐。美国权威顾问公司IMTStategies的调查结果表明:搜索引擎在引导用户到达企业站点的比例占到85%,而由自由冲浪、口碑宣传、Banner广告以及报纸、电视等媒体所带来的客户量仅有15%,全球每天有4亿人次使用搜索引擎。Web-SideStory公司调查研究,网站访问量的80%以上来源于搜索引擎。搜索引擎不仅仅可以给网站带来大量的流量,更重要的是,通过搜索引擎来的用户,其质量非常的高,这些用户很可能成为企业的客户。

(二)搜索引擎营销的分类

搜索引擎营销是网络营销的主要手段之一,对于网站推广、网络品牌、产品推广、在线销售等具有明显的效果。

搜索引擎营销方法包括搜索引擎优化、分类目录登录和关键词营销等。

▶ 1. 搜索引擎优化

自然搜索指的是搜索引擎找到与搜索请求最相关匹配网页的方法。自然搜索结果仅仅与搜索者所键入的搜索请求的相关程度有关,不会因为任何搜索引擎营销人员做出的支付而受到影响。搜索营销人员使用很多技术来改进网站在自然搜索结果中的表现,这些技术经常被称为搜索引擎优化。通过对网站栏目结构和网站内容等基本要素的优化设计,提高网站对搜索引擎的友好性,使得网站尽可能多的网页被搜索引擎收录,并且在搜索结果中获得好的排名效果,从而通过搜索引擎的自然检索获得尽可能多的潜在客户。搜索引擎优化包括网站内容优化、关键词优化、外部链接优化、内部链接优化、代码优化、图片优化、搜索引擎登录等。

▶ 2. 分类目录登录

分类目录列出了与它的主题类别列表中各主题最相关的网站列表。客户需要将网站提交给目录网站,以使网站显示在适当的主题类别之下。目录列表曾是最早的搜索付费载体,一般使用在目录网站上。目录网站是通常由编辑人工维护,按照主题来排列网站的站点。目录登录是最传统的网站推广手段。目前多数重要的搜索引擎都已开始收费,只有少数搜索引擎可以免费登录,但网站访问量主要来源于几个少数重要的搜索引擎,对于网络营销也没有太大的意义。

▶ 3. 关键词营销

所谓关键词,就是用户所关注信息中的核心词汇。用户通过搜索引擎查找关键词以找到自己期望的网页或网站。现在不少搜索引擎,如谷歌和百度等,充分利用用户对这些核心词汇的高度关注,在搜索结果的旁边显示相关的产品广告,这就是关键词广告。事实证明,关键词广告是一种成功率很高的宣传方式,成功率比其他网络广告高得多。

关键词营销分付费关键词广告和竞价排名。付费关键词广告是在搜索结果页面显示广告内容,实现高级定位投放,用户可以根据需要更换关键词,相当于在不同页面轮换投放广告。关键词广告是付费搜索引擎营销的主要模式之一,也是目前搜索引擎营销方法中发展最快的模式。不同的搜索引擎有不同的关键词广告显示,有的将付费关键词检索结果出现在搜索结果列表最前面,也有的出现在结果页面的专用位置。

关键词竞价排名是指网站付费后决定在搜索结果页面出现的位置,付费越高者排名越靠前。竞价排名服务,是由客户为自己的网页购买关键词排名,按点击计费的一种服务。客户可以通过调整每次点击付费价格,控制自己在特定关键词搜索结果中的排名,并可以通过设定不同的关键词捕捉到不同类型的目标访问者。与关键词广告类似,竞价排名方式也可以方便地对用户的点击情况进行统计分析,可以随时更换关键词以增强营销效果。国内最流行的点击付费搜索引擎有百度、雅虎和谷歌。值得一提的是,即使是做了按照点击收费(pay per click,PPC)付费广告和竞价排名,最好也应该对网站进行搜索引擎优化设计,并将网站登录到各大免费的搜索引擎中。基于网页内容定位的网络广告是关键词广告搜索引擎营销模式的进一步延伸。

(三)搜索引擎营销面临的问题

▶ 1. 搜索引擎优化市场混乱

搜索引擎优化进入我国市场后,一些网络营销公司主要是对企业的网站进行一定的修改,就说成所谓的网站优化。还有的专业公司不但规模不大而且技术一般。

▶ 2. 垃圾SEO较多,影响搜索引擎检索结果的价值

与搜索引擎垃圾类似,垃圾SEO也是指那些专门欺骗搜索引擎从而获得在检索结果中较好的排名的手段,不过有区别的是,垃圾SEO的主要目的是为了利用搜索引擎优化手段来牟利,严重影响了搜索引擎检索结果的价值。

▶ 3. 搜索引擎营销应用层次较低

国内众多企业对搜索引擎营销的应用处于较低层次,要么是购买搜索引擎广告,要么就是搜索引擎优化,或者就是只做网站推广,而没有把搜索引擎营销作为企业营销策略的一个组成部分。没有上升到战略的高度来应用搜索引擎营销。

▶ 4. 竞价点击率和业务达成率的转换率不高

搜索引擎营销的最终目标是将浏览者转化为顾客,促使业务达成,给企业带来订单。从目前的实际情况来看,用户点击搜索结果进入企业网站之后,业务达成率比较低,也就是说点击率和业务达成率的转换率较低。这是搜索引擎营销面临的最重要的问题。

二、许可E-mail营销

(一)许可E-mail营销的含义

电子邮件营销(E-mail direct marketing,EDM),是指在用户事先许可的前提下,通过电子邮件的方式向目标用户传递价值信息的一种网络营销手段。E-mail营销有三个基本因素:基于用户许可、通过电子邮件传递信息,且信息对用户是有价值的。三个因素缺少任何一个,都不能称之为有效的E-mail营销。E-mail营销是网络营销方法体系中相对独立的一种,既可以与其他网络营销方法相结合,也可以独立应用。

电子邮件营销通常涉及以下几个方面。

(1)以加强与商人和现在客户的合作关系为目的发送邮件,从而鼓励客户忠实于自己或者重复交易。

(2)以获得新客户和使老客户立即重复购买为目的发送邮件。

(3) 在发送给自己客户的邮件中添加其他公司或者本公司的广告。
(4) 通过互联网发送电子邮件。

"许可营销"理论由 Yahoo 营销专家 Seth Godin 在《许可营销》一书中最早进行系统的研究，这一概念一经推出就受到普遍关注并得到广泛应用，其有效性也得到许多企业的实践证实。

(二) 实现许可营销的五个基本步骤

实现许可营销有五个基本步骤，Seth Godin 把吸引顾客的注意到许可形象地比喻为约会，从陌生人到朋友，再到终身用户。

(1) 要让潜在顾客有兴趣并感觉到可以获得某些价值或服务，从而加深印象和注意力，值得按照营销人员的期望，自愿加入许可的行列中去（就像第一次约会，为了给对方留下良好的印象，可能花大量的时间来修饰自己的形象，否则可能就没有第二次约会了）。

(2) 当潜在顾客投入注意力之后，应该利用潜在顾客的注意力，比如可以为潜在顾客提供一套演示资料或者教程，让消费者充分了解公司的产品或服务。

(3) 继续提供激励措施，以保证潜在顾客维持在许可名单中。

(4) 为顾客提供更多的激励从而获得更大范围的许可，例如给予会员更多的优惠，或者要求会员参与调查，提供更加个性化的服务等。

(5) 经过一段时间之后，营销人员可以利用获得的许可改变消费者的行为，也就是让潜在顾客说"好的，我愿意购买你们的产品"，只有这样，才可以将许可转化为利润。

潜在顾客转化为真正的顾客并不意味着许可营销的结束，如何将顾客变成忠诚顾客甚至终身顾客，许可营销仍然将继续发挥其独到的作用。

(三) E-mail 营销的基本原则

垃圾邮件的泛滥使 E-mail 营销效果大打折扣，但是，梅塔集团表示，只要运用得当，发送电子邮件仍然不失为一种简单有效且成本低廉的营销手段。在营销活动中遵循一些基本原则，系统地规划使用电子邮件营销亦可以达到理想的效果。

▶ 1. 及时回复

在收到 E-mail 的时候，要及时回复，即使是"谢谢，来信已经收到"也会起到良好的沟通效果，通常 E-mail 应该在下一个工作日之内回复客户，如果碰到比较复杂的问题，要过一段时间才能准确答复客户，也要简单回复一下，说明情况。实在没有时间回复，可以采用自动回复 E-mail 的方式。

▶ 2. 避免无目标投递

采用群发的形式向大量陌生 E-mail 地址投递广告，不但收效甚微，而且会变为垃圾邮件，损害公司形象。

▶ 3. 尊重客户

不要向同一个 E-mail 地址发送多封同样内容的信笺，当客户直接或者间接地拒绝接受 E-mail 的时候，绝对不可以再向对方发送广告信件，要尊重客户，否则就是垃圾邮件。

▶ 4. 内容要言简意赅

客户时间宝贵，阅读 E-mail 的时候多是走马观花，所以信件要言简意赅，充分吸引客户的兴趣，长篇累牍会使客户放弃阅读。在发送前一定要仔细检查 E-mail 内容，语句通顺，没有错别字。

▶ 5. 附上联系方式

信件一定要有签名并附上电话号码，以免消费者需要找人协助时，不知如何联系。

▶ 6. 尽量不带附件

邮件内容能在正文里面显示，就不采用附件形式。

▶ 7. 尊重隐私权

征得客户首肯前，不得转发或出售客户名单与背景。

▶ 8. 避免撞车

在促销活动中，宣传渠道包括媒体、电子邮件、传统直邮广告(DM)、电话等，务必要统筹兼顾，事先协调以免同一个客户重复收到相同的促销信息，造成浪费。

▶ 9. 坦承错误

若未能立即回复客服的询问或寄错 E-mail，要主动坦承错误并致歉，否则，不但无法吸引客户上门，反而把客户拒之门外。

三、病毒式营销

（一）病毒式营销的含义

病毒式营销(viral marketing)，是一种常用的网络营销方法。病毒式营销利用的是用户口碑传播原理，在互联网上，这种"口碑传播"更为方便，可以像病毒一样迅速蔓延，因此病毒式营销成为一种高效的信息传播方式。它通过类似病理方面和计算机方面的病毒传播方式，即自我复制的病毒式的传播过程，利用已有的社交网络去提升品牌知名度或者达到其他营销目的。

病毒式营销是由信息源开始，再依靠用户自发的口碑宣传，达到一种快速滚雪球式的传播效果。它描述的是一种信息传递战略，经济学上称之为病毒式营销，因为这种战略像病毒一样，利用快速复制的方式将信息传向数以千计、数以万计的受众。

（二）病毒式营销的六要素

产生病毒式营销需要具备诸多的必要条件，美国著名的电子商务顾问 Ralph F. Wilson 博士将一个有效的病毒性营销战略归纳为如下六项基本要素。

（1）提供有价值的产品或服务。

（2）提供无须努力地向他人传递信息的方式。

（3）信息传递范围很容易从小向很大规模扩散。

（4）利用公共的积极性和行为。

（5）利用现有的通信网络。

（6）利用别人的资源进行信息传播。

（三）病毒式营销实施步骤

病毒式营销需要遵照一定的步骤和流程，成功实施病毒式营销需要如下五个步骤。

(1)病毒性营销方案的整体规划和设计。

(2)病毒式营销需要独特的创意，病毒式营销之所以吸引人之处就在于其创新性。

(3)对网络营销信息源和信息传播渠道进行合理的设计以便利用有效的通信网络进行信息传播。

(4)对病毒式营销的原始信息在易于传播的小范围内进行发布和推广。

(5)对病毒式营销的效果进行跟踪和管理。

上述成功实施病毒式营销的五个步骤对病毒式营销的六个基本要素从实际应用的角度做出了进一步的阐释,使其更具有指导性,充分说明了病毒式营销在实践应用中应遵循的规律。

四、微博营销

(一)微博营销的含义

微博,即微博客的简称,是一个基于用户关系的信息分享、传播以及获取平台,用户可以通过 Web、WAP 以及各种客户端组件个人社区,以 140 字左右的文字更新信息,并实现即时分享。最早也是最著名的微博是美国的 Twitter。

相对于强调版面布置的博客来说,微博的内容只是由简单的只言片语组成,从这个角度来说,对于用户的技术要求门槛很低,而且在语言的编排组织上,没有博客要求这么高。微博开通的多种 API 使得大量的用户可以通过手机、网络等方式来及时更新自己的个人信息。

微博营销是指通过微博平台为商家、个人等创造价值而执行的一种营销方式,也是指商家或个人通过微博平台发现并满足用户的各类需求的商业行为方式。微博营销以微博作为营销平台,每一个听众(粉丝)都是潜在营销对象,企业利用更新自己的微型博客向网友传播企业信息、产品信息,树立良好的企业形象和产品形象。每天更新内容就可以跟大家交流互动,或者发布大家感兴趣的话题,来达到营销的目的,这样的方式就是新兴推出的微博营销。

微博营销注重价值的传递、内容的互动、系统的布局、准确的定位,微博的火热发展也使得其营销效果尤为显著。微博营销涉及的范围包括认证、有效粉丝、话题、名博、开放平台、整体运营等。

(二)微博营销的特点

▶ 1. 传播速度快

微博最显著的特征之一就是其传播迅速。一条微博在触发微博引爆点后短时间内互动性转发就可以抵达微博世界的每一个角落,达到短时间内最多的目击人数。

▶ 2. 便捷性

微博只需要编写好 140 字以内的文案,经平台审查后即可发布,从而节约了大量的时间和成本。

▶ 3. 高技术性,浏览页面佳

微博营销可以借助许多先进的多媒体技术手段,用多维角度等展现形式对产品进行描述,从而使潜在消费者更形象直接地接受信息。

▶ 4. 操作简单

一条微博,最多 140 个字,只需要简单的构思,就可以完成一条信息的发布,操作简单。

▶ 5. 互动性强

能与粉丝即时沟通,及时获得用户反馈。

（三）微博营销的原则

▶ 1. 微博的数量不在多而在于精

建立微博的时候，定位好主题。微博讲究专注，杂乱无章的内容只会浪费时间和精力，所以要做精才会取得好的效果。

▶ 2. 个性化的名称

一个好的微博名称不仅便于用户记忆，也可以取得不错的搜索流量。企业如果建立微博，准备在微博上进行营销，那么可以用企业名称、产品名称或者个性名称来作为微博的名称。

▶ 3. 巧妙利用模板

一般的微博平台都会提供一些模板给用户，可以选择与行业特色相符合的风格，这样更切合微博的内容。

▶ 4. 使用搜索检索，查看与自己相关内容

每个微博平台都会有自己的搜索功能，可以利用该功能对自己已经发布的话题进行搜索，查看一下自己内容的排名榜，与别人微博内容对比。可以看到微博的评论数量、转发次数，以及关键词的提到次数，这样可以了解微博带来的营销效果。

▶ 5. 定期更新微博信息

微博平台一般对发布信息频率不太做限制，但对于营销来说，微博的热度和关注度来自于微博的可持续话题，我们要不断制造新的话题、发布与企业相关信息，才可以吸引目标客户的关注。我们刚发的信息可能很快被后面的信息覆盖，要想长期吸引客户注意，必定要对微博定期更新，这样才能保证微博的可持续发展。当然，长期更新新颖、受关注的话题，还可能被网友转发或评论。

▶ 6. 善于回复粉丝们的评论

积极查看并回复微博上粉丝的评论，被关注的同时也去关注粉丝的动态。既然是互动，那就得相互动起来，有来才会有往。如果想获取更多评论，就要积极的态度去对待评论，回复评论也是对粉丝的一种尊重。

▶ 7. ♯与@符号的灵活运用

微博中发布内容时，两个"♯"间的文字是话题的内容，我们可以在后面加入自己的见解。如果要把某个活跃用户引入，可以使用"@"符号，意思是"向某人说"，比如，"@微博用户欢迎您的参与"。在微博菜单中点击"@我的"，也能查看提到自己的话题。

▶ 8. 学会使用私信

与微博的文字限制相比较，私信可以容纳更多的文字。只要对方是你的粉丝，你就可以通过发私信的方式将更多内容通知对方。因为私信可以保护收信人和发信人隐私，所以当开展活动时，发私信的方式显得更尊重粉丝一些。

▶ 9. 确保信息真实与透明

企业做一些优惠活动、促销活动时，当以企业的形式发布，要即时兑现，并公开得奖情况，获得粉丝的信任。微博上发布的信息要与网站上面一致，并且在微博上及时对活动跟踪报道。确保活动的持续开展，以吸引更多客户的加入。

▶ 10. 不能只发产品企业或广告内容

有的微博很直接，天天发布大量产品信息或广告宣传等内容，基本没有自己的特色。

这种微博虽然别人知道你是做什么的,但是不会加以关注。微博不是单纯广告平台,微博的意义在于信息分享,要注意话题的娱乐性、趣味性、幽默感等。

五、博客营销

(一)博客营销的含义

要了解什么是博客营销,首先要知道什么是博客。博客最初的名称是 WeBlog,由 web 和 log 两个单词组成,按字面意思就是网络日记。博客这种网络日记的内容通常是公开的,自己可以发表自己的网络日记,也可以阅读别人的网络日记,因此博客可以理解为一种个人思想、观点、知识等在互联网上的共享。由此可见,博客具有知识性、自主性、共享性等基本特征,正是博客这种性质决定了博客营销是一种基于包括思想、体验等表现形式的个人知识资源,它通过网络形式传递信息。博客营销是利用博客这种网络应用形式开展网络营销的工具。公司、企业或者个人利用博客这种网络交互性平台,发布并更新企业、公司或个人的相关概况及信息,并且密切关注并及时回复平台上客户对于企业或个人的相关疑问以及咨询,并通过较强的博客平台帮助企业或公司零成本获得搜索引擎的较前排位,以达到宣传目的的营销手段。

博客营销并没有严格的定义。简单来说,博客营销是通过博客网站或博客论坛接触博客作者和浏览者,利用博客作者个人的知识、兴趣和生活体验等传播商品信息的营销活动。博客营销本质在于通过原创专业化内容进行知识分享争夺话语权,建立起个人品牌,树立自己"意见领袖"的身份,进而影响读者和消费者的思维和购买行为。

(二)博客营销的特点

博客营销具有以下特点。

▶ **1. 博客是一个信息发布和传递的工具**

开展博客营销的基础问题是对某个领域知识的掌握、学习和有效利用,并通过对知识的传播达到营销信息传递的目的。在信息发布方面,博客所发挥的同样是传递网络营销信息的作用,这是认识博客营销的基础。

▶ **2. 与企业网站相比,博客文章的内容、题材和发布方式更为灵活**

专业的博客网站用户数量大,有价值的文章通常更容易迅速获得大量用户的关注,从而在推广效率方面要高过一般的企业网站。博客方便、灵活的特点使得其有别于企业网站,可以作为企业网站内容的一种有效补充,也是对企业网站内容的一种转换,使之转换为更适合用户阅读和接受。如果博客拥有个人网站,也可以发布自己希望发表的任何信息,但是相对于博客网站来说,个人网站的影响力通常比较弱,而且在创建内容和品牌可信度方面有一定难度,合理利用博客工具有利于弥补个人网站宣传功能的不足。

▶ **3. 与门户网站发布广告和新闻相比,博客传播具有更大的自主性**

在门户网站和其他专业网站上通过网络广告或者新闻的形式进行推广,也是常用的网络营销方法,但是作为营销人员,自己无法主动掌握这些资源,只能将文章或者广告交给网站或者其代理机构来操作,这就对信息传播内容和方式等有较大的限制,而且往往需要支付高昂的费用。在这方面,博客的信息传递无须直接费用,是成本较低的推广方式。

▶ **4. 与供求信息平台的信息发布方式相比,博客的信息量更大,表现形式灵活**

在一些供求信息发布平台、专业门户等网站发布信息,是最基础的网络营销方式,博客文章的信息发布与供求信息发布是完全不同的表现形式，博客文章的信息量可大可小，完全取决于对某个问题描写的需要，并不是简单的广告信息。博客文章写作与一般的商品信息发布是不同的，在一定意义上可以说是一种公关方式，只是这种公关方式完全是有企业自行操作的，而无须借助于公关公司和其他媒体。

▶ 5. 与论坛营销的信息发布方式相比，博客文章显得更正式，可信度更高

在网络社区（如论坛等）发布信息，也是早期网络营销常用的方式之一。博客文章比一般的论坛信息发布所具有的最大优势在于，每一篇博客文章都是一个独立的网页，而且博客文章很容易被搜索引擎收录和检索，这样使得博客文章具有长期被用户发现和阅读的机会，一般论坛的文章读者数量通常比较少，而且很难持久，几天后可能已经被人忘记。所以，博客营销与论坛营销相比的优势非常明显。

（三）博客营销策略

▶ 1. 选择优秀的博客

在营销的初始阶段，用博客来传播企业信息首要条件是拥有具有良好写作能力的博客写手，博客在发布自己的生活经历、工作经历和某些热门话题的评论等信息的同时，还可附带宣传企业，如企业文化、产品品牌等，特别是当发布文章的博客是在某领域有一定影响力的人物，所发布的文章更容易引起关注，吸引大量潜在用户浏览，通过个人博客文章内容为读者提供了解企业信息的机会。这说明具有营销导向的博客需要以良好的文字表达能力为基础。因此企业的博客营销需要以优秀的博客为基础。

▶ 2. 协调个人观点与企业营销策略之间的分歧

从事博客写作的是个人，但网络营销活动是属于企业营销活动。因此，博客营销必须正确处理两者之间的关系，如果博客所写的文章都代表公司的官方观点，那么博客文章就失去了其个性特色，也就很难获得读者的关注，从而失去了信息传播的意义。但是，如果博客文章只代表个人观点，而与企业立场不一致，就会受到企业的制约。

▶ 3. 建立自己的博客系统

当企业在博客营销方面开展得比较成功时，则可以考虑使用自己的服务器，建立自己的博客系统，向员工、客户以及其他外来者开放。博客托管网站的服务是免费的服务，服务方是不承担任何责任的，所以服务是没有保障的，如果中断服务，企业通过博客积累的大量资源将可能毁于一旦。如果使用自己的博客系统，则可以由专人管理，定时备份，从而保障博客网站的稳定性和安全性。而且开放博客系统将引来更多同行、客户来申请和建立自己的博客，使更多的人加入企业的博客宣传队伍中来，在更大的层面上扩大企业影响力。

六、SNS 社区营销

（一）SNS 社区营销兴起的背景

SNS(social networking services)即社会性网络服务，如中国人人网、开心网等都是 SNS 型网站，这些网站旨在帮助人们建立社会性网络的互联网应用服务。SNS 营销是随着网络社区化而兴起的营销方式，SNS 社区在中国发展时间并不长，但是 SNS 现在已经成为备受广大用户欢迎的一种网络交际模式。SNS 营销就是利用 SNS 网站的分享和共享功能，在六维理论的基础上实现的一种营销。通过病毒式传播的手段，让企业的产品、品

牌、服务等信息被更多的人知道。网络社区营销是网络营销主要营销手段之一，就是把具有共同兴趣的访问者集中到一个虚拟空间，达到成员相互沟通的目的，从而达到商品的营销效果。网络社区有能力成为一个真正意义上的聚会的场所，在大多数情况下，可以取代人们在现实生活中的聚会场所。随着网络速度的提高，更多的用户开始全新的上网体验，轻松方便的电子商务通过口碑的力量进行大规模的网络营销。

随着社会化网络日益广泛而深入地融入生活，在学习和工作中，有一个新兴的群体——"社会化消费者"正在崛起。他们具有这样的特征：从信息渠道来看，SNS社区等社会网络成为他们重要甚至首要的信息渠道，从而取代传统的信息渠道，如电视、报纸、广播等；从信息内容来看，他们获得的信息越来越丰富、越来越多元化，包括产品、服务、品牌、价格等几乎所有与消费密切相关的方面；从与企业的关系来看，消费者正从被动转向主动，从单向接受信息转向双向交流信息，他们希望与企业平等对话。

"社会化消费者"频繁地通过SNS社区与朋友、同学、同事等互相交流，他们因为爱好相近，常常关注和交流共同感兴趣的产品或服务。当他们产生足够的购买兴趣时，常常会了解进一步的信息。数据显示，88%的网购消费者经常搜索其他消费者的口碑，80%的网购消费者经常搜索产品信息。这些信息已经成为他们进行消费决策极其重要的基础。当他们购买了产品或服务，这并不意味着消费行为的结束，通常还有一个常见的环节，即通过社会化网络分享自己的消费体验，这也算"社会化消费者"的独特之处。数据显示，84%的网购消费者经常跟朋友分享购物信息，这些信息又成为后来的消费者搜索的重要内容。如此反复，形成一个又一个社会化消费循环。

(二) SNS社区营销的含义

SNS社区营销是利用SNS社区的信息平台和人际网络，通过社区用户参与和传播展开的网络营销活动。SNS社区是新兴的网络社区，其最基本的特征是"以人为中心"，每个用户都拥有自己的主页展示个人的信息，包括文字、图片、视频等。用户与用户之间建立各种联系形成一个个人际网络。每个用户发布、转发的信息都可以通过人际网络传递给与他建立联系的其他用户，依此类推形成链式传播，信息被扩散开来。

SNS社区营销是一种全新的营销模式，其核心是消费者深度参与到营销活动中，他们成为信息产生和传播的主体，而不像以往仅仅只是被动、单向地接受信息。在SNS社区中，消费者可以自主地与其他成员建立朋友关系和互动交流。随着社会关系数量的增加和范围的扩展，消费者与社区成员之间形成基于SNS社区的社会网络。消费者的信息行为嵌入这个社会网络之中，消费者的信息交流行为容易产生"网络效应"。

同时，碎片化的信息随着消费者之间的对话互动地展开，通过社会网络快速传播开来。在SNS社区中，消费者每次发布的信息内容长度受到一定限制，这在客观上决定了信息内容（即信息行为客体）具有碎片化特征。由于信息内容简短，消费者通常能够在较短的时间内完成浏览、检索、选择等行为。

(三) SNS社区营销的特点

SNS社区营销等社会化营销与以往的营销模式相比，具有独特之处。

▶ 1. 成本更低

它依托于互联网，通过人际网络传递信息，而不必像基于电视、报纸等媒体的营销需要投入巨大的成本。

2. 传播更精准

电视、报纸等属于大众传播，主要依靠媒体广泛的覆盖面传递信息，并不能确保所传递的内容是受众感兴趣的内容，传播效果因而大打折扣。社会化营销主要是通过社会网络传递信息，信息通过人际关系进行过滤和分流，并且在传递过程中不断融入人际之间的信任，传播效果明显提升。

3. 更容易形成口碑

这是信息基于社会网络传播的衍生结果。值得关注的是，口碑已经成为影响消费决策的关键因素。麦肯锡调研发现，64％的中国消费者认为口碑影响其消费决策。

SNS社区营销等社会化营销的特点意味着，企业对传播渠道、传播内容和传播效果的控制弱于其他形式的营销，很大程度还取决于消费者的行为。这要求企业在进行社会化营销时，有必要转变传统的营销观念，采用符合社会化消费者需求和社会化媒体特征的全新方式。

因为SNS社区营销具有诸多的优越性，其价值正获得越来越多企业的关注。数据显示，56％的500强企业开通了Facebook账户，这些企业通过多样化的社会网络与自己的客户互动交流。

（四）常见的SNS社区营销方式

最常见的SNS社区营销方式有三种。

1. 植入式广告以应用形式进行的活动营销

在SNS社区中植入品牌或产品，通过互送礼物、答题、猜谜等方式，吸引用户关注并传播植入的内容，从而引发病毒式传播。这种植入方式将品牌信息以最自然的方式充分、有效地传达给用户。以中国农业银行在开心网的传播为例。开心网在热门组件"开心餐厅"中，将农行的特色业务与游戏环节巧妙结合，用户在"开心餐厅"随机领取建造"农行金e顺体验馆"，通过答题也可以赢取奖励。同时，将农行特色业务以故事情节的形式植入餐厅的好友帮助环节。活动期间，用户累计"建造"农行体验馆349万个，进入体验馆并参加答题的人次达到1842万次，是体验馆建造数量的5.3倍。

2. 互动营销活动

企业通过SNS社区，可以围绕新品发布、节日庆典、重要事件等组织互动营销活动。因为SNS社区跨越地域、文化等，能吸引众多社区用户，如果策划和执行得当，其效果将远远超过线下在商场、广场等地点进行互动营销的效果。

以大众新甲壳虫汽车的产品发布为例，甲壳虫在开心网上展开了一场主题为"秀你颜色，异彩传承"的城市色彩选拔赛。用户只要向甲壳虫账户上传"你认为可以代表城市色彩的照片"或"你和城市的合影"，就有机会用行动决定你所爱城市的色彩。成功上传照片并制作成代表城市色彩的甲壳虫汽车赠送给开心网的好友，就有机会赢取"开心币"，更有机会获得大众汽车提供的新甲壳虫三个月免费使用权；用户的作品有可能被制作成真实车贴，与大众汽车新甲壳虫"城市印象"主题车贴共同在全国巡展。活动结束后，用户成功制作甲壳虫个数超过10万，赠送甲壳虫礼物超过70万，参加抽奖总次数超过60万，活动页浏览总数超过95万。以上衡量营销效果的各个关键指标均达到十万级别，显示互动促销取得的良好效果。

3. 品牌社群小组

品牌社群是指围绕某一特定品牌的消费者自发形成的群体，他们对这个品牌有着独特的情感和高度的认可。另一个流行的说法是"品牌粉丝"，在 SNS 社区可以建立以品牌为主题的群组，吸引品牌的粉丝聚在一块交流、分享。

以人人网的苹果学院群组为例，这个群组的用户超过 30 多万人。在这里，用户可通过与苹果的产品结为好友等行为获得积分，有了积分他们可以购买苹果的虚拟物品，还有机会参与抽奖，积分最高者可获得苹果的产品；用户通过与苹果实体零售店或苹果产品结为好友，可随时获得苹果产品和苹果实体店的最新消息，如哪个实体店有优惠信息，苹果产品的最新升级信息等。这就充分利用了 SNS 网络的优势，让用户与企业产品之间形成了一个沟通的渠道，而当用户登录 SNS 网站的时候，可方便看到苹果产品或零售店的最新消息，对于企业营销产品而言，这个比接收邮件方便而且有效。从零售店的访问页面和用户浏览看，北京某一地区一个零售店的好友近 2000 人，从留言效果看，很多用户也表示愿意去实体店看看。这样不仅仅是品牌的推广，也从实际上推动了销售。

以上是最常见的三种 SNS 社区营销方式，随着 SNS 社区营销不断推陈出新，新的营销方式层出不穷。及时关注和分析这些新的营销方式和典型案例，是学习 SNS 社区营销最好的方式之一。

（六）网络社区营销的主要问题

在互联网发展的早期，网上专业的商业社区还比较少的情况下，一些 BBS、新闻组和聊天室曾经是重要的营销工具，一些早期的网络营销人员利用网络社区发现了一些商业机会，甚至取得了一些成就。

但是，实际上网络社区营销的成功率是非常低的，尤其是作为产品促销工具时。另外，随着互联网的飞速发展，出现了许多专业的或综合性的 B2B 网站，其主要职能就是帮助买卖双方撮合交易。因此，一般的网络社区的功能和作用也发生了很大变化，网络营销的手段也更加专业和深化，网络社区的营销功能事实上已经在逐渐淡化，而是向着增加网站吸引力和顾客服务等方向发展。当我们利用网络社区进行营销时，要正视这一营销方式的缺陷。不过一个优秀的社区在网站中所起的作用仍然不可低估，在可能的情况下，当规划和建设自己的网站时，应尽可能将网络社区建设作为一项基本内容。

1. 用户是谁

按照前面说的三种不同类型定位，社区的目标用户也不同。

2. 考虑人力

社区维护量很大，尤其是公开社区，有负面舆论风险，当会员发表负面内容怎么办？有没有人力维护？社区是所有人上还是局部人上，社区注册人是网站授权还是全部放开所有人都能上，就要考虑社区的作用，一般企业都完全有能力支付这笔费用的，但是做了以后具体是实现市场、销售还是服务目的？负责社区的主管会考虑他做这个社区是否有功劳，是否有业绩贡献，而问题是社区和很多部门有关联，不是完全独立的，可能市场人员需要跟踪，服务部门需要支持，这样就比较困难，如果没有上层支持很可能达不到效果，还影响各部门同事间关系。

3. 数据库的整合

数据库的整合包括线上和线下，也就是目前来说最困难的一点。大规模企业用户数据库整合不是技术上的问题,而是部门间协调难度。数据库整合一定是一把手工程,为整体销售来服务。

七、视频营销

(一)视频营销的含义

20世纪50年代早期,超过30%的家庭观看NBC(美国全国广播公司),而到了2012年这一比例降到了5%。随着电视观众群向视频的转移,营销方面的资金也更多地投入视频领域。2018年8月20日中国互联网络信息中心发布第42次《中国互联网络发展状况统计报告》,报告显示,2018年上半年中国网络视频用户规模为6.09亿人,占整体网民的76%。由于宽带环境建设等外围因素的推动,视频网站自身不断丰富内容建设,以微博、社会化网络等社会化媒体平台为代表的社会化分享加快了网络视频的传播范围。从英国的"苏珊大妈",到中国的"旭日阳刚""军大衣哥",伴随着上述在线人物在网络视频的传播,中国网络视频用户规模不断扩大,目前已成为第五大互联网应用。

网络视频是指视频网站提供的在线视频播放服务,主要利用流媒体格式的视频文件,可以在线直播或点播的声像文件。YouTube是全球著名的视频网站,可供网民下载观看及分享短片,在在线视频领域,它一直保持着领先地位,并造就多位网上名人,并激发了网上创作,已经成为了世界上访问量最大的视频播客类网站。国内外知名的视频网站包括YouTube、优酷、土豆、酷6、网易视频、搜狐视频和新浪视频等。网络视频的分界岭在2005年,随着宽带的普及、计算机运行速度和性能的不断提高及视频共享网的出现,Flash格式引爆了用户对在线视频的激情。对于网络视频而言,奥巴马就职典礼的视频在网上风靡一时。

近年来,网络视频营销呈现三种明显的趋势,突出表现在以下方面。

(1)品牌视频化,越来越多的企业通过视频营销的方式,把自己的品牌展现出来。

(2)视频网络化,在网络空间之中,特别是社会化媒体平台的兴起,视频网络化更为明显。

(3)广告内容化,不同于传统广告,嵌入内容的广告消费者更愿意接受,常见于企业的产品功能展示、品牌文化诠释等。

网络视频营销指的是企业将各种视频短片以各种形式放到互联网上,达到宣传企业品牌、产品以及服务信息的目的的营销手段。网络视频广告的形式类似于电视视频短片,它具有电视短片的种种特征,如感染力强、形式内容多样、创意性强等,又具有互联网营销的优势,如互动性、主动传播性、传播速度快、成本低廉等。可以说,网络视频营销是将电视广告与互联网营销两者"宠爱"集于一身。网络视频营销是指主要基于以视频网站为核心的网络平台,以内容为核心、创意为导向,利用精细策划的视频内容实现产品营销与品牌传播的目的。网络视频营销的形式类似于电视视频短片,平台却是互联网。网络视频营销的实施平台包括专业的网络视频站点、企业依托的第三平台站点、企业的官方站点以及社会化媒体站点。其中,网络视频站点是企业开展网络视频营销的基础或核心,通过网民的关键词搜索可以更为准确地发挥网络视频营销的特性;而平台站点,官方网站与社会化媒体,可以通过投放企业制作视频,为企业开展视频营销提供不同网络空间站点的支撑。

(二)视频营销优势

网络视频营销通过将视频与网络充分结合,使得其不仅具有视频广告的感染力强、创意形式内容多样等特点，而且具有互联网营销的优势，如受众广泛、传播迅速、互动深入、成本低廉，可以说，视频网络营销是视频广告与互联网营销充分结合的有效营销模式。近年来，视频营销已经逐渐受到广大企业用户的关注。公司往往将视频上传到视频网站以及自己的网站。网络视频营销的主要优势体现在以下几个方面。

1. 搜索流量高

视频搜索量高不仅包括通用搜索引擎，而且包括视频站内搜索。企业不仅可以通过搜索引擎来体现企业的视频页面，而且更为重要的是通过视频网站的站内搜索，利用视频网站获取高流量。

2. 客户精准

通过搜索引擎或视频网站的站内搜索进行关键词搜索的网民，对于围绕关键词的产品或服务相当敏感，都是企业产品或服务的目标客户。因此，在视频网站搜索关键词的客户都可谓是企业的精准客户。

3. 收录速度快

视频网站被搜索引擎收录的权重很高，制作完成的视频，只要是被视频网站审核通过的，就能很快被搜索引擎收录。

4. 收录排名高

同样是由于视频网站收录权重高，将视频上传到各大视频网站之后，拥有同样关键词的视频都会排在其他网页的前面，视频会在搜索引擎中排列到更加靠前的位置。

5. 转化率高

搜索视频的用户都是具有强烈需求的目标客户，当客户观看并认可视频后，会进而产生对企业产品或服务的实际交易行为。因而，上述精准的流量可以有效提高转化率。

6. 生动直观

文字、图片和视频这三种展现形式中，视频对人的视觉和大脑冲击力是最大的，更容易培养营销人员与受众之间的感情。因此一个内容价值高，观赏性强的视频往往能锁住潜在的顾客，真正提高产品转化率。视频可以直观、生动、全面地展示产品，客户通过视频可以全方位地了解产品，进而适应产品。

7. 互动传播性强

当企业视频在视频网站发布后，网民可以针对视频进行评论。在评论的同时，还可能进行更多的转发与分享。这样，企业视频通过不断的评论、转发与分享，在不耗费企业任何推广费用和精力的背景下，得到较为广泛的传播。

8. 营销支持改进

公司开展围绕"以视频为基础"的理念来创建网站，可以创造更多的参与和交互体验。这样，企业在自己的官网、第三平台乃至社会化媒体开展视频营销，企业创建的网络站点不仅仅只在推销产品，而且会使受众更多地融入企业文化之中。

（三）视频营销策略

网络视频的营销价值显而易见，企业开展网络视频营销的策略具体包括以下几方面。

1. 建立企业视频空间

建立企业视频空间类似于围棋中的布点，通过在网络视频网站建立企业主页，可以深度添加有关企业文化、价值观、产品与服务等多种多样的企业信息,供给企业、产品感兴趣的客户进行深度了解与沟通。由于目前中国视频网站处于一个垄断竞争阶段,优酷、奇艺、土豆、酷6、新浪视频和网易视频等企业都占据网络视频的一定份额,因此,企业在视频网站中的企业视频空间建设,需要以连锁建设的方式在多个主流视频网站展开,从而可以构筑一个多维的网络视频空间。

建立企业视频空间首先要选择主流的视频网站,并注册成为用户,以下以注册优酷网为例。注册成为优酷用户以后,就拥有我的首页、我的空间、我的优盘、我要上传、账号设置等频道。例如,我的空间包括主页、动态、视频、专辑、收藏、留言、好友等;我的优盘包括订单、视频、专辑、评论、好友等;个人设置包括基本资料、修改头像、个性域名、绑定网站、安全设置与修改密码等。

▶ 2. 短小精悍

网络时代的受众缺乏耐心,网民不会投入过多的时间来浏览企业视频。所以网络视频的长度应体现"短、小、精、悍"。视频短片的长度应该在1~2分钟为宜。如果内容较多,或具有明显的连续性,可以考虑将长视频剪辑成若干个短视频,做成一个系列视频,保持主题的连贯性。

▶ 3. 设置与关键词相关的视频标题和内容

制作好的视频需要合理设置关键词。网民会根据关键词在通用搜索引擎或视频网站进行搜索,而这些主动搜索者又都是精准的理想客户。因此有必要针对视频关键词设计视频的标题、目录、标签及视频描述。企业将设置好关键词的视频上传到优酷网、土豆网、酷6网、56网等大型视频网站,从而能够为自己带来定向精准的客户。

▶ 4. 围绕焦点主题展开诉求

网络视频的播放时间短暂,在有限的播放时间内企业不要奢求视频能够将企业文化、企业品牌、产品功能等内容表达得面面俱到。事实上,如果在一个视频当中表达过多的元素,客户反而会由于看不到重点,而没有记住任何信息。所以,企业必须围绕核心主题,如企业文化或者产品特点等展开视频产品展示,并进行凝练,突出企业或产品的差异化。

▶ 5. 内容基础上的创意导向

视频之所以能够受大众欢迎,主要原因有以下两点:第一,视频内容的视觉冲击性远大于普通的文字内容;第二,视频能融入更多的娱乐休闲元素,而这些恰恰是互联网时代的网民的兴趣所在。近年来,伴随着网络视频站点的增加,部分内容优秀,以创意营销为导向的、将广告当作内容来精心制作的视频在互联网上大受欢迎,而且这样做一方面为网络平台贡献了内容,另一方面为网民提供了高质量的精神消费内容,最重要的是为企业品牌、产品做了宣传推广。如果一个视频的内容枯燥,缺乏创意,容易被人误解为传统的电视广告。

(1)网络视频营销第一个原则是内容优先,需要将广告做成内容,而不是将内容做成广告。这里的内容立足于为网络受众提供高质量的视频内容,这时候的视频,不仅仅对广告主有利,而且对传播的目标对象也有好处:一方面它可以使用户和消费者得到有用的信息,另一方面它可以提供高质量的精神娱乐消费品。

(2)网络视频营销的第二个原则是创意导向,网民之所以日益热衷视频的一个重要原因在于视频的生动性与趣味性。如果一个视频能够提供富有生动性、趣味性的创意,必将为视频的广泛传播奠定基础。例如，56视频网站"iPhone4的最新人体透视"恶搞的创意视频，一年多的时间中播放量就超过了300万，并且评论和推荐量也很大。由于普通网民喜欢浏览经典的、搞笑的、有趣的、轻松的视频，如果视频能够抓住人们的这一心理，就可以把视频广告营销做成功。一个有着良好创意的营销视频可以实现精准的病毒式扩散效果，引导人们自觉自愿地在网络中主动去传播，那么带着产品信息的视频就像病毒一样在互联网上扩散，这也正是网络视频营销的预期效果。

▶ 6. 社会化媒体传播

社会化媒体的出现使得视频的社会化分享成为可能。以微博、SNS、论坛、社区为代表的社会化媒体平台可以成为重要的视频传播网站，网民视频分享习惯的养成扩大了网络视频的传播范围，极大地拓展了视频传播平台。网络视频的社会化传播和品牌信息的社会化营销相互结合，企业一方面能够以较少的营销支出获得较多的营销效果；另一方面，能够将营销信息在短时间内通过众多社会化媒体平台全方面曝光，提升品牌知名度。此外，社会化媒体可以调动网民的力量形成广泛的自动传播，发挥长尾的威力实现品牌信息的深层渗透。通过"一对一""一对多""多对多"的传播形式让网民成为传播链条的有机组成部分。例如，以微博为例，微博体是最适合进行转发的形式，当用户在微博平台转发某一视频的时候，让其他网友"所见即所得"，这种"口碑＋内容"的传播组合形式，很容易诱发其他网友的主动观看。

▶ 7. 引导受众的互动沟通

视频网站的视频都是可以发表评论的，浏览视频的网民都习惯了顺便看一下评论，看看这个视频评论好不好，如果很多人评论，那么这个视频肯定很火，看的人多了，企业自然就可以很轻松地利用热门视频的评论功能获取流量。网民的创造性是无穷的，而且在视频网站，网民们不再被动接受各类信息，除浏览和上传之外，网民还经常通过回帖就某个视频发表己见，并给它评分。因此，企业完全可以把广告片、有关品牌的元素、新产品信息等放到视频平台上来吸引网民的参与。这样，网友在浏览之余发表的评论能够在瞬间传播出去，即使是一两个字的评价也能引起粉丝的关注，围绕该视频将会迅速形成有效的传播链条：浏览→评论→转发→更多浏览。这就是为什么有的视频能够很快就会成为聚众的核心，甚至引爆社会话题的原因所在。

▶ 8. 网络营销平台的协同

对于大型企业而言，可以充分利用以门户网站与平台网站为代表的Web 1.0为特色的营销资源，与以社会化代表的Web 2.0为特色的营销资源实现的有效组合，发挥门户网站或平台网站与社会化媒体平台的协同效应，发挥各自优势以实现营销的最佳效果。利用门户网站与平台网站的影响力和庞大的用户基数优势，不但能够将营销信息在最短的时间通过多个频道、网页全方位曝光，而且可以利用媒体身份围绕传播核心进行报道，提升品牌形象。而社会化媒体则可以发挥其互动、灵活、分享的特点，调动网民的力量形成广泛的自动传播，两个平台的内容可以相互连接、相互关联，形成有机配合，让网民的注意力在两个平台间自由跳转，必然会产生"1＋1＞2"的效果。

八、微信营销

(一)微信营销的含义

微信是一款手机通信软件，支持通过手机网络发送语音短信、视频、图片和文字，可以单聊及群聊,还能根据地理位置找到附近的人,带给朋友们全新的移动沟通体验。2011年1月21日,腾讯推出即时通信应用微信,2012年3月29日,马化腾通过腾讯微博宣布微信用户突破一亿大关,在腾讯QQ邮箱、各种户外广告和旗下产品的不断宣传和推广下,微信的用户也在逐月增加。

微信营销是网络经济时代企业对营销模式的一种创新,是伴随着微信的火热产生的一种网络营销方式,微信不存在距离的限制,用户注册微信后,可与周围同样注册的"朋友"形成一种联系,用户订阅自己所需的信息,商家通过提供用户需要的信息,推广自己产品的点对点的营销方式。

微信营销主要体现在以安卓系统、苹果系统的手机或者平板电脑中的移动客户端进行的区域定位营销,商家通过微信公众平台二次开发系统展示商家微官网、微会员、微推送、微支付、微活动、微CRM、微统计、微库存、微提成、微提醒等,已经形成了一种主流的线上线下微信互动营销方式。

[小资料]
"9∶100万"的粉丝管理模式

新媒体营销怎么会少了小米的身影?据了解,小米手机的微信账号后台客服人员有9名,这9名员工的工作是每天回复100万粉丝的留言。每天早上,当9名小米微信运营工作人员在电脑上打开小米手机的微信账号后台,看到用户的留言,他们一天的工作也就开始了。其实小米自己开发的微信后台可以自动抓取关键词回复,但小米微信的客服人员还是会进行一对一的回复,小米也是通过这样的方式大大地提升了用户的品牌忠诚度。

当然,除了提升用户的忠诚度,微信做客服也给小米带来了实实在在的益处。小米科技联合创始人之一黎万强表示,微信同样使得小米的营销、CRM成本开始降低,过去小米做活动通常会群发短信,100万条短信发出去,就是4万块钱的成本,微信做客服的作用可见一斑。

资料来源:http://www.sootoo.com/content/430581.shtml

(二)微信营销的特点

▶ 1. 点对点精准营销

微信拥有庞大的用户群,借助移动终端、天然的社交和位置定位等优势,每个信息都是可以推送的,能够让每个个体都有机会接收到这个信息,继而帮助商家实现点对点精准化营销。

▶ 2. 形式灵活多样

漂流瓶:用户可以发布语音或者文字然后投入大海中,如果有其他用户"捞"到则可以展开对话,如招商银行的"爱心漂流瓶"用户互动活动就是个典型案例。

位置签名:商家可以利用"用户签名档"这个免费的广告位为自己做宣传,附近的微信用户就能看到商家的信息。

二维码:用户可以通过扫描识别二维码身份来添加朋友、关注企业账号;企业则可以设定自己品牌的二维码,用折扣和优惠来吸引用户关注,开拓O2O的营销模式。

开放平台:通过微信开放平台,应用开发者可以接入第三方应用,还可以将应用的Logo放入微信附件栏,使用户可以方便地在会话中调用第三方应用进行内容选择与分享。

公众平台:在微信公众平台上,每个人都可以用一个QQ号码,打造自己的微信公众账号,并在微信平台上实现和特定群体的文字、图片、语音的全方位沟通和互动。

▶ 3. 强关系的机遇

微信的点对点产品形态注定了其能够通过互动的形式将普通关系发展成强关系,从而产生更大的价值。通过互动的形式与用户建立联系,互动就是聊天,可以解答疑惑、讲故事甚至可以"卖萌",用一切形式让企业与消费者形成朋友的关系,我们不会相信陌生人,但我们会信任"朋友"。截至2018年3月27日,微信全球用户已突破10亿。如此规模庞大的用户平台,对于营销人员而言,是必须要重视的一个营销方向。

(三) 微信营销策略

▶ 1. "意见领袖型"营销策略

企业家、企业的高层管理人员大都是意见领袖,他们的观点具有相当强的辐射力和渗透力,对大众言辞有着重大的影响作用,潜移默化地改变人们的消费观念、影响人们的消费行为。微信营销可以有效地综合运用意见领袖型的影响力和微信自身强大的影响力刺激需求,激发购买欲望。如锤子科技创办人罗永浩,就是最好的"意见领袖型"营销策略,他利用自己强有力的粉丝号召力,在微信公众号上发布关于锤子手机的一些信息,得到众多关注者的转播与评论,更能在评论中了解消费者内心的需求。

▶ 2. "口碑式"营销策略

微信即时性和互动性强,可见度、影响力以及无边界传播等特质特别适合口碑式营销策略的应用。微信平台的群发功能可以有效地将企业视频、图片或是宣传文字群发到微信好友。企业更是可以利用二维码的形式发送优惠信息,这是一个既经济又实惠,且有效的促销模式。更能让顾客主动为企业做宣传,激发口碑效应,将产品和服务信息传播到互联网还有生活中的每个角落。

▶ 3. "视频,图片"营销策略

运用"视频、图片"营销策略开展微信营销,首先要在与微友的互动和对话中寻找市场、发现市场。为潜在客户提供个性化、差异化服务;其次,善于利用各种技术,将企业产品、服务的信息传送到潜在客户的大脑中,为企业赢得竞争的优势,打造出优质的品牌服务。让我们的微信营销更加"可口化、可乐化、软性化",更加吸引消费者的眼球。

随着互联网技术的进一步发展和在全球范围内进一步的普及,以网络营销为基础的电子商务,将会在全球范围内得到飞速发展,这是网络营销的机遇,同时也面临诸多挑战,这一市场的竞争将更加激烈。

(1)电子商务企业之间的互相竞争。为争夺市场,电子商务企业纷纷扩大经营品种。如主营3C类商品京东商城在2011年进入图书、医药、奢侈品等领域,直接向当当、卓越亚马逊发起挑战;传统主营图书的当当网、亚马逊开放平台持续推进百货化;同样主营3C类商品苏宁易购也从主营家电数码向图书百货拓展。电子商务企业间的互相竞争日趋白热化。

(2)电子商务企业与传统商业企业之间的竞争。随着京东、天猫等大型购物网站市场范围的逐渐扩大,不断挤压传统商业企业的市场空间,最后将不可避免地和传统商业企业如国美电器产生正面竞争,拼价格、拼物流、拼服务将成为竞争的常态。

同时我们也应该看到,正是在不断的竞争中,中国的网络购物才能获得高速发展,同时这些实践中的机遇和挑战也丰富着网络营销的理论和实践。

小结

网络营销随着互联网和电子商务的产生而产生，并将随着互联网技术的进一步发展而发展，未来的企业发展都要纳入网络营销这个大市场之中。然而，如何能在这样一个环境中做好网络营销，实现企业的战略发展目标，并使企业在互联网和电子商务的环境中有一个良好的发展前景，有赖于科学的网络营销理论和实践。本章从网络营销的理论和实践两个方面展开对网络营销的论述。首先论述了网络营销的产生与发展，界定了网络营销的含义，从理论层面阐述了网络营销的理论基础和网络营销战略，根据目前网络营销实践，总结归纳了常用的网络营销方法，包括搜索引擎营销、许可 E-mail 营销、病毒式营销、微博营销、博客营销、SNS 社区营销、视频营销和微信营销。最后对网络营销的未来发展予以展望。

思考题

1. 简述网络营销的产生与发展过程。
2. 什么是网络营销？它有哪些特点？
3. 网络营销战略包含哪些内容？
4. 常用的网络营销方法有哪些？
5. 微博营销与博客营销的不同体现在哪些方面？
6. 视频营销的策略是什么？

案例分析

雪花啤酒的网络营销

当很多快速消费品企业还在进行电视广告轰炸和终端促销拼杀时，雪花啤酒已经开始牵手网络，别出新招。雪花从 2004 年涉足网络营销，到 2005 年全面进入，虽然时间不长，但在操作理念上已经比较成熟，比如"勇闯天涯"活动与网易的结合，在线上线下都取得了很好的传播效果。品牌营销的突破，离不开对市场发展趋势的洞察和变革机会的把握，雪花做到了。

1. 突破行业网络应用的桎梏

由于以下几个方面的原因，中国的啤酒企业对于网络的运用尚处于初级阶段。

（1）国内啤酒品牌化的进程才刚刚开始。

（2）企业对网络广告的认知存在误区。

（3）目前市场上对网络广告的评估体系不完善。

（4）网络广告的形式总是在不断创新。从网络媒体近几年的发展看，一些传统的广告形式已经被淘汰，而一些新的形式如视频广告等正在出现。

其实，啤酒的消费特征决定了其可以与网络达成很好的沟通合作。以雪花为例，我们针对的人群是 25～35 岁的青年一族，而这恰恰是目前网络媒体的最大受众，这种自然形成的针对性就构成了品牌与网络媒体的结合点。

雪花选择网络营销时进行了如下的思考：首先，网络媒体可以在短时间内传递大量信息给广泛的用户，企业可以把有关活动的信息迅速传递出去；其次，可以提高活动的关注度，使更多的人进入企业自己的网站中，参与到相关活动中；最后，网络媒体可以克服平面、电视等传统媒体广告费用投入大、内容受限制、时效性差等缺点。

事实上，网络广告具有非常大的发展空间，其参与人数多，链接层次多，内容丰富，对于快速消费品是非常适用的。

2. 雪花网络营销成功的关键

当前，雪花啤酒用于网络广告的投入已经超过了几百万元，从数额上已略具规模。虽然这在整体广告投入中所占的比例还不足10%，但投入产出比却要优于电视广告，所达到的效果要远超过10%。根据监测数据，雪花网络广告高峰时期的点击率达到了100多万人次。

雪花在网络营销上的投入和实践比较成功，总结一下，成功的关键有三个方面。

首先，要找到适合自己的网络媒体，根据自己的目标消费者和网络针对性来确定网络广告的内容。通过专门的服务公司进行调查，考察网站的影响力、点击率、目标受众、针对性等，从而做出详细的媒介规划。

为配合2005年推出的"勇闯天涯"活动，扩大活动影响力，开始运用网络传播。事实证明，雪花啤酒"勇闯天涯"活动在网易上的传播取得了不俗成绩，达到了预期效果。

其次，要选择最佳的网络广告形式，同时不断创新。

再次，要增加互动性。网络媒体最大的优势就在于互动，因此不能只是简单地进行告知性广告传播，还要让尽可能多的消费者参与进来。

谈到后两个方面的具体体现，还是要举雪花啤酒"勇闯天涯"活动的例子。实际上，"勇闯天涯"不仅仅是一个参与性的活动，还体现了雪花啤酒的核心精神，是在产品之外刻意打造的一个活动品牌。而且，活动模式不会一成不变，每年都会在形式上有所创新，并且融入最新的流行元素。雪花将在网络上做成一个最具代表性的推广模式，让消费者在参与活动、享受网上乐趣的同时熟悉并忠诚于品牌，甚至可以在网上设置闯关障碍、闯关区域、闯关工具、闯关奖励等项目，形成一个"网上秀"的"勇闯天涯"虚拟活动。

案例思考：

1. 雪花啤酒实施网络营销时的挑战是什么？
2. 雪花啤酒网络营销成功的关键是什么？

第九章 客户关系管理

学习目标

1. 掌握客户关系管理的基本概念,电子商务环境中的客户关系管理的特点。
2. 熟悉 CRM 在电子商务中的应用。
3. 了解 CRM 系统和相关商业技术的发展和趋势。

导入案例

啤酒与尿布

沃尔玛经典营销的故事产生于 20 世纪 90 年代的美国沃尔玛超市中,沃尔玛超市的管理人员分析销售数据时发现了一个令人难以理解的现象:在某些特定的情况下,"啤酒"与"尿布"两件看上去毫无关系的商品会经常出现在同一个购物篮中,这种独特的销售现象引起了管理人员的注意,经过后续调查发现,这种现象出现在年轻的父亲身上。在美国有婴儿的家庭中,一般是母亲在家中照看婴儿,年轻的父亲前去超市购买尿布。父亲在购买尿布的同时,往往会顺便为自己购买啤酒,这样就会出现啤酒与尿布这两件看上去不相干的商品经常会出现在同一个购物篮的现象。如果这个年轻的父亲在卖场只能买到两件商品之一,则他很有可能会放弃购物而到另一家商店,直到可以一次同时买到啤酒与尿布为止。沃尔玛发现了这一独特的现象,开始在卖场尝试将啤酒与尿布摆放在相同的区域,让年轻的父亲可以同时找到这两件商品,并很快地完成购物,从而获得了很好的商品销售收入,这就是"啤酒与尿布"故事的由来。当然"啤酒与尿布"的故事必须具有技术方面的支持。1993 年,美国学者艾格拉沃提出通过分析购物篮中的商品集合,从而找出商品之间关联关系的关联算法,并根据商品之间的关系,找出客户的购买行为。艾格拉沃从数学及计算机算法角度提出了商品关联关系的计算方法——Aprior 算法。沃尔玛从 20 世纪 90 年代尝试将 Aprior 算法引入 POS 机数据分析中,并获得了成功,于是产生了"啤酒与尿布"的故事。

思考:如何从"啤酒与尿布"的故事理解"大数据"对现代营销的影响?

第 一 节　客户关系管理的基本概念

一、客户关系管理的概念

客户关系管理(customer relationship management, CRM)的概念最早由著名的 IT 研究与咨询机构 Gartner Group 提出。Gartner 认为：CRM 是针对增进利益、收入和客户满意而设计的、企业范围的商业战略；CRM 是一种以客户为中心的经营战略，它以信息技术为手段，对业务功能进行设计，并对业务流程进行重组。

Gartner 首先强调 CRM 是一种商务战略(而不是一套系统)，它涉及的范围是整个企业(而不是一个部门)，其战略目标是增进赢利、销售收入和提升客户满意度。其次，Gartner 强调 CRM 是一种基于企业发展战略的经营策略，这种经营策略以客户为中心，不再以产品为导向，而是以客户需求为导向；信息技术是实现 CRM 的一种手段，信息技术对于 CRM 而言不是全部也不是必要条件。CRM 要实现的，是以客户为中心对企业进行业务流程重组(business process reengineering, BPR)。

IBM、德勤、惠普等全球知名企业对 CRM 都提出了自己的理解，他们认为 CRM 不仅仅是一项技术、一个系统，而是一项商业战略，是帮助企业实现管理理念变革的工具。CRM 将企业内部孤立和分散的客户数据综合起来，使企业对每一位客户都有比较全面的认识；企业的服务人员与每一位客户展开个性化的交往，每一次交往都要有详细的记录，以方便为每一位客户提供个性化服务。

很多人认为 CRM 就是销售自动化、对市场活动的管理，或者只是呼叫中心，所有这些看法都是片面的。CRM 实际上给企业提供了一种工具，通过这种工具，企业可以通过多种渠道为客户提供全方位的服务，这些渠道包括电话方式、电子邮件方式、无线通信方式(如手机、PDA)，或者是面对面的方式等。所提供的活动既涉及市场部门，又涉及销售部门，同时还涉及技术支持和服务等部门。CRM 是一个复杂的系统集成工程，需要进行复杂的集成，需要与 ERP 系统集成、与财务系统集成，也需要与订单管理系统集成。实施 CRM 的最终目的是帮助企业增加收入、提高利润和客户满意度。

"关系管理技术"解决方案全球领导厂商 NCR 公司认为：CRM 是企业的一种机制。通过与客户不断互动，为客户提供信息和与客户进行交流，可以了解客户并影响客户的行为，进而留住客户，不断增加企业利润。通过实施 CRM，能够分析和了解处于动态过程中的客户状况，从而搞清楚不同客户的利润贡献度，便于选择供应何种产品给何种客户，以便在合适的时间，通过合适的渠道去和客户进行交易。在 CRM 中，管理机制是主要的，技术只是一部分，是实现管理机制的手段而已。实施 CRM，主要是企业的组织、流程以及文化等方面的变革。

CRM 概念出现之后，学术界也投入了极大的关注与热情。已有的 CRM 定义可以被大致分成五种主要的观点：过程观点、战略观点、哲学观点、能力观点和技术工具观点。尽管每种定义总是强调着自己的特殊观点，但是也不难找到同时强调了上面多种观点的综合观点。

过程观点认为，当 CRM 被看作一个过程时，它有两个层面上的定义：一些人把它定义为一个高端过程，包括企业在努力建立持久的、赢利的、多赢的客户关系时将实施的所有行为。CRM 的战略观点强调的是各种用于建立及维持客户关系的资源必须在企业客户价值认知的基础上进行配置（即预测关系管理可能带来的净利润）。更准确地说，这一观点认为并不是所有的客户都有相同的价值，只有当所有资源都投资到那些能带来预期回报的 CRM 上时才能获得最大的利润值。当 CRM 被定义为一种哲学时，它是指积极建立并维持与客户的长期关系是获得客户忠诚的最有效途径的观点。CRM 的哲学观点强调客户忠诚只能通过将交换关系放在一个持续发展的客户关系中来建立，而不是将买卖双方间重复发生的交换行为作为离散的事件。CRM 的能力观点强调，企业必须通过投资来发展和获取组合型资源，以使得他们能不断地调整自身以适应单独或群体的客户。尽管 CRM 技术的出现将 CRM 推到了营销实践和学术研究的前沿，但很少有市场营销学家会认为 CRM 仅仅是一种帮助企业建立客户关系的技术工具。实际上，研究中最常见的观点之一是"CRM 远远不只是一项技术"，应该强调的是，技术在 CRM 上的确扮演着重要的角色，它使得前台（如销售）和后台（如后勤）功能紧密结合，提供了在与客户各个不同的接触机会（如网络、邮件、销售电话等）上高效的交互关系管理。

基于以上种种 CRM 的定义和观点，我们主要参考维基百科，它将客户关系管理定义为：企业为提高核心竞争力，利用相应的信息技术以及互联网技术来协调企业与顾客间在销售、营销和服务上的交互，从而提升其管理方式，向客户提供创新式的个性化的客户交互和服务的过程。其最终目标是吸引新客户、保留老客户以及将已有客户转为忠实客户，增加市场份额。

二、客户关系管理的内容

从 IT 界、管理咨询机构以及学者对于 CRM 的不同定义可以看出，所处的领域不同、角度不同，定义的侧重点也不尽相同。从一般企业的运营角度出发，我们认为客户关系管理是利用相应的信息技术以及互联网技术，在企业与顾客间的销售、营销和服务方面提供系统化的管理，从而提升其管理水平，使得向客户提供创新的、个性化的客户交互和服务成为可能。

客户关系管理强调"以客户为中心"的理念。以客户为中心既是一种战略，也是 CRM 的核心思想和最高理念。正确理解以客户为中心的内涵是正确理解 CRM 的前提。

随着竞争环境的变化，企业必须把关注的目光由过去聚焦在"产品"上，逐渐转移到"客户"上，即企业的商务战略必须从"以产品为中心"转向"以客户为中心"。企业必须迎合客户的需求，以换取由现金和持续性业务体现的价值。以客户为中心的内涵应当包含以下要点。

（1）以客户为中心不仅要有效率地处理客户的反馈，还要了解客户遇到的所有问题并且把它们完全解决。

（2）不仅要告诉你的员工怎样去正确对待客户，而且要给你的员工权力和工具由他们决定对待客户的方式。

（3）能否使客户按照你的预期去访问网站或是商店并不重要，以客户为中心就意味着要让客户以他们喜爱的方式与你联系。

（4）不仅要满足客户现在的需求，同时也要满足客户潜在的需求。

（5）不要自己决定企业怎样为客户服务，而是让客户来决定。

因此，需要从三个层面去理解"以客户为中心"的内涵：直意即"以客户为中心"就是要始终把满足客户的需求放在第一位,就是要站在客户的立场上为客户着想;本意即"以客户为中心"不是在为客户做嫁妆,而是为了赢得客户忠诚,进而获取更大的客户利润;深意即"以客户为中心"背后体现的是一种双赢的思想。

从上面的分析可以看出,客户关系管理的目的不是对所有与企业发生过关系的客户都一视同仁,而是从所有这些客户中识别哪些是一般客户,哪些是潜在客户,哪些是潜在客户中的关键客户,然后依次分类有针对性地提供相应的服务,从而使企业的价值目标与客户的价值目标相协调。因此,CRM 首先应当对客户进行识别和管理,支持企业在合适的时间和合适的场合,通过合适的方式,将合适价格的合适产品和服务提供给合适的客户。因此,客户关系管理的内容主要包括以下方面。

(一) 客户的识别与沟通

▶ 1. 客户信息资料的收集

这项工作主要收集、整理和分析谁是企业的客户,客户的基本类型及需求特征和购买行为,并在此基础上分析客户差异对企业利润的影响等问题。

客户基础资料主要是指企业需要掌握的客户的最基本的原始资料,也即档案管理应最先获取的第一手资料。这些客户资料是客户关系管理的起点和基础。客户资料的获取,主要是通过销售人员进行的客户访问收集而来的。在客户关系管理系统中,大多以建立客户卡或客户管理卡等方式进行管理。客户基础资料主要包括客户的名称、地址、电话、所有者、经营管理者、法人;主要决策者的个人性格、爱好、家庭、学历、年龄、能力;创业时间、与本公司交易时间、企业组织形式、行业种类、资产等。

▶ 2. 客户信息分析

客户信息分析主要是通过客户信息数据分析,描述客户特征,客户特征主要包括以下内容。

(1) 一般信息,主要包括客户的服务区域、销售能力、发展潜力、经营观念、经营方针、管理理念、企业规模等。

(2) 业务状况,主要包括客户以往的销售业绩、目前的销售业绩、经营管理者和业务人员的综合素质、与其他竞争公司之间的关系、与本公司的业务联系状况以及合作态度等。

(3) 交易活动现状,主要包括客户的销售活动状况、存在的问题、保持的优势、未来的对策;企业信誉与形象、信用状况、交易条件、以往出现的信用问题等。

▶ 3. 信息交流与反馈管理

信息交流是双向的,其主要功能是实现与客户建立互相联系、互相影响的反馈机制。例如投诉是客户反馈的主要途径,正确处理客户的意见和投诉,对于消除客户不满、维护客户利益、赢得客户信任都是十分重要的。

▶ 4. 时间管理

时间管理的主要内容有日历;活动计划;进行个人事件安排,如洽谈、会议、电话、电子邮件、传真、备忘录;进行团队人员调度,事件安排;把事件的安排通知相关的人;任务表;预告/提示;记事本;电子邮件;传真;配送安排,等等。

(二) 市场行为管理

▶ 1. 营销管理

营销管理的目标是通过对市场营销活动的有效性进行规划、执行、监测和分析,使活动开始前有详细计划，活动过程中有规范操作和控制，活动后有分析、评估与反馈，从而使销售和服务有序进行。主要内容包括营销策划与进程控制；营销活动培训；营销活动的协调与支持；营销信息收集、整理及分享；营销过程中的偶发事件及应急处理；重大营销活动安排；媒体关系及公共关系，等等。

▶ 2. 销售管理

销售管理的主要内容包括营销策划与进程落实；营销人员管理、考核、奖惩；销售信息，如客户名称、业务描述、联系人、时间、销售阶段、业务额、可能结束时间等信息的收集与管理；产品特性、功能、种类管理；采购、仓储与配送管理；形成各销售业务的阶段报告，并给出业务所处阶段、尚需时间、成功的可能性、历史销售状况评价等信息；对地域渠道资源（省市、地区、行业、相关客户、联系人等）进行维护；终端管理，客户联谊活动，销售商渠道资源管理，物流管理，销售费用管理，等等。

▶ 3. 响应管理

响应管理的主要内容包括呼入、呼出电话处理、调度管理；互联网回呼；呼叫中心运行管理；客户投诉管理；客户求助管理；客户交流；报表统计分析；管理分析工具；通过传真、电话、电子邮件、打印机等自动进行资料发送。

▶ 4. 电子商务

电子商务的主要功能包括个性化界面及服务；网站内容管理；店面管理；订单和业务处理；销售空间拓展；客户自助服务；网站运行情况的分析和报告。

（三）信息与系统管理

信息畅通与共享是供应链一体化良性运行的保证，也是客户关系管理的保障。信息与系统管理的主要内容如下。

▶ 1. 公开信息管理

在客户关系管理中，信息是共享的，但并不意味着所有的信息都是公开的。公开信息管理的主要内容包括把电话号码分配到销售人员；记录电话细节，并安排回电；电话营销内容草稿；电话统计和报告；自动拨号。

▶ 2. 平台管理

平台管理的主要内容包括系统维护与升级；信息收集与整理；文档管理；对竞争对手的 Web 站点进行监测，如果发现变化，立即向使用者和客户报告；根据使用者、客户定义的关键词对 Web 站点的变化进行监视。

▶ 3. 商业智能

商业智能的主要功能包括预定义查询和报告；客户定制查询和报告；可看到查询和报告的 SQL 代码；以报告或图片形式查看潜在客户和业务可能带来的收入；通过预定义的图表工具进行潜在客户和业务的传递途径分析；将数据转移到第三方的预测和计划工具；系统运行状态显示器；能力预警。

▶ 4. 信息集成管理

客户关系管理系统所收集的信息最初并不具有系统性，甚至不能被企业有效应用；信息集成管理的目的就是对这些零散的信息进行筛选、整理、汇编、加密，然后按照规范程序进行分散和发送，使之与企业其他信息耦合，可供共享。

以上三个方面构成了客户关系管理的重点内容。

三、客户关系管理的分类

CRM 是一种以客户为中心的业务模式,是由多种技术手段支持的、通过以客户为中心达到增强企业竞争力的商业策略,这一点已取得了人们的共识。这种认识对许多企业来说,或许仍觉得有些抽象。简单地说,CRM 要达到的目标,就是在适当的时间通过适当的渠道给适当的客户提供适当的产品和服务,这不是凭一种技术手段就能够实现的。为此,CRM 的实现需要应用多种技术手段,也需要支持不同级别的 CRM。

从这个角度出发,美国调研机构 Meta Group 把 CRM 分为运营型 CRM(operational CRM)、分析型 CRM(analytical CRM)和协作型 CRM(collaborative CRM)三类。这一分类得到了业界的认可。

▶ 1. 与企业业务运营紧密相关的运营型 CRM

运营型 CRM 即所谓的前台应用,包括销售自动化(sales force automation,SFA)、营销自动化(marketing automation,MA)、客户服务与支持(customer service and support,CSS)、现场服务与分派(field service and dispatch,FS/D)和移动销售(mobile sales,MS)等应用,以及前端办公室和后端办公室的无缝集成。

▶ 2. 以数据仓库为基础、实现统一客户视角的分析型 CRM

分析型 CRM 用于完成客户关系的深度分析,与数据仓库技术密切相关,运用数据挖掘、联机分析处理(online analytical processing,OLAP)、交互查询和报表等手段,了解客户的终身价值、信用风险和购买趋向等。CRM 数据仓库是实现商务智能(BI)的基础之一。

▶ 3. 基于多媒体联系中心、建立在统一接入平台上的协作型 CRM

协作型 CRM 为客户交互服务和收集客户信息提供了多种渠道及联系手段,提高了企业与客户的沟通能力。协作型 CRM 还利用网上聊天、语音处理以及其他基于 Internet 的技术,发掘各种与用户交流的新途径。

上述三类 CRM 功能各有侧重,但在今天企业级 CRM 应用中,它们又是密不可分的。

四、客户关系管理的功能

CRM 的功能与企业的需求密不可分,根据一些学者的研究成果,并参考主流 CRM 厂商的产品,将 CRM 的功能概括如下。

(一)销售自动化

销售员希望能够在整个销售流程中随时获取相应的客户接触信息,并进行销售追踪。销售经理则希望能够随时掌握部门内所有销售人员的活动信息,包括他们的接触列表和销售机会,同时还希望能及时获得销售报告,进行销售预测。这就对 CRM 提出以下需求。

(1)销售信息。要求能够实时掌握销售情况。

(2)销售任务安排。要求能够自动将销售任务按销售流程分配到个人。

(3)销售评价。对各个地区、各个时期以及各个销售人员的业绩进行度量。

为满足上述需求,CRM 的销售自动化系统 SFA 的功能目标为:在支持销售流程完成其业务循环的基础上形成相关的知识管理、接触管理及预测管理。其基本功能主要如下。

(1)接触管理。它是基本的销售工具,主要负责个人信息管理,也包括一些销售流程。

(2)账户管理。它帮助销售人员或销售经理处理独立的企业账户。

(3) 销售机会和潜在客户管理。
(4) 线索管理。它帮助销售人员判断线索是否能够变成机会的潜在价值。
(5) 销售管道管理。它用于构建企业销售流程。
(6) 销售预测工具。
(7) 报价和订购。
(8) 报告工具。
(9) 数据同步引擎。

(二) 营销自动化

通常企业的营销部门主要负责识别对企业最有价值的客户、判断和吸引潜在的最有价值客户等任务，这就对 CRM 提出了以下需求。

1. 市场分析

它帮助市场人员识别和确定潜在的客户和细分市场，从而更科学、有效地制定出产品和市场策略，同时还可提供企业业务为何出现盈亏的信息，使管理者能更好地监视和管理企业当前的运营。

2. 市场预测

它既可为新产品的研制、投放和开拓市场等决策提供有力依据，又可为制订销售目标和定额提供参考，还可进行基本市场/市场群落分析、客户分析、产品分析等，并能把相关的信息自动传递到各有关部门（如生产、研发、采购、财务等），实现协调运转，加强监控。

3. 市场活动管理

它为市场主管人员提供制订预算、计划、执行步骤和人员分派的工具，并在执行过程中实施监控和快速反馈及响应，以不断完善其市场计划，同时，还可对企业投放的广告和举办的会议、展览、促销等活动进行事后跟踪、分析和总结。

为满足上述需求，营销自动化 MA 模块通常包含以下功能。

(1) 营销活动管理。端到端的组织和营销执行过程。
(2) 业务分析工具。通过对数据的有效分析、判断、解释、挖掘，为组织提供有效的市场趋势判断，从而为相应的细分市场及营销活动提供有力的帮助。

同时，为将传统营销流程与传播环节结合起来以形成新的流程，MA 还要包括以下功能。

(1) 活动管理。对企业的所有市场活动进行管理。
(2) 活动跟踪。跟踪市场活动的情况。
(3) 反馈管理。及时得到市场活动的反馈信息。
(4) 活动评价。对市场活动的效果进行度量。
(5) 客户分析。对客户的构成、客户的地理信息和客户行为进行分析。

(三) 客户服务和支持

客户服务与支持部门主要负责售后服务及相关问题的解决，也是 CRM 系统应用的重点部门。通常客户服务与支持部门对 CRM 有以下要求。

(1) 提供准确的客户信息。要提高客户服务质量，就需要准确的客户信息。
(2) 要求提供一致的服务。企业的服务中心以整体形象对待客户，让客户感觉是同一个人在为他服务。
(3) 可以支持远程服务。可在远程通过 Internet、语音支持等技术手段为用户提供实时监控、故障诊断和维修等服务，大大提高售后服务的效率，大幅度降低服务费用。

（4）实现问题跟踪。能够跟踪客户所有的问题并给出答案。

客户服务主要集中在售后活动上，有时也提供一些售前信息，如产品广告等。售后活动主要发生在面向企业总部办公室的呼叫中心，但是面向市场的服务（一般由驻外的客户服务人员完成）也是售后服务的一部分。产品技术支持一般是客户服务中最重要的功能，为客户提供支持的客户服务代表需要与驻外的服务人员（要求共享/复制客户交互操作数据）和销售力量进行操作集成。总部客户服务与驻外服务机构的集成以及客户交互操作数据的统一使用是现代 CRM 的一个重要特点。简单而言，面向客户服务与支持的 CRM 支撑功能可包括以下方面。

（1）客户定制。为特定的客户进行个性化服务，为其所需的产品进行配制化和客户化。

（2）客户使用情况跟踪。以便顾客能安全、可靠地使用产品。

（3）信息检查。在安排服务或维修之前检查客户是否具有支付服务费用的能力。

（4）协议服务。它和所有的契约承诺，如客户服务合同、服务水平协议和担保相关联，并在记录呼叫时会自动执行授权检查，如果系统发现某一项目遗漏时，会自动执行调整。

（四）企业战略层面

客户关系管理在企业战略层面的功能主要是建立 CRM 数据仓库，存储 CRM 所需要的各种历史数据，为统一的用户交互界面提供基础平台。统一的用户交互界面能给企业带来效率和利益的提高，这些收益主要表现在内部技术框架和外部关系管理上。就内部来讲，建立在集中的数据模型基础上，统一的渠道方法能改进前台系统，增强多渠道的客户互动。就外部来讲，企业可从多渠道间良好的客户互动中获益。如客户在同企业交涉时，不希望向不同的企业部门或人提供相同的重复信息，而统一的用户交互界面则从各渠道间收集数据，使得客户的问题或抱怨能得到更快、更有效地解决，进而提高客户满意度。

第二节　电子商务中的客户关系管理

一、电子商务环境下的客户关系管理

电子客户关系管理是指企业借助网络环境下信息获取和交流的便利，充分利用数据仓库和数据挖掘等先进的智能化信息处理技术，把大量客户资料加工成信息和知识，用来辅助企业经营决策，以提高客户满意度和企业竞争的一种过程或系统解决方案。

在当今全球处于激烈竞争的环境下，客户对"产品与服务的种类、获得的时间、地点以及方式"具有了完全支配的权利。随着竞争压力的不断加剧，企业必须以"互联网的速度"听到客户的心声并做出及时的回应，才能保持好与客户原来的关系。在这样的背景下，我们可以看到应用电子客户关系管理主要的驱动因素包括以下几方面。

（1）通过网络提升客户体验。

（2）实施自助系统用以提升服务质量，从而能在增加客户满意度和客户忠诚度的同时又能降低营销成本、销售成本以及客户服务成本。

（3）为协作型服务质量管理数据库建设，整合各个渠道客户交互的每一个方面，其中包括电子化渠道或其他的一些传统渠道，将这些整合的信息汇总到一个集中的数据库产生一个完整的客户观察数据库。

二、电子商务环境下的客户关系管理特点

（一）灵活性

与传统商务环境下的客户关系管理相比，电子商务环境下的客户关系管理最大的优势就在于它的灵活性，这种灵活性既有时间概念也有空间概念。运用网络信息技术，企业将能真正实现"365×24"服务模式，时差不再给世界不同区域之间的业务往来带来阻碍。不同地区、不同国家的企业之间，企业与顾客之间可以随时进行即时业务往来。由于这种新兴的商务方式极大地方便了顾客，顾客的满意度将随着这种商务方式的发展而自发提高。

（二）自动性

与传统商务环境下的客户关系管理相比，电子商务环境下的客户关系管理可以充分利用先进的信息技术。在网络技术的支持下，企业可以真正的实现无纸化客户关系管理。在传统的客户关系管理中，我们经常要请顾客填列基础数据。表格、商品质量反馈等问卷，所有这些纸质原始资料还需要很多人工来进行整理、处理、分析，既影响效率又容易产生错误。而在电子商务环境下，可以实现所有的数据资料直接输入数据库，然后利用网络共享技术进行数据交换，并且利用计算机的强大计算、处理能力，对这些数据的处理、分析也将不再是一件费时、费力的烦琐工作。

（三）互动性

在电子商务环境下，客户关系管理可以实现实时的双向对话沟通模式。由于互联网络具有很好的互动性和引导性，顾客通过互联网络在系统的引导下对产品或服务进行选择或提出具体要求，企业可以根据顾客的选择和要求及时进行生产并提供及时服务。所有这些都可以实现企业与顾客之间的实时双向对话。在这种沟通模式下，企业将为顾客提供更加满意的服务。

三、分析型客户关系管理

分析型客户关系管理是 CRM 的发展，许多专家和研究机构都对分析型 CRM 的结构及关键技术等进行了充分的研究，SYBASE 公司将整套分析型 CRM 系统划分为 7 个基本模块(7P)。

（1）客户概况分析(profiling)，包括客户的层次、风险、爱好、习惯等。

（2）客户促销分析(promotion)，包括广告、宣传等促销活动的管理。

（3）客户持续分析或忠诚度分析(persistency)，指客户对某个产品或商业机构的忠实程度、持久性、变动情况等。

（4）客户性能分析(performance)，指不同客户所消费的产品按种类、渠道、销售地点等指标划分的销售额。

（5）客户利润分析(profitability)，指不同客户所消费的产品的边缘利润、总利润额、净利润等。

（6）客户前景分析(prospecting)，包括客户数量、类别等情况的未来发展趋势、争取客户的手段等。

(7)客户产品分析(product),包括产品设计、关联性、供应链等。各个模块相互配合,能够在市场营销中了解和提炼客户真正需求,提高客户忠诚度、寻找有价值的关系客户,挖掘客户潜在价值。

分析型 CRM 包括个性化客户服务、客户获得和客户动态分析、客户流失分析、客户利润贡献度分析、客户满意度和忠诚度分析等,主要管理客户价值、客户满意和客户忠诚、数据库营销、关系营销、一对一营销。

TwoCorwS 公司在 1998 年开展的一项研究表明,分析型 CRM 着重于客户数据的分析,包括客户描述、目标营销和一揽子市场分析(购物篮分析)。客户描述的目标是要明确优秀客户的特征,以便预测谁将成为优秀的客户;一揽子市场分析可以充分地利用客户的资料更好地为这些客户提供服务,为他们提供他们可能认为有价值的购买建议,从而做好目标营销。

通过上述专家学者的研究和总结,可以看到,实施客户关系管理的目的,不仅仅要拓展企业经营的触角和改变企业的经营模式,还应当强化企业与客户间的互动关系,收集和分析客户的各种详细数据,制定出适合的营销对策,最终达到增量销售和交叉销售的目的,提高客户价值,使企业利润最大化。所以,作为企业 CRM 应用的重要组成部分,分析型 CRM 在各类 CRM 解决方案中所占的比例正不断加大,CRM 涉及的业务与技术范畴越来越广泛。

由于网络双向、直接、交互的特点,使处于电子商务环境下的企业所面对的客户与传统商务环境下所面对的客户有着巨大的不同,形成了对传统营销策略和客户理念的巨大冲击和挑战。在这种环境之下,采取有效方法管理客户,对电子商务环境下的企业具有特殊的意义。

(一)研究分析型 CRM 的重要意义

▶1. 从企业外部环境来看

由于电子商务的深入应用和网络双向、直接、交互的特点,拉近了企业和客户的距离,使企业面对海量的、各种各样的客户数据;客户选择范围骤然扩大,客户忠诚度逐步降低,客户需求个性化,客户经验成熟化,客户要求高标准化等转变,使客户行为呈现出多渠道性、复杂性、多样性、易变性等特点,形成了对传统营销策略和客户理念的巨大冲击和挑战,增加了企业了解客户、管理客户和发展客户的难度。所以,对客户背景资料和交易行为等的正确分析已经成为企业管理客户的难点。

▶2. 从企业内部环境来看

企业的最终目标是实现利润最大化。在电子商务环境下,面对客户呈现出的复杂性、多样性、易变性等特点,通过分析客户背景资料和交易行为中的数据,进而确定客户需求甚至是潜在需求,提供给客户满意的产品和服务,制订对应的营销对策防止客户流失趋势,努力提高客户满意度,达到客户忠诚,与客户建立起长期、稳定和持续的发展关系,已经成为企业管理客户的重点。

▶3. 从分析型 CRM 的特点来看

在 CRM 中,操作型 CRM 和协作型 CBM 主要解决的是围绕客户信息进行的各个部门的协同工作,旨在市场、销售、服务等方面对企业的前端管理的业务流程进行重新规划和调整,以最佳的工作方法来获得最好的效果;分析型 CRM 主要用于分析客户关系的性能,通过客户的各种背景资料及其过去交易行为数据,建立适合的客户终身价值模型,并按照客户的终身价值对客户进行分类,预测其未来的趋势,以利于企业发现客户行为趋势,了解每类客户能为公司带来多少效益,理解客户对企业的真正价值,从而使企业能更好、更快地根据客户的特点和类型为其提供最需要的个性化产品或服务,提高客户满意度,使企业能够优化利用其有限的资源,实现有效的管理。

所以,在 CRM 的发展初期,着重发展的是操作型 CRM 和协作型 CBM,伴随着电子商务的发展,企业积累了大量的客户数据和客户行为的改变,对客户背景资料和交易行为数据的分析正在逐步转变为企业管理客户的难点和重点,分析功能的深化是电子商务环境下 CRM 发展的重点和趋势。

(二)构建电子商务环境下分析型 CRM 的客户分析基本流程

综合上述的分析和研究,构建了电子商务环境下分析型 CRM 的客户分析基本流程,如图 9-1 所示。

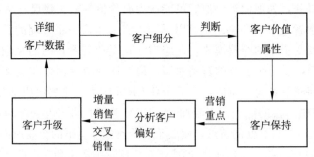

图 9-1 电子商务环境下分析型 CRM 的客户分析基本流程

▶ 1. 客户细分

在电子商务环境下,企业与客户的距离大大缩短,使企业面对海量的客户数据。网络方便快捷、实时、互动的特点,也为企业收集客户详细资料提供了有效的手段。在这种情况下,采取有效方法对客户进行细分,通过企业对客户价值和动态行为的认知,准确识别客户,区分客户群中的不同客户,将客户划分为不同的重要等级或类别,提供给他们需要的产品或服务,合理分配企业有限的资源,是电子商务环境下的企业管理客户的第一步。

▶ 2. 客户保持

"客户忠诚之父"弗雷德里克·莱奇荷德曾经通过调查指出,客户保持对公司的利润有着惊人的影响,客户保持率增加 5%,企业平均利润增加幅度在 25%~85%。但是,在电子商务环境下,客户选择范围骤然扩大,客户忠诚度逐步降低,客户需求个性化,客户经验成熟化,客户要求高标准化等,形成了对传统营销策略和客户理念的巨大冲击和挑战,增加了企业管理老客户的难度。所以,根据客户细分的结果,企业的营销重心必须从新客户的开发转移到对企业有价值的、现有客户的维护和保留之上,分析这些客户的流失趋势,提高他们的满意度,努力提高客户忠诚度,这是电子商务环境下的企业管理客户的第二步。

▶ 3. 客户升级

在电子商务环境下,客户与企业的接触点和沟通渠道越来越多,使企业有机会更深入地了解客户的偏好和购买行为,有助于企业更高效地满足客户的需求及其潜在需求,实施对企业有价值客户的增量销售和交叉销售,进一步提高他们的价值和忠诚度,与他们建立起持续、长期、稳定的发展关系,从而实现企业利润最大化,这是电子商务环境下的企业管理客户的最终目的。

总之,在电子商务环境下,一切从客户出发的、基于客户关系的经营理念,已经成为企业发展的基石，以此为特征的客户关系管理技术与相关系统，已经成为电子商务环境下企业赢得竞争优势的重要手段。

第三节 客户关系管理系统

一、CRM系统的体系结构

当前客户管理系统可分为与企业业务运营紧密相关的运营型CRM，以数据仓库和数据挖掘为基础、实现客户数据分析的分析型CRM以及基于多媒体客户联系中心、建立在统一接入平台上的协作型CRM三大类。这三类典型的CRM总体系统结构不尽相同，包括以下四大分系统。

（一）客户协作管理分系统

在客户协作管理分系统中，主要实现客户信息的获取、传递、共享和应用；支持电话中心、Web服务、电子邮件、传真等多种联系渠道的紧密集成；支持客户与企业的充分互动。实现客户协作管理分系统的核心技术是集成多种客户联系渠道的客户服务中心的创建。

（二）业务管理分系统

在业务管理分系统中，主要实现了市场营销、销售、客户服务与支持这三种基本商务活动的优化和自动化，包括营销自动化、销售自动化和客户服务自动化三个功能模块。随着移动技术的快速发展，销售自动化可进一步实现移动销售，客户服务自动化则将实现对现场服务的支持。业务管理分系统的核心技术是能支持业务流程自动化的工作流技术。

（三）分析管理分系统

在分析管理分系统中，将实现客户数据仓库、数据集市、数据挖掘等工作，并在此基础上实现商业智能和决策分析。实现分析管理分系统的核心技术是数据仓库和数据挖掘技术。

（四）应用集成管理分系统

在应用集成管理分系统中，将实现与企业资源规划、供应链管理等系统的紧密集成，乃至实现整个企业的应用集成。实现系统集成管理分系统的核心技术是企业应用集成技术。

在上述四大分系统的支持下，CRM系统应能实现与客户的多渠道紧密联络，实现对客户销售、市场营销、客户支持与服务的全面管理，实现客户基本数据的记录、跟踪，实现客户订单的流程追踪，实现客户市场的划分和趋势研究，实现在线数据联机分析以支持智能决策，实现与企业资源规划、供应链管理、办公自动化等系统的紧密集成。

二、电子商务环境下的CRM系统功能模块

（一）销售自动化

销售自动化是CRM系统中最基本的功能模块，在国外已经有20年的发展历史，近年

来在国内也获得了长足发展。在 CRM 系统中，销售自动化主要管理商业机遇、客户数据以及销售渠道等方面的内容。该模块运用各种 IT 技术把现场销售、电话销售、在线销售、移动销售等所有的销售渠道和销售环节有机地组合起来，帮助企业达到提升销售水平和实现销售过程自动化的目的。这样就在企业的销售部门之间、异地销售部门之间以及销售部门与市场营销部门之间建立了一条以客户为引导的流畅的工作流程，同时平衡和优化每一个销售环节。

销售自动化的主要应用对象是销售人员和销售管理人员。随着销售自动化功能的实现，销售人员将有更多的时间去与客户进行面对面的销售活动。销售自动化模块能确保企业的每一个销售代表（包括移动和固定销售代表）及时地获得企业当前的最新信息，包括企业的最新动态、客户信息、账号信息、产品和价格信息以及同行业竞争对手情况等信息。这样销售代表将更有效地实现与客户的面对面交流，成功率更高。

销售自动化主要包括以下功能。

▶ 1. 客户和联系人管理

主要包括姓名、地址、职务、电话、传真、手机、Web 地址、E-mail 地址、企业概括、客户年销售额等客户和联系人基本信息管理，与该客户相关的基本活动和历史明细管理，客户区域管理；客户喜好、特征分析，客户信誉度分析；客户订单的输入和跟踪，与客户联系活动的跟踪；向客户自动回复 E-mail，将老客户的基本信息、偏好、行为特征等信息通过 E-mail 发送给指定销售员；客户建议书和销售合同的计算机辅助生成等。

▶ 2. 销售活动管理

主要包括用于帮助销售人员科学地安排日常活动的日历等；设计客户约会，制订客户联系的日程安排；销售流程自动化；制作、管理销售人员的日程表、活动计划和待处理工作；团队事件安排；预告/提示/报警功能；销售报告自动/半自动生成；备忘录、记事本等。

▶ 3. 销售机会管理

主要包括业务线索的记录、升级和分配，销售计划的升级和分配；潜在客户的跟踪；销售业务的策略支持和建议，销售技能和销售秘诀共享等。

▶ 4. 销售费用管理

主要包括销售活动的费用估算；销售人员能够计算并查看他们在销售完成后可获得的佣金报酬；允许销售经理创建和管理销售队伍的奖励和佣金计划，分配销售定额。

▶ 5. 产品配置和定价管理

主要包括配置复杂产品，并预测产品价格；通过定价引擎实现产品的准确定价；为不同客户制作不同的产品报价等。

▶ 6. 销售预测和智能分析

主要包括潜在客户的预测和推荐、销售方法建议、产品需求预测、销量预测分析、销售统计分析和决策支持等。

▶ 7. 通过与客户呼叫中心的集成实现电话销售

主要包括电话本管理；生成电话列表，并把它们与客户、联系人和业务自动建立关联；将电话号码分配给特定的销售员；记录电话细节，并自动安排回电；电话营销内容模板管理；电话录音，同时实现记录器帮助用户记录；电话统计和报告；自动拨号等。

（二）营销自动化

营销自动化是 CRM 领域中比较新的一个功能，其着眼点在于帮助市场专家对客户和市场信息进行全面分析，从而对市场进行细分，产生高质量的市场策划活动，指导销售队伍更有效地工作。营销自动化通过设计、执行和评估市场营销活动和相关活动的全面框架，提高市场营销人员的工作能力，使市场营销人员能够利用 IT 技术计划、执行、监视和分析市场营销活动，并应用工作流技术分析和优化营销流程，使一些共同的营销任务和过程自动化。营销自动化的最终目标是在活动、渠道和媒体间合理分配营销资源以达到收入最大化和客户关系最优化。

营销自动化包括以下功能模块。

▶ 1. 营销方案辅助生成

通过建立营销方案知识库，研制多种决策支持的推理方法，采用基于知识和多种数据源相结合的推理方法，帮助市场营销人员实现营销规划决策，辅助生成营销规划决策书。

▶ 2. 营销活动管理

主要功能包括帮助用户创建、跟踪和分析市场营销活动；帮助用户进行市场活动的分级安排，配合用户制订复杂的营销方案；通过基于模板的软件向导，用户可以对起止日期、客户姓名、市场宣传内容、任务与产品、预算资金来源与金额、责任各方等营销活动的细节进行快速定义；营销流程自动化；制作、管理营销人员的日程表、活动计划和待处理工作；预告、提示、报警功能；实现赠品管理；辅助生成营销活动总结书。

▶ 3. 营销百科全书管理

提供销售和市场情报资料，并提供动态的搜索引擎进行信息检索，使销售和营销人员迅速、准确、及时地将信息资料传递给相关人员。利用营销百科全书管理，公司雇员、业务合作伙伴和客户都可以依据各自的权限获取与业务有关的重要信息，如产品的定价信息、竞争对手的数据、相关行业动态以及销售幻灯片等。

▶ 4. 个性化营销服务

引入"一对一市场营销"理念，针对客户的特殊情况和偏好来推荐商品。

▶ 5. 产品辅助定价管理

通过建立成本导向定价模型、需求导向定价模型、竞争导向定价模型等辅助价格分析和定位的分析模型库，为产品提供定价、成本的辅助分析和预测控制功能。

▶ 6. 营销费用管理

主要功能包括营销活动的费用估算；跟踪记录营销活动的所有支出，加强成本控制；向客户提供控制手段和规程，对投资回报率进行估算和分析。

▶ 7. 营销智能分析

通过智能分析，帮助营销人员了解主要客户来源和产品利润的主要刺激性因素；通过辅助生成各种报表，帮助营销人员对营销活动的效果进行检查，了解客户的行为方式，分析产品利润率，并对各市场渠道战略做出评估。

▶ 8. 实现网络营销

利用 Internet 在通用或专业门户网站、电子商务、社交网络上实现网上促销与广告,实现低成本网络营销。

(三) 客户服务自动化

实现客户服务自动化对提高客户满意度、维持客户资源至关重要。客户服务自动化可以帮助企业以更快的速度和更高的效率来满足客户的售后服务要求,以进一步保持和发展客户关系。客户服务自动化可以向服务人员提供完备的工具和信息,支持与客户的多种交流方式;可以帮助客户服务人员更有效率、更快捷、更准确地解决用户的服务咨询,同时根据用户的背景资料和可能的需求向用户提供合适的产品和服务建议。

客户服务自动化包括以下功能模块。

▶ 1. 客户自助式服务

当客户在使用产品遇到困难,或产品发生使用问题和质量问题时,可通过 Web 自助服务,如 FAQ、BBS 等方式帮助客户自主解决问题。

▶ 2. 客户服务流程自动化

主要功能包括若用户不能自行解决产品问题,可通过各种联系渠道联系售后服务部门;从收到客户的服务请求开始,可以全程跟踪服务任务的执行过程,保证服务的及时性和质量;可以自动派遣服务人员,分配服务任务;引入"一对一个性化服务"概念,自动把客户信息、客户所买产品的交易信息等资料及时传递给相关服务人员;实现维修和服务报告的辅助生成等。

▶ 3. 客户关怀管理

实现客户维修、服务等过程中的客户关怀,支持节日关怀,定期提醒用户进行预防性维修和保养,提升客户对服务的满意度。

▶ 4. 客户反馈管理

及时对服务反馈信息进行搜集、整理和分析,及时响应客户反馈。

▶ 5. 建立标准的维修和售后服务知识库

帮助所有服务人员及时共享服务经营,帮助维修服务人员进行故障诊断、技术支持,迅速提升新员工的服务水准;实现相关服务案例分析;实现服务问题的自动分析诊断;实现用于在巨大的维修和售后服务知识库中进行查找的强有力检索工具。

▶ 6. 搜集客户需求信息和潜在购买意向

及时搜集服务过程中接触的客户需求信息和潜在购买意向,并将其及时提交给销售、营销部门,由相关人员进行跟踪、管理。

▶ 7. 提供与客户服务中心(呼叫中心)的接口

支持采用不同的方式与客户进行交流,包括互联网、电子邮件、传真、IVR 交互式语音应答、电话等。

(四) 商业智能

商业智能是指利用数据挖掘、知识发现等技术分析和挖掘结构化的、面向特定领域的、存储于数据仓库内的信息,它可以帮助用户认清发展趋势、识别数据模式、获取智能决策支持、得出结论。商业智能的范围包括客户、产品、服务和竞争者等。在 CRM 系统中，商业智能主要是指客户智能。利用客户智能，可以搜集和分析市场、销售、服务和整个企业的各类信息，对客户进行全方位的了解，从而理顺企业资源与客户需求之间的关系，增强客户的满意度和忠诚度，实现获取新客户、支持交叉销售、保持和挽留老客户、发现重点客户、支持面向特定客户的个性化服务等目标，提高赢利能力。

客户智能包括以下功能模块。

▶ 1. 个性化客户服务

个性化客户服务指通过不断调整客户档案的内容和服务，达到基于客户的喜好或行为来确定客户的兴趣的目的。在基于客户的喜好和行为的基础上组建经营规则、搜寻相关信息内容，进而以一个整合的、相互联系的形式通过个人主页、E-mail 等渠道将这些内容展示给客户。

▶ 2. 客户获得和客户动态分析

主要功能包括新客户数量统计；新客户选择本企业服务的原因分析；客户来源统计；客户与企业达成的交易量；客户与本企业达成的交易量占总量的比例分析；客户多参数、多角度查询，可通过时间、客户类别、交易量、地理位置等参数对客户进行统计、分析等。

▶ 3. 客户流失分析

主要功能包括流失客户数量、比例统计，按月、季度、年或任意时间段等不同时间单元，通过区域、年龄、性别、消费层次、客户职业等分析角度对流失客户的数量、比例进行分析统计；流失客户类型分析，按行业、客户类型、客户性质等分析角度对流失客户进行分析，寻找流失客户的基本特征；流失损失分析，按业务种类、业务品牌及流失客户历史消费记录等角度分析流失客户对企业收入带来的影响；客户流失原因分析；客户流失预测，建立客户流失模型，预测企业的客户流失趋势及可能带来的影响。

▶ 4. 客户利润贡献度分析

通过本功能帮助企业了解哪些客户是让公司赚钱的主要客户，哪些客户带来的利润平平，哪些客户甚至可能使公司亏本。这样可以帮助企业了解客户贡献的利润，将企业的有限资源更多地分配给那些为企业贡献利润的客户，减少在不为企业贡献利润的客户身上所花的费用，杜绝那些风险极高的客户。

▶ 5. 客户满意度和忠诚度分析

通过订单数量、合同数量、支付方式、支付及时率、业务往来年限、业务历史记录、是否有欺诈记录等参数计算客户的满意度和忠诚度指数，帮助企业提高客户的满意度，并帮助企业分辨哪些是公司的忠实客户，哪些暂时还不是忠实客户，并分别对之采取不同的策略。

▶ 6. 深入分析、了解客户

通过建立各类客户分析模型库，收集客户的全面信息，全方位、深层次、多角度地掌握客户资料，预测客户动向。

(五) 其他模块

作为一个完整的 CRM 系统，除上述指出的一些常用的功能模块外，通常还必须包括集成了电话中心、Web 服务、电子邮件、传真等多种客户联系渠道的客户服务中心(呼叫中心)，与 ERP 系统、SCM 系统等外部系统的整合等功能模块。

三、CRM 系统中的商业智能技术

在 CRM 的应用和发展过程中，一直都在不断地引入新的技术，尤其以呼叫中心、数据仓库与数据挖掘技术为标志。呼叫中心的引入是CRM有别于传统企业营销和销售业务的重要技术；而数据仓库与数据挖掘技术是体现CRM应用核心价值的关键，也是商务智能得以实现的基础。

（一）呼叫中心

呼叫中心是在20世纪七八十年代发展起来的，以计算机电话集成技术（computer telephone integration，CTI）为核心，集成和融合通信、计算机网络、数据库和自动识别等技术，并与企业前、后端系统连为一体的一种综合信息服务技术。

呼叫中心对外面向客户提供语音、数据、传真、视频等多种接入手段，支持基于Internet、多媒体、分布式和WAP（wireless application protocol）等多种接入方式；对内与企业客户数据库和各部门资源进行联系，为客户提供友好的交互服务，并将从客户那里获得的各种信息储存在庞大的数据仓库中。呼叫中心是CRM的重要组成部分，沟通客户的平台，是收集客户资料、了解客户需求的渠道，也是为客户提供优质服务的中心。

今天，呼叫中心的内涵已经远远超出其字面含义。在不同行业、不同应用中呼叫中心也有不同的称呼，"客户服务中心"是其中被广为接受的一种。

（二）数据仓库与数据挖掘

在企业销售、营销和客户服务过程中会产生大量的业务数据，而通过一定的规则和模型可以对这些数据进行抽取进而建立面向应用主题的数据仓库。在此基础上，通过分析和数据挖掘可以为企业提供决策支持信息。

从某种意义上说，数据仓库和数据挖掘技术是CRM的灵魂。CRM与数据仓库及数据挖掘一直有着难以割舍的密切关系，CRM的很多工作都是基于数据仓库展开的。例如，利用数据仓库和数据挖掘，企业可以对客户行为进行分析与预测，从而制订准确的市场策略、发现对企业有价值的重点客户，并通过销售和服务等部门与客户接触，提高客户的生命周期利润；通过数据挖掘技术，可以根据消费行为对客户进行分类，找出该类客户的消费特征，然后向客户提供更具个性化的服务，从而改进企业的服务水平，提高企业的社会效益和经济效益。

在CRM生命周期的各个阶段都会用到数据挖掘技术。对于客户量大、市场策略对企业影响较大的企业来说，必须在CRM系统中应用数据仓库和数据挖掘技术。商务智能的实现也是以数据仓库和数据挖掘技术为基础的。

▶ 1. 数据挖掘的概念

数据挖掘是一种综合了数据库、人工智能以及统计学等多个学科技术的信息处理法。通过对历史积累的大量数据的有效挖掘，试图从这些数据中提取出先前未知但有效有用的知识。

数据挖掘技术引入电子商务，给企业的商务活动提供全面支持，为客户提供个性化服务，增强企业的商务智能。数据挖掘是电子商务取得更多成就的必然方向，它将数据转化为知识，是数据管理、信息处理领域研究、开发和应用的最活跃的分支之一。它帮助决策者寻找数据间潜在的关联，发现被忽略的因素，是解决数据爆炸而信息贫乏问题的一种有效方法。数据挖掘的一个重要分支——关联规则挖掘，主要用于发现数据集中项之间的相关联系。由于关联规则挖掘技术形式简洁、易于解释和理解并可以有效地捕捉数据间的重要关系，从大型数据库中挖掘关联规则问题已成为数据挖掘中最成熟、最重要、最活跃的研究内容。

2. 面向电子商务数据挖掘的分析与应用

很多领域尤其是商业领域已经应用数据挖掘技术。可以说，是商业领域对数据挖掘的大量需求导致了数据挖掘技术的研究热潮。数据挖掘技术是伴随着数据库技术和人工智能技术而发展起来的一种新型的交叉信息技术。一种新的商业模式——电子商务，它积累了巨大的数据量，因而加大了对数据挖掘的需求。随着电子商务的迅猛发展，数据的安全性和保密性要求也越来越高，所有这些都致使企业对数据挖掘提出了更高的要求。

3. 面向电子商务数据挖掘特点

面向电子商务的数据挖掘和传统商业领域中的数据挖掘相比有以下几个特点。

（1）面向电子商务数据挖掘的任务主要表现在客户关系管理方面。由于Internet的存在，电子商务使企业和客户之间的交流更加方便、频繁和便捷，因此，企业更多的需求是如何通过电子商务的数据挖掘掌握更多客户的信息动态，以便改进企业与客户交流的方式和提出新的交流内容等。

（2）电子商务本身是一个信息化非常完全的系统，所积累的数据通常存储在电子商务系统的数据库中，这些数据库一般是分布式的，而用户主要是从网络上获取这些数据，因此对电子商务使用的数据挖掘主要是分布式数据挖掘。

（3）电子商务数据挖掘的目的是提高企业竞争力，但是电子商务领域中的数据挖掘提高企业竞争力的方式通常是对电子商务系统的改进。比如给客户推出个性化页面，把用户最感兴趣的信息放在首页，从而更能吸引用户，当然，也存在一些其他的情况，比如挖掘出某些比较受客户欢迎的特征产品，企业可能增强此类产品的设计和生产。

总体上来看，电子商务对数据结果的应用通常是针对电子商务系统的。数据挖掘部分是一个独立的三层结构。最底层是数据层，主要是数据库和其他数据源。这些数据源是电子商务系统的关系数据库系统、专业知识和其他的数据源，它们是最原始的数据。中间层是挖掘层，主要是可挖掘的数据库（通常是多维数据库）和挖掘引擎，通过处理从数据层得到的数据，把从数据层得到的数据按照设计好的数据库模式载入可挖掘的数据库，然后利用挖掘引擎进行挖掘。最顶层是用户界面，主要与用户进行交互，用户通过这个接口来指导挖掘的过程，挖掘通过这个接口向用户返回挖掘的结果，这个结果通常是可视化的。除了部分挖掘以外，还包括用户和电子商务系统两个部分。电子商务系统是向客户提供服务的系统，在运行的过程中产生了很多信息，这是挖掘系统工作的基础，在整个系统中用户是必不可少的。用户在挖掘的过程中与数据挖掘系统进行交互，起指导作用。最后挖掘系统得出结果，并把结果在数据挖掘系统中表现为提出新的商务策略或修改电子商务网站。

4. 电子商务中进行数据挖掘的优势

在Internet电子商务中，虽然每个用户在不同的时期会有不同的访问模式，但其长期趋势是稳定的。因此通过分析一定时期内商务站点上的用户的访问信息，可以发现该站点潜在的客户群体、聚类客户、相关页面等，这些信息对于电子商务网站来说是非常有价值的。

（1）驻留客户，挖掘潜在客户。电子商务跨越了时间、空间距离，客户可以自主选择销售商。而销售商通过挖掘客户访问信息，了解客户的浏览行为，根据客户的兴趣与需求，向客户做动态地页面推荐和提供定制化的产品，提高客户满意度，延长客户驻留的时间,最终达到留住客户的目的。在留住老客户的同时也要善于挖掘新客户,利用分类技术可以在 Internet 上找到潜在客户,通过挖掘 Web 日志记录,先对已经存在的访问者进行分类,然后从它的分类找到潜在的客户。

(2)制订产品营销策略,优化促销活动。对商品访问情况和销售情况进行挖掘,企业能够获取客户的访问规律,确定顾客消费的生命周期,根据市场的变化,针对不同的产品制订相应的营销策略。

(3)降低运营成本,提高企业竞争力。通过 Web 数据挖掘,电子商务的经营者可以得到可靠的市场反馈信息,分析顾客的未来行为,有针对性的进行电子商务营销活动;根据产品的访问者的浏览模式来决定广告的位置,增强广告针对性,提高广告的投资回报率,从而降低运营成本,提高企业竞争力。

(4)进行个性化推荐。根据挖掘客户活动规律,有针对性地在电子商务平台下提供"个性化"的服务。个性化服务是指针对不同的用户提供不同的服务策略和服务内容的服务模式,其实质就是以用户需求为中心的 Web 服务。它通过收集和分析用户信息来了解用户的兴趣和行为,进而实现主动推荐服务。因此,通过网络提供的个性化服务可以有效地解决用户"信息过载"和"信息迷失"的问题,还可以帮助企业建立友好的客户关系。

(5)完善电子商务网站设计。通过对客户的行为记录和反馈情况进行挖掘,为站点设计者提供改进的依据,从而站点设计者可以进一步优化网站组织结构来提高网站的点击率。利用关联规则,针对不同客户动态调整站点结构,使客户访问的有关联的文件之间的链接更直接,客户可以方便地访问到想要访问的页面,具有便利性。提高站点质量,给客户留下好印象,增加下次访问的概率。另外,对网站上各种数据的统计分析有助于改进系统性能,增强系统安全性,并提供决策支持。

(6)聚类客户。在电子商务中客户聚类是一个重要的方面。首先,找出 Web 中具有相似浏览模式的客户。然后,通过对具有相似浏览行为的客户进行分组,分析组中客户的共同特征,帮助电子商务的组织者更好地了解自己的客户,向客户提供更适合、更面向客户的服务。最后,进行模式分析,挖掘出人们可理解的知识的模式解释。数据挖掘是一种决策支持过程,是深层次的数据信息分析方法,将数据挖掘技术应用于电子商务方面无疑是非常有益的,它可以全面地分析商品之间隐藏的内在联系,比如,通过数据挖掘工具分析客户购买记录得到相关信息数据库系统,可以找到不同商品之间的联系,进而分析顾客的购买习惯,提供个性化服务。通过数据挖掘分析,其分析结果能给企业带来前所未有的收获和惊喜,这是传统商务无法具备的。

▶ 5. 电子商务中数据挖掘的方法步骤

(1)确定挖掘对象、目标。了解数据挖掘和电子商务相关领域的有关情况,熟悉有关背景知识,并弄清楚用户的要求。挖掘的最后结果是不可预测的,但对要探索的问题要有预见性,不能盲目地进行挖掘。

(2)数据收集。这是一个工作量较大,占时间较多的一个阶段。根据确定的目标,进行相关数据的搜集。对电子商务数据挖掘,数据的主要来源是服务器数据和客户的登记信息。电子商务网站每天上百万次的在线交易可以生成大量的日志文件和登记表,这些数据构成了电子商务数据挖掘的数据源。数据抽取的任务是辨别出需要分析的数据集合,缩小处理范围,提高数据挖掘的质量。

（3）数据转换。将收集到的不同的数据信息集成并转换为一个数据模型，这一数据模型是针对算法而准备的，不同的算法可能需要不同的分析数据模型。建立一个真正的适合挖掘算法的分析模型，是数据挖掘成功的关键。模型的建立与研究的目标有关，例如研究目标是分析客户群对某商品兴趣度的反映情况，从而帮助客户提供个性化服务。这里所建模型的目的是要反映客户群中各个年龄阶段对某种商品的需求的各种相关因素。模型建立后，需要从模型的准确性、可理解性和性能方面进行考察。

（4）数据仓库。这是电子商务数据挖掘最关键的阶段。利用数据预处理将用户访问网站留下的原始日志整理成事务数据库，以给数据挖掘阶段提供使用。数据预处理为下一阶段数据挖掘打下了基础。

（5）挖掘分析。数据挖掘的目的是为了建立一个分析模型。首先，选择合适的挖掘算法（包括选取合适的模型和参数），并使用合适的程序设计软件实现这一算法。接着运用选定的挖掘算法，从数据中提取出用户所需要的知识。最后，对挖掘结果进行分析解释和评估分类结果。

（6）顾客使用结果。应用基于所发现模式的决策，利用挖掘得到的知识在管理决策分析中得到应用，提高企业的竞争力。

（7）顾客信息反馈。把顾客在使用结果的过程中发现和存在的问题反馈回来，根据顾客的反馈信息，进一步分析、处理和完善，以达到满足顾客的需求，从而提高销量和企业利润。

(三) CRM 应用趋势

随着 CRM 理论研究的发展、CRM 实践的不断深入与丰富，以及各种最新技术的引入，CRM 应用也将不断变革。未来的应用趋势主要体现在以下几个方面。

（1）CRM 应用已经完成与企业级信息系统如 ERP 的功能整合和技术整合过程，目前主流的 ERP 产品都包含了 CRM 应用。未来的需求在于与其他应用系统间不断深入地整合以及包含 CRM 应用在内的全面电子商务解决方案。

（2）呼叫中心逐步从传统意义上的呼叫中心转变为一个多渠道、大范围的客户联络与接触中心，充分引入语音自动识别、智能路由等先进技术，大幅提高与客户的交互能力。

（3）商务智能（business intelligence，BI），尤其是客户智能（customer intelligence，CI）将结合数据仓库、数据挖掘和人工智能等技术以及最新的 CRM 理论研究成果，成为 CRM 应用的重点。

（4）随着云计算技术的不断普及，SaaS（Software as a Service）和 Web 服务应用模式的兴起，CRM 的应用模式也将发生根本性的转变。

（5）在新的应用环境下，业务流程管理（business process management，BPM）和流程绩效管理（process performance management，PPM）将在丰富 CRM 应用的功能、增加 CRM 流程的柔性和评价 CRM 流程的绩效等方面发挥重要作用。

小结

本章主要介绍了客户关系管理的基本知识、概念、内容分类和功能，尤其对电子商务中的客户关系管理进行深入分析，包括电商环境下客户关系管理的特点、分析型客户关系管理系统；本章还对客户关系管理系统的体系结构、功能模块、实施方法和相关商业智能技术进行了整理，并配有相应企业案例，以期提高客户关系管理的应用性。

思考题

1. 什么是客户关系管理？客户关系管理主要包含哪些内容？
2. 客户关系管理的主要功能有哪些？
3. 请举例说明，电子商务环境下的客户关系管理有什么特点？
4. 什么是分析型客户关系管理？试述其客户分析基本流程。
5. 电子商务环境下的 CRM 系统主要有哪些模块？其各自的主要功能是什么？

案例分析

美国航空公司客户关系管理之路

在电子商务时代，企业为了降低成本、提高效率、增强竞争力，纷纷对业务流程进行了重新设计，同时开始将客户管理系统（客户管理软件 CRM）作为新的利润增长点。如何提高客户忠诚度、保留老客户、吸引新客户，是客户管理系统关注的重点。成功的客户管理系统可以为企业带来滚滚财源，美国航空公司的案例可以称得上是客户管理系统的典范。

1994 年之前，美国航空公司的订票服务主要通过免费电话进行。但在电话订票发挥巨大作用的同时，该公司负责监督电脑订票系统业务的 Joho Samuel 无意中注意到公司的网站上只有公司年报一项内容，显然，公司的网站远远没有发挥应有的作用。

Joho Samuel 设想如果可以吸引这些订票者通过网络来查询航班、票价以及进行行程规划的话，将可以为公司省下一大笔费用；如果公司拿出一小部分资金用于网络系统的建设，让乘客得以在网上预订行程，那么实际的收入将远超开支。他还进一步想到，如果可与经常搭机的老主顾建立更加紧密的关系，在航空业越来越激烈的竞争中，公司就可以站稳自己的脚跟。

这一设想在 1995 年初开始变为现实。美国航空公司的调查发现，近九成的乘客会在办公室里使用电脑，近七成的乘客家中有电脑，这直接促成了以 Joho Samuel 为首的 6 人网络小组的成立。这个小组主要掌管公司的电子交易业务。他们首先改造了公司的网站，将其定位为以传播资讯为主。经营到 10 月份时，美国航空公司已经成为第一家在网上提供航班资讯、飞机起降、航班形成变更、登机门等诸多资讯的航空公司，甚至连可不可以带宠物上机这样的问题，也可以上网查到。他们提供的资讯准确、快捷，有些更是每隔 30 秒更新一次，极大地方便了乘客。

如果说这一切还都是对于网络的简单应用的话，那么接下来美国航空公司对于自己的老主顾的关注，则加入了电子商务的内容。通过对常客进行调查，美国航空公司发现，有七成以上的公司 A 级会员愿意以电子化方式进行交易。他们非常在意能否自由地安排旅行计划，甚至希望视需要随时取消原定的行程与班机。于是，作为第一步，美国航空公司在 1996 年推出了一项新的服务：每周三定期发电子邮件给愿意接收的会员订户，一年内，订户就突破了 77 万人。虽然后来其他航空公司也群起仿效，但美国航空公司始终都是领先者。同年，美国航空公司为 A 级会员特别开设了网络订票系统，使他们可以直接上网查询特价班次并确定机位，这再次带动了 A 级会员人数的激增。后来，美国航空公司又开设了新的互动服务，使 A 级会员可以直接上网订票并随时更改，然后公司就将机票寄给订户。到了秋天，订户已经可以在飞机起飞前临时更改订位，无须到换票中心换票。

不过，公司不久便发现，通过网络订票的乘客远比通过传统方式订票并拿到机票的乘客需要更多的保障，因为大多数乘客对于最后能否拿到机票仍不放心。因此，每当乘客订位或更改订位时，美国航空公司1997年网上订票的收入比年度计划高出98%。

到了1998年6月，美国航空公司又发布了新网站。新网站改善了浏览界面，功能更加强大，乘客甚至可以提出"从我住处所在机场到有海滩的地方票价低于500美元的班次有哪些"这样的查询条件。新网站最大的改善是依靠会员资料库中会员的个人资料，向A级会员提供更加个人化的服务，如果乘客将自己对于座位位置的偏好和餐饮习惯等列入了个人基本资料，就可享受到公司提供的各种体贴入微的服务。美国航空公司甚至还记录下乘客的各张信用卡，乘客下次使用信用卡时，将不用再麻烦地输入卡号。

再后来，美国航空公司推出了电子机票的服务，真正实现了无纸化操作；开始整合各种渠道的订票业务，使乘客通过网站、电话和旅行社都可以实现订票；对于乘客的电子邮件开始进行个人化的回复，优先处理A级用户的邮件，同时正在建设更加全面地个性化的自动化回信系统，以处理大量的电子邮件；让乘客自行设立兑现换里程的条件，获得自己想要得到的奖励；更为周到的是，美国航空公司正拟发行A级会员智能卡，使乘客订票、预定客房和租车等都可以用一张卡支付，免去乘客记忆各种卡的卡号和密码之苦。

美国航空公司在短短的四五年时间里，牢牢占据着航空业界电子商务领先者的位置，成功的客户关系管理可谓劳苦功高。

美国航空公司的成功，得益于其敏锐地利用了高速发展的网络与计算机技术这一工具。在客户关系管理上，该公司注意掌握乘客的背景资料，为他们提供量身定做的服务，特别是该公司对于3 200万公司A级会员提供的诸多方便，不但保留住了大批常客，还吸引了大量的新乘客加入会员行列。可以认为，美国航空公司成功的关键在于锁定了正确的目标乘客群，让乘客拥有愉快的消费经验与感受，敢于让乘客自助，同时协助乘客完成他们的各种交易操作。

案例思考：
1. 美国航空公司的客户关系管理采用了哪些策略？
2. 你认为这些策略中最成功的是哪一项？为什么？

第十章 电子商务法律基础
Chapter 10

>>> **学习目标**

1. 掌握电子商务法的基本原理。

2. 熟悉电子商务经营主体法律规范、电子签名法律制度、电子合同法律制度,理解电子商务对现有法律制度的挑战。

3. 了解电子商务法发展现状与趋势,并具备从事电子商务活动的基本法律能力,能对涉及电子商务的有关案例进行简单评析。

>>> **导入案例**

网购的困扰

网购已成为社会消费的重要方式,但也一直受到各种问题困扰。2011年8月9日零点起,当当网推出"72小时快乐抢购"活动,最高折扣达0.46折,不少家长熬夜抢单。但随后就出现当当网单方面撤销订单、选择性发货、拦截物流等情况。当当网8月9日当天即表示因人工录入失误导致商品价格有误而终止抢购活动,并为每人提供30元代金券作为补偿。此外,虚假交易行为、网络售假、售后服务缺位、秒杀神器扰乱购物秩序等诸多问题亟待整治。

思考:电子商务立法的作用是什么?电子合同的效力如何认定?如何规范电子商务交易秩序?消费者网购权益如何保护?

第一节 电子商务法律概述

一、电子商务法的概念和特征

电子商务法是政府调整、企业和个人以数据电文为交易手段,通过信息网络所产生的，因交易形式所引起的各种商事交易关系，以及与这种商事交易关系密切相关的社会关系、政府管理关系的法律规范的总称。就其内容而言，电子商务法不试图在涉及所有的商业领域，重新建立一套新的商业运作规则，而是重点放在探讨因交易手段和交易方式的改变而产生的特殊法律问题。

电子商务是一个不断发展的概念，使得电子商务法作为在一种特定环境下成长起来的法律规范有了特殊的法律特征。

（一）民商法性

一般认为，商事活动是以赢利为目的、具有营业性的民事行为，而民商事行为的外延显然大于商事行为，它不仅包括商事行为，也包括非商事主体之间的民事活动。电子商务中的"商务"不仅包括商事行为，也包括非商事行为。电子商务法规范主要属于行为法，如数据电文制度、电子签名及其认证制度、电子合同制度、电子信息交易制度，以及电子支付制度等。但是，电子商务法也含有一定的组织法的内容，如认证机构的设立条件、管理、责任等就具有组织法的特点。

（二）技术性

电子商务法中的许多法律规范都是直接或间接地由技术规范演变而成的。比如一些国家将运用公开密钥体系生成的数字签名，规定为安全的电子签名，将有关公开密钥的技术规范，转化成法律要求，对当事人之间的交易形式和权利义务的行使，都有极其重要的影响。另外，关于网络协议的技术标准，当事人若不遵守，就不可能在开放环境下进行电子商务交易。

（三）开放性和兼容性

开放性指电子商务法要对世界各地区、各种技术网络开放；兼容性指其应适应多种技术手段、多种传输媒介的对接与融合。通过此原则实现世界网络信息资源的共享，保证各种先进技术在电子商务中及时应用。目前，国际组织及各国在电子商务立法中，大量使用开放型条款和功能等价性条款，目的就是为了开拓社会各方面的资源，促进科学技术及其社会应用的广泛发展。

（四）国际性

电子商务固有的开放性、跨国性，要求全球范围内的电子商务规则应该是协调和基本一致的。电子商务法应当而且可以通过多国的共同努力予以发展，其法律框架不应局限在一国范围内，而应适用于国际间的经济往来，得到国际间的认可和遵守。研究各国的电子商务法规，可以发现其原则和规则包括建立的相关制度，在很大程度上是协调一致的。

二、电子商务法的基本原则

法律原则是指在一定法律体系中作为法律规则的指导思想、基础或本源的综合的、稳定的法律原理和准则。法律原则无论是对法的创制还是对法律的实施都具有重要的意义。

（一）功能等同原则

该原则在《电子商务示范法》《联合国国际贸易法委员会国际商事仲裁示范法》和《联合国国际货物销售合同公约》等诸多规范中都有体现。其基本含义为电子单证、票据或其他文件与传统的纸面单证、票据或其他文件具有同等的功能时就应当肯定其法律效力并在法律上同等对待。《中华人民共和国电子签名法》(以下简称《电子签名法》)也采用了功能等同原则，《电子签名法》第 4 条规定："能够有形地表现所载内容，并可以随时调取查用的数据电文，视为符合法律、法规要求的书面形式。"

(二) 中立原则

▶ 1. 技术中立

技术中立要求政府或立法机构对各种有关电子商务的技术、软件、媒体等采取中立态度，不可厚此薄彼，产生任何歧视性要求。同时，还要给未来技术的发展留下法律空间，而不能停止于现状，以至闭塞贤路。

▶ 2. 媒介中立

媒介中立是中立原则在各种通信媒体上的具体表现。技术中立侧重于信息的控制和利用手段，而媒介中立则着重于信息依赖的载体。电子商务法应以中立的原则来对待媒介，允许各种媒介根据技术和市场的发展规律而相互融合、互相促进。

▶ 3. 实施中立

实施中立指在电子商务法与其他相关法律的实施上，不可偏废。在本国电子商务活动与跨国际性电子商务活动的法律待遇上，应一视同仁。

(三) 最小程度原则

最小程度原则指电子商务立法仅是为电子商务扫除现存的障碍，并非全面建立一个新的系统性的法律，而是尽量在最小的程度上对其订立新的法律，尽可能将已经存在的法律适用到电子商务中。例如，《电子签名法》遵循"最少干预、必要立法"的原则，旨在为数据电文、电子签名的法律有效性消除法律障碍。至于具体方式方法充分尊重当事人自治，因此，"自然人、法人或者其他组织可以约定使用或者不使用电子签名、数据电文""当事人也可以选择使用符合其约定的安全条件的电子签名"。

(四) 安全原则

电子商务法要把维护电子商务的安全放在重要位置。电子交易安全是电子商务主体决定选择利用网络进行电子商务的最重要的因素。维护网络安全，既需要先进的安全技术，更需要严密的法律规范支持。安全性原则要求与电子商务有关的交易信息在传输、存储、交换等整个过程不被丢失、泄露、窃听、拦截、改变等，要求网络和信息应保持可靠性、可用性、保密性、完整性、可控性和不可抵赖性。

三、电子商务立法概述

对于电子商务的立法模式，理论界有两种不同的观点：一是主张先就电子商务出现的具体法律问题，先行制订单行规则或修订传统法律，形成统一思路后，再制订电子商务基本法；二是主张先制订电子商务基本法，然后以基本法为指导思想，就各个具体问题制订单行规则或修订传统法律。

(一) 国际电子商务法律情况

电子商务的国际立法是随着信息技术的发展而不断推进的。早期的国际电子商务立法主要围绕电子数据交换(EDI)规则的制订而展开。1996 年，联合国国际贸易法委员会通过的《电子商务示范法》是世界上第一个电子商务的统一法规，其目的是向各国提供一套国际公认的法律规则，以供各国法律部门在制订本国电子商务法律规范时参考，促进使用现代通信和信息存储手段。2001年，联合国国际贸易法委员会通过的《电子签名示范法》是在推动电子商务立法方面的又一重大成果。

其他较重要或影响较大的国际立法有：欧盟的《关于内部市场中与电子商务有关的若干法律问题的指令》（草案）和《电子签名统一框架指令》，德国1997年的《信息与通用服务法》，俄罗斯1995年的《俄罗斯联邦信息法》，新加坡1998年的《电子交易法》，美国2000年的《电子签名法案》等。

（二）我国电子商务法律情况

为了适应电子商务的发展，我国政府已经着手解决电子商务的有关法律问题，对一些法规做了一定的修改，并出台了一系列网络管理的规则，把电子商务初步纳入健康发展的轨道。1999年颁行的《中华人民共和国合同法》首次明确了电子合同的合法地位，为我国电子商务的发展奠定了法律基础。也是从1999年开始，相关的立法呼声开始出现。包括《中华人民共和国电信条例》《互联网信息服务管理办法》《商用密码管理条例》《全国人大常委会关于维护互联网安全的决定》《网络商品交易及有关服务行为管理暂行办法》《非金融机构支付服务管理办法》《电子支付指引（第一号）》等在内的多部法律法规陆续出台。其中，2004年8月28日第十届全国人民代表大会常务委员会第十一次会议通过的《电子签名法》是我国电子商务发展的里程碑。它的颁布和实施有效地扫除了电子签名在电子商务、电子政务和其他领域中应用的法律障碍，极大地改善我国电子签名应用的法制环境，从而大力推动我国信息化的发展。

近年来，我国电子商务以及相关产业发展迅速，现有法规无法适应当前电子商务领域的发展，特别是网上交易安全、知识产权及产品质量监管、消费者权益保护等突出问题，不利于电子商务领域交易秩序的维护，极大地影响了行业的健康发展。2013年10月，十二届全国人大常委会将电子商务立法工作列入规划，并在之后成立了电子商务法起草组；目前已经形成了较为成熟的框架，指向了目前我国电子商务领域中存在的诸多问题。相信法律一旦成文出台，将会使目前很多棘手问题得到妥善解决。

第二节 电子商务主体法律制度

一、电子商务主体概述

（一）电子商务主体的概念

电子商务主体指电子商务法律关系的参加者，即借助电脑技术、互联网技术与信息技术实施商事行为并因此而享有权利和承担义务的法人、自然人和其他组织。广义的电子商务主体，既包括商事主体，也包括消费者、政府采购人等非商事主体；狭义的电子商务主体，则仅指电子商务中的商事主体，即电子商务企业。

（二）电子商务主体的特征

▶ 1. 表现的虚拟性

网络环境下，网络用户以数字或网页等电子化方式表现出来，主体是否真实存在、主体是谁或者是否为数码信息指示的真正用户,并不能直观地判断出来。

▶ 2. 属性的不确定性

网络世界具有开放性、无国界性,因此电子商务主体的国别、住所地、企业资信等情形不易确定。

▶ 3. 跨地域性

电子商务本身的无国界和跨地域性必然导致参与其间的电子商务主体呈现跨地域性特点。

▶ 4. 数量和种类多于传统交易

一般情况下,传统贸易有买卖双方两个主体即可进行,而任何一笔以网络为平台和交易手段的电子商务的完成都涉及多重法律关系,每次商事活动至少要有三个以上的主体参与才能完成,除了直接交易主体外,还要有间接主体,如交易平台、认证机构或者第三方支付机构的参与。这种复杂的多方法律关系导致责任认定更加复杂。

(三)电子商务主体与传统商事主体

电子商务作为现代商事行为,与传统商事行为一样都具有营利性,都要恪守法律和伦理规范,但仍存在一定差异。

(1)从中性的技术手段上看,前者进入电子商务市场的难度要小于后者进入传统有形市场(如城乡集贸市场)的难度。

(2)从运用的赢利手段看,前者运用电子网络手段达成赢利目的,而后者则运用面对面或者非电子网络的手段。

(3)从商事活动范围看,前者开展商事活动可以跨越路途、通信、国界等多方面因素的阻挠,而后者则要受这些因素的阻挠。

(4)从主体表现形式看,前者触及的消费者和交易伙伴要多于后者,但由于交易双方不是面对面的近距离接触,因此在前者与消费者和交易伙伴之间增加了新的不信任因素。因此,电子商务主体比起传统商事主体面临更多的市场机遇、市场风险、道德风险、违约诱惑与欺诈陷阱。

(5)从行政监管层面看,电子商务主体更容易运用电子技术、信息技术和网络技术规避法律和监管。

(四)电子商务主体体系

▶ 1. 电子商务的直接主体制度

所谓直接主体就是直接进行交易的双方当事人。这方面的问题多数可以用传统法律来调整,但传统法律无法解决网站(主要是经营性网站)等在线交易主体问题,需要对包括设立网站并开展经营活动的条件、程序等法律制度,域名及其注册管理的法律制度,网上商事主体登记、公示与认证制度等进行规范。

▶ 2. 电子商务的间接主体制度

间接主体是指不直接进行交易,但是交易的进行和完成有赖于其提供服务的参与者,即交易平台提供者,可分为三类:一是网络服务提供商;二是电子认证服务商;三是在线金融服务商。在通过中介服务商提供的平台进行交易的情况下,电子商务法必须首先确定中介服务商的法律地位和法律责任。

二、电子商务经营主体

(一)电子商务经营主体设立规范

▶ 1. 互联网信息服务增值电信业务经营许可

增值电信业务指利用公共网络基础设施提供附加的电信与信息服务业务,有时也称之为增强型业务,其实现的价值使原有基础网络的经济效益或功能价值增高,主要特征是面向社会提供信息服务。

国家对电信业务经营实行许可制度。增值电信业务经营许可证是指利用公共网络基础设施提供的电信与信息服务的业务的许可证。经营电信业务,必须依照规定取得国务院信息产业主管部门或者省、自治区、直辖市电信管理机构颁发的电信业务经营许可证。未取得电信业务经营许可证,任何组织或个人不得从事电信业务经营活动。

2009年4月10日起施行的《电信业务经营许可管理办法》规定,申请经营增值电信业务应当具备以下条件。

(1) 经营者为依法设立的公司。
(2) 有与开展经营活动相适应的资金和专业人员。
(3) 有为用户提供长期服务的信誉或者能力。
(4) 在省、自治区、直辖市范围内经营的,注册资本最低限额为100万元人民币;在全国或者跨省、自治区、直辖市范围经营的,注册资本最低限额为1 000万元人民币。
(5) 有必要的场地、设施及技术方案。
(6) 公司及其主要出资者和主要经营管理人员三年内无违反电信监督管理制度的违法记录。
(7) 国家规定的其他条件。

▶ 2. 经营性互联网接入国际联网许可

1996年2月1日,国务院发布并施行《中华人民共和国计算机信息网络国际联网管理暂行规定》(以下简称《规定》),并于1997年5月20日修正;1998年2月13日,国务院信息化工作领导小组发布并施行《中华人民共和国计算机信息网络国际联网管理暂行规定实施办法》(以下简称《实施办法》)。

《规定》及《实施办法》对计算机信息网络国际联网即国际联网、接入网络等基本用语进行了界定。接入单位拟从事国际联网经营活动的,应当向有权受理从事国际联网经营活动申请的互联单位主管部门或者主管单位申请领取国际联网经营许可证;未取得国际联网经营许可证的,不得从事国际联网经营业务。

从事国际联网经营活动的和从事非经营活动的接入单位都必须具备下列条件。

(1) 是依法设立的企业法人或者事业法人。
(2) 具有相应的计算机信息网络、装备以及相应的技术人员和管理人员。
(3) 具有健全的安全保密管理制度和技术保护措施。
(4) 符合法律和国务院规定的其他条件。

接入单位从事国际联网经营活动的,除必须具备前述规定条件外,还应当具备为用户提供长期服务的能力。从事国际联网经营活动的接入单位的情况发生变化,不再符合前述第(1)款、第(2)款规定条件的,其国际联网经营许可证由发证机构予以吊销;从事非经营活动的接入单位的情况发生变化,不再符合前述第(1)款规定条件的,其国际联网资格由审批机构予以取消。

▶ 3. 经营性网络信息内容服务业务许可

2000年9月25日，国务院公布施行《互联网信息服务管理办法》（以下简称《办法》）。《办法》规定，互联网信息服务是指通过互联网向上网用户提供信息的服务活动，分为经营性和非经营性两类。经营性互联网信息服务是指通过互联网向上网用户有偿提供信息或者网页制作等服务活动。非经营性互联网信息服务是指通过互联网向上网用户无偿提供具有公开性、共享性信息的服务活动。

国家对经营性互联网信息服务实行许可制度，对非经营性互联网信息服务实行备案制度。

从事经营性互联网信息服务，除应当符合《中华人民共和国电信条例》规定的要求外，还应当具备下列条件。

(1) 有业务发展计划及相关技术方案。

(2) 有健全的网络与信息安全保障措施，包括网站安全保障措施、信息安全保密管理制度、用户信息安全管理制度。

(3) 服务项目属于办法规定范围的，已取得有关主管部门同意的文件。

▶ 4. 域名相关管理规范

目前，我国的域名系统管理体制实行多头管理。国家互联网信息办公室指导有关部门督促电信运营企业、接入服务企业、域名注册管理和服务机构等做好域名注册、互联网地址分配、网站登记备案、接入等互联网基础管理工作，工业和信息化部负责中国互联网络域名的管理工作。两者之外，设立域名注册管理机构。目前，我国的域名注册管理机构是中国互联网络信息中心。

1997年5月30日，中国互联网络信息中心制定了《中国互联网络域名注册暂行管理办法》。2000年11月2日，中心发布《中文域名注册管理办法（试行）》和《中文域名争议解决办法（试行）》，并宣布自同年11月7日起接受注册中文域名。在我国，申请域名的申请者必须是法人单位而且不能是个人。外国企业或机构要在CN的二级域名下注册域名，必须在中国境内设有分支机构或办事处，并且其主域名的服务在中国境内。

受理域名注册按照"先申请先注册"的原则，不受理域名预留。申请域名注册的，必须满足下列条件。

(1) 申请注册的域名符合本办法的各项规定。

(2) 其主域名服务器在中国境内运行，并对其域名提供连续服务。

(3) 指定该域名的管理联系人和技术联系人各一名，分别负责该级域名服务器的管理和运行工作。并提交下列文件、证件：域名注册申请表；本单位介绍信；承办人身份证复印件；本单位依法登记文件的复印件。

注册域名应当特别注意以下条款。

(1) 域名注册人保证不侵权的陈述。

(2) 域名注册人保证所提供信息真实的陈述。

(3) 域名注册人提供信息不真实的违约责任。

(4) 域名注册人同意域名注册组织公布其联系信息的条款。

(5) 域名注册组织声明收集和公布注册人的联系信息出于注册目的，保证不将域名注册人的联系信息付诸商业性使用。

(6) 域名注册人同意受或注册组织采用的纠纷程序和约束。

▶ 5．工商局备案问题

我国对网络信息服务行为的管制大致分为以下情形。

(1) 非经营性网络信息服务备案制度。从事非经营性的网络服务的网站只需要到主管部门进行备案，即可以开站运营。

(2) 特种行业信息服务审批制度。从事新闻、出版、医疗保健、药品和医疗器械等互联网信息服务的，依照法律、行政法规以及国家有关规定必须经有关部门审核同意的，在申请经营许可或履行备案手续前，应当依法经有关主管部门审核同意，即审批是一种前置程序。此外，不管是经营性信息服务，还是公益性或非经营性信息服务如果涉及这些行业，都必须办理审批手续。

(3) 从事特殊信息服务专项备案制度。从事互联网信息服务，拟开办电子公告服务的，应当在申请经营性互联网信息服务许可或者办理非经营性互联网信息服务备案时，按照国家有关规定提出专项申请或者专项备案。

(二) 电子商务经营主体的权利与义务

▶ 1．电子商务经营主体的权利

(1) 独立运营的权利。

(2) 域名资源及相关资源所有权。

(3) 违约求偿权。

(4) 电子商务安全保护权义务。

▶ 2．电子商务经营主体的义务

(1) 合法经营义务。

(2) 身份明示义务。

(3) 信息内容记录。

(4) 交易中的合同义务。

(5) 遵守知识产权和隐私权等其他民事权益的义务。

三、在线自然人用户

(一) 民事权利能力和民事行为能力

传统的民事法律特征仍然符合在线的自然人用户。

自然人的民事权利能力指是民事法律赋予民事主体从事民事活动，从而享受民事权利和承担民事义务的资格。《中华人民共和国民法通则》（以下简称《民法通则》）第九条规定："公民从出生时起到死亡时止，具有民事权利能力，依法享有民事权利，承担民事义务。"

自然人的民事行为能力指自然人能以自己的行为取得民事权利，承担民事义务的能力。它以自然人的意思能力为前提，即判断行为后果的能力。《民法通则》根据行为人年龄与智力状况的不同，将自然人的民事行为能力分为四类：18周岁以上、精神正常的公民，是完全民事行为能力人；16周岁以上不满18周岁的公民，以自己的劳动收入为主要生活来源的，视为完全民事行为能力人；10周岁以上的未成年人和不能完全辨认自己行为后果的精神病人是限制民事行为能力人；10周岁以下、不能辨认自己行为的精神病人是无民事行为能力人。

(二) 在线自然人的权利与义务

▶ 1. 在线自然人用户的权利

(1) 系统使用权和获取适当信息的权利。

(2) 修改个人资料、密码、账号和保护个人信息不受侵犯的权利。

(3) 对不合格产品的退还权。

(4) 对经营者不适当的电子监控和电子自助及故意或重大疏忽导致的直接和间接损失的有限求偿权。

▶ 2. 在线自然人用户的义务

(1) 按照协议约定遵守网络规则。

(2) 不得在未经许可的情况下，擅自对所使用的系统再次转让许可、不得拷贝或转交所使用的系统的全部或部分。

(3) 不得使用系统进行逆向工程、反汇编或解体破解。

(4) 不对将信息使用权用于非法用途。

四、第三方电子商务交易平台

第三方电子商务交易平台是指在电子商务活动中为交易双方或多方提供交易撮合及相关服务的信息网络系统总和。泛指独立于产品或服务的提供者和需求者，通过网络服务平台，按照特定的交易与服务规范，为买卖双方提供服务，服务内容可以包括但不限于供求信息发布与搜索、交易的确立、支付、物流。

为规范和引导第三方电子商务交易平台的经营活动，保护广大企业和消费者合法权益，营造公平、诚信、安全的交易环境，2011年4月22日，商务部发布了《第三方电子商务交易平台服务规范》，共九章三十二条，从平台设立与基本行为规范、平台经营者对站内经营者的管理引导、对消费者的合理保护、与相关服务提供者的协调监管等五个方面明确交易各方责任、保护各方权益。具体表现在以下方面。

(一) 第三方电子商务交易平台的运行原则

▶ 1. 公正、公平、公开原则

平台经营者在制订、修改业务规则和处理争议时应当遵守公正、公平、公开原则。

▶ 2. 业务隔离原则

平台经营者若同时在平台上从事站内经营业务的，应当将平台服务与站内经营业务分开，并在自己的第三方交易平台上予以公示。

▶ 3. 鼓励与促进原则

鼓励依法设立和经营第三方交易平台，鼓励构建有利于平台发展的技术支撑体系。

鼓励平台经营者、行业协会和相关组织探索电子商务信用评价体系、交易安全制度，以及便捷的小额争议解决机制，保障交易的公平与安全。

(二) 设立条件

实行市场准入和行政许可。平台经营者应当依法办理工商登记注册；涉及行政许可的，应当取得主管部门的行政许可，同时应当符合下列条件。

(1) 有与从事的业务和规模相适应的硬件设施。

第十章 电子商务法律基础

(2) 有保障交易正常运营的计算机信息系统和安全环境。
(3) 有与交易平台经营规模相适应的管理人员、技术人员和客户服务人员。
(4) 符合《中华人民共和国电信条例》《互联网信息服务管理办法》《网络商品交易及有关服务行为管理暂行办法》《电子认证服务管理办法》等法律、法规和规章规定的其他条件。

(三) 第三方交易平台的基本行为规范

▶ 1. 平台经营者信息公示

平台经营者应当在其网站主页面或者从事经营活动的网页显著位置公示以下信息。
(1) 营业执照、组织机构代码证、税务登记证以及各类经营许可证。
(2) 互联网信息服务许可登记或经备案的电子验证标识。
(3) 经营地址、邮政编码、电话号码、电子信箱等联系信息及法律文书送达地址。
(4) 监管部门或消费者投诉机构的联系方式。
(5) 法律、法规规定其他应披露的信息。

▶ 2. 交易平台设施及运行环境维护

平台经营者应当保障交易平台内各类软硬件设施的正常运行，维护消防、卫生和安保等设施处于正常状态。应按照国家信息安全等级保护制度的有关规定和要求建设、运行、维护网上交易平台系统和辅助服务系统，落实互联网安全保护技术措施，依法实时监控交易系统运行状况，维护平台交易系统正常运行，及时处理网络安全事故。日交易额1亿元人民币以上(含1亿元)的第三方电子商务交易平台应当设置异地灾难备份系统，建立灾难恢复体系和应急预案。

▶ 3. 数据存储与查询

平台经营者应当妥善保存在平台上发布的交易及服务的全部信息，采取相应的技术手段保证上述资料的完整性、准确性和安全性。站内经营者和交易相对人的身份信息的保存时间自其最后一次登录之日起不少于两年；交易信息保存时间自发生之日起不少于两年。站内经营者有权在保存期限内自助查询、下载或打印自己的交易信息。鼓励第三方交易平台通过独立的数据服务机构对其信息进行异地备份及提供对外查询、下载或打印服务。

▶ 4. 制定和实施平台交易管理制度

平台经营者应提供规范化的网上交易服务，建立和完善各项规章制度，包括但不限于下列制度。
(1) 用户注册制度。
(2) 平台交易规则。
(3) 信息披露与审核制度。
(4) 隐私权与商业秘密保护制度。
(5) 消费者权益保护制度。
(6) 广告发布审核制度。
(7) 交易安全保障与数据备份制度。
(8) 争议解决机制。
(9) 不良信息及垃圾邮件举报处理机制。
(10) 法律、法规规定的其他制度。

同时，应定期在本平台内组织检查网上交易管理制度的实施情况，并根据检查结果及时采取改善措施。

▶ 5. 用户协议

用户协议应当包括但不限于以下内容。

（1）用户注册条件。

（2）交易规则。

（3）隐私及商业秘密的保护。

（4）用户协议的修改程序。

（5）争议解决方式。

（6）受我国法律管辖的约定及具体管辖地。

（7）有关责任条款。

用户协议及其修改应至少提前30日公示，涉及消费者权益的，应当抄送当地消费者权益保护机构。平台经营者应采用技术等手段引导用户完整阅读用户协议，合理提示交易风险、责任限制和责任免除条款，但不得免除自身责任，加重用户义务，排除用户的法定权利。

▶ 6. 交易规则

平台经营者应制定并公布交易规则。交易规则的修改应当至少提前30日予以公示。用户不接受修改的，可以在修改公告之日起60日内书面通知退出。平台经营者应当按照原交易规则妥善处理用户退出事宜。

▶ 7. 终止经营

第三方交易平台歇业或者其他自身原因终止经营的，应当提前一个月通知站内经营者，并与站内经营者结清财务及相关手续。涉及行政许可的第三方交易平台终止营业的，平台经营者应当提前一个月向行政主管部门报告，并通过合同或其他方式，确保在合理期限内继续提供对消费者的售后服务。

▶ 8. 平台交易情况的统计

平台经营者应当做好市场交易统计工作，填报统计报表，定期向有关行政主管部门报送。

（四）平台经营者对站内经营者的管理与引导

▶ 1. 站内经营者注册

通过第三方交易平台从事商品交易及有关服务行为的自然人、法人和其他组织，需要向平台经营者提出申请，提交身份证明文件、营业执照或其他获准经营的证明文件，经营地址及联系方式等必要信息。平台应当核验站内经营者的营业执照、税务登记证和各类经营许可证。第三方电子商务交易平台对外是否显示站内经营者真实名称和姓名由平台经营者和站内经营者协商确定。每年定期验证实名注册的站内经营者的注册信息，对无法验证的站内经营者应予以注明。

▶ 2. 进场经营合同的规范指导

平台经营者在与站内经营者订立进场经营合同时，应当依法约定双方规范经营的有关权利义务、违约责任以及纠纷解决方式。《第三方电子商务交易平台服务规范》对合同应当包含的必备条款进行了规定。

▶ 3. 站内经营者行为规范

平台经营者应当通过合同或其他方式要求站内经营者遵守以下规范，督促站内经营者建立和实行各类商品信誉制度，方便消费者监督和投诉。

（1）站内经营者应合法经营，不得销售不符合国家标准或有毒有害的商品。对涉及违法经营的可以暂停或终止其交易。

（2）对涉及违法经营或侵犯消费者权益的站内经营者可以按照事先公布的程序在平台上进行公示。

（3）站内经营者应就在停止经营或撤柜前3个月告知平台经营者，并配合平台经营者处理好涉及消费者或第三方的事务。

（4）站内经营者应主动配合平台经营者就消费者投诉所进行的调查和协调。

▶ 4. 对交易信息的管理

平台经营者应对其平台上的交易信息进行合理谨慎的管理。

（1）在平台上从事经营活动的，应当公布所经营产品的名称、生产者等信息；涉及第三方许可的，还应公布许可证书、认证证书等信息。

（2）网页上显示的商品信息必须真实。发现站内经营者发布违反法律、法规广告的，应及时采取措施制止，必要时可以停止对其提供网上交易平台服务。

（3）投诉人提供的证据能够证明站内经营者有侵权行为或发布违法信息的，平台经营者应对有关责任人予以警告，停止侵权行为，删除有害信息，并可依照投诉人的请求提供被投诉人注册的身份信息及联系方式。

（4）承担合理谨慎信息审查义务，对明显的侵权或违法信息，依法及时予以删除，并对站内经营者予以警告。

▶ 5. 交易秩序维护

平台经营者应当采取合理措施，保证网上交易平台的正常运行，提供安全可靠的交易环境和公平、公正、公开的交易服务，维护交易秩序，建立并完善网上交易的信用评价体系和交易风险警示机制。应当合理提示用户关注交易风险，在执行用户的交易支付指令前，应当要求用户对交易明细进行确认；从事网上支付服务的经营者，在执行支付指令前，也应当要求付款人进行确认。

鼓励平台经营者设立冷静期制度，允许消费者在冷静期内无理由取消订单。鼓励网络第三方交易平台和平台经营者向消费者提供"卖家保证金"服务。保证金用于消费者的交易损失赔付。保证金的金额、使用方式应事先向当地工商行政主管部门备案并公示。

▶ 6. 交易错误

平台经营者应当调查核实个人用户小额交易中出现操作错误投诉，并帮助用户取消交易，但因具体情况无法撤销的除外。

▶ 7. 货物退换

平台经营者应当通过合同或其他方式要求站内经营者依照国家有关规定，实施商品售后服务和退换货制度，对于违反商品售后服务和退换货制度规定的站内经营者，平台经营者应当受理消费者的投诉，并可依照合同追究其违约责任。

▶ 8. 知识产权保护

平台经营者应当建立适当的工作机制，依法保护知识产权。对于权利人附有证据并通知具体地址的侵权页面、文件或链接，平台经营者应通知被投诉人，同时采取必要措施保护权利人合法权益。法律法规另有规定的除外。应通过合同或其他方式要求站内经营者遵守国家法律、法规、规章的规定，不得侵犯他人的注册商标专用权、企业名称权等权利。

▶ 9. 禁止行为

第三方交易平台同时利用自有平台进行网上商品（服务）交易的，不得相互串通，利用自身便利操纵市场价格，扰乱市场秩序，损害其他经营者或者消费者的合法权益。

（五）平台经营者与相关服务提供者的协调

▶ 1. 电子签名

鼓励依照《电子签名法》的规定订立合同。标的金额高于5万元人民币的网上交易，第三方交易平台应提示交易双方使用电子签名。

▶ 2. 电子支付

第三方电子商务交易平台采用的电子支付应当由银行或具备合法资质的非金融支付机构提供。

▶ 3. 广告发布

平台经营者对平台内被投诉的广告信息，应当依据广告法律规定进行删除或转交广告行政主管机构处理。第三方交易平台应约束站内经营者不得发布虚假的广告信息，不得发送垃圾邮件。对于国家明令禁止交易的商品或服务，提供搜索服务的第三方交易平台在搜索结果展示页面应对其名称予以屏蔽或限制访问。

第三节 电子合同法律制度

一、电子合同的概念和特征

电子合同又称电子商务合同。根据《电子商务示范法》以及世界各国颁布的电子交易法，同时结合我国《合同法》的有关规定，电子合同可以界定为平等主体之间通过电子信息网络以电子邮件和电子数据交换形式，达成的设立、变更、终止财产性民事权利义务关系的协议。

电子合同作为一种新的合同形式，相较于传统书面合同，具有以下特点。

▶ 1. 交易主体的虚拟化和广泛化

电子合同订立的整个过程所采用的是电子形式，通过电子邮件、电子数据交换等方式进行电子合同的谈判、签订及履行等。这种合同方式的交易主体可以是地球村的任何自然人、法人及其相关组织却互不见面，大大地节约了交易成本，提高了经济效益。

▶ 2. 技术化、标准化

电子合同是通过计算机网络进行的，它有别于传统的合同订立方式，电子合同的整个交易过程都需要一系列的国际国内技术标准予以规范，如电子签名、电子认证等。这些具体的标准是电子合同存在的基础，如果没有相关的技术与标准，电子合同是无法实现和存在的。

▶ 3. 意思表示电子化

我国《合同法》规定，合同的订立需要有要约和承诺两个过程，电子合同同样如此。意思表示的电子化是指在合同订立的过程中通过相关的电子方式表达自己的意愿的一种行为，这种行为的表现方式是通过电子化形式实现的。《电子商务示范法》中将电子化的意思表示称为"数据电文"。电子数据以磁性介质为存储物，导致电子合同所依赖的电子数据具有易消失性和易改动性。

二、电子合同的主要类型

基于电子合同其特殊性，在传统的合同分类方式外还可以将其分为以下几种类型。

（1）从电子合同订立的具体方式的角度，可分为利用电子数据交换（EDI）订立的合同、利用电子邮件订立的合同和以格式条款方式订立合同（点击合同）。

（2）从电子合同标的物的属性的角度，可分为网络服务合同、软件授权合同、需要物流配送的合同等。

（3）从电子合同当事人的性质的角度，可分为电子代理人订立的合同和合同当事人亲自订立的合同。

（4）从电子合同当事人之间的关系的角度，可分为 B-C 合同，即企业与个人在电子商务活动中所形成的合同；B-B 合同，即企业之间从事电子商务活动所形成的合同；B-G 合同，即企业与政府进行电子商务活动所形成的合同。

三、电子合同的法律承认

（一）电子合同的形式

合同的形式主要分为书面、口头形式和行为默示形式。电子商务通常不是以原始纸张作为记录的凭证，而是将信息或数据记录在计算机中，或记录在磁盘和软盘等中介载体中。它具有以下特点：电子数据的易消失性、电子数据作为证据的局限性和电子数据的易改动性。这些问题阻碍了电子商务合同合法性的进程。

《电子商务示范法》第六条规定："如法律要求信息需采用书面形式，则假若一项数据电文所含信息可以调取以备日后查用，即满足了该项要求。"该法对电子合同进行了法律承认，即任何人不得以某项合同是以数据电文方式订立而否定其法律效力、有效性和可强制执行性。它提供了一种客观标准，即一项数据电文内所含的信息必须是可以随时查找到以备日后查阅。"可以调取"意指计算机数据形式的信息应当是可读和可解释的，使这种信息成为可读所可能必需的软件应当保留。

我国《合同法》已将传统的书面合同形式扩大到数据电文形式，其第十一条规定："书面形式是指合同书、信件以及数据电文（包括电报、电传、传真、电子数据交换和电子邮件）等可以有形地表现所载内容的形式。"仅从法律上承认电子合同属于书面形式还是不够的，这只是解决了第一步的法律问题。实际上，电子合同的书面形式总是与电子合同的证据法律效力问题紧密联系在一起。承认电子合同是书面形式的目的还需解决电子合同的证据法律效力问题。

（二）电子证据与电子合同

传统的确定交易各方权利义务的各种书面合同单证，被储存于计算机设备中的电子文件所代替后，这些电子文件就成为电子证据。联合国《电子商务示范法》第 2 条规定："电子数据是指由电子手段、光学手段或类似手段生成的传送、接收或储存的信息。"多数国家未将电子证据规定为独立的证据形式，但无论英美法系国家还是大陆法系国家，均允许电子介质存储的电子信息作为证据在诉讼中使用。《电子商业示范法》第九条规定，任何方面不得以数据电文形式不是原件为由否定其作为证据的可接受性。

四、电子合同的成立和生效

（一）合同的成立和生效概述

合同的成立是指当事人通过要约和承诺的方式对合同的标的、数目、质量、价款或者报酬等内容达成合意。合同的生效是指业已成立的合同在当事人之间产生的拘束力，要求行为人具有相应的民事行为能力；意思表示真实；不违反法律和公共利益；合同必须具备法律要求的形式。

两者之间既有区别又有联系。合同的成立属于合同的订立范畴，解决的是合同是否存在的；而合同的生效属于合同的效力范畴，解决的是已经成立的合同是否具有法律效力的问题。

（二）电子合同的订立程序

我国《合同法》第十三条规定："当事人订立合同，采取要约、承诺方式。"电子合同的订立，是当事人通过数据输入进行要约、承诺，以网络传输进行送达。

▶ 1. 要约

要约是希望和他人订立合同的意思表示。该意思表示应当符合下列规定：由要约人向相对人作意思表示；内容具体确定；表明经受要约人承诺，要约人即受该要约的意思表示。通过网络进行交易时，发出订约意愿的一方，只要该表示符合《合同法》关于要约的要件，该意思表示就是要约。

▶ 2. 承诺

承诺是受要约人同意要约的意思表示。承诺必须符合以下条件：由受要约人向要约人做出，内容应当与要约的内容一致，在承诺期限内做出。承诺的法律效力在于已经承诺并送达于要约人，合同即告成立。电子合同的承诺也应符合上述规定，由于网络的虚拟性，确定承诺的生效就成为判断电子合同成立的重要问题。

▶ 3. 意思表示的撤回与撤销

意思表示的撤回，是指在意思表示到达对方之前或与之同时到达时，表意人向其发出通知，以否认前一意思表示效力的行为。合同法中，意思表示的撤回包括要约的撤回和承诺的撤回。

意思表示的撤销，是指意思表示到达对方之后，对方作出答复之前，表意人又向其发出通知以否认前一意思表示效力的行为。在合同法中，仅指要约的撤销，承诺没有撤销的问题，因为承诺根本不存在要求对方给予答复的问题。

电子商务环境中，意思表示的撤回与撤销是一个复杂的问题，应根据不同的电子传递方式做出较为灵活的规定，以适应电子商务的发展的需要。

（三）电子合同成立时间与地点

合同成立的时间和地点对于确定当事人的权利与义务以及合同适用的法律具有重要意义。电子合同的成立方式、时间和地点与传统合同有所不同。

▶ 1. 电子合同成立时间

一般情况下，电子合同的成立时间就是电子合同的生效时间。一般认为收件人收到数据电文的时间即为到达生效的时间。《电子商务示范法》第十五条和我国《合同法》第十六条的规定基本相同，如收件人为接收数据电文而指定了某一信息系统，该数据系统进入该特定系统的时间,视为收到时间。如收件人没有指定某一特定信息系统的,则数据电文进入收件人的任一信息系统的时间为收到时间。对于什么是"进入",一项数据电文进入某一信息系统,其时间应是在该信息系统内可投入处理的时间,而不管收件人是否检查或者是否阅读传送的信息内容。

▶ 2. 电子合同的成立地点

确定电子合同成立的地点涉及发生合同纠纷后法院管辖及其适用法律问题。《合同法》第三十四条规定,承诺生效的地点为合同成立的地点,采用电子意思表示形式订立合同的收件人的主要营业地为合同成立的地点,没有主要营业地的,其经常居住地为合同成立的地点,当事人另有约定的从其约定。我国立法对电子意思表示采取的是"到达主义",所以规定以收到地点为合同成立的地点,其原因是考虑到当事人意思自治原则和特殊性问题。

五、电子签名法律制度

(一)电子签名的概念

我国《合同法》第三十二条规定:"自双方当事人签字或者盖章时合同成立。"电子合同未必具有传统概念下的书面正式文本,因此签字盖章也就有了新的概念和方式,这就是电子签名。电子签名是现代认证技术的一般性概念,是电子商务安全的重要保障手段。

《电子签名示范法》第二条规定:"在数据电文中,以电子形式所含、所附或在逻辑上与数据电文有联系的数据,它可用于鉴别与数据电文有关的签字人和表明此人认可数据电文所含信息。"美国《统一电子交易法》规定,"电子签名"泛指与电子记录相联的或在逻辑上相联的电子声音、符合或程序,而该电子声音、符合或程序是某人为签署电子记录的目的而签订或采用的。我国《电子签名法》中明确规定:"电子签名是指数据电文中以电子形式所含、所附用于识别签名人身份并表明签名人认可其中内容的数据。"从上述定义看,凡是能在电子通信中起到证明当事人的身份、证明当事人对文件内容的认可的电子技术手段,都可被称为电子签名。也就是说,电子签名实现了两个目的:鉴别数据电文发送人的身份;表明签名人对内容的认可,即签署人与数据电文的内容具有法律联系。

(二)我国《电子签名法》有关规定

2005年4月1日起施行的《电子签名法》共五章三十六条,标志着我国首部"真正意义上的信息化法律"正式诞生。

▶ 1. 适用范围

民事活动中的合同或者其他文件、单证等文书,当事人可以约定使用或者不使用电子签名、数据电文。当事人约定使用电子签名、数据电文的文书,不得仅因为其采用电子签名、数据电文的形式而否定其法律效力。

不适用涉及婚姻、收养、继承等人身关系;涉及土地、房屋等不动产权益转让;涉及停止供水、供热、供气、供电等公用事业服务和法律、行政法规规定的其他情形。

▶ 2. 可靠的电子签名及其效力

电子签名同时符合下列条件的,视为可靠的电子签名。

(1)电子签名制作数据用于电子签名时,属于电子签名人专有。

(2)签署时电子签名制作数据仅由电子签名人控制。

(3)签署后对电子签名的任何改动能够被发现。

(4) 签署后对数据电文内容和形式的任何改动能够被发现。当事人也可以选择使用符合其约定的可靠条件的电子签名。

可靠的电子签名与手写签名或者盖章具有同等的法律效力。

▶ 3. 电子认证服务提供者

我国电子认证服务实行市场准入制度，由政府对认证机构实行资质管理。从事电子认证服务，应当向国务院信息产业主管部门提出申请，并提交符合法律规定相关材料。国务院信息产业主管部门接到申请后经依法审查，征求国务院商务主管部门等有关部门的意见后，自接到申请之日起四十五日内做出许可或者不予许可的决定。予以许可的，颁发电子认证许可证书；不予许可的，应当书面通知申请人并告知理由。

提供电子认证服务，应当具备下列条件。
(1) 具有与提供电子认证服务相适应的专业技术人员和管理人员。
(2) 具有与提供电子认证服务相适应的资金和经营场所。
(3) 具有符合国家安全标准的技术和设备。
(4) 具有国家密码管理机构同意使用密码的证明文件。
(5) 法律、行政法规规定的其他条件。

▶ 4. 电子签名认证证书

电子认证服务提供者签发的电子签名认证证书应当载明下列内容。
(1) 电子认证服务提供者名称。
(2) 证书持有人名称。
(3) 证书序列号。
(4) 证书有效期。
(5) 证书持有人的电子签名验证数据。
(6) 电子认证服务提供者的电子签名。
(7) 国务院信息产业主管部门规定的其他内容。

电子认证服务提供者应当保证电子签名认证证书内容在有效期内完整、准确，并保证电子签名依赖方能够证实或者了解电子签名认证证书所载内容及其他有关事项。

▶ 5. 电子认证服务的主要业务规范
(1) 依法制订并公布电子认证业务规则。
(2) 签发应查验申请人身份并对有关材料进行审查。
(3) 暂停或者终止服务前应就业务承接及其他有关事项进行妥善安排。
(4) 妥善保存与认证相关的信息，信息保存期限至少为电子签名认证证书失效后五年。

五、电子代理人

(一) 电子代理人的概念

电子代理是指不需要人为的审视，电脑程序能以电子化或其他自动化的方式发出电子信息或对电子信息履行全部或一部分而做出响应。其概念最早见于美国《统一计算机信息交易法》，界定为：某人用来代表该人对电子讯息或对方的行为采取行动或做出反应，且在做出此种行动或反应之时无须该人对该电子讯息或对方的行为进行审查或做出反应的计算机程序、电子手段或其他自动化手段。美国《统一电子交易法》和联合国国际贸易法委员会《统一电子签名规范》中也使用了该词。目前,电子代理人已成为一个国际上普遍接受的术语。

大多数国家的法律均不承认电子代理人是民法上的代理人。电子代理人不具有独立的人格和财产,不能独立地承担民事责任。它只是合同当事人预先设定的程序,该程序涵盖了当事人预先设定的要约、承诺条件、订立和履行合同的方式等。

(二) 电子代理人订立的合同效力

▶ 1. 合同的有效性

《国际合同使用电子通信公约》第十二条"自动电文系统在合同订立中的使用"规定:"通过自动电文系统与自然人之间的交互动作或者通过若干自动电文系统之间的交互动作订立的合同,不得仅仅因为无自然人复查这些系统进行的每一动作或者由此产生的合同而被否认有效性或可执行性。"肯定了自动电文系统在合同订立中使用的法律效力。

从《合同法》内容及立法本意可见,电子代理人适用于数据电文的相关规定。也就是说,我国法律同样肯定电子代理人可以作为订立合同的有效形式。由此可见,电子代理人作为一种数据电讯形式,与传统的口头、书面等订立合同的方式在法律上享有同等的待遇,可以作为订立合同的有效形式。

但是,肯定自动电文系统订立的合同的有效性是指不因合同是通过自动电文系统订立的而否定其法律效力,并非指自动电文系统订立的合同的内容都是有效的。自动电文系统订立的合同效力仍然受到合同错误、欺诈等对合同效力有一般影响的情形的影响。

▶ 2. 合同效力的归属

电子合同的订立中双方很难判断其是否具有行为能力,无法辨别发出信息的人是否为订约人自己,无法识别发送信息的另一方实际操作人是谁,有无代理权。

解决数据电文归属的办法有两种。

(1) 依实质判定。要求收件人准确分辨电文的来源和归属,弄清电文是否为订约人所为。收件人判断错误,造成责任自己承担。假如第三人利用订立人的电脑程序或密码向收件人发出要约,订约人对此概不负责,收件人据此行事的,责任自负。这种电文归属的方法,表面上看,符合当事人意思表示真实的原则,有利于交易安全,实际上是行不通的。如前所述,电子合同订立过程中收件人无法知道发送信息的真正操作人,假如要求其另谋识别途径,必然有悖电子合同提高交易效率的宗旨。

(2) 依形式判定。基本方针是根据发出电文的信息系统的归属确定电文的归属。这里所说的"信息系统"包括用来发送、接收和储存信息的各种技术手段,可以是一台电子计算机、一个电子邮箱或一个通信网络等。只要一项电文发自于订约人的信息系统,不论由何人操作,均视为订约人(或发端人)发送,收件人有权据此行事,由此造成的责任由订约人承担。这一方法将信息系统被盗用的风险责任放在信息系统拥有者身上,有利于控制风险,有益于提高交易安全和交易效率。

1992年欧共体委员会提出的《通过EDI订立合同的研究报告》指出,计算机所谓的要约和承诺责任主体为对计算机的运作拥有最后支配权的人,并将其视为由该计算机发出的要约与承诺的责任人。美国《统一计算机交易法》第二百一十三条规定了电子代理人行为的效力,即一项电子签章、显示、信息、记载或履行归属于某人,如其为该人或其电子代理人的行为,或如该人根据代理法或其他法律应受其约束。之后各国和国际组织对此类问题都采取了相同或类似处理办法，该处理原则可以概括为"谁支配/使用，谁承担"原则。

《电子商业示范法》采取三个规则。

(1) 发端人自己发送或委托他人发送或由发端人的信息系统自动发送的数据电文、均属发端人的数据电文，收件人据此行事的后果由发端人负全责。

(2) 一项数据电文如属他人假借发端人的名义发送，只要收件人没有过错，尽了合理注意义务，收件人就有权将该数据电文视为发端人的数据电文，并按此推断行事。

(3) 收件人已知道或应当知道某项数据电文并非发端人的数据电文，收件人即无权据此行事，发端人对收件人据此行事的后果不负责任。

即电子合同的订约人应对自己计算机系统发出的电子信息负责，通常情况下只要是订约人的信息系统发出的要约或承诺，不论实际由谁发出，不论其是否反映订约人的真实意思，订约人都要对该订约信息造成的后果负责。

(三) 电子代理人行为与合同错误

电子订约中的合同错误，如意思表示有瑕疵，键盘输入错误等。如果电子代理人反映的不是使用人的真实意思，那么，其使用人能否由此撤回该意思表示或撤销合同呢？

《国际合同使用电子通信公约》第十四条对"电子通信中的错误"做了限定性的规定，即只是解决一自然人在与另一方当事人的自动电文系统（而非任何信息系统）往来的电子通信中发生输入错误（仅限于输入错误），而该自动电文系统未给该人提供更正错误的机会，只有出现了符合这些条件的电子通信中的错误，该人才有权撤回发生输入错误的电子通信。该公约关于电子订约错误的规定借鉴了美国《统一计算机信息交易法》中关于"电子错误"的规定，所解决的错误问题仅限于电子通信中的特定输入错误。同时，公约关于撤回电子通信设定了严格的条件，其中"该自动电文系统未给该人提供更正错误的机会"是针对电子订约的特别规定，反映了欧盟和美国的立法主张。

我国立法中没有关于电子代理人（自动电文系统）的明确规定。鉴于我国政府已经签署了《国际合同使用电子通信公约》，因此，我国可以参照适用相关规定，待电子商务进一步成熟时调整、修订现行法律。

[小资料]

我国首例网上拍卖纠纷案中的电子代理人行为的法律效力问题

原告张某是中国商品交易拍卖市场网站的注册用户。1999年9月29日，该网站发出拍卖公告，展示了主拍师情况、所拍卖物品的型号和数量、拍卖周期和竞买客户须知。原告于1999年10月1—5日内通过参加网上竞拍报价，以1 000元、3 000元和5 750元的价格分别购得三台"海星牌"电脑，而拍卖网站显示原告的竞拍应价为最高应价并确认成交。其后原告将购买三台电脑计9 570元汇到拍卖方，但10月8日张某发现被告仍然将上述电脑继续拍卖。经过多次交涉无效，张某将网站的主办者北京金贸网拍电子技术有限公司和国安五龙国际拍卖公司等多家单位告上法庭，请求判决被告交付拍卖所得的三台电脑，赔偿电脑贬值损失1万余元，并承担诉讼费用。

被告辩称：原告拍卖结果属于拍卖使用的软件程序发生故障，在公示的拍卖日期未到之际（原定时间为10月6日9时和10月10日9时）自行从启动阶段进入点击程序，而拍卖截止日期并未改变，网站以10月10日9时前出价最高者为最终买受人。因而张岩的竞拍结果是误认，拍卖无效，故请法院驳回原告的诉讼请求。

此案中，所带来损失由谁承担是争议所在。本案的发生是由被告（拍卖方）的计算机的软件程序（电子代理人）发生故障引起的，错误的发生不可归责于原告，被告作为计算机软件程序（电子代理人）的最终支配方，应对其故障负责。故2000年3月，北京海淀区人民法院宣判，根据《中华人民共和国拍卖法》，竞买人的最高应价未达到委托方的保留价时，该应价不发生效力，所以该拍卖无效。但因拍卖造成的误解是由于金贸网拍公司的技术故障导致的，法院判决金贸网拍公司和国安五龙公司退还张某汇款，赔偿利息，并承担本案诉讼费。

第四节 电子支付法律制度

一、电子支付立法概述

美国是最早进行电子资金划拨立法的国家，在1978年就制定了《电子资金划拨法》，用于调整小额电子资金划拨。1989年，草拟并修订了《统一商法典》"第4A编—资金划拨"，用来调整大额电子资金划拨。国际上对电子资金划拨的立法是1986年由联合国国际贸易法委员会发布的《电子资金划拨法指南》。现在各国大多倾向于将电子资金划拨定义为客户运用电子货币向银行提供的计算机网络系统发出支付命令所进行的资金划拨。

随着我国电子支付的迅速发展，新兴电子支付工具不断出现，电子支付交易量不断增加，逐步成为我国零售支付体系的重要组成部分之一，迫切要求就电子支付活动的业务规则、操作规范、交易认证方式、风险控制、参与各方的权利义务等进行规范。2005年7月，中国人民银行出台《支付清算组织管理办法（征求意见稿）》，此后两度小范围推出修改稿，但由于涉及为第三方支付颁发牌照等问题迟迟没有定论，始终未能正式出台。同年10月，央行发布《电子支付指引（第一号）》，对银行从事电子支付活动提出了指导性要求，以电子支付业务流程为主线，重点调整银行及其客户在电子支付活动中的权利义务关系。自2006年起数次公布《电子支付指引（第二号）》征求意见稿，其第三号也在酝酿中，旨在明确网上支付的责任划分，完善对网银用户的法律保护，加大对网上支付违法犯罪行为的惩办力度。2010年6月，央行出台《非金融机构支付服务管理办法》，结束了第三方支付无人监管的状态，要求"持证上岗"，规定，非金融机构提供支付服务，应当按规定条件申请获得《支付业务许可证》，并按照《支付业务许可证》核准的业务范围从事经营活动，不得从事核准范围之外的业务、不得将业务外包。并在同年12月制定出台了该办法的《实施细则》。

二、电子货币的法律问题

（一）电子货币的性质

电子货币，是指用一定金额的现金或存款从发行者处兑换并获得代表相同金额的数据，通过使用某些电子化方法将该数据直接转移给支付对象，从而能够清偿债务。2000年，欧盟《电子货币指令》将电子货币定义为持有人拥有的一种货币价值请求权，它存储在电子工具上，收取的资金不少于已发行的货币价值，并被发行商之外的其他企业接受为支付方式。这是世界上关于电子货币的第一个法定定义。

对于电子货币的货币性质，学术界尚有争论，主要可以分为两种观点：一种认为电子货币具有货币属性;另一种观点认为,电子货币不是一种新的货币形态,只是基于实体货币而诞生的用于电子支付体系的一种新支付方式。反对的主要理由有:第一,电子货币并无不同的计价标准;第二,电子货币支付不具有匿名性,因为第三方债务人可能记载了每次转让情况;第三,发行电子货币时无须使用从商业银行应缴纳准备金的存款账户中提取的资金,因而损害中央银行执行货币政策的能力;第四,电子货币不可能构成法偿货币。

电子货币和法偿货币在概念上并非水火不容。一般认为,对电子货币是否构成货币的一种,应当视具体情况个案处理。对于信用卡、储值卡类的初级电子货币,只能视为查询和转移银行存款的电子工具或者是对现存货币进行支付的电子化工具,并不能真正构成货币的一种。而类似计算机现金的现金模拟型电子货币,则是初步具备了流通货币的特征。但是,要真正成为流通货币的一种,现金模拟型电子货币还应当满足以下条件。

(1) 被广泛地接受为一种价值尺度和交换中介,而不是仅作为一种商品。

(2) 必须是不依赖于银行或发行机构信用的用于清偿债务的最终手段,接受给付的一方无须保有追索权。

(3) 自由流通,具有完全的可兑换性。

(4) 本身能够成为价值的保存手段,而不需要通过收集、清算、结算来实现其价值。

(5) 完全的不特定物,支付具有匿名性。

(二)电子货币的发行主体

当今各国在电子货币的发行主体问题上并无统一的解决方案,而是根据具体国情而定。

美国是目前反对将电子货币发行权限制在银行的最主要的国家。联邦储备委员会认为由非银行机构来发行电子货币应是允许的,并不会对银行造成威胁,因为非银行会由于开发及行销电子货币的高成本而使其必须开发具有安全性的产品。更多私人部门参与电子货币发行,会在该领域引入竞争机制,从而不断提高电子货币产品的质量,严格的管制反而可能会挫伤民间机构的技术开发和创新精神。

欧洲则认为只有由主管机构所监管的信贷机构才可发行电子货币。欧洲货币基金组织于1994年5月公开发表的欧共体结算系统业务部提交的《关于预付卡的报告书》中指出:代表购买方价值的储存在电子钱包中的资金需要被看作是银行存款,因而只能由银行来处理。理由在与可以维护小数额支付系统的安全,有利于中央银行与监管银行之间沟通信息;同时,代表电子货币的资金同银行存款没有本质区别;此外,电子货币可以利用现行的银行清算系统。

在我国,1996年4月1日起实行的《信用卡业务管理办法》中规定,"商业银行未经中国人民银行批准不得发行信用卡。非金融机构、非银行金融机构、境外金融机构的驻华代表机构不得经营信用卡业务。"类似的,1999年3月1日起实行的《银行卡业务管理办法》中同样规定,商业银行未经中国人民银行批准不得发行银行卡。非金融机构、金融机构的代表机构经营银行卡业务的,由中国人民银行依法予以取缔。对其他电子货币种类,我国尚无法律规定。就目前我国现状以及国情而言,发行电子货币的主体为中国人民银行或者中国人民银行委托的金融机构较可行的办法。主要考虑到:第一,有助于政府对电子货币进行监控并根据电子货币研究和实践的发展及时调整其货币政策,同时保证了支付系统的可靠性;第二,由于由中央银行发行的电子货币在信誉和可最终兑付性上比较可靠,对消费者而言就更容易接受并积极参与，从而推动电子货币的普及与发展。

(三) 电子货币的安全性

纸币可以加上防伪设计，电子货币也应该要有一套可以防止复制的系统。问题是，电子货币所使用的安全性技术是否应受到国家的管制？因为只有在高科技基础建设存在的情况下，电子货币才能以有效率和有效的方式在电子商务中被使用。如果欲使电子货币成为未来"可流通"的货币，并且能够使人信赖其安全性，则此安全性技术自应受到政府管制。

但是，政府监管的尺度应如何把握？就如同在电子签名技术上有技术中立和技术特定化之争一样，政府的过分管制就会对技术的发展造成妨碍，这对于快速发展的电子商务是致命的，但是如果不加以管制，电子货币的信用就难以树立。因此把握政府管制的尺度是非常重要的。

(四) 电子货币的流通

电子货币是否应像纸币一样不记名，以利于像货币一样可以流通？如果对电子货币加密，其实就等于记名一样，如果不记名，则连密码都不能加。问题是如果使用不记名的电子货币，则一些犯罪活动，如洗钱、贩毒、恐怖活动、买卖军火等将大肆猖獗，而执法机构将无法在网络中查出这些电子货币的来源或去处，在此情况下，则又形成无法保护使用者的局面。2015 年 10 月，美国商品期货交易委员会首次把比特币和其他虚拟货币定义为大宗商品，宣布将对比特币的期货和期权交易进行监管。不久，因涉嫌利用比特币交易平台洗钱，委员会就对名为特拉交易的一家比特币掉期交易平台进行了处罚。毫无疑问，电子货币无国界并可在瞬间转移的特性将造成治安上的死角。法律应当权衡两者，在两者之间做出一个平衡的规定。

三、网络银行的法律问题

(一) 网络银行的法律性质

网络银行存在两种模式：一种侧重业务概念，即目前的传统银行运用 Internet，实现传统银行业务的网上延伸，既为其他非网上分支机构提供辅助服务，也单独开展业务。目前，我国的网络银行大多属于这种模式。这种模式虽然是通过互联网开展存贷等银行业务，但其基础是传统银行，其法人资格、组织机构等都属于传统银行，可以说，这种模式的网络银行在本质上是传统银行利用 Internet 开展"网上银行业务"。其法律性质和传统银行完全一致。

另一种发展模式侧重机构概念，即完全依赖于 Internet 发展起来的全新电子银行，这类银行几乎所有的业务交易都依靠 Internet 进行。以 1995 年 10 月美国"安全第一网络银行"的成立为标志，常被称为"纯网络银行"。这种模式下的网络银行具有以下特点。

(1) 有独立的组织结构、资本金和业务经营的物质条件，并以其财产独立对外承担有限责任。

(2) 以赢利为目的，实行自主经营、自负盈亏。

(3) 以吸收存款、发放贷款等传统的商业银行业务为其主要业务。

由此可以明确，其具有以下法律特征：第一，是法人企业；第二，是商业银行。也就是说，网络银行是经营商业银行业务的法人企业。

(二) 网络银行的市场准入

世界各国对银行业的进出问题都规定了严格的许可制度，我国也不例外。

《中华人民共和国商业银行法》以下简称《商业银行法》规定了设立商业银行应当具备的5个条件：有符合《商业银行法》和《公司法》规定的章程；有符合规定的最低限额以上的注册资本金；有具备任职专业知识和业务工作经验的管理人员；有健全的组织机构和管理制度；有符合要求的营业场所、设施和安全防范措施等。同时规定，设立商业银行需经国务院银行业监督管理机构审查批准。网络银行作为银行的一种，其设立、变更及经营行为都要受《中华人民共和国中国人民银行法》的调整。

2006年3月1日，中国银行业监督管理委员会颁布的《电子银行业务管理办法》正式实施。其中，对我国网络银行的市场准入做了明确规定。金融机构申请开办电子银行业务，根据电子银行业务的不同类型，分别适用审批制和报告制；利用互联网等开放性网络或无线网络开办的电子银行业务，包括网上银行、手机银行和利用掌上电脑等个人数据辅助设备开办的电子银行业务，适用审批制；利用境内或地区性电信网络、有线网络等开办的电子银行业务，适用报告制；利用银行为特定自助服务设施或与客户建立的专用网络开办的电子银行业务，法律法规和行政规章另有规定的遵照其规定，没有规定的适用报告制。金融机构开办电子银行业务后，与其特定客户建立直接网络连接提供相关服务，属于电子银行日常服务，不属于开办电子银行业务申请的类型。

严格的市场准入监管法律制度能够保证进入网络银行业务的主体具有为客户提供足够安全服务的能力，对我国这种银行业发展不很完善的国家来说是必要的。但是，也与网络银行灵活、便捷的设立方式相矛盾，可能导致进入网络银行业务的市场主体不够宽泛，影响业务的创新与技术进步，发展空间受到制约，最终降低网络银行业的整体竞争力。

四、非金融机构支付服务的法律问题

为规范非金融机构的支付服务、防范市场风险，2010年6月，中国人民银行发布了《非金融机构支付服务管理办法》（以下简称《办法》），自2010年9月1日起正式实施。《办法》规定，未经中国人民银行批准，任何非金融机构和个人不得从事或变相从事支付业务。

（一）申请时间

对于从事支付业务的非金融机构，应当在《办法》实施之日起1年内申请取得《支付业务许可证》。逾期未取得的，不得继续从事支付业务。即应在办法实施之日起一年内（2011年9月1日前）申请取得《支付业务许可证》。据此，共有易趣公司（PayPal）、阿里巴巴（支付宝）等40家企业获得第三方支付牌照。

（二）申请条件

申请人应当具备以下条件。

（1）为依法设立的有限责任公司或股份有限公司。

（2）截至申请日，连续为金融机构提供信息处理支持服务2年以上，或连续为电子商务活动提供信息处理支持服务2年以上。

（3）截至申请日，连续赢利2年以上。

（4）最近3年内未因利用支付业务实施违法犯罪活动或为违法犯罪活动办理支付业务等受过处罚。其中在全国范围内从事支付业务的，其注册资本最低限额1亿元；拟在省（自治区、直辖市）范围内从事支付业务的，其注册资本最低限额3 000万元。

（三）服务范围

非金融机构支付服务主要包括网络支付、预付卡的发行与受理、银行卡收单以及央行

确定的其他支付服务。其中,网络支付行为包括货币汇兑、互联网支付、移动电话支付、固定电话支付、数字电视支付等。

(四) 许可证时效

《支付业务许可证》自颁发之日起,有效期5年。期满后拟继续从事支付业务的,支付机构应当在期满前6个月内向所在地中国人民银行分支机构提出续展申请。中国人民银行准予续展的,每次续展的有效期为5年。

(五) 货币资金管理

支付机构应当按照《支付业务许可证》核准的业务范围从事经营活动,不得从事核准范围之外的业务,不得将业务外包;不得转让、出租、出借《支付业务许可证》。支付机构之间的货币资金转移应当委托银行业金融机构办理,不得通过支付机构相互存放货币资金或委托其他支付机构等形式办理;不得办理银行业金融机构之间的货币资金转移。

支付机构接受的客户备付金不属于支付机构的自有财产,只能根据客户发起的支付指令转移备付金。禁止支付机构以任何形式挪用客户备付金。支付机构的实缴货币资本与客户备付金日均余额的比例不得低于10%。

(六) 终止经营条例

支付机构有下列情形之一的,中国人民银行及其分支机构有权责令其停止办理部分或全部支付业务:累计亏损超过其实缴货币资本的50%;有重大经营风险;有重大违法违规行为。

[小资料]

各国网上支付监管模式介绍

美国:对第三方网上支付业务实行多元化的功能性监管,分为联邦层次和州层次两个层面。监管重点在于交易的过程,而不是从事第三方支付的机构。在沉淀资金定位的问题上,美国联邦存款保险公司认定第三方网上支付平台上的滞留资金是负债,而非存款,因此该平台不是银行或其他类型的存款机构,不需获得银行业务许可证,平台只是货币转账企业或是货币服务企业。美国《爱国者法案》规定,第三方网上支付公司作为货币服务企业,需要在美国财政部的金融犯罪执行网络注册,接受联邦和州两级的反洗钱监管,及时汇报可疑交易,记录和保存所有交易。此外,第三方网上支付平台的留存资金需存放在该保险公司保险的银行的无息账户中,每个用户账户的保险额上限为10万美元。

欧盟:第三方支付只能通过商业银行货币或电子货币,这类企业必须取得银行业执照或电子货币公司的执照才能开展业务。针对电子货币,欧盟监管的法律框架包括三个垂直指引:《电子签名共同框架指引》确认了电子签名的法律有效性和欧盟内的通用性;《电子货币指引》和《电子货币机构指引》要求非银行的电子支付服务商必须取得与金融部门有关的营业执照,在中央银行的账户留存大量资金,并将电子货币的发行限定在传统的信用机构和新型的受监管的电子货币机构。

亚洲:网上支付平台出现较晚,但监管严格。新加坡在1998年颁布了《电子签名法》,率先实施了监管;韩国、中国香港地区以及中国台湾地区等也相继颁布相关法规条例,成立监管机构。尤其是香港地区金融管理局采取的行业自律监管方式,收到了较好的效果。

第五节 其他相关电子商务法律制度

一、电子商务税收法律制度

广义的电子商务税收指对一切以电子方式进行的商务活动进行的税收征管。狭义的电子商务税收仅指对通过互联网进行的商务活动进行的税收征管。

（一）是否对电子商务实行税收优惠

这一问题首先由美国提出。美国较早颁布了一系列有关电子商务的税收法规，其要点是：免征通过 Internet 交易的无形产品（如电子出版物、软件等）的关税；暂不征收（或称为延期征收）国内"网络进入税"。克林顿政府在 1997 年 7 月 1 日发表的《全球商业架构》中对电子商务征税提出以下原则：不扭曲或阻碍电子商务的发展；简易、透明，不增加网络交易的成本或保存记录的负担；符合美国与国际社会的现行税收制度，不开征新税；跨国交易的货物和劳务免征关税。在国内对电子商务免征关税问题上达成一致后，1998 年，美国依仗其电子商务主导国的地位，与 132 个 WTO 成员方签订了维持互联网零关税状态至少一年的协议；1999 年，美国又促使通过了再延长维护互联网零关税状态一年的协议。

但上述主张受到国内外各界的强烈反对和质疑。美国在是否对国内电子商务暂不征税（主要是销售税）问题存在两大阵营。支持者要求永远（而不是暂时）禁止联邦、各州和地方政府对网络征税。理由是，联邦政府的财政收入中以直接税（所得税）为主，免征电子商务交易的税收，对联邦政府财政收入影响甚少，却可以促进电子商务的迅速发展进而带动相关产业的发展和产生新的税源。反对者强烈要求对电子商务以及其他远距离销售（如邮购、电话和电视销售）征税，认为免征电子商务的税收将危及州和地方政府的财政收入，有可能迫使州和地方政府改征其他税种；也将使传统商务处于不平等竞争状态，有违税收"中性""公平"的原则。2013 年 3 月，美国国会参议院通过了《市场公平法案》，允许美国各州政府对电商跨区进行征税。

欧盟于 1998 年 6 月发表了《关于保护增值税收入和促进电子商务发展的报告》，并与美国就免征电子商务（在互联网上销售电子数字化产品）关税问题达成一致。但欧盟也迫使美国同意把通过互联网销售的数字化产品视为劳务销售征收间接税（增值税），并坚持在欧盟成员国内对电子商务交易征收增值税（现存的税种），以保护其成员国的利益。

印度于 1999 年 4 月发布了一项规定：印度境内的公司因使用美国所提供的境外电脑系统，那些付给美国公司的费用应属于税权利金所得，使印度成为了首先对电子商务征税的国家之一。新加坡在 2000 年 8 月也发布了电子商务税收原则，对有关的电子商务所得税和货物劳务税明确了征税的立场。在新加坡国内，通过网络销售货物和传统货物一样要征税。

在发展中国家，电子商务尚在起步阶段。发展中国家对国际上电子商务税收政策的研究、制订的反应多为密切的关注。而且大多希望、主张对电子商务（电子数字化产品）征收关税，从而设置保护民族产业和维护国家权益的屏障。

（二）是否对电子商务开征新税

最典型的是新开征"比特税"，即对信息传输的每一数字单位征税，包括对增值的数据交易，如数据收集、通话、图像或声音传输等的征税。

从合理性来看，它是以电子商务的税基——信息流为征税对象，因而在理论上最符合电子商务的运行特征，也具有征管简便易行的优势。但操作上，征收"比特税"存在诸多问题：根据电子信息流量，能否区分有无经营行为，区分商品和劳务的价格，区分经营的收益？显然，根据电子信息流量无法区分上述问题的。信息流与资金流的非统一性，有可能出现数字化产品的价值量与税负相背离的矛盾，从而违背税收公平原则与量能负担原则。

美国政府多次提出报告，强调国际税收制度不应阻碍电子商务的发展，对电子商务不应开征新税。欧盟通过决议，原则上同意不向电子商务开征新的税种，强调现行税法应公平适用于电子商务。经济合作与发展组织（简称OECD）虽未明确表示反对开征"比特税"，但着重指出，各国应实施公平的、可预见的税收制度，为电子商务的发展创造良好的税收环境。可见，世界各国在是否对电子商务开征新税这一问题上的意见已趋于一致，即不同意开征"比特税"。

(三) 如何对电子商务进行征税

▶ 1. 常设机构的认定

常设机构指企业进行全部或部分经营的固定场所，包括营业场所、分支机构、办事处、工厂、车间、作业场所、销售部和常设代理机构等。国际税收中，一国通常以外国企业是否在本国设有常设机构作为行使税收管辖权的界定依据。

电子商务的出现对"常设机构"原则提出了挑战。一方面，电子商务的运作媒介不是有形的营业场所，而是虚拟的数字化空间，因此"常设机构"原则适用前提"固定的营业场所"不能满足。另一方面，电子商务使交易过程转变为无纸化的电子信息交流，"常设机构"原则适用前提"可见商业活动"也受到了挑战。

但目前，大多数国家和学者都仍持继续保留"常设机构"原则的观点。有的国家提出把网址或服务器视为常设机构，在网址或服务器所在国（地）征税，其依据如下。

(1) 企业租用的服务器是相对固定的，企业对其拥有处置权。

(2) 企业租用的服务器可被看作类似位于一国（地）的销售机构。

(3) 企业通过租用的服务器在一国（地）进行了经营活动，因而可把网址定为常设机构。

对于电子商务交易中常设机构的认定问题，目前国际上尚未形成定论。

▶ 2. 劳务活动发生地的认定

传统劳务需要在另一国（地）设立从事劳务活动的固定地点，需要在另一国（地）停留一定时间。显然，现行税法有关劳务活动的"固定基地""停留时限"的规定，不适用于电子商务交易中的劳务活动。因此，对独立个人和非独立个人，在电子商务交易中的劳务活动发生地的认定，则需重新予以确定。由此可见，由于电子商务交易方式的特点（不受或较少受空间地域的限制），已使常设机构、劳务发生地的认定发生困难。

▶ 3. 转让定价问题

欧美等国和OECD对电子商务交易中的转让定价的研究认为，电子商务并未改变转让定价的性质或带来全新的问题，现行的国际、国内的转让定价准则基本适用于电子商务。但是，由于电子商务摆脱了物理界限的特性（不受空间地域的限制），使得税务机关对跨国界交易的追踪、识别、确认的难度明显增加。因此,各国在补充、修改、完善现行有关转让定价准则的同时,应加强电子商务税收征管设施(包括硬件、软件、标准等)的建设,提高对电子商务的电子数据核查的数量和质量。

▶ 4. 税收征管体制问题

现行的税收征管体制是建立在对卖方、买方监管的基础上的。欧美等国提出建立以监管支付体系(金融机构)为主的电子商务税务征管体制的设想。电子商务交易双方必须通过银行结算支付,其参与交易的人不可能完全隐匿姓名,交易的订购单、收据、支付等全部数据均存在银行的计算器中。以支付体系为监管重点,可使税务机关较为便利地从银行储存的数据中掌握电子商务交易的数据并以此确定纳税额。为此设计监控支付体系并由银行扣税的电子商务税收征管模型。

此外,国际上在讨论、研究电子商务税收问题时,还涉及一系列问题。

(1) 电子商务交易数据的法律效力:欧美等国已通过立法,确认了电子商务交易数据的法律效力并可将此作为纳税凭证。

(2) 对电子商务征收间接税(增值税)是实行消费地原则还是实行来源地原则:大多数国家倾向实行来源地原则,即由供应方,即卖方所在的国家征税,理由是,在电子商务交易中很难确定消费者所在地。

(3) 电子商务交易中的避税与反避税等。

(四) 我国电子商务税收的有关立法

虽然我国的电子商务起步较晚,但市场潜力巨大,并且在发展的过程中也面临着与发达国家和部分发展中国家类似的问题,需要对电商征税采取税收中性原则,禁止开征新税和附加税。

2013年4月15日,国家发展与改革委员会、财政部等13个部门联合发布《关于进一步促进电子商务健康发展有关工作的通知》,明确将继续加强电子商务企业的税收管理制度研究,制订网络(电子)发票管理暂行办法及标准规范,并将研究安全网络(电子)发票系统及网络(电子)发票管理与服务平台的建设思路。并提出,我国将开展网络(电子)发票应用试点。电子发票是指纸质发票的电子映像和电子记录,是网络发票的电子形态或者说无纸化形式。使用电子发票可以很好地适应电子商务无纸化、高效率、虚拟化、全球化的特点,减少电子商务给传统税收征管带来的冲击,为未来电子商务的税收征管奠定基础。

2014年4月1日实行的《网络发票管理办法》(以下简称《办法》)为电商征税提供了法律技术上的支持。《办法》明确,网络发票是指符合国家税务总局统一标准并通过国家税务总局及省、自治区、直辖市国家税务局、地方税务局公布的网络发票管理系统开具的发票,并规定:"单位和个人取得网络发票时,应及时查询验证网络发票信息的真实性、完整性,对不符合规定的发票,不得作为财务报销凭证,任何单位和个人有权拒收。"需要注意的是,网络发票是规范发票使用和税收征管,以及防控发票类违法犯罪的手段,而非针对网络购物和电子商务征税。

二、电子商务知识产权法律制度

(一) 知识产权概述

知识产权指权利人对其所创作的智力劳动成果所享有的专有权利。这种权利包括人身权利和财产权利，也称之为精神权利和经济权利，具有专有性、地域性、时效性等特点。

《民法通则》中规定了6种知识产权类型，即著作权、专利权、商标权、发现权、发明权和其他科技成果权，并规定了知识产权的民法保护制度。《中华人民共和国专利法》《中华人民共和国商标法》《中华人民共和国著作权法》等诸多单行法和行政法规都对相关的知识产权做了规定。

（二）电子商务对知识产权法律制度的影响

网络环境下"公开"的开放性和"无国界"的全球性特点，使得与电子商务有关的知识产权问题具有综合性和复杂性特点，传统知识产权的诸多观念和规则受到严峻挑战。

▶ 1. 电子商务对传统著作权保护提出的挑战

著作权又称版权，指文学、艺术、科学作品的作者对其作品享有的权利，包括财产权、人身权。其中，著作财产权是作者对其作品的自行使用和被他人使用而享有的以物质利益为内容的权利，一般通过复制、翻译、改编、表演、广播、展览、拍制电影、电视或录音等方式获得经济效益。著作人身权是指作者通过创作表现个人风格的作品而依法享有获得名誉、声望和维护作品完整性的权利。

（1）作品的信息化。传统的作品附着于一定的有形媒介，而电子信息技术可以将任何作品通过数字转换成二进制数码进行存储和传播，实现在极短的时间内的广泛传播，严重威胁了著作权的保护。理论界认为，作品的数字化转换过程是一种中间技术处理过程，属于机械性的自动代码变换，不会对原作赋予新的创造性内容，进而不会产生新的作者和新的著作权，其著作权仍然属于原作者所有。所以，未经他人同意或没有法律依据而将他人的文字资料、图片、声音或者信息数字化以及传输的过程即属于复制，构成对著作权的侵犯。

（2）网页是否享有著作权。网页的主要颜色、图案、文字组合，反映出一定构思的独创性，也能够通过一定的载体反映出来，并可能被复制出来，符合作品的特征和要求。因此，尽管在著作权法中没有将网页列为作品，实际上网页属于作品的范围，应受到著作权法的保护。

（3）著作权主体的认定。根据著作权法规定，如无反证，在作品上署名的人为作者。这种规定完全适用于网络上署名作品作者身份的认定。但由于网上直接创作的作品未留下任何书面的原稿证据，对于使用笔名、假名的作品在认定方面就存在很大的困难，而且保护的起算时间也难以确定。

（4）我国关于网络著作权的有关规定。为保护著作权人的合法权益，规范网络环境下的正常法律秩序，以及促进网络信息业的健康发展，最高人民法院于2000年11月22日通过了《关于审理涉及计算机网络著作权纠纷案件适用法律若干问题的解释》（以下简称《解释》），并在2003年、2006年先后两次修正。《解释》给我国的相关司法实践提供了法律依据。

对网络服务提供商的责任，《解释》规定如下。

① 网络服务提供者通过网络参与他人侵犯著作权行为，或者通过网络教唆、帮助他人实施侵犯著作权行为的，人民法院应当根据《民法通则》第一百三十条的规定，追究其与其他行为人或者直接实施侵权行为人的共同侵权责任。

② 提供内容服务的网络服务提供者，明知网络用户通过网络实施侵犯他人著作权的行为，或者经著作权人提出确有证据的警告，但仍不采取移除侵权内容等措施以消除侵权

后果的，人民法院应当根据《民法通则》第一百三十条的规定，追究其与该网络用户的共同侵权责任。

③ 提供内容服务的网络服务提供者，对著作权人要求其提供侵权行为人在其网络的注册资料以追究行为人的侵权责任，无正当理由拒绝提供的，人民法院应当根据《民法通则》第一百零六条的规定，追究其相应的侵权责任。

④ 网络服务提供者明知专门用于故意避开或者破坏他人著作权技术保护措施的方法、设备或者材料，而上载、传播、提供的，人民法院应当根据当事人的诉讼请求和具体案情，依照《著作权法》第四十七条第(六)项的规定，追究网络服务提供者的民事侵权责任。

▶ 2. 电子商务对传统专利权保护提出的挑战

专利权是发明创造人或其权利受让人对特定的发明创造在一定期限内依法享有的独占实施权，包括发明、实用新型和外观设计三种。

(1) 网络技术是否应当授予专利权。网络技术中的专利问题主要表现为，网络的通用技术能否作为授予专利的客体？这种技术是否具有创造性？如果给予专利保护的话，保护的时间是否与一般的专利一样？

近年来，互联网专利成为一个热点问题。长期以来，人们将思维方法、智力活动规则排除在专利保护范围之外。互联网专利又被称之为商业方法专利，是对利用计算机或网络在网上做生意的方法给予专利保护的一种专利。网络技术得到飞速的发展，和网络技术较少授予专利有关。可以设想，一旦授予某项网络技术专利权，则意味着在一定的时间内以其为基础的网络技术将得不到及时的更新。因此，美国一些学者提出对于将简单的商业方法从现实世界转移到网络世界的行为，属于智力活动规则，不能够授予专利；而对于针对网络这一特殊载体的发明才能授予专利。

[小资料]

亚马逊"一次点击"专利

该技术的主要内容是：只要购买者执行单一的点击动作下订单，即可以通过该客户服务系统通知服务器，服务器将购买者的特定采购信息加入采购的项目信息，就可以完成整个采购过程，之后传回客户系统。这是一个相当有争议的专利，被称之为"过程专利"。

(2) 网络环境下如何判断专利的新颖性。新颖性是授予专利的首要条件。专利法对于新颖性的判断一般以申请日前没有同样的专利以及没有在出版物上公开发表、没有在国内公开使用过为标准。网络环境中对发明创造新颖性的审查首先要回答：以网络传播方式使公众了解了发明创造的内容是否为公开？

日本于1999年修订的《专利法》赋予了网络公开法律地位，将其第三十条内容修改为"在公开出版物上发表或者通过电子通信网络公司被公众所知"。对此，也有学者认为"网络公开"可以解读为我国《专利法》第二十二条中的"以其他方式为公众所知"的一种。

(3) 电子申请的合法性。专利申请从传统的国别单独申请已经发展到国际公约框架下"一次申请、多国授权"。随着政府上网和政府办公的无纸化，专利申请从原来的书面文件向电子化申请发展也被提上了议事日程。网络提供了专利申请的新途径，但其合法性却受到质疑。日本专利管理部门于1990年12月就开始着手电子申请系统建设，接受专利电子申请。世界知识产权组织起草的《专利法条约(草案)》和《专利合作条约细则》中，也已经明确了专利电子申请的做法。美国专利商标局于2009年7月21日正式实施电子发文项目，以电子发文取代传统的纸质邮件通知。电子发文项目包括实用专利、植物专利、设计专利的临时申请和非临时申请、再颁申请以及国家阶段申请。根据该项目，当 Private PAIR 专利申请信息检索系统中可以阅读和下载 USPTO 发送的各种新通知、决定或文件时，参与项目的专利申请人会收到 USPTO 的电子邮件通知，随后通过该系统获取与其申请相关的全部文件档案。为了规范与通过互联网传输并以电子文件形式提出的专利申请有关的程序和要求，方便申请人提交专利申请，提高专利审批效率，推进电子政务建设，2010年8月27日，国家知识产权局发布了《关于专利电子申请的规定》，并已于2010年10月1日起施行。

但电子申请的规范性、安全性制约着这种申请方式的发展。例如启动申请，是否还要保留传统的书面申请？如何避免网络环境中专利信息被篡改和假冒？书面申请与电子申请发生冲突时应当如何处理？

▶ 3. 电子商务对传统商标权保护提出的挑战

商标权指商标主管机关依法授予商标所有人对其注册商标受国家法律保护的专有权。商标注册人拥有依法支配其注册商标并禁止他人侵害的权利。根据我国法律规定，商标是用以区别商品和服务不同来源的商业性标志，由文字、图形、字母、数字、三维标志、颜色组合、声音或者上述要素的组合构成。

（1）电子商标的合法性。传统的商标大多是平面的、固定的标志，但网络技术的发达使得其发生了许多变异，如商标的飘动化形象、多维形象、变动化形象、与音响效果结合等多方面的变化已属平常。需要注意，所谓"电子商标"不具有法律效力。针对一些域名注册服务机构生造和使用"电子商标"并要求企业交费注册的现象，早在 2004 年，国家工商总局商标局就致函中国互联网络信息中心，指出，现行《商标法》中并没有"电子商标"的概念；"电子商标"不是法律用语，与《商标法》所规定的"商标"没有任何联系。根据法律规定，国务院工商行政管理部门商标局是法律规定的唯一的商标注册机构；域名注册服务机构是向社会提供域名注册服务的机构，没有受理审核"电子商标"注册申请的职能。为避免"电子商标"鱼目混珠，干扰《商标法》的实施，误导企业和消费者，中国互联网络信息中心还对个别域名注册服务机构进行了处罚。

（2）域名与商标权的冲突。域名是指域名所有人拥有的用于计算机定位和身份识别的网络地址。它并不是商标或者企业的名称，只是对应互联网上 IP 地址的一种技术手段，本身没有很大的商业价值。但在互联网经济中，域名如同自然人、法人的姓名、名称，广泛地作为一种商业标记，其标识性、唯一性和排他性特点使其承载了巨大的商业价值。众多电子商务经营者将自己的商标、商号乃至擅自将其他知名企业的商标、商号作为自己的域名使用注册，以吸引尽可能多的消费者，扩大自己在网上的知名度。域名与商标的结合与冲突日益明显。

《最高人民法院关于审理涉及计算机网络域名民事纠纷案件适用法律若干问题的解释》中明确指出："被告域名或其主要部分构成对原告驰名商标的复制、模仿、翻译或音译；或者原告的注册商标、域名等相同或近似，足以造成相关公众的误认"，应当认定被告注册、使用域名等行为构成侵权或者不正当竞争；另外，被告"以商业目的将他人驰名商标注册为域名的；或注册、使用与原告注册商标、域名，故意造成与原告提供的产品、服务或者原告网站混淆的；曾要约高价出售、出租或者以其他方式转让该域名获得不正当收益"等行为,人民法院应当认定其具有恶意。

三、电子商务中的不正当竞争行为

《中华人民共和国反不正当竞争法》第二条规定,不正当竞争指经营者违反本法规定,损害其他经营者合法权益,扰乱社会经济秩序的行为。并列举、规定了11种不正当竞争行为。

电子商务中的不正当竞争行为,泛指经营者在电子商务中采取各种虚假、欺诈、损人利己等违法手段,损害其他经营者的合法权益,扰乱电子商务秩序的行为。这些行为有的是传统经济中不正当竞争行为在网络环境下的延伸,有的是在网络环境下特有的、属于电子商务模式的表现。

▶ 1. 混淆行为

混淆行为是指经营者在市场经营活动中,以种种不实手法对自己的商品或服务做虚假表示、说明或承诺,或不当利用他人的智力劳动成果推销自己的商品或服务,使用户或者消费者产生误解、扰乱市场秩序、损害同业竞争者的利益或者消费者利益的行为。电子商务中的混淆行为表现为:将他人注册商标、商号登记为网站名称,搭其他经营者的便车;网站的Logo标识与他人商标、商号、标识等相同或相似;域名与域名之间相似;模仿其他经营者的网页。

▶ 2. 虚假宣传

虚假宣传行为是指经营者利用广告和其他方法,对产品的质量、性能、成分、用途、产地等所作的引人误解的不实宣传。电子商务中的虚假宣传,由于网络技术的特点,形式和手段更加多元,诸如可以采取网页、BBS、电子邮件等新形式进行虚假宣传;影响更加广泛,可以在较短时间内对竞争对手在全球范围内造成影响。

▶ 3. 侵犯商业秘密

商业秘密是指不为公众所知悉,能为权利人带来经济利益,具有实用性并经权利人采取保密措施的技术信息和经营信息。侵犯商业秘密行为是指以不正当手段获取、披露、使用他人商业秘密的行为。电子商务中侵犯商业秘密的形式表现为:更改企业主页上的邮箱链接或服务器上的邮件管理器配置等方式盗窃商业秘密;"黑客"非法入侵其他经营者计算机信息系统窃取数据;以BBS、新闻组、FTP传输文件和远程登录等方式,披露非法获取的商业秘密。

▶ 4. 商业诋毁

商业诋毁,是指通过捏造、公开虚伪事实或虚假信息,对特定商事主体的商誉、商品或服务进行贬低和诋毁,以削弱其市场竞争能力,并为自己谋取不正当利益的侵权行为。电子商务中一些企业利用网络快捷、廉价、不受地域限制的特点,运用网络广告、电子邮件诋毁其他经营者的商誉;在BBS上以发起话题并讨论问题的方式造谣诽谤、散布虚假事实;网络匿名诽谤。网络信息传播的范围广、速度快,以及违法主体的虚拟性和隐蔽性,使得电子商务中的商业诋毁造成的后果较传统商业模式更为严重。

▶ 5. 域名抢注

近年来,域名抢注纠纷日渐增多,如把他人注册商标抢注为网络实名。要注意,域名抢注是将知名的商标或企业名称注册为域名,以便将来把这些知名商标或企业名称注册的域名高价出让，类似于"网络敲诈"；而混淆行为下使用与竞争对手相似的域名是使用与竞争对手相似的域名，类似于"傍名牌"。

目前，我国主要依据《中国互联网络域名注册实施细则》与《中国互联网络域名注册暂行管理办法》处理域名抢注。两者在域名抢注方面的内容有以下特点。

（1）对域名注册采取比较宽松的态度。

（2）域名申请人必须对自己申请的域名负责，确保其没有任何权力上的瑕疵，否则后果自行承担。

（3）把域名冲突分类，分为与注册商标冲突和与企业名称冲突。

（4）任何一类冲突被向对方提出后，只要改向对方具有法律上承认的理由，域名管理机构就将在30日后终止冲突所针对的域名。

（5）域名管理机关对于域名冲突没有任何责任。

▶ 6. 用技术措施实施不正当竞争

链接是互联网上常用的技术手段，包括普通链接、深度链接及加框链接等。不正当竞争者通过不合理的链接方式将他人的成果轻而易举纳为己有，影响原网站经营者的利益，从而构成不正当竞争。著名的搜索引擎，如Google、百度等常被指责利用其搜索技术侵犯其他网站的知识产权，它们提供的搜索结果指向特定资源，虽然不提供直接资源，但对内容提供商造成了很大的损失。再如利用关键字技术，投机者能实现点击率大幅提升的目的。

现行《中华人民共和国反不正当竞争法》颁行时，中国的电子商务尚在起步阶段，缺乏对电子商务不正当竞争行为的足够关注和直接、具体的规定，需要对其进行立法调整。在修订中，在立法技术上也需要注意灵活性，在电子商务的不正当竞争行为界定时采用列举法和概括法结合方式，以适应电子商务本身的迅速多变。

小结

本章简要介绍了电子商务法的基本内涵及国内外立法发展情况。重点就电子商务法律框架的两大问题进行了阐释：从主体角度，分别介绍了电子商务经营主体的设立规范及其权利义务，在线自然人用户权利义务，第三方电子商务交易平台的规范性运行；从行为角度，解读了电子商务合同制度、电子签名制度、电子代理人问题以及电子支付制度中电子货币、网络支付、非金融机构支付服务等电子商务基本行为规范。最后，就国内外电子商务发展过程中，现行法律制度亟待调整、完善的一些共同性挑战，包括电子商务税收、电子商务环境下的知识产权保护、电子商务中的不正当竞争行为等进行了介绍性分析。

思考题

1. 试述电子商务经营主体的基本权利和义务。
2. 试述电子合同成立时间与地点的有关规定。
3. 试述我国现行《电子签名法》的主要内容与不足之处。
4. 试述电子货币的含义及其金融监管问题。
5. 电子商务对现行知识产权法律制度的影响何在？

案例分析

网上购物索赔案

2000年6月,上海某大学学生杨小姐从易趣网上的某化妆品专卖店订购了一瓶市场价为168元(专卖店价为88元)的"特效银杏减肥喱"。网站广告称该产品系日本KOSE公司的产品,并使用公司的产品和商标。但实际交货后,杨小姐发现自己订购的产品上的商标和所标地址与日本KOSE公司的商标都不符。此外,产品上印有的日文产品介绍也是错误百出。为此,杨小姐将易趣网告上法庭,认为易趣网作为国内知名网站发布虚假商业信息,诱导注册会员购买假货,欺骗消费者,应当依法赔偿其一倍的价款,并赔偿其为保全证据而支付的公证费400元。

被告易趣网辩称,自己只是为商家及消费者提供一个销售平台,网站的责任仅在于协助买卖双方妥善处理可能出现的纠纷。网站与商家的合作协议是相当明确的,交货、收款、出具发票均为商家某化妆品公司,因此买卖关系发生在杨小姐与该化妆品公司之间,故被告不应承担销售假冒商品的责任。而且认为该案不适用《消费者权益保护法》。

审理中,作为案外人的某化妆品公司向法院表示,愿意承担对杨小姐"退一赔一"的民事责任,并将退赔款交至法院。但是,杨小姐坚持要求易趣网承担民事责任,拒绝该化妆品公司的退赔款。

案例思考:
1. 网站与化妆品公司之间是什么关系?
2. 本案的买卖合同关系双方当事人是谁?
3. 易趣网对其发布的虚假商业信息是否要承担责任?
4. 因商业信息虚假遭受损失,消费者可以获得怎样的特殊保护?
5. 消费者起诉网站或者起诉化妆品公司,应分别依据什么合同?

参 考 文 献

[1] 白东蕊,岳云康. 电子商务概论[M]. 2版. 北京:人民邮电出版社,2013.
[2] 唐春林. 电子商务基础[M]. 3版. 北京:科学出版社,2010.
[3] 李荆洪. 电子商务概论[M]. 2版. 北京:中国水利水电出版社,2010.
[4] 李跃贞. 电子商务概论[M]. 2版. 北京:机械工业出版社,2010.
[5] 张润彤,王力波. 电子商务基础教程[M]. 北京:首都经济贸易大学出版社,2003.
[6] 吴泽俊. 电子商务实现技术[M]. 北京:清华大学出版社,2006.
[7] 洪勇,张永美,解淑青. 电子商务模式理论与实践[M]. 北京:经济管理出版社,2012.
[8] 叶乃沂. 电子商务模式分析[J]. 华东经济管理. 2004,4.
[9] 黎雪微. 电子商务概论[M]. 北京:清华大学出版社,2013.
[10] 高健,王晓静. 电子商务管理实用教程[M]. 北京:清华大学出版社,2013.
[11] 刘贵容,刘军,张俊杰. 电子商务概论[M]. 北京:科学出版社,2013.
[12] 王丹. 电子商务法律实务[M]. 上海:上海交通大学出版社,2013.
[13] 韩朝胜. 电子商务概论[M]. 2版. 成都:西南财经大学出版社,2013.
[14] 王祺. 中国O2O电子商务模式研究[J]. 商场现代化. 2014,5.
[15] 王莎莎. 我国O2O电子商务模式发展研究[D]. 山东师范大学,2015.
[16] 张润彤,朱晓敏. 电子商务概论[M]. 2版. 北京:中国人民大学出版社,2014.
[17] 宋文官. 电子商务概论[M]. 3版. 北京:清华大学出版社,2012.
[18] 杨兴丽. 电子商务概论[M]. 北京:北京邮电大学出版社,2011.

教师服务

感谢您选用清华大学出版社的教材！为了更好地服务教学，我们为授课教师提供本书的教学辅助资源，以及本学科重点教材信息。请您扫码获取。

》 教辅获取

本书教辅资源，授课教师扫码获取

》 样书赠送

电子商务类重点教材，教师扫码获取样书

 清华大学出版社

E-mail: tupfuwu@163.com
电话: 010-83470332 / 83470142
地址: 北京市海淀区双清路学研大厦 B 座 509

网址: http://www.tup.com.cn/
传真: 8610-83470107
邮编: 100084